Hacer el camino

Migración de tránsito en América Latina

MIGRATION SERIES: 52

Hacer el camino. Migración de tránsito en América Latina

Editores: Pascual Gerardo García-Macías *y* José Salvador Cueto-Calderón

First Published in 2024 by Transnational Press London in the United Kingdom, 13 Stamford Place, Sale, M33 3BT, UK.

www.tplondon.com

Transnational Press London® and the logo and its affiliated brands are registered trademarks.

ISBN: 978-1-80135-281-9 (Paperback)

ISBN: 978-1-80135-282-6 (Digital)

Cover Design: Nihal Yazgan

Cover image: Javier Allegue Barros on unsplash.com

Transnational Press London Ltd. is a company registered in England and Wales No. 8771684.

Hacer el camino

Migración de tránsito en América Latina

Editores:

Pascual Gerardo García-Macías

José Salvador Cueto-Calderón

TRANSNATIONAL PRESS LONDON

2024

ÍNDICE

ii

PRESENTACIÓN

"De vez en cuando es bueno ser consciente de que no todo el mundo tiene los mismos problemas que nosotros."

(La tregua, Mario Benedetti, 1960)

El libro *"Hacer el camino. Migración de tránsito en América Latina"* surge como una respuesta a la urgente necesidad de analizar y comprender la compleja realidad migratoria en la región latinoamericana. Este fenómeno ha sido moldeado por una confluencia de factores económicos, políticos, sociales y culturales, que han configurado dinámicas migratorias diversas y cambiantes a lo largo del tiempo. La migración, vista como una búsqueda de nuevas oportunidades y una salida ante situaciones adversas, se convierte en un acto profundamente humano y, al mismo tiempo, en un desafío para los estados y las sociedades receptoras.

A lo largo de su vasta y tumultuosa historia, América Latina ha sido testigo de una danza incesante de pueblos y culturas en movimiento. Durante la última década, esta coreografía migratoria ha adquirido un ritmo frenético en la región, con oleadas humanas partiendo desde Centroamérica hacia los Estados Unidos y que en los últimos años post-pandémicos se ha visto acompañada de cada vez más desplazados provenientes de países sudamericanos que no sólo se dirigen hacia el Norte, sino también a países del Sur. Estos desplazamientos no solo desnudan las intrincadas y variadas realidades socioeconómicas y políticas de sus países de origen, sino que también revelan, con dolorosa claridad, las respuestas institucionales y las políticas, a menudo contradictorias y restrictivas, adoptadas por los estados de tránsito y destino.

Gracias al esfuerzo y apoyo brindado por la Universidad Técnica Particular de Loja (Ecuador) y la Universidad Autónoma de Zacatecas (México), ha sido posible reunir a un conjunto multidisciplinar de estudiosos del fenómeno migratorio en América Latina, adscritos a diversas instituciones académicas de países como México, Ecuador, Perú, Argentina, Alemania, Francia y Finlandia. A través de catorce escritos, fruto de rigurosas investigaciones y reflexiones de sus autores, la obra aporta desde diferentes enfoques y temáticas específicas a los debates actuales en torno a la migración de tránsito en América Latina. Asimismo, en cumplimiento del rigor científico, los capítulos que conforman este libro han sido dictaminados bajo el principio de doble ciego, al igual que la totalidad de la obra, los cuales se han desarrollado siguiendo los estándares académicos de la editorial.

En su totalidad, los capítulos de *"Hacer el camino. Migración de tránsito en América Latina"* describen las condiciones reales a través de una mirada crítica de lo que representa la migración en América Latina, evidenciando la necesidad de adoptar políticas con un enfoque basado en derechos humanos como

1

consecuencia de la desigualdad e injusticia que vive el migrante en tránsito. A medida que los flujos migratorios continúen y los problemas para los países se hagan más evidentes, seguirá siendo un tema de agenda global, que requiera una intervención integral con políticas y programas con mayor inclusión y cohesión social. Este libro no solo documenta y analiza las políticas y prácticas migratorias, sino que también cuestiona las narrativas dominantes que deshumanizan a los migrantes y aboga por un enfoque que reconozca la dignidad y agencia de todas las personas en movimiento.

Dellanira Ruiz de Chávez-Ramírez

Universidad Autónoma de Zacatecas

SOBRE LOS AUTORES

Breve semblanza curricular de los autores

COORDINADORES

Pascual Gerardo García-Macías

Doctorado internacional en movilidad humana por la Universitat de Valencia y por ISEG, Lisboa, Portugal. Miembro del Sistema Nacional de Investigadoras e Investigadores (SNII) del Consejo Nacional de Humanidades Ciencia y Tecnología (CONAHCYT), México. Economista por la Universidad Técnica Particular de Loja, Ecuador. Además, obtuvo su grado de Ingeniería en Logística y Transporte en la Universidad Politécnica Estatal del Carchi. Ha desarrollado investigaciones especializadas en planificación de la cadena de suministro y costos logísticos en la zona comercial de Tulcán. Además, ha colaborado en proyectos sociales en convenio con entidades públicas. Se especializa en la planificación territorial y el transporte. Postdoctorado por la DCU (Dublin Citiy University) Irlanda.

José Salvador Cueto-Calderón

Profesor-Investigador de la Escuela de Ciencias Antropológicas y de la Facultad de Estudios Internacionales y Políticas Públicas, ambas unidades académicas de la Universidad Autónoma de Sinaloa (UAS), México. Colaborador de los cuerpos académicos consolidados "Antropología, Sociedad y Lenguaje" (PRODEP UAS-CA-257) y "Redes sociales y construcción de espacio público", (PRODEP UAS-CA-257). Miembro del Sistema Nacional de Investigadoras e Investigadores (SNII) del Consejo Nacional de Humanidades Ciencia y Tecnología (CONAHCYT), México. Miembro de comités de organización y científicos de congresos internacionales en torno a la migración como The Migration Conference (2019 a la fecha) y Migraciones Globales (2015 a la fecha). Miembro de la dirección editorial de la revista de estudios críticos Yeiyá, editada por la Transnational Press London. Participante y colaborador de proyectos de investigación con del CONAHCYT, como la convocatoria Ciencia de Frontera 2019. Autor y co-autor de artículos en revistas, libros coordinados y capítulos de libro relacionados con los estudios migratorios, así como también de ponencias en congresos nacionales e internacionales para la divulgación y difusión universal de las investigaciones y el conocimiento.

3

AUTORES

Kevin Amay-Burguan

Economista. Universidad Técnica Particular de Loja (UTPL), Ecuador.

Miguel Ángel V. Aguilar Dorado

Doctor en Sociología por la Universidad Nacional Autónoma de México (UNAM). Maestro en Estudios Culturales por el Colegio de la Frontera Norte.

Víctor Adrián Ayala Cano

Universidad Técnica Particular de Loja (UTPL), Ecuador.

Nayeli Burgueño Angulo

Doctora en Ciencias Sociales por la Universidad Autónoma de Sinaloa, México, maestría en Estudios Latinoamericanos por la Universidad de Salamanca, España. Actualmente se desempeña como docente e investigadora de la Escuela de Ciencias Antropológicas y de la Facultad de Estudios Internacionales y Políticas Públicas de la UAS. Miembro del cuerpo académico "Antropología, Sociedad y Lenguaje" y colaboradora del cuerpo académico "Redes Sociales y Construcción de Espacio Público". Miembro del SNII del CONAHCYT, nivel 1.

Pablo Israel Cañar Tenenpaguay

Estudiante de nacionalidad ecuatoriana, licenciado en Economía por la Universidad Técnica Particular de Loja (UTPL), Ecuador. Estudiando una maestría en Estudios Políticos y Sociales en la Universidad Autónoma de Sinaloa (UAS), México. Su línea de investigación se centra en los estudios sobre movilidad humana. Es autor de un capítulo de libro, publicado por Transnational Press London. Actualmente radica e investiga la migración de tránsito en Culiacán, Sinaloa.

Valentina Cappelletti

Doctora en Ciencias Sociales por El Colegio de la Frontera Norte (Tijuana, México) y maestra en Antropología Cultural y Etnología por la Universidad de Siena (Italia). Tiene experiencia de investigación en proyectos académicos y como consultora para agencias de la ONU y organizaciones no gubernamentales internacionales sobre temas de refugio salud y migración, sistema de acogida en la frontera norte en México. Entre sus temas de interés se encuentran: migración internacional y políticas públicas, nexo migración-desarrollo, fronteras, asociacionismo migrante, refugio, liderazgo migrante. Actualmente es profesora-investigadora (tenure track) en la sección de Antropología del Departamento de Ciencia Sociales de la Pontificia Universidad Católica del Perú (PUCP).

Guillermo Castillo Ramírez

Investigador Titular Definitivo del Departamento de Geografía Social, Universidad Nacional Autónoma de México (UNAM). Es doctor y maestro en Antropología por la UNAM. Miembro del SNII (nivel 2). Ha publicado artículos en algunas de las revistas de Geografía y Ciencias Sociales más importantes e indexadas de Hispanoamérica, España y Portugal, como la Revista Boletín de la Asociación de Geógrafos Españoles, Finisterre, Migraciones internacionales, Estudios Fronterizos, Investigaciones Geográficas, Revista Mexicana de Sociología, Revista Española de Educación Comparada, Revista Mexicana de Ciencias Políticas y Sociales, Revista Colombiana de Sociología, entre otras. Sus más recientes libros son: *Migraciones centroamericanas en México. Procesos socio espaciales y dinámicas de exclusión* (IGg UNAM, 2023) y Procesos territoriales en México. Conflictos y actores sociales en contextos étnico-rurales. (IGg UNAM, 2022)

Rodolfo Cruz Piñeiro

Doctor en Sociología con especialidad en Población por la Universidad de Texas en Austin; Maestría en Demografía por El Colegio de México; miembro del Sistema Nacional de Investigadores, Nivel III. En El Colegio de la Frontera Norte ha sido: Secretario General Académico; Director de Posgrado, Director General de Vinculación y Director de la Revista Migraciones Internacionales. Miembro del Patronato de la organización Sin Fronteras, A.C.; fue presidente de la Sociedad Mexicana de Demografía (SOMEDE) 2002-2004. Consejero miembro de la Fundación Internacional de la Comunidad (FIC). Miembro de varios Consejos Editoriales. Su principal área de estudio es: Migración interna e internacional, mercados laborales; población y desarrollo en la frontera de México y los Estados Unidos. Cuenta con la publicación de cinco libros y más de 100 capítulos y artículos en revistas especializadas. Ha participado en un amplio número de proyectos de investigación. Los trabajos de investigación los desarrolla desde un enfoque sociológico y demográfico. En el Colef, ha impartido cursos de Análisis Demográfico, Metodología de la migración y fuerza laboral, entre otros. Ha sido profesor visitante en la Universidad de Texas en Austin y en la Universidad Estatal de San Diego.

5

Julio César Félix Chávez

Maestro en Estudios Políticos y Sociales por la Universidad Autónoma de Sinaloa (UAS). Estudiando un Doctorado en Estudios Regionales con Enfásis en América del Norte (UAS). Profesor de la Facultad de Estudios Internacionales y Políticas Públicas (UAS). Su linea de investigación es movilidad humana. Actualmente desarrolla estudios de etnografía virtual sobre la migración de tránsito en México.

María del Carmen García Aguilar

Socióloga por UNAM, y doctora en Ciencias Sociales por la UAM-X. Integrante del Sistema Nacional de Investigadores (CONAHCyT). Desde 1995 es investigadora y docente de posgrado del Centro de Estudios Superiores de México y Centroamérica, Universidad de Ciencias y Artes. Entre sus publicaciones destacan los libros Migración, derechos humanos y desarrollo, en coautoría con Daniel Villafuerte (UNICACH-Juan Pablos Editor, 2014); Violencia y Globalización. Reflexiones marginales desde el sur de México y Centroamérica (UNICACH-Juan Pablos Editor, 2019); en coautoría con Daniel Villafuerte Los avatares de Chiapas. Proyectos, conflictos, esperanzas, (UNICACH-Juan Pablos Editor, 2021); Crisis global, fronteras y política migratoria. Reflexiones des la frontera sur de México (Ediciones Navarra, 2023). También destacan los siguientes capítulos de libros: en coautoría con Daniel Villafuerte, "Las migraciones centroamericanas y el mito seguritario ¿Un nuevo-viejo acontecimiento?", FLACSO-Fundación Rosa Luxemburgo, 2021); y "Discurso y poder en la coyuntura de las caravanas de migrantes centroamericanos y la retórica del poder de mentir" (en Daniel Villafuerte y María Eugenia Anguiano, eds. Movilidad humana en tránsito: retos de la Cuarta Transformación en política migratoria (CESMECA-UNICACH-CLACSO, 2022).

Pascual G. García Zamora

Médico Veterinario Zootecnista, con Maestría en Sociología con atención al desarrollo regional, C. a Dr. en Intervención Psicológica y Educativa, Profesor Titular C de la Universidad Autónoma de Zacatecas (UAZ), programa de Maestría en Ciencias de la Salud con Especialidad en Salud Pública en la Unidad Académica de Medicina Humana y Ciencias de la Salud (UAMHyCS), Profesor con Perfil Deseable (PRODEP), Miembro del Cuerpo Académico Consolidado UAZ-CA-221 con la Línea de Generación y Aplicación del Conocimiento "Salud, Medio Ambiente y Migración". Miembro de la Asociación Mexicana de Educación en Salud Pública (AMESP).

Rodolfo García Zamora

Licenciatura en Economía en la UAZ, Doctorado en Ciencias Económicas por la Universidad Autónoma de Barcelona. Especialista en migración internacional, remesas, desarrollo regional y rural. Es miembro del Sistema Nacional de Investigadores, Nivel III Emérito. Miembro de la Academia Mexicana de Economía Política, evaluador y asesor del Consejo Nacional de Humanidades, Ciencia y Tecnología, (CONAHCYT). Integrante del Patronato de Sin Fronteras IAP, y del Patronato del INEDIM, integrante del Consejo Ciudadano del Instituto Nacional de Migración. Ha sido profesor del Colegio de la Frontera Norte (México), de la Universidad Nacional Autónoma de México, Colegio de México, Instituto Tecnológico Autónomo de México, Centro de Investigación y Docencia Económica, de las Universidades Central y Autónoma de Barcelona, La Coruña, Valencia, Almería y Sevilla en España. Profesor visitante en las Universidades de California Los Ángeles, Universidad de California Berkeley, Universidad de Chicago, Universidad de Houston, Texas, Universidad de Nebraska, Instituto Tecnológico de Massachussets y Universidad de Sidney, Australia. Actualmente es profesor-investigador de la Unidad Académica de Estudios del Desarrollo (UAED) de la UAZ, México.

Selene Gaspar Olvera

Profesora-investigadora de la UAED-UAZ, México.

Jorge González Sánchez

Maestro en geografía por la UNAM. Técnico académico titular definitivo del Departamento de Geografía Social, UNAM. Líneas de investigación: migración internacional y migración interna. Publicación reciente: Ibarrola-Rivas, M. J., Castillo, G. & González, J. (2020). Social, economic and production aspects of maize systems in Mexico. Investigaciones Geográficas, (102), 1-18. https://dx.doi.org/10.14350/ rig. 60009

Juan Lamberto Herrera Martínez

Docente investigador de la Maestría en Ciencias de la Salud, UAMHyCS-UAZ, México.

Carlos S. Ibarra

Antropólogo formado en la Escuela Nacional de Antropología e Historia, cuenta con una maestría en antropología social por la Escuela de Antropología e Historia del Norte de México y un doctorado en estudios culturales por El Colegio de la Frontera Norte. Especialista en movimientos cristianos emergentes, procesos de deconstrucción religiosa, identidades políticas conservadoras en los Estados Unidos, migración y salud mental. Actualmente se desempeña como investigador postdoctoral en el Departamento de Estudios de Población de El Colegio de la Frontera Norte. Ha coordinado trabajos de campo para diversos proyectos relacionados con el cambio religioso, migración y refugio. Se ha desempeñado como docente en instituciones como la Escuela de Antropología e Historia del Norte de México, El Colegio de Michoacán y El Colegio de la Frontera Norte. Además, es miembro en el Sistema Nacional de Investigadores de México (SNI-CONAHCYT).

Ángel Iglesias Ortiz

Doctor en Ciencias Sociales por la Universidad de Tampere, Finlandia. Especialidad en Estudios de Paz y Conflicto. Investigador Postdoctoral en Spatial and Political Agency Research Group (SPARG) y por la Academia de Finlandia 2022-2024. Investigador asociado Tampere Peace Research Institute (TAPRI), de la Tampere University, Finlandia. Líneas de investigación: Paz y formas de Violencia, Regímenes Fronterizos y Resistencias, Políticas de exclusión e inclusión.

Julia Kieslinger

Institut für Geographie de la Friedrich Alexander University (FAU), Alemania.

Artemisa López León

Investigadora de El Colegio de la Frontera Norte, adscrita al Departamento de Estudios de Administración Pública. Es Licenciada en Ciencias de la Comunicación por la Universidad Autónoma de San Luis Potosí y Maestra y Doctora en Ciencias Sociales en el área de Estudios Rurales por El Colegio de Michoacán. Fue Coordinadora de la Maestría en Desarrollo Rural de El Colef de marzo de 2022 a mayo de 2023. Fue integrante del Comité Ejecutivo Nacional de la Asociación Mexicana de Estudios Rurales (2013-2015 y 2015-2017). Sus líneas de investigación son: acción colectiva, participación sociopolítica y políticas públicas que, en los últimos años, vinculado a la reflexión sobre narcoviolencia. Últimas publicaciones: *La agenda 2030 en la frontera norte; gobernanza, políticas públicas y derechos humanos* (en coordinación con Ramos García, J. M. y Reyes Santos, M. S., El Colegio de la Frontera Norte, 2023); Creatividad ante todo. Investigación cualitativa y violencia ligada al crimen organizado y el narcotráfico en Tamaulipas. (Universidad Autónoma de Guerrero, Ed. La

Biblioteca, S.A., 2023); Invisibilización de los migrantes desaparecidos en la producción de datos de la OIM (Tramas y redes, núm. 5, 2023); La vigilancia y el vigilantismo de la frontera Estados Unidos-México (en coautoría con Alonso Meneses, Relaciones. Estudios de historia y sociedad, volumen. 44, núm. 174, 2023);

María Luz Espiro

Consejo Nacional de Investigaciones Científicas y Técnicas (CONICET), Argentina.

Régis Minvielle

Institut de Recherchepour le Développement (IRD), Francia.

Jessica Andrea Ordóñez Cuenca

Economista. Actualmente se desempeña como docente-investigadora de la UTPL, Ecuador.

Dellanira Ramírez Ruíz de Chávez

Médico Cirujano General, Maestra en Salud Ocupacional (Universidad Autónoma de Aguascalientes), Doctora en Ciencias de la Salud en el Trabajo (Universidad de Guadalajara), Docente Investigador de la Universidad Autónoma de Zacatecas en la Maestría en Ciencias de la Salud y en la Licenciatura de Médico General, Profesor con Perfil Deseable (PRODEP), Miembro del Sistema Nacional de Investigadores Nivel I, Líder del Cuerpo Académico UAZ-CA-221 con la Línea de Generación y Aplicación del Conocimiento "Salud, Medio Ambiente y Migración". Integrante del Observatorio de Educación Médica y Derechos Humanos del Instituto de Salud Pública de la Universidad Veracruzana. Docente invitado de la Red del Programa Internacional en Salud Ocupacional en Latinoamérica (PIENSO), Miembro de la Red de Investigadores sobre Factores Psicosociales en el Trabajo A.C.

Francisco Valenzuela

Maestro en Estudios de Población por El Colegio de la Frontera Norte y Licenciado en Ciencias de la Comunicación por la Universidad Autónoma de Baja California. Es estudiante del Doctorado en Estudios de Población en el Centro de Estudios Demográficos, Urbanos y Ambientales de El Colegio de México. Sus líneas de investigación abarcan Migración y sexualidad, migrantes LGBTIQ+ y migración en tránsito por México. Dentro de sus publicaciones recientes se encuentran los artículos: Narrative strategies to resignify sexual violence among gender and sexuality diverse Central American migrants in Tijuana en la revista Culture, Health and Sexuality y Nos une el dolor. Vulnerabilidad y resiliencia de personas migrantes centroamericanas trans y gays en tránsito por México en la revista Estudios Fronterizos.

Daniel Villafuerte Solís

Doctor en Ciencias Sociales por la Universidad Autónoma Metropolitana. Actualmente es investigador titular del Centro de Estudios Superiores de México y Centroamérica, de la Universidad de Ciencias y Artes de Chiapas, y colaborador del posgrado en Ciencias en Desarrollo Rural Regional de la Universidad Autónoma Chapingo.

Ha recibido las siguientes distinciones: Investigador Emérito por el Consejo Estatal de Ciencia y Tecnología del Estado de Chiapas, 2008; Medalla al Mérito Universitario por la Universidad Autónoma Metropolitana, 2009; Premio Ernest Feder, por el Instituto de Investigaciones Económica de la Universidad Nacional Autónoma de México, 2003; Premio Jesús Silva-Herzog en Investigación Económica, versión 2002, por el Instituto de Investigación Económicas de la Universidad Nacional Autónoma de México; Investigador Nacional, Nivel III, del Sistema Nacional de Investigadores (CONAHCyT).

Entre sus publicaciones recientes se encuentran los libros: Tiempo de fronteras. Una lectura geopolítica de la frontera sur de México (UNICACH-Juan Pablos Editor, 2017) y en coautoría con María del Carmen García Los avatares de Chiapas. Proyectos, conflictos, esperanzas (UNICACH-Juan Pablos Editor, 2021); Crisis global, fronteras y política migratoria. Reflexiones des la frontera sur de México (Ediciones Navarra, 2023).

INTRODUCCIÓN

HACER EL CAMINO. MIGRACIÓN DE TRÁNSITO EN AMÉRICA LATINA

> *[...] Hablo para vosotros, compañeros de un camino denso, no exento de*
> *fatiga, y también para vosotros, que habéis perdido el alma, el ánimo,*
> *las ganas de vida. O para ninguno, o para alguno, o quizá solo para*
> *uno, o para ti, que me estás leyendo: recuerda aquel tiempo, antes de que*
> *se endureciese la cera, cuando cada uno era como un sello. De nosotros*
> *cada cual lleva la huella, del amigo encontrado por la senda; en cada*
> *uno, la traza de cada uno. [...]*
>
> *(A los amigos, Primo Levi, 16 de diciembre de 1985)*

¿Cómo puede una sociedad escapar de la trampa de la utopía concreta sin caer en las sisíficas luchas sin esperanza? La migración en América Latina es un fenómeno marcado por una complejidad dinámica que se ha desarrollado bajo la influencia de una confluencia de factores económicos, políticos, sociales y culturales. Desde las primeras olas migratorias precolombinas hasta los desplazamientos contemporáneos, la región ha sido testigo de movimientos poblacionales constantes y variados. Sin embargo, en la última década, hemos sido testigos de un incremento significativo en los flujos migratorios, especialmente desde Centroamérica hacia los Estados Unidos y recientemente desde Venezuela, donde no sólo se han intensificado los desplazamientos hacia Norteamérica sino también a otros países del sur del continente. Estas dinámicas han configurado nuevas rutas y han planteado desafíos tanto para los migrantes como para los Estados receptores. Este fenómeno no solo refleja las realidades y problemas socioeconómicos y políticos de los países de origen, sino también las respuestas institucionales (de existir) y las políticas (o no-políticas) adoptadas por los Estados de tránsito y destino, particularmente México, que ha cambiado de ser un país de paso a convertirse en un espacio clave de contención migratoria.

Ante este contexto, "Hacer el camino. Migración de tránsito en América Latina", ofrece un análisis crítico y exhaustivo de las narrativas, experiencias, conceptos y políticas migratorias implementadas en la región, explorando sus implicaciones y los impactos en las experiencias de los migrantes que hacen su camino. En este libro se abordan temas centrales como la biopolítica, la securitización de fronteras y la respuesta humanitaria o institucional en tiempos de crisis, ideas que permiten una comprensión más profunda de la complejidad y las múltiples dimensiones del fenómeno migratorio en América Latina, particularmente el de la migración de tránsito.

El estudio de estos temas, cuyo eje vertebrador es la migración de tránsito, no solo revela la complejidad de los desafíos que enfrentan los migrantes en América Latina, sino que también destaca las responsabilidades de los Estados y las organizaciones internacionales para abordar estas cuestiones de manera justa y efectiva. En síntesis, *"Hacer el camino. Migración de tránsito en América Latina"* se propone no sólo a documentar y analizar las políticas y prácticas migratorias, sino también a cuestionar las narrativas dominantes que deshumanizan a los migrantes y a abogar por un enfoque basado en los derechos humanos que reconozca la dignidad y agencia de todas las personas en movimiento.

La obra se compone de catorce capítulos de la autoría de académicos investigadores estudiosos de la migración de tránsito en América Latina que, desde distintas ópticas analíticas, nos dan un panorama amplio del fenómeno en la región. El libro se divide en tres partes: I) *Contextos y las dinámicas migratorias*, II) *Políticas de contención y seguridad fronteriza*, y III) *Experiencias y estrategias de los migrantes*. En la parte primera, se presenta un panorama general del tránsito en la región, las dinámicas migratorias y sus causas estructurales, explorando casos específicos como la migración centroamericana, venezolana y ecuatoriana.

Daniel Villafuerte Solís y María del Carmen García Aguilar inician este proyecto colaborativo y abren la primera parte con el capítulo "El largo y tortuoso camino de los migrantes hacia el sueño americano". El capítulo aborda el complejo y peligroso trayecto que enfrentan los migrantes de diversas partes del mundo, especialmente de África, Asia y Centroamérica, en su intento por llegar a Estados Unidos. La migración, especialmente en contextos de crisis, es un fenómeno impulsado por múltiples factores, incluyendo conflictos armados, pobreza, desigualdad y desastres naturales. Estos migrantes a menudo atraviesan rutas peligrosas, como la selva del Darién, y enfrentan numerosas adversidades, incluyendo la violencia de grupos criminales y la falta de apoyo institucional.

Villafuerte Solís y García Aguilar explican como los migrantes se ven obligados a recorrer caminos peligrosos debido a la falta de vías legales y seguras para migrar. Esta situación se ve agravada por las políticas de contención migratoria implementadas por diversos países, que buscan limitar la migración irregular a través de muros y cercas de seguridad. Estas políticas no solo dificultan el tránsito, sino que también aumentan los riesgos de abuso y explotación, especialmente para los más vulnerables, como las familias y los menores no acompañados. El documento utiliza los conceptos de biopolítica y necropolítica para explicar cómo las políticas migratorias contemporáneas no solo regulan la vida de los migrantes, sino que también los exponen a la muerte y la violencia. La biopolítica, según Michel Foucault, se refiere al poder del Estado sobre la vida y la muerte, y en el contexto migratorio, se manifiesta en la capacidad del Estado para decidir quién tiene derecho a vivir y quién no. La necropolítica, un concepto ampliado por Achille Mbembe, se refiere a las nuevas formas de dominio y control que exponen a los migrantes a la muerte o a condiciones de vida extremas.

Es clave lo que los autores describen acerca de la implementación de políticas como el Título 42 en Estados Unidos, que permitió la expulsión inmediata de migrantes durante la pandemia de COVID-19, es un ejemplo claro de cómo la biopolítica se ejerce en la frontera. Esta política resultó en la expulsión de casi 2.9 millones de personas, muchas de las cuales fueron devueltas a situaciones peligrosas en México y otros países. Así mismo, la migración irregular ha sido criminalizada y vinculada a amenazas como el terrorismo y el narcotráfico, lo que ha justificado una mayor militarización y control de las fronteras. Esta criminalización ha llevado a tragedias humanitarias, como la masacre de San Fernando y la muerte de migrantes en albergues, reflejando la negligencia y la brutalidad de las políticas de contención. El texto concluye que la actual política migratoria global, influenciada por la seguridad nacional y la economía, prioriza la contención de los flujos migratorios por encima de los derechos humanos. La migración irregular, vista como una amenaza, ha llevado a políticas que exacerban la vulnerabilidad de los migrantes. Se sugiere la necesidad de un cambio en las políticas migratorias, enfocado en abordar las causas estructurales de la migración y en la protección de los derechos humanos de los migrantes.

El capítulo titulado "Biopolítica y migración: Un análisis sobre las condiciones del desplazamiento centroamericano por el Noroeste de México" presentado por Julio César Félix Chávez y Nayeli Burgueño Angulo, analiza el fenómeno de la migración centroamericana a través del concepto de biopolítica, considerando cómo los estados ejercen control sobre los cuerpos y vidas de los migrantes. Este control se manifiesta en políticas de contención y regulación de la migración, enfocadas principalmente en la seguridad nacional y el mantenimiento del orden social, lo cual resulta en una criminalización de los migrantes y una vulneración de sus derechos.

Los autores explican como la migración desde Centroamérica, particularmente del Triángulo del Norte (Guatemala, Honduras y El Salvador), está motivada por la pobreza, la violencia y la falta de oportunidades. Estas condiciones han generado flujos migratorios intensos hacia los Estados Unidos, pasando por México. La situación se ha exacerbado por políticas antiinmigrantes, tanto en México como en EE. UU., que han intensificado las medidas de control y contención, como la militarización de las fronteras y la detención de migrantes. Así pues, la biopolítica, como práctica gubernamental, permite al Estado regular la vida de ciertos grupos poblacionales. En el caso de los migrantes, esto se traduce en medidas punitivas y de vigilancia que limitan su movilidad y los exponen a situaciones de riesgo y vulnerabilidad. El documento resalta cómo estas políticas obligan a los migrantes a utilizar rutas clandestinas, exponiéndose a peligros como la violencia del crimen organizado y el abuso por parte de las autoridades.

De hecho, durante su tránsito por México, los migrantes centroamericanos enfrentan numerosos desafíos, incluyendo la falta de acceso a servicios básicos como atención médica y alojamiento, y la discriminación y xenofobia por parte de la población local. La ciudad de Culiacán se presenta como un caso de estudio para entender estas dinámicas, donde los migrantes deben recurrir a estrategias de sobrevivencia, como formar redes de apoyo y utilizar distintos medios de transporte para evitar ser detectados y detenidos. El estudio de Félix y Burgueño, concluye que la política de contención migratoria ha exacerbado la vulnerabilidad de los migrantes, dejándolos en una situación precaria donde sus derechos humanos son constantemente violados. La narrativa de "ilegalidad" utilizada por los estados sirve para justificar estas prácticas, priorizando la seguridad del Estado sobre la vida y dignidad de los migrantes.

El capítulo presentado por Julia Kieslinger, "(In)movilidades de migrantes venezolanos en la ruta andina en el contexto de la pandemia de COVID-19", analiza las experiencias de movilidad e inmovilidad de los migrantes venezolanos en la ruta andina durante la pandemia de COVID-19. La crisis en Venezuela ha llevado a millones de personas a abandonar el país, con muchos buscando refugio en países vecinos como Colombia, Perú, Ecuador y Chile. La investigación se centra en las experiencias de estos migrantes, quienes a menudo utilizan pasos fronterizos no oficiales y enfrentan múltiples desafíos en su travesía.

La situación política, económica y social en Venezuela ha generado una salida masiva de ciudadanos desde 2014, con cifras que alcanzan hasta 7,1 millones de migrantes y refugiados venezolanos en diciembre de 2022. A pesar de la falta de datos consolidados, se estima que alrededor de 5,9 millones de estos migrantes se encuentran en América Latina. Los principales destinos incluyen Colombia, Perú, Ecuador y Chile. En ese sentido, Kieslinger explica como la pandemia exacerbó las dificultades para los migrantes venezolanos. Las medidas de confinamiento y cierre de fronteras limitaron drásticamente la movilidad, forzando a muchos a utilizar rutas informales conocidas como "trochas". La falta de documentos de identidad y la situación irregular de muchos migrantes complicaron aún más su situación. Las políticas de cierre y restricción de movilidad impuestas por los gobiernos de los países andinos dificultaron el acceso a servicios básicos y la posibilidad de cruzar fronteras legalmente. A lo largo de la ruta, los migrantes experimentaron diversas formas de movilidad y estancias temporales en diferentes lugares. Las motivaciones para moverse incluían la búsqueda de trabajo, la reunificación familiar y la necesidad de escapar de condiciones adversas. Los migrantes utilizaron diversos medios de transporte, desde autobuses hasta caminar largas distancias, y a menudo dependieron de redes de apoyo informales.

En conclusión, Kieslinger sintetiza como los migrantes enfrentaron numerosos riesgos, como la explotación, la violencia y las condiciones climáticas adversas. La falta de servicios de transporte y el control militar incrementaron las dificultades de movilidad, obligando a muchos a recorrer rutas más largas y peligrosas. La pandemia también agravó la situación económica y social, aumentando la xenofobia y la discriminación hacia los migrantes venezolanos en los países de acogida. Así mismo; la pandemia de COVID-19 no solo complicó la movilidad de los migrantes venezolanos, sino que también exacerbó las condiciones de vulnerabilidad y riesgo. A pesar de las restricciones, la migración desde Venezuela no se detuvo, lo que subraya la desesperación y necesidad de las personas por encontrar mejores condiciones de vida. El estudio destaca la importancia de abordar la migración desde una perspectiva que considere las múltiples dimensiones y desafíos que enfrentan los migrantes en su tránsito.

El primer apartado cierra con el capítulo "La sempiterna crisis de la emigración ecuatoriana", por Pascual G. García-Macías y Kevin Amay-Burguan, que analiza detalladamente la constante migración de los ecuatorianos impulsada por crisis económicas y políticas a lo largo del siglo XX y principios del XXI. La migración ecuatoriana es conceptualizada como un fenómeno sempiterno, reflejando un ciclo perpetuo de inestabilidad económica y social que obliga a la población a buscar mejores oportunidades en el extranjero.

Los autores argumentan cómo históricamente, la migración de ecuatorianos se ha intensificado en distintos periodos debido a diversas crisis. Durante las décadas de 1930 y 1960, las relaciones comerciales con Estados Unidos y la falta de apoyo a los productores agrícolas fueron factores determinantes. A partir de la década de 1970, la migración hacia Europa, especialmente a España e Italia, se incrementó notablemente. Las crisis económicas de la década de 1980 y el feriado bancario de 1999 fueron eventos cruciales que desencadenaron olas masivas de emigración, marcando el inicio de un ciclo de búsqueda de mejores condiciones de vida en el extranjero El análisis detalla cómo la dolarización en el año 2000, aunque estabilizó la economía, no frenó la migración, reflejando la naturaleza continua de esta crisis. El estudio subraya la feminización del proceso migratorio desde mediados de los años 90, donde un número creciente de mujeres migró de manera autónoma, alterando la estructura familiar tradicional y generando problemáticas sociales como la deserción escolar y la discriminación de los hijos de migrantes

García-Macías y Amay-Burguan sustentan como la migración es vista como una estrategia de supervivencia y respuesta a las adversidades económicas, con las redes sociales y comunitarias desempeñando un papel crucial en el apoyo a los migrantes. Sin embargo, las políticas públicas en Ecuador han demostrado ser insuficientes para mitigar los efectos de estas crisis, generando una dependencia creciente de las remesas, que aunque vitales para muchas familias, no sustituyen la necesidad de un desarrollo económico equilibrado y sostenible Además, el documento aborda la problemática de las deportaciones y detenciones de migrantes ecuatorianos en Estados Unidos y México, destacando la ineficacia de las políticas migratorias restrictivas y la desesperación de quienes buscan escapar de condiciones insostenibles en su país de origen. La migración irregular y el riesgo al que se enfrentan los menores no acompañados subrayan la falta de políticas públicas efectivas en Ecuador para abordar las causas estructurales de la migración. En conclusión, García-Macías y Kevin Amay-Burguan resaltan la necesidad urgente de una reestructuración profunda de las políticas económicas y sociales en Ecuador para romper el ciclo perpetuo de crisis y migración. Solo a través de un enfoque integral, verdaderamente democrático y sostenible, se podrá reducir la necesidad de migrar por motivos económicos y de seguridad

En la segunda parte, *Políticas de Contención y Seguridad Fronteriza*, se agrupan los capítulos que discuten las políticas de contención y seguridad en Norteamérica, mostrando cómo los estados manejan y controlan los flujos migratorios, especialmente en México y en la frontera con EE.UU. El apartado abre con Rodolfo García Zamora y Selene Gaspar Olvera que presentan el capítulo: "Las migraciones centroamericanas por México 2018-2022: militarización de las políticas migratorias, mayor subordinación a Estados Unidos y un enorme costo social". El documento examina la evolución de las migraciones centroamericanas a través de México desde 2018 hasta 2022, destacando el incremento en la militarización de las políticas migratorias y la subordinación de México a las políticas de Estados Unidos. Estas políticas han tenido un alto costo social para los migrantes. Durante los últimos veinte años, la migración de Centroamérica a México ha aumentado significativamente debido a crisis económicas, sociales, políticas y ambientales. Estos factores han convertido a México en un país de tránsito importante para los migrantes que buscan llegar a Estados Unidos.

A partir de 2018, coincidiendo con la llegada de las Caravanas Migrantes y el inicio del gobierno de Andrés Manuel López Obrador, México adoptó una postura más dura hacia la migración bajo la presión de Estados Unidos. Esto incluyó la aceptación del Programa "Permanece en México" en 2019 y la implementación del Título 42 en 2020, que permitieron la deportación de más de 60 mil migrantes centroamericanos bajo pretexto de la pandemia de COVID-19. Estas medidas han incrementado las violencias y el costo social para los migrantes. García Zamora y Gaspar dan cuenta de cómo las políticas migratorias restrictivas han generado una serie de costos sociales, incluyendo la violencia sistemática contra los migrantes, detenciones arbitrarias y la exposición a condiciones precarias en albergues. Los migrantes enfrentan abusos, extorsiones y un alto riesgo de ser víctimas de trata y explotación.

Desde la década de 1980, la colaboración entre México y Estados Unidos ha crecido, especialmente en la contención de flujos migratorios. Esta cooperación ha llevado a una mayor militarización de la frontera sur de México y un aumento en las deportaciones. La Ley de Migración de 2011 y otras normativas han tratado de estructurar una política migratoria más estricta, enfocándose en la seguridad nacional y el control de la migración irregular. Las caravanas de migrantes centroamericanos han sido una forma visible y politizada de movilidad. Estas caravanas han sido vistas tanto como una crisis humanitaria como una amenaza a la seguridad nacional. La respuesta de los gobiernos de México y Estados Unidos ha sido una mayor securitización y control migratorio, resultando en la detención y deportación de miles de migrantes. García Zamora y Gaspar Olvera concluyen que la política migratoria de México, influenciada por Estados Unidos, ha resultado en una militarización de la frontera y un enfoque en la contención, a costa de los derechos humanos de los migrantes. La falta de una política migratoria integral con enfoque en el desarrollo y los derechos humanos ha exacerbado la crisis migratoria en la región, dejando a miles de migrantes en una situación de vulnerabilidad extrema.

En el capítulo "México como territorio de contención migratoria en contextos de pandemia", Guillermo Castillo Ramírez y Jorge González Sánchez analizan cómo México ha evolucionado de ser un país de origen y tránsito a convertirse en un territorio clave para la contención migratoria, especialmente durante la pandemia de COVID-19. A lo largo de las últimas décadas, México ha sido un corredor importante para migrantes de Centroamérica con destino a Estados Unidos. Sin embargo, la influencia de las políticas migratorias estadounidenses ha llevado a México a desempeñar un papel crucial en la detención y deportación de migrantes, particularmente en los últimos años.

Los autores explicitan que la ubicación geográfica de México, adyacente a Estados Unidos y como paso obligado para migrantes centroamericanos, ha hecho que el país sea un actor central en la contención de flujos migratorios.

Esta función se ha intensificado debido a la presión geopolítica ejercida por Estados Unidos, que ha influenciado significativamente las políticas migratorias mexicanas. Así mismo, Castillo y González dan cuenta que, durante los primeros años de la pandemia (2020-2021), se observaron cambios significativos en los patrones migratorios y en las medidas de control. En 2020, hubo una notable disminución en las detenciones y deportaciones debido a las restricciones por la pandemia. Sin embargo, en 2021, estas cifras aumentaron drásticamente, evidenciando una recuperación de los flujos migratorios y un endurecimiento de las políticas de contención.

México, bajo la presión de Estados Unidos, ha implementado medidas como la militarización de sus fronteras y la colaboración en políticas como el Título 42, que permitió la expulsión rápida de migrantes bajo pretexto sanitario. Estas acciones han llevado a la desarticulación de caravanas migrantes y la detención de un gran número de personas en situación irregular, especialmente provenientes del Triángulo Norte de Centroamérica. Los migrantes enfrentan múltiples riesgos, incluyendo violencia, extorsión y violaciones de derechos humanos. La criminalización de los migrantes y la narrativa de "seguridad nacional" han justificado la implementación de políticas restrictivas, aumentando la vulnerabilidad de estas poblaciones. En conclusión, el capítulo dilucida como México se ha consolidado como un dispositivo de contención migratoria regional, influenciado por la política y la geopolítica de Estados Unidos. Las fronteras mexicanas no solo son barreras físicas, sino también un conjunto de prácticas y políticas que regulan y restringen la movilidad de los migrantes. Esto ha generado un complejo régimen fronterizo que impacta significativamente las vidas de quienes intentan cruzar el territorio mexicano en busca de una mejor vida en Estados Unidos.

Miguel Ángel Aguilar Dorado, autor del texto "Análisis de las funciones sociales de los muros fronterizos. El caso del muro entre México y Estados Unidos", analiza el papel y las implicaciones de los muros fronterizos, enfocándose en el muro entre México y Estados Unidos como un ejemplo paradigmático. El autor explora cómo estos muros no solo sirven como barreras físicas sino también como símbolos de las asimetrías económicas, políticas y culturales entre países. Se abordan varias dimensiones del muro fronterizo, desde su función material hasta su impacto simbólico en las relaciones sociales y culturales.

Aguilar Dorado explica como los muros fronterizos son construcciones físicas que buscan delinear y proteger las fronteras nacionales. Sin embargo, su función va más allá de la seguridad nacional; representan y refuerzan las desigualdades entre países vecinos. En el caso del muro entre México y Estados Unidos, esta estructura no solo pretende controlar la migración irregular, sino también enfatizar las diferencias económicas y culturales, separando a quienes pueden cruzar legalmente de aquellos que no pueden. Este muro, argumenta Aguilar Dorado, el más largo del mundo con 1,136 km y en constante expansión, es un ejemplo de cómo los muros fronterizos contemporáneos actúan como filtros de valor. Además de limitar el paso de personas, el muro también restringe el intercambio cultural y económico, afectando de manera significativa la vida cotidiana de las comunidades en las regiones fronterizas.

Así, el muro se enmarca en una estrategia política conocida como "prevención por disuasión", que busca desincentivar los cruces irregulares empujando a los migrantes a zonas más peligrosas y difíciles de atravesar. Esta política se traduce en un aumento de los riesgos y costos para los migrantes, tanto en términos de seguridad personal como económicos, y ha llevado a un incremento de la violencia y la explotación por parte de grupos criminales. A nivel global, los muros fronterizos reflejan una tendencia hacia la fortificación de las fronteras en un mundo cada vez más interdependiente. Aunque vivimos en una era de globalización y conectividad, los muros fronterizos demuestran un retroceso hacia el proteccionismo y la exclusión. En el caso específico del muro entre México y Estados Unidos, este sirve para reforzar la soberanía nacional y la seguridad, pero también exacerba las tensiones y desigualdades entre las naciones. El texto concluye que los muros fronterizos, más allá de su función física de detener el paso, desempeñan un papel crucial en la construcción de la alteridad y la segregación social. Representan una herramienta política que refuerza las asimetrías globales y destaca las contradicciones de un mundo globalizado que aún se aferra a las divisiones territoriales y las fronteras nacionales.

"Normalización de la Excepcionalidad en el Régimen Global Fronterizo: El caso del Título 42 en la frontera México-Estados Unidos", capítulo presentado por Ángel Iglesias Ortiz, Francisco Valenzuela y Valentina Cappelletti, aborda la aplicación del Título 42 en la frontera entre México y Estados Unidos durante la pandemia de COVID-19, analizando cómo esta medida refleja una tendencia global de utilizar la excepcionalidad para justificar políticas de control migratorio más restrictivas. A través del estudio de casos en la ciudad fronteriza de Tijuana, el texto explora las implicaciones y efectos de estas políticas en las vidas de las personas migrantes y solicitantes de asilo.

El Título 42, una normativa de salud pública estadounidense, fue invocado en marzo de 2020 bajo la administración de Donald Trump con el pretexto de prevenir la propagación de enfermedades contagiosas. Sin embargo, su implementación se enfocó principalmente en expulsar rápidamente a migrantes indocumentados, incluidos aquellos que buscaban

19

asilo, lo que suspendió efectivamente el derecho de asilo durante su vigencia. Esta medida se extendió hasta mayo de 2023, marcando una utilización prolongada de la excepcionalidad como herramienta de control fronterizo. De esta manera; la aplicación del Título 42 creó dos patrones principales de (in)movilidad entre los migrantes: una movilidad circular, donde los migrantes intentaban repetidamente cruzar la frontera y eran devueltos, y una inmovilidad prolongada, donde los migrantes quedaron atrapados en albergues en Tijuana esperando oportunidades para ingresar a Estados Unidos. Esta situación exacerbó las condiciones de precariedad, con hacinamiento en los albergues, falta de servicios básicos y limitaciones en los recursos, lo que afectó particularmente a familias con niños.

El uso del Título 42 ejemplifica cómo situaciones consideradas excepcionales pueden ser normalizadas, legitimando políticas que en circunstancias normales serían inaceptables. La prolongación de esta medida, incluso cuando la crisis sanitaria había disminuido, destaca cómo la excepcionalidad se convierte en una justificación para ampliar el régimen de control fronterizo. Esto ha llevado a una suspensión de derechos y un incremento en las desigualdades, reflejando una tendencia global de securitización y externalización de fronteras. Los autores concluyen que la política de la hostilidad y la excepcionalidad, ejemplificadas por el Título 42, han profundizado la crisis humanitaria en la frontera norte de México. Estas medidas no solo han afectado las condiciones de vida de los migrantes, sino que también han reforzado una dinámica de poder desigual entre los estados y las personas migrantes. La normalización de estas prácticas excepcionales pone en riesgo los derechos humanos y destaca la necesidad de revisar y cuestionar la instrumentalización de la emergencia como mecanismo de control.

La segunda parte de la obra concluye con el capítulo "Crisis migratoria en América y la política de contención en la ruta del Pacífico mexicano", de Pablo Israel Cañar Tenenpaguay, José Salvador Cueto-Calderón y Olga Beatriz García Rodríguez. El texto aborda la crisis migratoria en América, centrando su análisis en la influencia de la globalización y la política de contención migratoria en México, particularmente en la ruta del Pacífico mexicano. Se discuten las causas estructurales de las migraciones, como la exclusión económica y social, y se examina cómo estas migraciones son gestionadas y controladas por políticas nacionales e internacionales.

Los autores describen y explican como la globalización ha creado una nueva geografía económica que excluye a gran parte de la población mundial de los beneficios económicos, resultando en desplazamientos forzados, desempleo y otras formas de marginación. Estas condiciones han llevado a muchos a migrar como estrategia de supervivencia. En América, la crisis migratoria se ha intensificado con miles de personas enfrentando peligros extremos en su tránsito hacia Estados Unidos, especialmente desde la selva del Darién hasta la frontera con México. A pesar de los esfuerzos internacionales como el Pacto Mundial para la Migración, algunos estados, incluidos Estados Unidos, han optado por políticas más restrictivas.

Así mismo, y como se aborda en capítulos anteriores, México bajo presión de Estados Unidos, ha implementado políticas para contener los flujos migratorios antes de que lleguen a la frontera estadounidense. Estas políticas incluyen la detención y deportación de migrantes, y se han intensificado a lo largo de todas las rutas migratorias de México. El documento destaca cómo estas medidas han sido enmarcadas por intereses geopolíticos y de seguridad, más que por consideraciones humanitarias. La externalización de las fronteras de Estados Unidos a México ha tenido como resultado un aumento significativo en el número de migrantes detenidos y deportados en el país, especialmente en los estados de la ruta del Pacífico mexicano; ilustrando el caso particular del estado de Sinaloa. El documento concluye que la política migratoria de contención en México, influenciada por Estados Unidos, ha contribuido a una gestión ineficaz de la crisis migratoria, centrada en la seguridad y el control más que en los derechos humanos. Se hace un llamado a repensar estas políticas y a considerar enfoques que prioricen el bienestar y la dignidad de los migrantes, reconociendo la complejidad de la movilidad humana contemporánea y la necesidad de una cooperación internacional más solidaria y efectiva.

La tercera y última parte del libro, *Experiencias y estrategias de los migrantes*, se enfoca en las experiencias directas de los migrantes y las estrategias que utilizan para sobrevivir y adaptarse en su tránsito. Igualmente, se analiza el papel de organizaciones internacionales y se presentan estudios de casos específicos. La sección abre con el capítulo titulado "Transformaciones en la migración de tránsito por México: Lecciones aprendidas en cuatro ciudades fronterizas y desafíos pendientes", de la autoría de Carlos S. Ibarra y Rodolfo Cruz Piñeiro. Los autores analizan las transformaciones en la migración de tránsito por México, con un enfoque particular en las experiencias de Tijuana, Ciudad Juárez, Matamoros y Tapachula. Estas ciudades fronterizas representan puntos clave en el trayecto migratorio hacia Estados Unidos y han experimentado importantes cambios en sus dinámicas migratorias debido a factores políticos, económicos y sociales tanto locales como internacionales.

Tradicionalmente, México ha sido un país de tránsito para migrantes que buscan llegar a Estados Unidos. Sin embargo, factores como el endurecimiento de las políticas migratorias estadounidenses, la creciente securitización de fronteras y el deterioro de las condiciones de vida en los países de origen han transformado a México en un destino final para muchos migrantes. Eventos como el terremoto en Haití, la implementación de los Protocolos de Protección al Migrante (MPP) y la pandemia de COVID-19 han influido en estas dinámicas. Sin embargo, en Tijuana, la diversidad cultural se ha incrementado notablemente, especialmente con la llegada de migrantes haitianos desde 2016. Aunque esta diversidad enriquece la vida local, también plantea desafíos de integración y convivencia. En Ciudad Juárez, la presencia de migrantes centroamericanos ha generado tensiones, exacerbadas por incidentes de xenofobia y tragedias como el incendio en un centro del Instituto Nacional de Migración. Matamoros, con un perfil económico menos diversificado, enfrenta retos similares con un incremento en la presencia de grupos criminales y una alta vulnerabilidad de los migrantes. Por último, Tapachula, como punto de entrada en el sur de México, ha visto una mezcla heterogénea de migrantes y enfrenta desafíos significativos en términos de infraestructura y servicios.

Los autores sugieren mejorar la capacidad de las instituciones migratorias mexicanas, fomentar una mayor cooperación regional y garantizar una infraestructura adecuada para los migrantes. Además, se enfatiza la importancia de incluir las voces de los migrantes en las discusiones de políticas para asegurar que estas se alineen con sus necesidades y realidades. A medida que México sigue enfrentando un aumento en la migración en tránsito, es crucial adoptar enfoques interdisciplinarios y holísticos para abordar los desafíos presentes y futuros.

El capítulo "Narrativa de migrantes sur centroamericanos y del Caribe en tránsito por Zacatecas, México, 2022-2023" de Pascual García Zamora, Juan Lamberto Herrera Martínez y Dellanira Ruiz de Chávez-Ramírez, presenta un análisis sobre la experiencia de migrantes provenientes del sur de Centroamérica y el Caribe en tránsito por Zacatecas, México, durante el periodo 2022-2023. Se enfoca en las vivencias y estrategias de los migrantes en su recorrido hacia Estados Unidos, destacando la diversidad de sus trayectos y los desafíos que enfrentan.

Los autores explican cómo los flujos migratorios de personas desde Centroamérica y el Caribe hacia Estados Unidos han incrementado en los últimos años, incluso durante la pandemia de COVID-19. Estos movimientos incluyen una mayor participación de mujeres y menores de edad, tanto acompañados como no acompañados. La investigación se centró en comprender las experiencias de los migrantes en Zacatecas, un punto de tránsito significativo, y exploró aspectos como las rutas utilizadas, el acceso a servicios sociales y el uso de tecnologías de la información y comunicación (TIC). El capítulo presentado bajo una metodología cualitativa con técnicas etnográficas, se realizaron entrevistas semiestructuradas a migrantes en tránsito. Los resultados identificaron tres grupos de migrantes según sus recursos económicos: aquellos sin recursos, los que cuentan con algunos recursos y los que poseen mayores medios económicos. Estos grupos utilizan diversas estrategias de movilidad y afrontamiento, desde viajar en autobús con visados temporales hasta evitar la visibilidad y depender de redes informales para su supervivencia.

Los migrantes enfrentan múltiples desafíos, incluyendo inseguridad, falta de acceso a servicios básicos y discriminación. La mayoría evita interactuar con instituciones oficiales para no ser detectados y prefieren apoyarse en albergues y organizaciones de la sociedad civil. Además, el uso de TIC es crucial para mantenerse en contacto con familiares y obtener información sobre rutas seguras y condiciones del viaje. A lo largo de su trayecto, explican los autores, los migrantes construyen una identidad híbrida, combinando elementos de su cultura de origen y de los lugares por los que transitan. Esta identidad se refleja en su adaptación a nuevas circunstancias y en la construcción de redes sociales que les permiten afrontar los desafíos del camino. El estudio concluye que la migración centroamericana y caribeña hacia Estados Unidos, a través de México, es un proceso complejo que implica una constante adaptación y el uso de diversas estrategias para sobrevivir. Las experiencias de los migrantes están marcadas por la precariedad y la necesidad de invisibilidad, pero también por la resiliencia y la solidaridad que encuentran en su tránsito.

Régis Minvielle y María Luz Espiro presentan "Directo al matadero: ¿el final del camino para los senegaleses en Sudamérica?". En este capítulo, los autores exploran la migración de personas desde Senegal y otros países africanos hacia América del Sur, específicamente hacia Brasil y Argentina, desde finales del siglo XX. Estos migrantes buscan nuevas oportunidades, a menudo con la intención de continuar hacia Estados Unidos, Canadá o Europa. Sin embargo, las políticas migratorias, las redes de migración y las condiciones socioeconómicas han llevado a muchos a establecerse en Sudamérica, creando nuevas dinámicas migratorias en la región.

Los autores destacan la migración desde África a Sudamérica ha sido influenciada por varios factores, incluyendo la globalización y las políticas migratorias de los países de destino. A lo largo de las últimas décadas, países como Brasil y Argentina han sido percibidos como destinos atractivos debido a sus marcos jurídicos progresistas y la porosidad de sus fronteras, lo que facilitó la llegada y asentamiento de migrantes africanos, particularmente senegaleses. Minvielle y Espiro dan detalle cómo en Brasil y Argentina los migrantes africanos han encontrado un nicho en el mercado laboral, especialmente en la industria de la carne halal. En Brasil, en estados como Rio Grande do Sul, los migrantes senegaleses han sido contratados en los mataderos para realizar sacrificios rituales halal, aprovechando la mano de obra musulmana para satisfacer la demanda de productos halal en mercados internacionales. Estas oportunidades, aunque representan una fuente de empleo, también están marcadas por condiciones laborales precarias y desafíos legales para los migrantes. Los migrantes senegaleses en Sudamérica enfrentan múltiples desafíos, incluyendo discriminación racial, xenofobia y dificultades para regularizar su estatus migratorio.

Aunque algunos países han implementado políticas progresistas que reconocen los derechos de los migrantes, estas a menudo coexisten con prácticas de control migratorio y exclusión. Los migrantes deben navegar estas complejas realidades para encontrar trabajo y establecerse, a menudo recurriendo a redes de apoyo comunitario y estrategias de movilidad transfronteriza entre Argentina y Brasil. Los autores concluyen cómo la migración senegalesa en Sudamérica refleja una nueva realidad en la movilidad global, donde los flujos migratorios sur-sur se han vuelto más prominentes. A pesar de las dificultades, los migrantes continúan adaptándose y encontrando formas de subsistir y prosperar en sus nuevos entornos. Sin embargo, las condiciones adversas y la falta de apoyo institucional adecuado subrayan la necesidad de políticas más inclusivas y justas que reconozcan y respeten los derechos de todos los migrantes.

En "Gestión de la migración venezolana en tránsito por el norte del Ecuador", capítulo presentado por Jessica Andrea Ordóñez-Cuenca y Víctor Adrián Ayala-Cano, se aborda la situación de los migrantes venezolanos en tránsito por el norte de Ecuador, destacando los desafíos y las respuestas institucionales ante este fenómeno. Los migrantes en tránsito, muchas veces en situación irregular, enfrentan mayores riesgos y vulnerabilidades debido a la falta de documentos y la exposición a condiciones adversas, incluidos peligros naturales y amenazas de grupos criminales como los coyoteros.

Los autores sustentan que la migración irregular es un fenómeno global influenciado por desequilibrios en el mercado laboral y desigualdades socioeconómicas. En América Latina, la migración venezolana se ha intensificado debido a crisis políticas y económicas en el país de origen. A pesar de las barreras migratorias, muchas personas continúan migrando, impulsadas por problemas estructurales como la violencia y la pobreza. Esta migración involucra a familias enteras, incluidas mujeres embarazadas y niños, quienes enfrentan doble discriminación y falta de acceso a servicios básicos. El país ha adoptado un enfoque securitista en sus políticas migratorias, influenciado por la percepción de la migración como un problema de seguridad. Aunque la Constitución ecuatoriana de 2008 reconoce la ciudadanía universal y el derecho a migrar, en la práctica, las políticas se enfocan en el control y la protección, a menudo en detrimento de los derechos de los migrantes. La Ley Orgánica de Movilidad Humana de 2017 y otras normativas buscan regular la entrada y permanencia de extranjeros, estableciendo requisitos como la visa para ciertas nacionalidades, incluyendo Venezuela desde 2019. El documento concluye que la gestión de la migración venezolana en Ecuador, aunque ha tenido avances, sigue enfrentando limitaciones significativas. Es crucial superar el enfoque asistencialista y adoptar políticas que fomenten el desarrollo integral y la inclusión social de los migrantes, reconociendo sus derechos y necesidades.

La última parte de la obra finaliza con el capítulo "La OIM, el derecho a la información y la producción de conocimiento migratorio" de Artemisa López León. El documento examina el papel de la Organización Internacional para las Migraciones (OIM) en la gobernanza global de la migración, destacando su influencia en la producción y difusión de conocimiento experto sobre migración. La OIM ha sido fundamental en la recopilación y diseminación de datos sobre movimientos migratorios, utilizando tecnologías avanzadas como *Big Data* y plataformas digitales para hacer accesible esta información.

La autora explica cómo la OIM, como organismo internacional, no solo apoya la gestión ordenada y humana de la migración, sino que también promueve la cooperación internacional y proporciona asistencia humanitaria a migrantes necesitados. Además, la OIM desempeña un papel clave en la protección de los derechos humanos de los migrantes, incluyendo el derecho a la información. Este derecho, consagrado en la Declaración Universal de Derechos Humanos, es esencial para garantizar la transparencia y el acceso a datos relevantes, lo que ayuda a proteger a los migrantes y a promover políticas basadas en evidencia. Así, la OIM, a través de su *Global Data Institute* (GDI), utiliza herramientas como *Open Data* y *Linked Data* para recopilar y analizar grandes volúmenes de datos. Esto permite trazar y cuantificar los movimientos migratorios, proporcionando un recurso valioso para académicos, gobiernos y organizaciones. Sin embargo, el documento destaca la problemática de la "ignorancia estratégica", que puede surgir cuando se omiten o manipulan datos, lo que podría afectar la calidad y precisión de la información disponible. Este sesgo puede tener implicaciones políticas, influenciando decisiones y políticas públicas sobre migración.

López León, subraya el ejemplo clave de la labor de la OIM en el MMP, que registra incidentes de migrantes fallecidos o desaparecidos. Aunque este proyecto proporciona datos valiosos, el enfoque en la contabilización de muertes puede invisibilizar la problemática de las desapariciones, ya que la metodología tiende a presumir la muerte en ausencia de pruebas de vida. Esto resalta la necesidad de una mayor precisión y sensibilidad en la recolección y presentación de datos, para no desestimar la lucha de familiares y organizaciones en la búsqueda de personas desaparecidas. Finalmente, la OIM ha avanzado significativamente en la recopilación y difusión de datos sobre migración, contribuyendo a una mejor comprensión de los flujos migratorios globales. Sin embargo, es crucial que continúe mejorando la accesibilidad y precisión de la información, y que evite sesgos que puedan influir negativamente en la percepción y gestión de la migración. La OIM debe asegurar que su conocimiento y datos se utilicen para proteger y promover los derechos humanos de todos los migrantes.

En conjunto, los capítulos de *"Hacer el camino. Migración de tránsito en América Latina"* ofrecen una visión comprehensiva y crítica de la migración en América Latina, resaltando la importancia de adoptar un enfoque basado en los derechos humanos y la justicia social. A medida que los flujos migratorios continúan siendo un tema central en la agenda global, es fundamental reflexionar sobre las políticas y prácticas que afectan a millones de personas en movimiento y trabajar hacia soluciones más inclusivas y equitativas.

Así pues, gracias al apoyo e interés de la Universidad Técnica Particular de Loja, Ecuador, y la maestría en Ciencias de la Salud de la Universidad Autónoma de Zacatecas, México, este libro explora las diferentes realidades y complejidades de aquellos que hacen su camino, quizás sus imaginarios de una vida mejor en otro lugar los ha motivado a hacer el camino, las utopías, sueños, anhelos inherentes de los seres humanos que nos llevan a caminar. En palabras de Eduardo Galeano: *"La utopía está en el horizonte. Camino dos pasos, ella se aleja dos pasos y el horizonte se corre diez pasos más allá. Entonces, ¿para qué sirve la utopía? Para eso, sirve para caminar"*. Este libro esperamos abone al debate, a la crítica, al conocimiento social y sobre todo en respeto por aquellos que están haciendo el camino en la búsqueda de hacer vivas sus utopías: los migrantes.

Pascual G. García-Macías

José Salvador Cueto-Calderón

PARTE I.

CONTEXTOS Y DINÁMICAS MIGRATORIAS

EL LARGO Y TORTUOSO CAMINO DE LOS MIGRANTES HACIA EL SUEÑO AMERICANO

Daniel Villafuerte Solís[1] y María del Carmen García Aguilar[2]

Introducción

El largo camino a la tierra imaginada es escabroso, está lleno de obstáculos. Algunos fallecen en el camino, otros son secuestrados, desaparecidos o masacrados. Para quienes vienen de muy lejos, de África y Asia, el viaje tiene más costo económico y humano, el sufrimiento es múltiple, aderezado con una alta dosis de racismo. Muchos de ellos llegan a Brasil, y a partir de ahí inician una nueva aventura hasta la frontera sur de México (Cinta, 2020). En cada tramo se enfrentan a diversos obstáculos, a espacios hostiles, inhóspitos, como la selva del Darién. Pero no sólo encaran desafíos en los espacios, pues en su peregrinar se encuentran con grupos del crimen organizado, son asaltados, extorsionados, violados o asesinados.

El recorrido por los caminos de extravío no es una elección voluntaria, sino que las personas se ven obligadas a usarlos, pues los gobiernos no están dispuestos a facilitar su tránsito, sino todo lo contrario, tienen el propósito de contener la migración irregular mediante muros, vallas y cercos de seguridad para evitar que lleguen al lugar de destino. Recorren miles de kilómetros para al final ser deportados *ipso facto*. Esto es lo que ocurrió con la implementación del Título 42, pues desde el momento en que entró en vigor en marzo de 2020, y hasta su conclusión el 11 de mayo de 2023, fueron expulsadas 2.9 millones de personas migrantes y solicitantes de refugio.

La migración, los movimientos mixtos (refugiados y migrantes) como los denomina la Organización Internacional de las Migraciones (OIM), o la movilidad humana, que es un término más abarcativo, constituye un fenómeno global que ocurre con mayor intensidad de sur a norte. Lo que subyace en la movilidad son condiciones de carácter estructural, a las que se añaden circunstancias específicas en cada región o país que no permiten una vida medianamente decente. En medio de todo, se registran condiciones extremas como guerras en ciertos países de Medio Oriente como Yemen, Siria, Afganistán y Ucrania, por citar algunos casos.

Los desplazamientos humanos están asociados a épocas de crisis. El Foro Económico Mundial admite que enfrentamos una década incierta y

---

[1] CESMECA-UNICACH, México. Correo electrónico: daniel.villafuerte@unicach.mx
[2] CESMECA-UNICACH, México. Correo electrónico: carmen.garcia@unicach.mx

turbulenta, "un período particularmente perturbador en la historia humana", y que existen riesgos globales como la "desglobalización". En pocas palabras, el cuadro crítico que presenta este organismo es el siguiente:

A medida que comienza 2023, el mundo enfrenta una serie de riesgos que se sienten completamente nuevos y extrañamente familiares. Hemos visto un regreso de los riesgos "antiguos": inflación, crisis del costo de vida, guerras comerciales, salidas de capital de los mercados emergentes, malestar social generalizado, confrontación geopolítica y el espectro de la guerra nuclear (World Economic Forum, 2023, pág. 6).

Es una crisis sistémica, de larga duración, que viene acompañada por el cambio climático con la emergencia de sequías, huracanes, escasez de agua dulce, así como por la aparición de nuevas enfermedades, que comienzan a manifestarse en múltiples sentidos y afectan a los sectores más vulnerables de la población.

En este contexto, los grandes desplazamientos de la población se miran como un peligro para los países del norte global, donde se imbrican temas como el gasto público, el empleo y los servicios para la población. En fechas recientes, Alemania se ha pronunciado, a través de su canciller Olaf Scholz, sobre el problema de los refugiados en los siguientes términos:

Hemos acogido a muchos refugiados de Ucrania. […] Hoy, más de un millón de refugiados ucranianos están registrados en Alemania. […] Al mismo tiempo, aumenta el número de personas que buscan protección aquí en Alemania y que vienen de otros países (Gobierno Federal de Alemania, 10 de mayo, 2023).

La postura del gobierno alemán es muy clara: "la principal tarea a la que nos enfrentamos es controlar la migración irregular y, por supuesto, también limitarla" (Gobierno Federal de Alemania, 10 de mayo, 2023). El planteamiento consiste en privilegiar la admisión de fuerza de trabajo calificada; dicho en palabras del canciller: "llegaremos a un entendimiento con otros países sobre la posibilidad de facilitar la afluencia de trabajadores calificados" (*ibidem*). Los irregulares y con escasa o nula calificación no tienen cabida en el norte global. El problema se torna irresoluble y se traduce en un tema de crisis de la humanidad, no sólo humanitario, como se acostumbra a decir en los medios y en organismo internacionales, porque no es transitorio, y las ayudas alimentarias y sanitarias no resuelven el problema de fondo. Esto es reconocido por el gobierno alemán cuando su representante afirma que: "las raíces reales del problema no pueden, por supuesto, ser resueltas. Estamos lidiando con un alto nivel de migración, y podemos ver que la aceptación entre la población no es la que uno quisiera en muchos casos" (*ibidem*).

En el contexto mencionado, el propósito de esta comunicación es ofrecer un panorama de las dificultades que están enfrentando y enfrentarán las corrientes de movilidad humana de sur a norte, incluso las de sur a sur, en particular las que pasan por la frontera sur de México con destino a Estados Unidos. También subyacen interrogantes sobre lo que significa dejar el hogar para aventurarse a una travesía incierta, llena de peligros, donde acechan la enfermedad, el secuestro y la muerte. Los muertos, que son miles en todo el mundo, sobre todo en el Mediterráneo y en el corredor hacia Estados Unidos, son resultado de la política de irregularización y contención.

La movilidad humana acompaña la muerte, derivada del biopoder y la necropolítica. Los vulnerables entre los vulnerables son las familias, las niñas y niños no acompañados que no están conscientes de lo que significa la travesía y enfrentan a todos los enemigos de la migración irregular: organizaciones criminales, extorsionadores, ejércitos, agentes de migración, el Estado en general.

Esta contribución está organizada en tres secciones. En la primera se hace referencia a los contenidos esenciales de la política migratoria y se alude a la biopolítica y la necropolítica como marco explicativo de la vulnerabilidad extrema que termina en tres posibilidades: el sufrimiento, la muerte y el acceso limitado al mercado de trabajo en condiciones de superexplotación. En la segunda sección se aborda la contradicción entre la teoría y la práctica de la política migratoria, que se traduce en obstáculos y restricciones impuestos por países de origen, tránsito y destino, lo que hace más tortuoso el caminar de los migrantes y solicitantes de asilo. La tercera sección ilustra con datos oficiales cómo, a pesar de las medidas antiinmigrantes, la movilidad humana se sostiene. Concluye el documento con una reflexión final que incluye una hipótesis de trabajo.

La biopolítica y el carácter necropolítico de la política migratoria

La reconstrucción de la historia de la política migratoria permite advertir las distintas variantes que ocurren en función de la dinámica que adquieren el capitalismo y sus crisis. En momentos de crisis se endurece la política migratoria, y en tiempos de bonanza se relajan las medidas, pero a fin de cuentas se observa una tendencia a limitar los flujos migratorios irregulares. El principio básico es que, en esta fase del capitalismo neoliberal, los flujos de mercancías y del capital financiero tienen abiertas las fronteras; en cambio, los miles de personas en busca de trabajo no tienen vía libre, al contrario, se anteponen todos los obstáculos para evitar que sigan al capital.

Para entender la política migratoria es importante recurrir a dos conceptos centrales: biopolítica y necropolítica. En 1976, Michel Foucault esbozó la idea de la biopolítica y las formas específicas en las que se manifiesta. Su reflexión se centra en el Estado y en la soberanía desde la que se ejerce el poder, el derecho a la vida y la muerte. Parte de la idea de que: "[…] el poder no se da, ni se intercambia, ni se retoma, sino que se ejerce y sólo existe en el acto" (Foucault, 2001, pág. 28), y agrega que "el mecanismo del poder es fundamental y esencialmente la represión" (*ibidem*).

Si nos atenemos a la definición de la Real Academia de la Lengua Española, la represión es un "acto, o conjunto de actos, ordinariamente desde el poder, para contener, detener o castigar con violencia actuaciones políticas o sociales". El poder político tiene la posibilidad de ordenar la vida social, de este modo: "[…] decir que el soberano tiene derecho de vida y de muerte significa, en el fondo, que puede hacer morir y dejar vivir; en todo caso, que la vida y la muerte no son esos fenómenos naturales, inmediatos, en cierto modo originarios o radicales, que están fuera del campo del poder político" (Foucault, 2001, pág. 218).

Foucault encuentra una dialéctica en el derecho de soberanía que consiste en "el de hacer morir o dejar vivir. Y luego se instala el nuevo derecho: el de hacer vivir y dejar morir" (Foucault, 2001, pág. 218). Esta dialéctica se puede observar en lo que ocurrió durante la pandemia de la COVID-19, con la selectividad en la vacunación y en la atención hospitalaria. Países de África y de Centroamérica, y Haití en el Caribe, muestran con meridiana claridad la idea del autor. De manera más clara, explica:

[…] con la tecnología del biopoder, la tecnología del poder sobre la población como tal, sobre el hombre como ser viviente, aparece ahora un poder continuo, sabio, que es el poder de *hacer vivir*. La soberanía hacía morir y dejaba vivir. Y resulta que ahora aparece un poder que yo llamaría de *regularización* y que consiste, al contrario, en hacer vivir y dejar morir (Foucault, 2001, pág. 223).

Otra expresión de la biopolítica es el racismo, hoy radicalizado en muchas partes del mundo. En este sentido, Foucault refiere: "en la medida en que el Estado funciona en la modalidad del biopoder, su función mortífera sólo puede ser asegurada por el racismo" (2001, pág. 232). Hay que recordar que durante el gobierno de Donald Trump cobró fuerza el movimiento Black Lives Matter (Las vidas de los negros importan) frente al nativismo y el supremacismo blanco. En este sentido, Foucault considera no solo "al asesinato directo, sino también a todo lo que puede ser asesinato indirecto: el hecho de exponer a la muerte, multiplicar el riesgo de muerte de algunos o, sencillamente, la muerte política, la expulsión, el rechazo, etcétera" (Foucault, 2001, pág. 232).

Esto que describe Foucault es justamente lo que ha venido ocurriendo con la política de contención migratoria y de negación de refugio en Estados Unidos. Se expulsa en razón del Título 42, pero también del Título 8, porque de entrada son inadmisibles las personas irregulares. La política de contención, como expresión de la política antiinmigrante, puede ser leída como estado de excepción, una forma de crueldad.

Desde la implementación del Título 42[3] en marzo de 2020, y hasta marzo de 2023, fueron expulsados *ipso facto* 2.9 millones de migrantes y solicitantes de refugio en Estados Unidos. La cifra es espectacular, pero habrá que tener en cuenta los varios intentos que hacen las personas por cruzar. Como se puede observar en la tabla 1, en el año fiscal 2022 fueron expulsados 1 054 084 migrantes o solicitantes de refugio, lo que constituyó un récord a pocas semanas de la conclusión de esta disposición (11 de mayo, 2023).

Tabla 1. Migrantes y solicitantes de refugio expulsados bajo el Título 42, según año fiscal

Año	Expulsados
YF 2020	402,806
YF 2021	1,040,220
YF 2022	1,054,084
YF 2023*	419,502
Total	**2,916,612**

*Hasta marzo.
Fuente: U.S. Customs and Border Protection, 2020, 2021, 2022a y 2023.

El Título 42 es el ejemplo más claro de lo que significa la biopolítica en el presente. En él se articulan el rechazo y la expulsión, de modo que genera mayor vulnerabilidad pues expone a la población a los grupos criminales. La población es expulsada a México, con el consentimiento del gobierno mexicano, bajo el argumento de razones humanitarias a sabiendas de que la expulsión en "caliente" viola el derecho internacional. En el caso de Haití, el gobierno de Estados Unidos ha realizado expulsiones directas: "el gobierno de Biden ha transportado por avión a 21 300 haitianos desde septiembre [2021] a Puerto Príncipe y Cabo Haitiano, donde la inestabilidad política y la violencia descontrolada de las bandas hacen que quienes son devueltos sean muy vulnerables" (Isacson, 23 de mayo, 2022).

Si consideramos que la esencia del biopoder es "exponer a la muerte", lo que vemos en la producción de ilegalidad y de contención migratoria es la exposición de los migrantes y solicitantes de refugio a diversos peligros, incluyendo la muerte. Mbembe va más allá de la idea de Foucault al considerar

---

[3] El Título 42 fue una medida de los Centros para el Control y la Prevención de Enfermedades (CDC por sus siglas en inglés) para evitar la propagación de la COVID-19, utilizada por el gobierno de Trump para expulsar de inmediato a migrantes y solicitantes de refugio.

que: "la noción de biopoder es insuficiente para reflejar las formas contemporáneas de sumisión de la vida al poder de la muerte" (Mbembe, 2011, pág. 75).

Otro concepto que está presente en la política migratoria y en la contención es la necropolítica, que desvela "nuevas formas de dominación, sumisión y tributo" (Mbembe, 2011, pág. 11). Al pensar la migración y el refugio centroamericanos en el contexto de una economía extractivista y de violencia estructural, es pertinente recuperar a este autor cuando señala que:

La extracción y el pillaje de recursos naturales por las máquinas de guerra van parejos a las tentativas brutales de inmovilizar y neutralizar espacialmente categorías completas de personas o, paradójicamente, liberarlas para forzarlas a diseminarse en amplias zonas que rebasan los límites de un Estado territorial (Mbembe, 2011, pág. 62).

El tránsito de migrantes por las rutas globales ilustra el desborde del Estado territorial y la exposición a la muerte; pensemos en lo que significa el paso de migrantes por el Darién. Recuperando a Mbembe diríamos que: "[...] se muere viendo morir, e incluso, de alguna forma, por voluntad propia, con todas las fuerzas con el arma del sacrificio" (2011, pág. 71).

Por otra parte, desde 2004, cada año un grupo de madres migrantes centroamericanas ingresa a México para buscar a sus seres queridos que desaparecieron en este país. La llamada Caravana de Madres de Personas Migrantes Desaparecidas es organizada por el Comité de Familiares de Migrantes Fallecidos y Desaparecidos de El Salvador (Cofamide) y el Movimiento Migrante Mesoamericano.

En ocasiones la caravana encuentra algunas personas, en otras ninguna. Visitan hospitales, cárceles y otros lugares públicos. A lo largo de su historia, las madres han encontrado: "a 316 hijos e hijas vivos, un dato que da aliento a las familias de los de 2 000 migrantes todavía desaparecidos" (Moya, 2 de mayo, 2022).

La llama de la esperanza de encontrar a sus hijos e hijas no se apaga. Las caravanas fueron interrumpidas durante los años 2020 y 2021 debido a la pandemia de la COVID-19, y se reanudaron el 11 de marzo de 2023, cuando cinco madres de la Red Regional de Familias Migrantes llegaron a México. En esa ocasión no entraron por la frontera sur del país, sino que viajaron por AVIANCA directo a la Ciudad de México con destino al estado de Sonora, donde realizaron las búsquedas.

Las caravanas de madres migrantes son un indicador de las políticas migratorias que tienen el sello de ser necrológicas. La historia de la migración irregular es una historia de secuestros, desapariciones y muertes, amén de las violaciones a los derechos humanos que se repiten cotidianamente. Es la ambivalencia del sistema capitalista en tiempos neoliberales que, por una parte, requiere de mano de obra barata para llevar a cabo tareas pesadas, peligrosas y sucias, tanto en el campo como en la ciudad, y, por otra, requiere mano de obra altamente calificada.

El sistema-mundo produce mano de obra que supera la demanda, lo que conduce a la pauperización de las personas trabajadoras. No existen organismos que representen a este segmento de la población. La OIM, que es el referente, no tiene capacidad para normar políticas migratorias, aunque no deja de ser una institución importante; por su parte, el Pacto Mundial para la Migración, aprobado en 2018 bajo el auspicio de las Naciones Unidas, tiene un sello que estigmatiza la migración irregular y se decanta por una migración "segura, ordenada y regular". Esto significa el abandono de los migrantes irregulares y deja a los Estados la aplicación de políticas específicas propias; por cierto, Estados Unidos, que es el país de destino más importante de las personas migrantes, no firmó este pacto.

La OIM instituyó en 2014 el Proyecto Migrantes Desaparecidos que tiene como objetivo el registro de personas que fallecen en el tránsito hacia el país de destino. El organismo reconoce que: "como la recopilación de información es un desafío, todas las cifras siguen siendo subestimadas. Las ubicaciones en la mayoría de los casos son aproximadas. Cada número representa a una persona, así como a la familia y la comunidad que deja atrás" (OIM, 2023).

Un estudio sobre familias de personas migrantes desaparecidas en tránsito hacia España confirma las limitaciones que presentan los datos sobre personas desaparecidas. En el informe se indica que: "los datos disponibles son una indicación muy por lo bajo del número real de personas que han fallecido, ya que en muchos casos la muerte o desaparición de pequeños números de personas en las rutas migratorias terrestres no se detecta o no se notifica" (OIM, 2021, pág. 8).

Efectivamente, las cifras no corresponden con la realidad justo porque se trata de una migración clandestina, pero también porque existen obstáculos para la búsqueda de los muertos y desaparecidos —algo que ocurre tanto en Europa como América—. Así lo reconoce el documento citado, donde se señala que: "existen diversas limitaciones estructurales que imponen obstáculos a la búsqueda de familiares desaparecidos. Según muchas familias, las difíciles condiciones socioeconómicas a las que se enfrentan y la falta de recursos económicos les impiden llevar a cabo las labores de búsqueda" (OIM, 2021, pág. 14).

Los desaparecidos y muertos están en todas las rutas migratorias; en el tránsito por México se agregan las masacres —como la de 72 migrantes en San Fernando, Tamaulipas—, que a la fecha no se han esclarecido y en las que no se ha hecho justicia. A estas masacres se suman las fosas clandestinas de Cadereyta, Nuevo León, donde aparecieron cuerpos desmembrados (Nájar, 22 de mayo, 2012).

Los márgenes de autonomía del Estado mexicano en materia de política migratoria se han venido reduciendo. El punto de quiebre más importante corresponde al gobierno de Donald Trump, que obligó al gobierno de México a imponer medidas de contención más fuertes bajo la amenaza de aplicar aranceles a las importaciones. En respuesta, el gobierno de este país desplegó en las fronteras norte y sur la recién creada Guardia Nacional, lo que representó un giro sustancial al esbozo de política migratoria, que en su momento se dijo que sería un nuevo paradigma centrado en garantizar los derechos humanos.

El gobierno de la Cuarta Transformación (4T) transitó de un planteamiento esbozado en el Plan Nacional de Desarrollo y en el documento elaborado por la Comisión Económica para América Latina (2019), centrado en abordar las causas estructurales, a una política de contención. En sus inicios, y frente a las profusas caravanas de migrantes centroamericanos, el gobierno de México comenzó a otorgar de manera masiva visas humanitarias, lo que duró muy poco tiempo, y se insistió en la necesidad de atender las causas estructurales de la migración. Esta idea se planteó varias veces ante las autoridades de Estados Unidos, incluso México adelantó a El Salvador y a Honduras recursos del programa Sembrando Vida como medio para contener la emigración.

Además, el gobierno mexicano transfirió el manejo de la política migratoria a la Secretaría de Relaciones Exteriores y mantuvo la parte operativa en manos del Instituto Nacional de Migración.

Por otra parte, la pandemia de la COVID-19 vino a profundizar la contención migratoria tanto en México como en la frontera sur de Estados Unidos. En la frontera México-Guatemala se endurecieron las medidas, e incluso durante un tiempo corto se cerró el paso por el río Suchiate. Por su parte, como se ha indicado, el gobierno de Estados Unidos implementó en marzo de 2020 el Título 42, una orden sanitaria que permitió la expulsión en "caliente" de 2.9 millones de migrantes.

La organización Médicos sin Fronteras mencionó que "el Título 42 causó una catástrofe humanitaria". Según este organismo, "miles de personas quedaron expuestas a condiciones climáticas extremas, falta de albergue, acceso insuficiente a alimentación, agua y saneamiento, y a diferentes afectaciones físicas y mentales, así como a eventos de inseguridad" (Médicos sin Fronteras,11 de mayo, 2023). ¿A quién le importa esta catástrofe humanitaria? Seguramente el gobierno de Estados Unidos piensa que son los propios migrantes los responsables de su condición y de lo que les ocurra, porque ya se los han dicho: "no vengan". Sin embargo, no se trata de una opción voluntarista, sino está motivada por la idea de una vida mejor en la tierra imaginada.

Lo que describe esta organización es la expresión concreta de la biopolítica, el biopoder y la necropolítica. Hacer sufrir, causar la muerte o dejar vivir en condiciones de precariedad es parte de una política de asilo indigno que contraviene lo dispuesto por la Convención Internacional sobre Refugiados.

La profundización de las medidas antiinmigrantes no ha detenido la migración, sino llevó a la búsqueda de nuevas rutas, lo que implicó mayor costo, tiempo y vulnerabilidad. Asimismo, las tragedias se incrementaron. La más reciente fue el incendio en un albergue de Ciudad Juárez que causó la muerte por quemaduras y asfixia de 40 migrantes, de ellos 28 de Guatemala[4] y el resto de Venezuela y de otras nacionalidades.

Otra tragedia de alto impacto ocurrió en diciembre de 2021 en Chiapas, en el tramo de la carretera Chiapa de Corzo-Tuxtla Gutiérrez, donde fallecieron 54 migrantes guatemaltecos que habían abordado un tráiler en San Cristóbal de Las Casas. Esta tragedia y la anterior sólo fueron las de mayor impacto mediático, pero cotidianamente ocurren desapariciones y muertes de migrantes en el largo y tortuoso caminar hacia el paraíso imaginado.

Teoría y práctica de la política migratoria

México cuenta con un paquete de instrumentos jurídicos que constituye el marco de su política migratoria. Entre los más importantes figuran la Constitución Política, la Ley General de Población y la Ley de Migración, las dos últimas con sus respectivos reglamentos. Estos son los tres pilares sobre los que se construye un conjunto de leyes de menor jerarquía, como la Ley sobre Refugiados, Protección Complementaria y Asilo Político (DOF, 27 de enero, 2011), que sustituye a la Ley sobre Refugiados y Protección Complementaria. También se crearon otros mecanismos en momentos de crisis, por ejemplo, el Programa Frontera Sur, también conocido como Plan Sur, a partir del que se constituyeron los Centros de Atención Integral al Tránsito Fronterizo (CAITF) (DOF, 8 de julio, 2014).

En la Ley sobre Refugiados, en su artículo 61, se mencionan los supuestos

---

[4] Farisaicamente, el gobierno de Guatemala decretó tres días de duelo nacional por la muerte de estos migrantes (Román, 29 de marzo, 2023).

en que las personas extranjeras pueden solicitar asilo:

Artículo 61. Todo extranjero que encuentre en peligro su vida, su libertad o seguridad por ideas o actividades políticas directamente relacionadas con su perfil público, y carezca de la protección de su país, podrá solicitar el otorgamiento de asilo político ante la Secretaría de Relaciones Exteriores... (DOF, 27 de enero, 2011).

Por otra parte, la condición de refugiado se define en la fracción VIII del artículo 2 como el: "status jurídico del extranjero que encontrándose en los supuestos establecidos en el artículo 13 de la Ley, es reconocido como refugiado, por la Secretaría de Gobernación y recibe protección como tal". Este artículo, en las fracciones I y II, establece lo siguiente:

I. Que debido a fundados temores de ser perseguido por motivos de raza, religión, nacionalidad, género, pertenencia a determinado grupo social u opiniones políticas, se encuentre fuera del país de su nacionalidad y no pueda o, a causa de dichos temores, no quiera acogerse a la protección de tal país que, careciendo de nacionalidad y hallándose, a consecuencia de tales acontecimientos, fuera del país donde antes tuviera residencia habitual, no pueda o, a causa de dichos temores, no quiera regresar a él;

II. Que ha huido de su país de origen, porque su vida, seguridad o libertad han sido amenazadas por violencia generalizada, agresión extranjera, conflictos internos, violación masiva de los derechos humanos u otras circunstancias que hayan perturbado gravemente el orden público...

El artículo 20, en su segundo párrafo, establece lo siguiente:

Cuando un solicitante en situación de vulnerabilidad haya sido admitido provisionalmente o se encuentre en alguna estación migratoria, la Secretaría valorará las medidas que mejor favorezcan al solicitante, de conformidad con las circunstancias del caso. En ningún momento las niñas, niños o adolescentes solicitantes, independientemente de que viajen o no en compañía de una persona adulta, serán privados de la libertad en estaciones migratorias o lugares habilitados. En el caso de niñas, niños y adolescentes deberá determinarse su interés superior conforme a lo establecido en la Ley General de los Derechos de Niñas, Niños y Adolescentes.

La realidad económica, social y política avanza de manera contradictoria. Frente a los nuevos retos surgen nuevas disposiciones tanto en el ámbito de los países, como en el plano internacional. La comadrona de las reformas a la

Ley General de Población y a la Ley de Migración en México fue la masacre de San Fernando ocurrida el 22 de agosto de 2010. La Ley de Migración "elimina la criminalización" a los migrantes, se reviste de derechos humanos y carga la culpa sobre los traficantes de personas.

La profundización de la crisis migratoria en el ámbito internacional llevó a la elaboración de dos instrumentos articulados: la Declaración de Nueva York para los Refugiados y Migrantes suscrita el 19 de septiembre de 2016 y el Pacto Mundial para la Migración Segura, Ordenada y Regular acordado el 1 de diciembre de 2018. Ambos instrumentos están revestidos del discurso de los derechos humanos. Para ilustrar esta afirmación recuperamos el parágrafo denominado "Unidad de propósito", que en el numeral 15, inciso "f", señala:

> El Pacto Mundial se basa en el derecho internacional de los derechos humanos y defiende los principios de no regresión y no discriminación. *La aplicación del Pacto Mundial asegurará el respeto, la protección y el cumplimiento efectivos de los derechos humanos de todos los migrantes, independientemente de su estatus migratorio, durante todas las etapas del ciclo de la migración.* También reafirmamos el compromiso de eliminar todas las formas de discriminación contra los migrantes y sus familias, como el racismo, la xenofobia y la intolerancia (ONU, 2019, pág. 4, cursivas añadidas).

Leído de manera aislada, el texto anterior proyecta un mundo institucional muy favorable para los migrantes. Sin embargo, este principio entra en contradicción con lo que se dice en otras partes del documento como la siguiente: "con este enfoque integral pretendemos facilitar la migración segura, ordenada y regular, *reduciendo la incidencia de la migración irregular y sus efectos negativos mediante la cooperación internacional* y una combinación de medidas expuestas en este Pacto Mundial" (ONU, 2019, pág. 4, cursivas añadidas). Esta idea contradice también al citado numeral 15 y se opone a uno de los principios rectores referido a los derechos humanos que aparece en el plan: "se basa en el derecho internacional de los derechos humanos y defiende los principios de no regresión y no discriminación" (ONU, 2019, pág. 5). Otro planteamiento del pacto es: "que *los Estados tienen el derecho soberano a determinar su propia política migratoria y la prerrogativa de regular la migración dentro de su jurisdicción,* de conformidad con el derecho internacional" (*ibidem,* cursivas añadidas), lo que resulta congruente con el propósito de reducir la migración irregular y es contradictorio con el numeral 15 indicado arriba.

En esta serie de contradicciones se encuentra inmersa la política migratoria de México, pautada por el gobierno de Estados Unidos. Los márgenes de autonomía están acotados en México, lo cual explica no sólo el

39

giro que tuvo el marco político en este ámbito esbozado en el Plan Nacional de Desarrollo 2019-2024, sino también en el marco internacional al que hemos hecho referencia líneas arriba. Estos cambios ilustran los procesos de irregularización y contención de la migración.

Las disposiciones e instrumentos jurídicos del país, así como el Pacto Mundial para la Migración, proyectan una imagen de respeto a los derechos humanos de los migrantes y solicitantes de refugio. Sin embargo, en la práctica ocurre otra dinámica, la cual se concreta en medidas de contención/detención y deportación o devolución. En este sentido, Rodolfo Casillas (2021) se pregunta: ¿puede México tener una política migratoria propia, independiente de las necesidades y expectativas de Estados Unidos? La respuesta no es contundente, pues se argumenta que es posible plantear una negociación en la que México pueda obtener algo a cambio. Sobre la pregunta de si se mantendrá la política migratoria subordinada a Estados Unidos, considera que "para México la vinculación económica y comercial con Estados Unidos sigue siendo la prioridad más alta" (Casillas, 2021, pág. 29).

En esta tesitura, México seguirá asumiendo los costos políticos y sociales que implica la contención migratoria y el cuidado de la frontera sur de Estados Unidos para evitar la llegada allí de migrantes. La aplicación de las directrices del país del norte es una marca de nacimiento de nuestra vecindad asimétrica y de la brutal dependencia comercial y financiera. La esfera económica, que México prioriza en la relación con Estados Unidos, lleva a la adopción de todas las formas de contención migratoria, aunque impliquen una contradicción elemental con el derecho internacional de los derechos humanos. Lo real es, *quid pro quo*, el interés superior (la economía) por el menor, la contención de los flujos migratorios sin importar las vidas desperdiciadas.

La utopía es detener las expulsiones, y para avanzar en ella es necesario trabajar por un proyecto económico y social incluyente, con un sistema de redistribución del ingreso y de trabajo digno. Esto implica un cambio significativo en el modelo económico y en el papel del Estado, que implica asumir responsabilidades sustantivas en el cuidado de la población. Hasta ahora los gobiernos de los países de origen no están en condiciones de cambiar su realidad, pues el movimiento social no tiene fuerza para cambiar el rumbo de la historia, las oligarquías siguen manteniendo las riendas de los destinos de los países del Triángulo Norte de Centroamérica, y los Estados no cuentan ni con la fortaleza política ni con la capacidad de endeudamiento para financiar el "desarrollo".

Por su parte, el gobierno de Estados Unidos no ha tenido la voluntad de incidir en los cambios sustantivos que requieren los países centroamericanos. El papel de organismos y programas como la Agencia de Estados Unidos para el Desarrollo (USAID), la Iniciativa Regional de Seguridad para América Central (CARSI, por sus siglas en inglés), la Iniciativa para la Prosperidad del Triángulo Norte de Centroamérica, Sembrando Oportunidades, o el Llamado a la Acción (Call To Action) de Biden-Harris, que invita a las empresas transnacionales a invertir en la región, sólo representan *peanuts*.

¿Qué explica el poco interés de la Casa Blanca por revertir los flujos migratorios? La razón práctica es que Centroamérica representa un reservorio de mano de obra barata, pero sobre todo prevalece su interés por mantener el control sobre los gobiernos de la región. En estas relaciones cumplen un papel fundamental las ayudas al desarrollo, como la apertura del mercado a los productos agrícolas y a las maquiladoras a través del Tratado de Libre Comercio (CAFTA-RD). En este sentido, por razones de geopolítica, a Estados Unidos le resulta más redituable mantener el caos económico y social que provocar cambios sustantivos. Como bien apunta Sandro Mezzadra, el capitalismo global "por un lado, intenta su valorización mediante políticas migratorias y, por el otro, procura reducir el excedente de movilidad mediante políticas de control" (Mezzadra, 2012, pág,159).

Además, mantener el tema migratorio en la agenda de seguridad nacional resulta redituable para el complejo industrial-militar y para el aparato de seguridad porque ganan las empresas que suministran armas, dispositivos electrónicos de vigilancia, centros de detención, etc. Guardando las debidas proporciones, se trata de un holocausto en la era del siglo XXI.

La imparable movilidad humana

A pesar de las medidas biopolíticas y necropolíticas, la movilidad humana es un fenómeno imparable. El escenario previsible es el aumento de la migración en correspondencia con la profundización de la crisis del sistema-mundo y del cambio climático, que está ligado a lo anterior y que afectará a grandes territorios de África y América Latina, en particular Centroamérica. El aspecto geopolítico también comienza a jugar un papel relevante en la movilidad humana, que estamos presenciando sobre todo en los casos de Haití, Cuba, Venezuela y Nicaragua, y que ahora tiene un efecto boomerang para Estados Unidos.

Las cifras oficiales, como se puede ver en la tabla 2, revelan que las detenciones han ido en aumento. Durante el periodo de gobierno del presidente Enrique Peña Nieto la cifra de personas presentadas por la autoridad migratoria alcanzó poco más de 823 000; de esta cantidad, 88.6 por ciento correspondió a la región de América Central y 80.1 a la subregión del

Triángulo Norte. A un año y pocos meses de que concluya la administración del gobierno de la Cuarta Transformación (4T), se registra una cifra mayor a la del sexenio de Peña Nieto, con poco más de 842 000 presentados, de los cuales 68.3 por ciento correspondió a Centroamérica y 59.4 por ciento a países del Triángulo Norte. Si sigue la tendencia, es posible que al concluir el sexenio del presidente López Obrador se registre un incremento de entre 40 y 50 por ciento con respecto a la administración anterior. Las cifras revelan dos cosas importantes: por un lado, el incremento del flujo migratorio y, por otro, un mayor rigor en la política de contención, lo que ha llevado a incrementar los sucesos trágicos, como los referidos líneas arriba.

Tabla 2. Migrantes irregulares presentados a las autoridades migratorias mexicanas

Periodo	Total	América Central	Triángulo Norte
2013-2018	823,095	729,258	700,306
2019-2023*	842,712	575,525	500,943

*Cifras hasta marzo de 2023.
Fuente: Unidad de Política Migratoria, 2023.

Otro dato que llama la atención es el cambio en la proporción de migrantes presentados de la subregión del Triángulo Norte, que pasó de 80.1 por ciento en el periodo de Peña Nieto a 60.3 por ciento durante lo que lleva el gobierno de López Obrador. El dato revela la emergencia de personas de otras nacionalidades, en particular de Haití, Nicaragua, Cuba y Venezuela.

El paso de migrantes irregulares por la selva del Darién que llegan a la frontera sur de México ha ido aumentando. En 2021 fueron 129 993 y en 2022 se alcanzó la cifra histórica de 248 284 personas (90.9 por ciento más con respecto al año precedente). Destacan, en orden de importancia, Venezuela, Ecuador, Haití, Cuba y Colombia, que juntos reunieron 85.9 por ciento del total. En particular sobresale Venezuela, con 150 327 migrantes (60.5 por ciento del total). El dato de enero de 2023 fue de 24 634 migrantes irregulares, de los cuales 41.5 por ciento eran de Haití; el segundo lugar lo ocupó Ecuador con 25.8 por ciento, y el tercero Venezuela con 9.5 por ciento (Migración Panamá, 2023). El comparativo con el mismo mes de 2022 revela un incremento de 423.9 por ciento, lo que hace posible pensar en que 2023 cerrará con cifras mayores, no obstante la radicalización de la política de contención en México y en Estados Unidos.

En el rubro de personas en situación irregular (presentadas y canalizadas), se puede ver que entre 2021 y 2022 se produjo un cambio muy relevante: mientras se generó una baja relativa en la población migrante centroamericana, en cinco países se registró un incremento extraordinario del orden de 667.7 por ciento, destacando, en orden de importancia, los casos de

Colombia, Ecuador y Venezuela. En el caso de las personas de este último país, se registró un incremento de más de 2 000 por ciento.

Tabla 3. Personas en situación irregular en México, países seleccionados

País	2021	2022
Nicaragua	15,481	40,825
Cuba	7,059	41,475
Colombia	1,262	28,278
Ecuador	1,389	22,156
Venezuela	4,360	97,078
Total	**29,551**	**229,812**

Fuente: Unidad de Política Migratoria, 2023.

Los migrantes han sido criminalizados. Primero se les incluyó en la agenda de seguridad, tanto en México como en Estados Unidos, a partir de los atentados del 11 de septiembre de 2001 fueron vinculados al terrorismo, y en años más recientes se les asoció con el narcotráfico. En el imaginario de muchos estadounidenses, y en particular en la clase política, está presente la idea de que los migrantes son portadores del mal.

Lo anterior explica el comportamiento político de los países de destino, en particular de Estados Unidos, donde desde el gobierno de Barack Obama hemos visto la profundización de una política de contención, por lo que el presidente fue llamado el "deportador en jefe", aunque prometió una reforma migratoria durante sus dos periodos de gobierno. Donald Trump, que fomentó un discurso de odio, dedicó grandes recursos para reforzar la frontera sur, incluyendo la construcción de muros en diversos tramos. Ahora presenciamos uno de los peores momentos para los migrantes, pues el presidente Biden mantiene la política antiinmigrante.

En México, el gobierno de López Obrador ha reconocido la magnitud del fenómeno migratorio, y para incidir propuso desde que inició su mandato abordar los problemas estructurales. Insistió una y otra vez ante el gobierno de Donald Trump, pero lo que recibió fueron amenazas si no hacía algo para contener la migración, pues habían comenzado las caravanas centroamericanas masivas (octubre de 2018).

A estas alturas, los países de origen, tránsito y destino saben que la movilidad humana obedece a un conjunto de factores, que la mayoría son de carácter estructural y que requieren un tratamiento de corto, mediano y largo plazos. Las estructuras pueden ser modificadas, pero se necesitan tiempos largos, pues remover estructuras implica cambios fundamentales en los órdenes económico, social y político; para ello, los actores deben participar aportando lo que les corresponde de forma articulada. Cambiar una estructura económica basada en una lógica extractiva de bienes primarios, sustentada en estructuras agrarias polarizadas (latifundio-minifundio) — como es el caso de la mayoría de los países centroamericanos—, implica procesos de modernización y de redistribución de la tierra, así como el impulso de procesos de industrialización, con acciones paralelas como la creación de infraestructura, la formación de capital fijo, una inversión sostenida y un cambio de mentalidad de los empresarios.

La historia de América Latina ha demostrado que los procesos de cambio estructural en las economías no se pueden llevar a cabo sin la participación del Estado, de manera que resulta fundamental un cambio en el tipo de Estado que no se limite a administrar las crisis y a proveer todos los elementos que requiere el capital para su funcionamiento. No se trata de seguir apostando por un Estado Nacional de Competencia (Hirsch, 2001), o por un Estado mínimo (Nozick, 1988), como sugiere el credo neoliberal. Se requiere de políticas económicas, fiscales y monetarias, así como de inversión y gasto público para la creación de infraestructura productiva, y de un sistema de producción de conocimientos básico y aplicado que sirva de palanca para el desarrollo. Es necesario asimismo un proceso de regulación para evitar la sobreexplotación de recursos estratégicos como el agua, las selvas y bosques, la minería, el petróleo, los mares, y evitar los excesos del mercado.

En el ámbito social resulta elemental impulsar procesos de redistribución del ingreso y propiciar políticas de inclusión, de acceso a la educación básica, secundaria, media y superior. Una sociedad instruida, con conocimiento de su realidad, es fundamental y será el pilar para un cambio de la propia historia. El acceso a la salud es otro factor elemental para alcanzar una sociedad vigorosa; un sistema de deporte y de alimentación saludable es complementario para lograr una población física y mentalmente sana.

La movilidad humana, en las proporciones que se observan en el presente en la región del Triángulo Norte de Centroamérica, es resultado de todas las ausencias descritas y de un clima de violencia. Un reporte de la UNICEF señala en su justa dimensión el problema de los niños migrantes:

> Cada día, niños y familias de El Salvador, Guatemala, Honduras y México dejan sus hogares y sus comunidades para embarcarse en una peligrosa travesía hacia el norte. La decisión de marcharse suele ser dolorosa y estar motivada por una interacción de factores, como la pobreza absoluta, la amenaza constante de la violencia, una gran escasez de oportunidades educativas para los niños y un profundo deseo de reunirse con familiares que ya han migrado (UNICEF, 2018: 5).

La realidad descrita por la UNICEF se ha tornado en un proceso irreversible frente a la ausencia de atención de las causas estructurales que provocan la huida. Miles de menores acompañados y no acompañados son detenidos en las fronteras de México y Estados Unidos. El número de detenciones varía de un año a otro, todo depende de las circunstancias que guarden las fronteras y de las oscilaciones de factores emergentes (incremento de la violencia, huracanes, sequías), sin que eso signifique que los elementos constantes cambien sustancialmente: por ejemplo, en 2014 fueron detenidos 68 541 menores migrantes no acompañados en la frontera sur de Estados Unidos (U.S. Customs and Border Protection, 2014); en 2019 la cifra fue de 80 634, mientras que en 2020, como efecto de la COVID-19, la detención de menores se redujo a 33 239. Una vez disminuida la pandemia, en 2021, la cifra subió a 146 925, y en el año fiscal 2022 alcanzó 152 057 (U.S. Customs and Border Protection, 2022b). Después del crudo diagnóstico de la UNICEF, preocupada por la niñez, se ha cumplido la sentencia:

> Si no se abordan las causas estructurales de la migración irregular desde el norte de Centroamérica y México, un gran número de niños y familias seguirán desplazándose dentro y fuera de la región, tomando, en ocasiones, rutas migratorias peligrosas e irregulares (UNICEF, 2018, pág. 22).

México ha intentado incidir en las causas estructurales en la medida de sus posibilidades, pero es Estados Unidos el país que tiene recursos sobrados para contribuir al desarrollo. La propuesta de presupuesto destinado a la defensa nacional de ese país para el año fiscal 2023 es de 813 300 millones de dólares, de los cuales 773 000 millones son para el Departamento de Defensa (U.S. Department of Defense, 28 de marzo, 2022). Si de esa cifra Estados Unidos dedicara el 2 por ciento por año (15 400 millones de dólares) a proyectos de desarrollo, podría cambiar la dinámica migratoria. En el escenario actual, es una utopía pensar que el gobierno de la Casa Blanca pudiera aportar estas cantidades de dinero para los países del Triángulo Norte, porque quizá considere que no es una prioridad; en cambio, ha destinado 75 000 millones de dólares para apoyar la guerra en Ucrania.

Se requiere de un giro en la política económica, salir del neoliberalismo, tarea nada fácil. La pobreza material, que se traduce en la falta de acceso a los satisfactores elementales para la reproducción de la vida biológica y social, es resultado de estructuras económicas concentradas y de sociedades profundamente desiguales. La pobreza es un componente básico que el gobierno de México ha tratado de paliar con los programas Sembrando Vida y Sembrando Oportunidades, el segundo compartido con Estados Unidos. Desde luego, estas iniciativas no resolverán el problema de fondo. Esto sin entrar en el ámbito sociopolítico, que requiere la participación del gobierno de Estados Unidos.

México no es responsable de la migración centroamericana, ni de la de otras latitudes, sin embargo, como país de tránsito está obligado a cooperar. En términos estrictos, son los países emisores los que deben comprometerse a cambiar el rumbo de la historia, pero no lo hacen porque no tienen capacidad y porque la recepción de remesas abona a diluir los efectos de la pobreza, a la vez que contribuye a mantener cierta estabilidad en los indicadores macroeconómicos. En este entorno, en lo que queda de la administración Biden-Harris no será posible una reforma migratoria y tampoco inversiones robustas en Centroamérica y el sur de México para contener la movilidad humana. El Título 42 concluyó el 11 de mayo de 2023, lo que no significa que las expulsiones hayan terminado, pues se mantiene el Título 8, una medida por medio de la cual:

> aquellos que intentan ingresar a los Estados Unidos sin autorización y que no pueden establecer una base legal para permanecer en los Estados Unidos (como una solicitud de asilo válida), *están sujetos a consecuencias adicionales a largo plazo más allá de la expulsión de los Estados Unidos, incluidas las prohibiciones a futuros beneficios de inmigración* (Homeland Security, 30 de marzo, 2022, cursivas añadidas).

Para el gobierno de Estados Unidos todo conduce al tema de seguridad; el terrorismo, la migración y ahora el fentanilo son las aristas de una estrategia intervencionista. En el caso del terrorismo, se ha usado como un instrumento privilegiado para intervenir y bloquear a cualquier país que no se somete a los designios de la Casa Blanca, como ahora ha propuesto el senador republicano Lindsey Graham (Simonson, Bonifield y Gumbrecht, 21 de septiembre, 2022; Castillo, 7 de marzo, 2023), quien argumentó que México debe ser considerado como enemigo porque no actúa contra los cárteles de la droga. Una muestra al respecto es un documento desclasificado por la Casa Blanca que refiere que el país: "usó fuerza militar en Afganistán, Irak, Siria y Somalia. Como se reconoció anteriormente, Estados Unidos también usó la fuerza en cada uno de esos países en 2022" (The White House, 2022).

En esta línea, congresistas republicanos siguen apostando por una intervención militar en México. No se trata sólo de una retórica "electorera", como sugiere el gobierno de México, en el fondo es un deseo neocolonialista de mostrar poder extraterritorial, con una carga de desprecio hacia este país, considerado inferior y que le debe la vida a Estados Unidos. Esa es la idea que subyacía cuando el senador John Neely Kennedy propuso que la directora de la DEA y el presidente Biden se comunicaran con el presidente de México "a fin de que el Ejército estadounidense pueda ingresar a su país" (RT, 12 de mayo, 2023).

Más allá de las posiciones de los congresistas republicanos, el gobierno de

Estados Unidos tiene una visión muy clara sobre la migración articulada a la seguridad fronteriza. El presupuesto para el año fiscal 2024 muestra con nitidez la contradicción entre discurso y realidad, porque por un lado asegura que apoya un sistema de inmigración justo, ordenado y humano y que la administración está comprometida a mejorar el sistema de inmigración de la nación y salvaguardar su integridad al adjudicar de manera eficiente y justa las solicitudes de beneficios de inmigración (The White House, 2023, pág. 83), pero por otro lado se fortalece la seguridad fronteriza, pues el presupuesto en cuestión incluye casi 25 000 millones de dólares para la Oficina de Aduanas y Protección Fronteriza (CBP) y el Servicio de Inmigración y Control de Aduanas (ICE), un aumento de casi 800 millones de dólares sobre el nivel promulgado en 2023 al controlar los montos de gestión fronteriza (*ibidem*).

Reflexiones finales

Estamos frente a un escenario inédito de las migraciones en América Latina, y en particular en Centroamérica, que visibiliza la desobediencia de las masas. Las caravanas y manifestaciones callejeras organizadas en Tapachula, Chiapas, y la presencia de cientos de migrantes en la frontera México-Estados Unidos dispuestos a cruzar a territorio estadounidense, muestran la formación de un sujeto político migrante que trasciende la visión de sujeto pasivo.

La contención migratoria responde a la profundización de la crisis económica y sociopolítica, que se expresa en el proceso de ilegalización. El sometimiento y la explotación están detrás del proceso de ilegalización de los migrantes: "El sistema opera de tal modo que los arrastra o fuerza a permanecer en un estatus de ilegalidad" (Rocha, 2017, pág. 7). La contradicción en el sistema globalizado entre la libertad de circulación del capital y la movilidad humana, se profundiza en la medida en que el propio sistema avanza y alcanza niveles grotescos. Esto explica la emergencia y el fortalecimiento de una estructura funcional al sistema migratorio ilegalizado: la figura del pollero o coyote que, gracias a la ilegalización, obtiene jugosas ganancias. La perversidad del sistema es que el migrante tiene que pagar para poder trabajar, si logra llegar al lugar de destino y encontrar un empleo. El fetichismo de la migración está presente en toda la cadena que integra la "economía de la migración" (Castles y Miller, 2004), donde los bancos y las empresas remesadoras cobran por el envío de dinero a las familias de los migrantes.

Estamos frente a la ingobernabilidad de las migraciones. Todos los esfuerzos del país más poderoso del mundo, Estados Unidos, no han logrado contener la migración, aunque han ocasionado un enorme daño en las vidas

47

de muchas personas. Los esfuerzos de contención mediante la cooperación con México y los países centroamericanos han sido importantes, aunque insuficientes. La resiliencia o resistencia de los migrantes evidencia este fracaso, pues intentan una y otra vez infiltrarse en las fronteras. En la dialéctica movilidad/inmovilidad, en la que se fronteriza y se desfronteriza, y en el marco del despliegue de las fuerzas policíacas y del ejército frente al torrente migratorio, se avanza en la construcción de una contrageografía que fractura lo instituido.

La farsa del discurso de los derechos humanos es lo de hoy. En la movilidad humana se invoca, para luego plantear la condena a la migración irregular e imponer medidas de contención. El carácter necrótico de las fronteras adquiere su expresión más nítida en el caso de la de Estados Unidos, una frontera vigilada y militarizada. Días antes del levantamiento del Título 42 se pudieron observar imágenes en las que una cantidad importante de migrantes esperaba a que se abriera la frontera para entregarse a la Patrulla Fronteriza. La imagen semejaba la de un campo de concentración rodeado por un enorme muro metálico y una valla de alambrado de navajas, como si se tratara de gente de extrema peligrosidad. Del otro lado del muro miraban a los migrantes como si se tratara, para decirlo en palabras de Bauman, de desechos humanos. En ese sentido dice el filósofo: "en esa frontera se traza de nuevo con cada ronda de recogida y eliminación de basura. Su único modo de existencia es la incesante actividad de separación (Bauman, 2005, pág. 44). Las personas que cruzaron el muro fueron expulsadas por otra puerta.

La migración hacia Estados Unidos implica una larga y tortuosa travesía por diversas fronteras donde acechan el peligro y la muerte. Es el ejemplo más claro de lo que está ocurriendo en todo el mundo; se trata de un problema sistémico, en el que el concepto de gobernanza migratoria resulta obsoleto para los millones de migrantes irregulares. En los hechos, el gobierno de Estados Unidos ha desmentido esa idealización y culpa a los "traficantes", que engañan a la población para emigrar.

Referencias

Bauman, Z. (2005). *Vidas desperdiciadas. La modernidad y sus parias*. Barcelona: Paidós Ibérica.

Castillo, J. (7 de marzo, 2023). "Republicanos piden intervención militar en México para combatir a cárteles". *MVS Noticias*. Recuperado de https://mvsnoticias.com/mundo/2023/3/7/republicanos-piden-intervencion-militar-en-mexico-para-combatir-carteles-585286.html

Castles, S. y Miller, Mark, (2004). *La era de la migración*. México: Cámara de Diputados LIX Legislatura-Fundación Colosio-Instituto Nacional de Migración- Universidad Autónoma de Zacatecas-Miguel Ángel Porrúa Editores.

Casillas, Rodolfo. (2021). "¿Cómo negociar la política migratoria de México?: prácticas, logros, errores y opciones". *Migración y Desarrollo,* vol. 19, núm. 36, primer semestre, pp. 1-36.

Cinta, Jaime Horacio, (2020). Movilidades extracontinentales. Personas de origen africano y asiático en tránsito por la frontera sur. Tuxtla Gutiérrez: Universidad de Ciencias y Artes de Chiapas.

Comisión Económica para América Latina, (2019). Hacia un nuevo estilo de desarrollo. Plan de desarrollo integral El Salvador-Guatemala-Honduras-México. Diagnóstico, áreas de oportunidad y recomendaciones de la CEPAL. México: Naciones Unidas.

DOF (Diario Oficial de la Federación), (8 de julio, 2014). Decreto por el que se crea la Coordinación para la Atención Integral de la Migración en la Frontera Sur.

DOF (Diario Oficial de la Federación), (8 de julio, 2014). Decreto por el que se expide la Ley sobre Refugiados y Protección Complementaria y se reforman, adicionan y derogan diversas disposiciones de la Ley General de Población.

Foucault, Michel, (2001). *Defender la sociedad.* Buenos Aires: Fondo de Cultura Económica.

Gobierno Federal de Alemania, (10 de mayo, 2023). Conferencia de prensa del canciller Olaf Scholz, Berlín. Recuperado de https://www.bundesregierung.de/breg-de/suche/pressekonferenz-von-bundeskanzler-scholz-ministerpraesident-weil-und-ministerpraesident-wuest-im-anschluss-an-die-besprechung-des-bundeskanzlers-mit-den-regierungschefinnen-und-regierungschefs-der-laender-am-10-mai-2023-in-berlin-2189706

Hirsch, Joachim, (2001). *El Estado Nacional de Competencia.* México: Universidad Metropolitana-Xochimilco.

Homeland Security, (30 de marzo, 2022). DHS Preparations for a Potential Increase in Migration. Recuperado de https://www.dhs.gov/news/2022/03/30/fact-sheet-dhs-preparations-potential-increase-migration

Isacson, Adam, (23 de mayo, 2022). "Tres consecuencias de mantener el Título 42 [en la frontera entre México y Estados Unidos]". *Wola.* Recuperado de https://www.wola.org/ es/analisis/tres-consecuencias-de-mantener-el-titulo-42-en-la-frontera-entre-mexico-y-estados-unidos/Mbembe, Achille, (2011). *Necropolítica.* Barcelona: Melusina.

Médicos sin Fronteras, (11 de mayo, 2023). "Se cancela el Título 42 pero la crisis migratoria continúa en la región". Recuperado de https://www.msf.mx/ actualidad/ se-cancela-el-titulo-42-pero-la-crisis-migratoria-continua-en-la-region/

Mezzadra, Sandro, (2012). "Capitalismo, migraciones y luchas sociales. La mirada de la autonomía". *Nueva Sociedad,* núm. 237, enero-febrero, pp. 159-178.

Migración Panamá. (2023). Irregulares en tránsito por Darién por país 2021, 2022 y 2023. Recuperado de https://www.migracion.gob.pa/transparencia/datos-abiertos

Moya, Marta, (2 de mayo, 2022). "Caravana de madres centroamericanas retoma búsqueda de sus hijos desaparecidos en México". *France 24.* Recuperado de https://www.france24.com/es/am%C3%A9rica-latina/20220502-madres-desaparecidos-caravana-migrantes-m%C3%A9xico

Nájar, Alberto, (22 de mayo, 2012). "México: ¿quiénes son los muertos de Cadereyta?". *BBC Mundo.* Recuperado de https://www.bbc.com/mundo/ noticias/2012 /05/ 120521_ cadereyta_mexico_ao

Nozick, Robert, (1988). *Anarquía, Estado y Utopía.* México: Fondo de Cultura Económica.

OIM, (2021). *Familias de personas migrantes desaparecidas. Informe sobre España.* Recuperado de https://publications.iom.int/books/familias-de-personas-migrantes-desaparecidas-espana-su-busqueda-de-respuestas-el-impacto-de

OIM, (2023). *Missing Migrants Proyect.* Recuperado de https://missingmigrants.iom.int/

ONU, (2019). Pacto Mundial para la Migración Segura, Ordenada y Regular. Asamblea General, A/RES/73/195. Recuperado de https://documents-dds-ny.un.org/doc/UNDOC/GEN/N18/452/03/pdf/N1845203.pdf?OpenElement

Rocha, José Luis, (2017). *La desobediencia de las masas*. San Salvador: UCA Editores.

Román, Julio, (29 de marzo, 2023). "Gobierno de Guatemala declara tres días de duelo nacional por muerte de guatemaltecos en incendio de albergue para migrantes en Ciudad Juárez". *Prensa Libre*. Recuperado de https://www.prensalibre.com/guatemala/ migrantes/gobierno-de-guatemala-declara-tres-dias-de-duelo-nacional-por-muerte-de-28-guatemaltecos-en-incendio-de-albergue-para-migrantes-en-ciudad-juarez-breaking/

RT, (12 de mayo, 2023). "Un senador de EE.UU. dice que sin su país México comería 'comida para gatos'". Recuperado de https://actualidad.rt.com/actualidad/466763-eeuu-mexico-comeria-comida-gatos

Simonson, Amy, Bonifield, John y Gumbrecht, Jamie, (21 de septiembre, 2022). "El gobernador de Texas firma un decreto que declara a los cárteles mexicanos terroristas extranjeros por la crisis del fentanilo". *CNN*. Recuperado de https://cnnespanol.cnn. com/2022/09/21/gobernador-texas-decreto-carteles-mexicanos-terroristas-extranjeros-crisis-fentanilo-trax/

The White House, (2022). Report on the legal and policy frameworks for the United States use of military force and related national security operations. Recuperado de https://www.whitehouse.gov/wp-content/uploads/2023/03/2023-3-1-1081-4623000369_EXT_Unclassified_1264_Annual_Report_for_CY_2022_Tab-B.pdf

The White House, (2023). Budget of the U.S. Government Fiscal Year 2024. Recuperado de https://www.whitehouse.gov/wp-content/uploads/2023/03/budget_fy2024.pdf

U.S. Customs and Border Protection, (2014). Southwest Land Border Encounters Unaccompanied Alien Children FY 2014. Recuperado de https://www.cbp.gov/newsroom/stats/southwest-border-unaccompanied-children/fy-2014

U.S. Customs and Border Protection, (2020). *Nationwide Enforcement Encounters: Title 8 Enforcement Actions and Title 42 Expulsions Fiscal Year 2020*. Recuperado de https://www.cbp.gov/newsroom/stats/cbp-enforcement-statistics/title-8-and-title-42-statistics-fy2020

U.S. Customs and Border Protection, (2021). *Nationwide Enforcement Encounters: Title 8 Enforcement Actions and Title 42 Expulsions Fiscal Year 2021*. Recuperado de https://www.cbp.gov/newsroom/stats/cbp-enforcement-statistics/title-8-and-title-42-statistics-fy2021

U.S. Customs and Border Protection, (2022a). *Nationwide Enforcement Encounters: Title 8 Enforcement Actions and Title 42 Expulsions Fiscal Year 2022*. Recuperado de https://www.cbp.gov/newsroom/stats/cbp-enforcement-statistics/title-8-and-title-42-statistics-fy22

U.S. Customs and Border Protection, (2022b). Southwest Land Border Encounters FY22. Recuperado de https://www.cbp.gov/newsroom/stats/southwest-land-border-encounters-fy22

U.S. Customs and Border Protection, (2023). *Nationwide Enforcement Encounters: Title 8 Enforcement Actions and Title 42 Expulsions Fiscal Year 2023*. Recuperado de https://www.cbp.gov/newsroom/stats/cbp-enforcement-statistics/title-8-and-title-42-statistics

U.S. Department of Defense, (28 de marzo, 2022). The Department of Defense Releases The President's Fiscal Year 2023 Defense Budget. Recuperado de https://www.defense.gov/News/Releases/Release/Article/2980014/the-

department-of-defense-releases-the-presidents-fiscal-year-2023-defense-budg/#:~:
text=On%20March%2028%2C%202022%2C%20the,Department%20of%20Defen
se%20(DoD), consultado el 15 de abril de 2022.

UNICEF, (2018). *Desarraigados en Centroamérica y México*. Recuperado de
https://www.unicef.org/es/la-infancia-en-peligro/desarraigados-en-centroamerica-
y-mexico, consultado el 20 de enero de 2020.

Unidad de Política Migratoria, (2023). Boletín estadístico mensual, años 2013-2023.
Recuperado de http://politicamigratoria.gob.mx/ es/PoliticaMigratoria/ Boletines_
Estadisticos

World Economic Forum, (2023). *The Global Risks Report 2023*, 18 edición. Ginebra.

BIOPOLÍTICA Y MIGRACIÓN: UN ANÁLISIS SOBRE LAS CONDICIONES DEL DESPLAZAMIENTO CENTROAMERICANO POR EL NOROESTE DE MÉXICO

Julio César Félix Chávez[1] y Nayeli Burgueño Angulo[2]

Introducción

El fenómeno de la migración ha estado presente a lo largo de la historia de la humanidad, a través de importantes transformaciones a través del tiempo. Una de las características actuales es su dinamismo e intensidad, impactando a casi todas las sociedades a nivel mundial. Se calcula que aproximadamente 281 millones de personas son migrantes internacionales, cuyos flujos se han ido incrementando de manera importante en los últimos años (OIM, 2022). Si bien las causas de la migración obedecen a diversos factores, la característica principal es que se trata de una migración que se dirige principalmente hacia los países más desarrollados económicamente dada la creciente desigualdad existente entre las regiones. Lo anterior ha determinado la expulsión de miles de personas que salen de sus países de origen en la búsqueda de empleo y mejores condiciones de vida, tratándose de un fenómeno de expulsión caracterizado por el actual sistema económico global. (Sassen, 2016; Alfaro, Hernández y Salas, 2019).

La región de Centroamérica se presenta como una de las principales zonas expulsoras de migrantes a nivel mundial. De acuerdo a la Comisión Nacional de Derechos Humanos en (López, 2018), el desplazamiento de la población de origen centroamericano, que se hace presente con mayor intensidad a partir de las caravanas del año 2018, obedece a las condiciones económicas y sociales que presenta la región con altos niveles de marginación y violencia. Lo anterior ha impactado en el número de migrantes que deciden salir de sus países de origen, principalmente del llamado Triángulo del Norte (Guatemala, Honduras, El Salvador), con la intención de llegar a los Estados Unidos, a través de su paso por territorio mexicano.

La intensidad del desplazamiento migratorio ha modificado el posicionamiento de México considerado como uno de los países con mayor expulsión de migrantes, sino también como país de tránsito y destino. Se estima que el número de personas que cruzan por territorio mexicano, con el

---

[1] Facultad de Estudios Políticos y Sociales de la UAS. Correo electrónico: julio.felix.feiypp@uas.edu.mx
[2] Escuela de Ciencias Antropológicas de la UAS. Correo electrónico: nayelib@uas.edu.mx

deseo de llegar a la frontera con Estados Unidos, se ha ido incrementando de manera importante en los últimos años. De acuerdo a datos del Pew Research Center, el número de migrantes que son detenidos por parte de las autoridades migratorias de Estados Unidos en la frontera con México, alcanzó la cifra de 633,894 durante el año 2021, tan solo provenientes de los países que integran el Triángulo del Norte (Gramlich y Scheller, 2021).

El incremento del flujo migratorio, ha conllevado a un recrudecimiento de las políticas para la contención de la migración en los Estados Unidos, en colaboración con el Estado mexicano. A partir del año 2018, México participa en una activa política antiinmigrante con el objetivo de reducir los ingresos de personas, a través de una serie de medidas que atentan contra el libre tránsito de migrantes por territorio nacional. Dichas acciones se han traducido en un reforzamiento e incremento de la actividad del Instituto Nacional de Migración, con el desplazamiento de un mayor número de agentes migratorios en la búsqueda y detención de migrantes no autorizados, acompañado de la militarización de las fronteras. El ejercicio del poder del estado contra la migración irregular ha impactado en las condiciones de movilidad e integridad de la población migrante, orillándola a situaciones de vulnerabilidad y violación de sus derechos humanos. La condición de "ilegalidad" del migrante de tránsito, concebida por el Estado, legitima la defensa jurídica del territorio a través de una serie de instrumentos coercitivos que condicionan al sujeto migrante a realizar su desplazamiento a través de espacios geográficos y sociales que ponen en riesgo su vida misma. De acuerdo a la Ministra de la Suprema Corte de Justicia de México, dos migrantes son víctimas de algún delito cada día en su paso por territorio nacional (Arellano, 2023).

El objetivo de esta investigación es comprender y señalar de manera crítica el papel que juega el estado y su política de contención migratoria en las condiciones de movilidad y trayectorias de los migrantes centroamericanos en su cruce por el Noroeste de México. Utilizamos el concepto de biopolítica (Foucault, 2006) como herramienta analítica, que nos permite relacionar el poder del Estado enmarcado en una política de control de la población migrante y la relación e impacto que esta política ejerce en los propios cuerpos, en sus trayectorias y condiciones de vulnerabilidad a su paso por los espacios sociales por los que se transita como parte de experiencia migratoria. El trabajo es resultado del estudio y análisis de las narrativas de la población migrante en su recorrido, hasta la llegada y permanencia temporal en la Ciudad de Culiacán, Sinaloa. A través de entrevistas semiestructuradas y de profundidad se rescatan sus vivencias, retos e imaginarios, con la finalidad de comprender, desde su propia voz, la complejidad de sus trayectorias, en un contexto de persecución y violencia.

El enfoque de la biopolítica en el análisis de la migración

El concepto de biopolítica se define como la práctica gubernamental selectiva sobre los sujetos de derecho en los cuales se ejerce la soberanía política del estado para tener control sobre sus cuerpos y vidas (Foucault, 1978). La idea del control sobre los cuerpos se concibe desde la definición del Biopoder que emana desde los estados-nación, que de acuerdo a Foucault pone de manifiesto en la práctica, la administración de ciertas poblaciones con el fin de salvaguardar lo que concibe como la seguridad e integridad de la sociedad, en términos de su sana reproducción, buscando la maximización del estado (Foucault, 2006).

A través de la lógica de la soberanía, los gobiernos ostentan el poder sobre la administración de la vida -y también de la muerte- de los ciudadanos. Foucault señala que previo al siglo XIX, el soberano se regía por una política de "hacer morir y dejar vivir", es decir, tenía el poder de quitar la vida de aquel ciudadano que representaba un riesgo para el Estado o no le generaba beneficio alguno. Este método de administración de la vida y la muerte haría una transición, a partir del siglo XX, donde el soberano comenzaría a gobernar bajo la noción de "hacer vivir, dejar morir", es decir, cuidar al ciudadano que le genera un beneficio económico, político, social o cultural y regular la sobrevivencia del resto, empleando mecanismos de control con un impacto sobre sus vidas y trayectorias (Foucault, 2006).

Para Foucault, el poder ejercido por el Estado requiere del diseño e implementación de dispositivos que, en el caso del fenómeno migratorio, se traduce en la puesta en marcha de un aparato jurídico a través de políticas y leyes para la administración de y control de los grupos migrantes no autorizados. La finalidad del Estado es regular los flujos de personas, permitiendo seleccionar, restringir y /o permitir acceso a aquellos migrantes que mayor beneficio le genera y desechar o contener a aquellos flujos que le representan un riesgo o amenaza (Orrego y Vergara, 2019).

La idea del Estado-nación, construida desde la idea de soberanía territorial, concibe al migrante como una amenaza económica y cultural (Durand, 2017; Vélez-Ibáñez, 2015). En el caso de los Estados Unidos, el aumento de la población hispana y la presencia de un mayor número de migrantes en los diversos estados de la Unión Americana, conllevó a lo que se denominó como el susto demográfico (Vélez-Ibáñez, 2015). La presencia de una población de origen mexicano cada vez en aumento se acompaña de un discurso antiinmigrante, el cual ha sido aprovechado por plataformas políticas, personajes públicos y representantes, como en el caso del Presidente Trump, cuya legitimidad y ascenso a la presidencia de los Estados Unidos, se le atribuye a su discurso y acciones contra la migración no autorizada y la criminalización de la migración mexicana asentada en aquel país.

Con la llegada de Donald Trump a la presidencia de los Estados Unidos en 2017, la política migratoria estadounidense se recrudecería, tomando no solo medidas en materia legal, sino que propuso el levantamiento y reforzamiento policial del muro entre México y Estados Unidos, argumentando que devolvería la seguridad a su país (Arroyo y Álvarez, 2018). Al año de asumir la presidencia, aparece la primera caravana con aproximadamente 2,000 migrantes provenientes de Honduras, El Salvador y Guatemala, con el objetivo de recorrer el territorio mexicano hasta llegar a la frontera con Estados Unidos para posteriormente solicitar asilo (BBC, 2018).

A partir de este momento, la política migratoria de México se ve condicionada a las presiones del gobierno de Trump participando en la contención de los flujos centroamericanos para evitar su llegada a aquel país. La colaboración del gobierno de México en el control de las poblaciones migrantes, ha resultado en lo que se ha llamado la *externalización de la frontera*, es decir, la frontera de Estados Unidos se extiende hasta la frontera sur de México. Lo anterior representa una extensión de las políticas y los intereses de Estados Unidos en territorio mexicano, intensificando las labores de detención migratoria por parte del gobierno de México y trastocando las condiciones del desplazamiento de migrantes por el país a través del reforzamiento y militarización de la frontera con Guatemala, con el envío de más de seis mil elementos de la guardia nacional en el año de 2019 (Cueto y Burgueño, 2021).

De aquí que la política de contención que el estado mexicano articula se traduce en una serie de medidas para impedir la entrada a territorio nacional de los flujos migrantes. La biopolítica ejercida a través de las acciones del estado contra los sujetos migrantes, se implementa con la finalidad de regular y controlar los flujos de personas, permitiendo seleccionar, restringir y/o permitir el acceso a territorio mexicano (Orrego y Vergara, 2019). A través de una serie de dispositivos legales, el estado justifica el control de las personas migrantes haciendo uso de mecanismos disciplinares o punitivos como lo es la militarización de las fronteras, creación de centros de detención migratoria, una mayor actividad de agentes del Instituto de Nacional de Migración, presentes en las vías de transporte y comunicación para la identificación, detención y deportación de migrantes no autorizados, en aeropuertos, centrales de autobuses y carreteras. Esta política ha impactado en la situación de vulnerabilidad de los migrantes durante su tránsito por México, al tratarse de personas no autorizadas a entrar al país y por lo tanto perseguidas por las autoridades migratorias. Lo anterior ha condicionado las trayectorias migrantes a través de la necesidad de buscar rutas clandestinas expuestos a un mayor riesgo en su integridad, acompañado de una ausencia del estado en la protección de sus derechos humanos.

De esta manera, las políticas de contención y sus acciones se presentan como dispositivos biopolíticos para evitar que migrantes y solicitantes de asilo ingresen a los países de destino, lo que impacta en las condiciones de vida de los propios migrantes. Según Campesi (2012) el migrante sin documentos migratorios representa el arquetipo de todas las figuras del actor clandestino transnacional sobre las que las autoridades de seguridad intervienen para su control. Este arquetipo que señala Campesi es el resultado de un viejo y constante discurso antinmigrante que ha criminalizado al individuo que busca una mejor vida fuera de su país de origen, y justifica las acciones punitivas del Estado.

El discurso se presenta como un dispositivo propio de la biopolítica, como una herramienta que permite insertar en el espacio cognitivo de las personas, creencias, ideas y una representación social sobre el migrante, para dar legitimidad a las prácticas de control y rechazo. De esta manera, el discurso se traduce en la criminalización del sujeto migrante, representado socialmente como individuos que se encuentran "fuera de la legalidad", dando mayor peso a la violación del aparato jurídico del estado, que a la protección de los migrantes.

A través de priorizar el discurso de soberanía y legalidad frente a los derechos de tránsito de los migrantes, el estado orilla al sujeto migrante a transitar por el territorio mexicano en la invisibilidad, obligados a explorar rutas inhóspitas y condiciones de movilidad que atentan con su integridad y seguridad. Lo anterior acompañado de un discurso de criminalización, en donde la migración es vista como un asunto de seguridad nacional (Durand, 2013). De acuerdo a Campesi (2012) el discurso de la seguridad nacional ha puesto a los migrantes de tránsito como una amenaza al orden público y una amenaza a la seguridad de las poblaciones, bajo el argumento de que alteran el orden y aumentan la criminalidad. Se asume al migrante como una amenaza a la propia seguridad de los países a los que se llega y en los cuales se transita.

La biopolítica diseñada para el control de la migración, ha trastocado las condiciones de los sujetos migrantes centroamericanos a su paso por territorio mexicano, condenándolos a una serie de riesgos en sus trayectorias, dadas las condiciones de invisibilidad en la que se encuentran, en donde el Estado, apoyado por una estructura legal e institucional, practica una política de hacer vivir y dejar morir que ha tenido un impacto en el número de muertos y desaparecidos. De acuerdo a la Unidad de Política Migratoria (2020), la causa principal del fallecimiento de las personas migrantes se relaciona a su condición "irregular", que los obliga a optar por rutas y caminos con condiciones geográficas adversas, aunado a los riesgos por el tipo de transporte que utilizan y la presencia del crimen organizado (Unidad de Política Migratoria, 2020). La clandestinidad por la que transitan los migrantes incrementa los riesgos en su tránsito y cruce de fronteras, ubicando a México como uno de los países con mayor riesgo para la población migrante a nivel mundial. (Comisión Nacional de Derechos Humanos, 2018).

La crisis estructural en Centroamérica: fuerzas que motivan la migración

El incremento del flujo de migrantes centroamericano se presenta condicionada por una historia de crisis económicas, políticas y sociales, que se manifiesta por una serie de conflictos internos en los países que constituyen la región. El intervencionismo extranjero y un modelo económico impuesto a través de una economía extractivista se ha acompañado de una serie de luchas sociales y políticas con la presencia de dictaduras, guerras civiles, marginación y altos índices de pobreza (López, 2018).

Durante la década de los años 60 y 70's, Centroamérica vivió el auge de movimientos sociales y conflictos armados. La aparición de grupos revolucionarios en la región como resultado de condiciones económicas de marginación social, conllevó a la lucha para la transformación política contra dictaduras y regímenes autoritarios. Dichos procesos revolucionarios, de acuerdo a Torres (2011), se les puede definir como "revoluciones sin cambios revolucionarios", dado que las ideas de estos proyectos proponían un profundo cambio económico, político y social, interrumpidos, en el marco de las llamadas "transiciones a la democracia" en la década de los años 90. Cueva (1986) señala que la imposición del modelo neoliberal en la región, se acompañó de la instauración de un modelo político con la finalidad de encaminarse a la construcción democrática, sin llevar a cabo reformas ni transformaciones en las estructuras socioeconómicas. Para Cueva, el nuevo modelo político que invitaba a la solución del conflicto armado, derivó en la instauración de una democracia liberal, la cual dejó de lado la participación e incorporación de las organizaciones populares y las demandas sociales aún pendientes en la región centroamericana hasta nuestros días. La alianza de la oligarquía económica en Centroamérica con el capital internacional y el debilitamiento de las fuerzas sociales a través de los acuerdos de paz e instauración de una elite política incapaz de solventar las grandes desigualdades de la región, ha conllevado a una crisis estructural con el incremento de los niveles de violencia social.

A lo anterior se suma una historia de intervencionismo estadounidense, a través de la injerencia económica y el apoyo a dictaduras y regímenes autoritarios y la puesta en marcha de acciones de desestabilización económica e intervencionismo militar de manera directa y encubierta. Lo anterior ha contribuido a la profundización de la inestabilidad política y social en la región y el consiguiente incremento de los niveles de violencia. De acuerdo a López (2018), las guerras contrainsurgentes provocadas por las oligarquías nacionales y el intervencionismo estadounidense, provocaron más de medio millón de muertos.

Las presentes desigualdades socioeconómicas que se presentan, se manifiestan a través de los indicadores de marginación económica y social, los cuales señalan que Guatemala, Honduras y El Salvador sostienen los más altos niveles de pobreza. De acuerdo a datos de la Comisión Económica para América Latina y el Caribe (CEPAL, 2020), en Honduras más del 52% de la población se sitúa en situación de pobreza, seguido de Guatemala con 50.5% y El Salvador con 30.4% de sus habitantes. Por otro lado, la Agencia de la Organización de las Naciones Unidas para los Refugiados (ACNUR, 2023) reporta la existencia de 600,000 personas refugiadas y solicitantes de asilo de Centroamérica.

Los niveles de desigualdad y marginación se han acompañado de un incremento de la presencia de grupos delictivos, principalmente en Triángulo del Norte, con organizaciones criminales como la Mara Salvatrucha, lo que ha incidido como uno de los factores principales de la migración. Por lo anterior, los ciudadanos principalmente de Honduras, Guatemala y El Salvador, han optado por abandonar sus hogares debido a la presencia e incremento de los índices de violencia a que se han dedicado a través de las prácticas de extorsión, robos, secuestros y homicidios. Entre estos abusos se encuentran los delitos de carácter sexual, se reportaron al menos 6,800 niñas y adolescentes embarazadas en el primer semestre del 2020 (ACNUR, 2020). Se calcula que aproximadamente 2 millones de personas del Triángulo del Norte, han abandonado sus países de origen (Portal de Datos sobre Migración, 2023).

El desplazamiento masivo de los migrantes centroamericanos hacia los Estados Unidos se caracteriza por los constantes riesgos a los que se exponen en su tránsito, principalmente por México. El cruce a través de territorio mexicano se presenta como un escenario en el que se enfrentan a una serie de violaciones a sus derechos humanos y a su integridad física. Los migrantes llegan a ser víctimas de robos, asaltos y secuestros, con un número aún no muy claro de muertes y desapariciones. Sin embargo, la Comisión Nacional de Derechos Humanos señala que, de acuerdo a datos de la Secretaría de la Defensa Nacional, se han rescatado 9 mil 937 migrantes víctimas de tráfico y 478 de secuestro (CNDH, 2022).

La inseguridad de las rutas de tránsito ha conllevado a cambios en la organización de la movilidad migrante, optando por transitar acompañados en grupos a través de Caravanas a partir del año 2018, así como en la búsqueda de nuevas rutas, como la denominada Ruta del Pacífico, considerada una vía más segura para llegar a la frontera norte con Estados Unidos, la cual comprende los estados de Jalisco, Nayarit, Sinaloa, Sonora y Baja California (Castillas, 2008). La Ruta del Pacífico si bien representa un trayecto más largo hacia la frontera, ha sido la vía en la que en los últimos años se observa con mayor intensidad la presencia de la migración centroamericana. Los estudios sobre el cruce de migrantes y sus encuentros en el Noroeste de México, sigue siendo un tema poco explorado, de aquí la importancia de los estudios sobre las realidades y encuentros que enfrentan los migrantes centroamericanos a su paso por esta zona de México y los efectos que la política migratoria tiene en sus condiciones y trayectorias.

Los efectos de la biopolítica en la trayectoria de los migrantes centroamericanos en Sinaloa

El objetivo del estudio fue el de analizar las condiciones y retos que presentan los migrantes centroamericanos durante sus trayectorias y estancia temporal en la ciudad de Culiacán, capital del estado de Sinaloa, ubicada en el Noroeste de México. El trabajo parte de reconocer que se trata de migrantes no autorizados que viajan de manera clandestina por territorio mexicano y conocer el impacto de las políticas de contención migrante en su desplazamiento y condiciones de vida. Partimos de que los migrantes se enfrentan a espacios sociales en donde se realizan intersecciones en el campo social del lugar por el que transitan, condicionados por un contexto de persecución e ilegalidad contra la migración no autorizada.

A través de la herramienta conceptual de la biopolítica, se busca conocer los efectos de la política de restricción migratoria en las condiciones de vida de los migrantes y sus trayectorias, medida por la situación de vulnerabilidad que presentan.

Se entiende por vulnerabilidad como el proceso multidimensional el cual converge con el riesgo o probabilidad que tienen los individuos o comunidades de ser heridos, lesionados o dañados ante situaciones externas o internas, así como la situación de fragilidad, indefensión y desamparo institucional por parte del Estado (Busso, 2001).

Se ha considerado dentro del análisis de vulnerabilidad las dimensiones que integra el concepto de trayectorias, entendidas como las vivencias que los migrantes experimentan durante su recorrido hacia el país destino (Rivera, 2015), en las que se incorporan las necesidades de sobrevivencia como la atención a la salud, alojamiento y recursos para la movilidad, así como el factor de discriminación y violencia. De aquí que las trayectorias hacen referencia tanto a los espacios geográficos por donde transitan, así como los medios de transporte y estrategias utilizadas, con el fin de avanzar con el menor riesgo posible de ser detenidos por las autoridades migratorias y aquellos eventos que surgen a partir de interacciones con el espacio social al que se llega.

Se llevaron a cabo 12 entrevistas a migrantes provenientes de Honduras, El Salvador, Guatemala y Nicaragua, durante los meses de septiembre, octubre y noviembre de 2022, a quienes se le formularon preguntas con relación a sus experiencias en sus trayectorias por el país y durante su estancia temporal en la ciudad de Culiacán. Los sujetos de estudio que participaron cuentan con una edad promedio que fluctúa entre los 25 y 27 años, con un nivel de escolaridad de nivel básico, de los cuales el 80% eran hombres, el 30% mujeres, así como la   presencia de 5 menores de edad que viajaban acompañados de sus padres. El rescate de sus narrativas nos permitió conocer sobre sus necesidades retos y estrategias, las cuales se van reconfigurando y redefiniendo de acuerdo a los escenarios y contextos que se van presentando durante su tránsito. Desde la propia voz de los sujetos migrantes se recogen las causas de su movilidad y los principales riesgos que enfrentan.

Desempleo, pobreza y violencia, las causas principales de la migración

A raíz de las entrevistas se observa que la condición de vulnerabilidad del migrante de tránsito se encuentra presente desde las condiciones de exclusión y marginación en las que se vive en sus países de origen. El desempleo, la pobreza y la violencia son las causas principales que influyen para emprender el camino en búsqueda de empleo y mejores condiciones de vida.

A diferencia de lo que se ha observado en los diversos estudios sobre el fenómeno migratorio, en cuanto a la importancia de las redes sociales migratorias, las cuales generalmente determinan el destino al que se dirige el migrante, a través de vínculos de parentesco, amigos o vecinos oriundos de la comunidad de origen en el país destino. En el caso del fenómeno del tránsito centroamericano contemporáneo, se observa que el objetivo principal es llegar a la frontera con Estados Unidos. No se trata de una movilidad planeada hacia un destino específico, hacia un lugar determinado e identificado previamente, condicionado por la especificidad de las redes migratorias. En este caso, se observa que la migración se lleva a cabo sin que exista una red de contactos o vínculos existentes que determinen el lugar de destino. La meta principal de los migrantes entrevistados es llegar a la frontera norte de México con el objetivo de solicitar asilo en los Estados Unidos. La inexistencia de una red social que funcione como receptora, nos habla de una movilidad forzada, no planeada. lo que se encuentra presente es un fenómeno de desplazamiento, cuya meta es salvaguardar de manera urgente la reproducción y sobrevivencia del propio migrante y sus familias, dadas las condiciones sociales y económicas presentes en sus países de origen. Lo anterior nos da elementos para definir la migración centroamericana como un fenómeno de expulsión o desplazamiento forzado.

Encontramos como causas de expulsión, la pobreza y falta de oportunidades económicas, en el que el 65% de los migrantes entrevistados no contaban con empleo, así como la presencia de una violencia extrema como determinantes en su decisión de emigrar. La interacción con organizaciones criminales, se encuentra presente en todas las narrativas rescatadas, así como la urgencia que presentaron por salir del país debido a amenazas de muerte, robos y extorsión. Al respecto Wilder, migrante originario de Honduras nos señala:

"Mira, yo te voy a decir una cosa, yo me vine más que todo porque mi mamá la mataron en mi país, allá, ya va cumplir siete años, vamos a entrar a lo que es diciembre, a mi mamá la mataron, tiene siete años que está muerta, va cumplir 8, más por eso me vine; las maras la mataron a ella, es que ella salió a comprar comida, pa' nosotros y ya nunca volvió con la comida, ni ella, si no que al día siguiente nos fuimos a dar cuenta, yo y todos mis hermanos, por las noticias, la tele, allá, ahí, a mi mamá la mataron, sí, la mataron a mi mamá y todo, la tuvimos que ir a enterrar y todo, un solo gasto de dinero y todo, muchas cosas, y más por eso me vine porque también no puedo estar, no puedo, no, no puedo estar allá porque también me pueden hacer algo" (Wilder, entrevista, 2022).

La intensa violencia y control por parte de las pandillas han generado un gran número de desplazados. En el mensaje que transmite Wilder, un joven de 22 años, podemos observar como la migración ha sido la vía para salvar su vida. Así como él, nos encontramos con otras situaciones similares. En el caso de Caslin, hondureña de igual manera, comenta que salir de su país era la forma en que podía evitar que las pandillas cooptaran a sus hijos.

"En mi país hay muchas razones por las que la gente emigra de allá, pero en sí yo pienso que todos es por la violencia, la mara que predomina es la mara salvatrucha y la mara 18, que traen una rivalidad, pelean territorio […] Yo me traje a mi hijo, el morenito -señala el crucero-, tiene 10 años, y él ya tendría que andar allá trabajando para ellos […] los niños sí, ya así como mi hijo tienen que andar apoyándolos en algo, para andar cobrando o para andar viendo quién entra porque las colonias allá están protegidas, allá no puede entrar, de una colonia a otra no podemos entrar, y si entramos tenemos que pedirle permiso al que está de cabecilla en la pandilla, para saber a qué vamos y si es un trámite, tenemos que pagarle a ellos para poder entrar" (Caslin, entrevista, 2022).

La presencia de las maras no solo ha desplazado a quienes directamente extorsionan, amenazan y violentan, sino que también ha provocado la movilización de familias que buscan apartar a los hijos de la influencia que ejercen estos grupos dada la facilidad en la que se integran a estas organizaciones, situación que se agrava por las pocas oportunidades económicas y sociales que existen como alternativa para los jóvenes.

Trayectorias

Los migrantes emplean diversos medios de transporte para realizar su desplazamiento, el tren popularmente conocido como "la bestia" es uno de los más socorridos por los migrantes centroamericanos, sin embargo, este representa una serie de altos riesgos pues peligran de sufrir una caída, están expuestos a las inclemencias del clima, careciendo de alimento y agua, además de ser posibles víctimas de asaltos y violencia por parte del crimen organizado.

Se observó que, para continuar con su desplazamiento, bajan en algunas ciudades para trabajar o pedir apoyo económico o en especie, deteniéndose en los cruceros de las calles más transitadas de la ciudad. Su estatus de no autorizado complica la situación con la sociedad y las autoridades mexicanas pues les discriminan, les extorsionan y despojan de sus pertenencias. Los migrantes señalaron en sus narrativas abusos de poder, ya sea por parte de los distintos cuerpos policiacos, como por parte de agentes del Instituto Nacional de Migración, durante su trayectoria.

En entrevista con algunos migrantes, nos comentaron lo siguiente sobre las condiciones que enfrentaron durante sus desplazamientos en diversos medios de transporte por la región del noroeste:

"Me han quitado la vez pasada yo andaba como $200, $250 pesos me los quitaron, el otra vez solo andaba con mis $100 también me los quitaron. La otra vez ¡también me los quitaron! Varias veces, hasta me han quitado pertenencias, hasta un teléfono, traía un teléfono y también me lo robaron" (Wilder, entrevista, 2022).

De igual manera Rony, migrante proveniente de Honduras nos señala:

i esos policías. Creo que eran como las 3 de la mañana y nos pararon, pues, el policía ese, nosotros veníamos con unos cubanos, así a la par.

Veníamos platicando y ya se sube el policía, con los taladros y viene el policía, y en el asiento donde yo iba, se agachó y me dice: "de doscientos". Ahí y yo: "¿cómo oficiales?", "de doscientos. Ahí ponete vivo, rápido" me dijo; y yo ¿de dónde?, yo ni para comer traía. Entonces: "Oficial, la verdad. Yo ni he comido", le digo yo; entonces, el men cuando escucho que yo le dije así, solo me quedo viendo y se fue de ahí. El otro retén también, ese ya no era, creo que eran unos policías que se ponen un traje café y una camisa negra. Yo creo esos también vienen y otro viene, y me dice "¿cuánto traes ahí?", me dijo "nada" le dije yo, me dice "no estoy jugando", me dice, "ni yo tampoco", le dije "yo apenas no he comido". Entonces, viene y me dice "bájate", "'ta bien, oficial" le digo, "dame tus papeles" me dice. Le doy mis papeles y ya me baja con otros migrantes cubanos y venezolanos y un guatemalteco que venía, ya nos baja a todos. Entonces, nos pusimos de acuerdo, que no nos íbamos a dejar y por qué; además, que no traíamos dinero, y ya nos bajaron, y ya nos empezaron a revisar, y nos metieron las manos a los bolsillos. Como miraron que no traíamos nada, ya de eso, "¡A la verga!" dicen, nos subimos. A unos cubanos que venían ahí, les robaron como quinientos dólares que traían" (Rony, entrevista, 2022)

El cambio de medio de transporte para evitar riesgos con grupos delictivos o la autoridad mexicana es una de las estrategias que emplean los migrantes. Tal como lo explica Celeste, originaria de El Salvador.

Es necesario caminar, pedir 'ride' en la carretera o tomar diferentes buses para poder continuar con el trayecto".Me vine en puro 'jalón', ósea pedir 'jalón', no hay cualquier persona que te 'jala' porque tú sabes que en ese trayecto, lo que yo viví es de que no te puede estar jalando otra persona, porque a él también lo multan o lo meten preso, de que piensan que él es 'pollero', eso entonces uno tiene que tener mucho cuidado en ese sentido […] entonces nosotros preferimos aguantar caminando […] para nosotras es mucho más mejor venirnos por el tren porque en los autobuses nosotros nos sentimos que migración nos va agarrar" (Celeste, entrevista, 2022).

La estrategia de cambiar los medios de transporte es necesaria no solo para proteger su integridad física o reducir los riesgos de deportación, sino que también les sirve para cuidar sus recursos materiales y económicos, previniendo el abuso por parte de la delincuencia y la propia autoridad gubernamental.

Salud y alojamiento en el tránsito

Otra de las condiciones de vulnerabilidad a las que se enfrentan los migrantes de tránsito que recorren la Ruta del Pacífico, es el acceso a la atención médica y a alojamiento. Por la naturaleza de sus trayectos, la exposición a diferentes tipos de clima, su alimentación, hidratación, entre otros, son propensos a enfermarse y necesitar atención médica, sobre todo ante la pandemia de Covid-19.

En México, de acuerdo al Art. 8 de la Ley de Migración, todos los migrantes tienen el derecho a recibir atención gratuita y cualquier tipo de atención médica urgente para preservar su vida. De igual manera, la Organización Mundial de la Salud (2020) señala que los países en los que se encuentran, tienen la obligación de proporcionar los servicios de atención de salud.

Las personas que fueron entrevistadas durante su recorrido han sido expuestas a diferentes condiciones climáticas, peligros de lesiones por impacto o heridas, así como han tenido contacto con una gran cantidad de personas en tiempos donde la pandemia por COVID-19 estaba presente. Tres de las cinco personas entrevistadas reportaron haberse enfermado de infecciones en las vías respiratorias al menos una vez durante su recorrido.

La atención médica que recibieron fue en su totalidad en clínicas particulares, entre ellas se encuentran Cruz Roja Mexicana y los consultorios médicos de farmacias. En ningún caso se presentó una atención en clínicas u hospitales públicos. Un factor que puede influir es la cercanía en la ubicación de las farmacias, así como la asequibilidad en los precios de servicios médicos que prestan -alrededor de $50 pesos por consulta. Por otro lado, Cruz Roja Mexicana brinda atención médica gratuita y apoya con medicamento en caso de contar con él en el consultorio.

Celeste, nos contó lo siguiente sobre su experiencia atendiendo a sus dos hijos menores de edad cuando enferman:

> "Pues a veces -se enferman- de tanto sol y tantas veces cuando llueve, nos metemos así porque no hay de otra porque no tenemos ayuda *[…] ¿van al similares (Farmacia)? Sí, es la única manera" (Celeste, entrevista, 2022).*

Parte de sus trayectorias implica la necesidad de alojamiento durante su estancia temporal en la ciudad con el objetivo de descansar, captar recursos económicos y analizar la viabilidad para continuar su trayecto (condiciones de seguridad, retenes, paso fronterizo, etc.) Uno de los hallazgos encontrados es que el estado de Sinaloa funciona como un punto nodal por su situación geográfica, que permite a los migrantes redefinir sus rutas, de tal suerte que puedan elegir el continuar por el noroeste del país o bien cambiar su ruta hacia el noreste de México, de acuerdo a a la situación fronteriza que otorgue mayores facilidades de asilo en los Estados Unidos.

A través de las entrevistas se pudo encontrar que los migrantes usualmente se hospedan en hoteles en zonas céntricas de la ciudad, que por su costo les permite pagar su estancia con lo recolectado en cruceros y en algunos trabajos temporales como en talleres de carpintería o herrería, venta de paletas o dulces o trabajos de limpieza. Aun cuando los precios de hospedaje son reducidos, representan un gran porcentaje de sus ingresos, lo que les deja sin comer en algunas ocasiones. Wilder nos señala al respecto:

> "Ahí me están cobrando lo que es como $250, $300 pesos… Y solo ahí se me va el dinero, a veces yo me quedo sin comer pa' no quedarme durmiendo en la calle, yo lo que ando haciendo, buscando, pero… está fea la cosa" (Wilder, entrevista, 2022).

Esta situación se agrava cuando los migrantes viajan acompañados de sus hijos, pues los gastos de comida y medicamento incrementan los costos de vida.

> "A veces hay días buenos, hay días malos, no todo el tiempo es bueno, a veces que agarras $700 pesos porque tienes que pegarle toda la mañana para esos $700, parte de la mañana y de la tarde, aparte tienes que de ese dinero tienes que pagar hotel, pagar comida, comprar comida, cualquier medicamento si es que los niños se te enferman, a la similar, tienes que ver cuánto te cuesta o si se te pone grave tienes que pedir ayuda" (Celeste, entrevista, 2022).

Es importante destacar que la presencia de asociaciones civiles o albergues enfocadas a la atención y apoyo de la población migrantes es nula en la Ciudad de Culiacán. Por lo que los ciudadanos desde el actuar individual han jugado un rol importante en el apoyo que requieren para poder continuar sus trayectorias. La población culiacanense ha colaborado apoyándoles con dinero, comida, ropa, abrigo, calzado e incluso un espacio para descansar.

Las redes de apoyo que se crean entre los grupos de migrantes son importantes para que puedan identificar espacios como los hoteles en los que además de encontrar más personas con el mismo objetivo, les permite hacer de sus trayectorias una experiencia menos riesgosa. Estas redes de apoyo se forman durante los viajes en los que comparten vagón, caminan acompañados o se encuentran en algún lugar, aprovechando para dar consejos que permitan continuar el camino hacia el norte de manera más segura.

> "Pues me vine con los demás muchachos […] como los otros

muchachos ya habían venido hacia aquí, ellos ya conocían para acá y era su segunda […] (en el tren) se van comentando que es mejor acá que allá, nos dicen que han estado en tal lugar, que no les ha ido bien, dicen que a veces los narcos los chingan, que quieren, andan reclutando personas para sus cosas" (Celeste, entrevista, 2022).

El uso del celular y las redes sociales también es un recurso que utilizan para saber qué caminos tomar, cuales medios de transporte son más recomendables, en qué espacios hay retenes de migración, delincuencia y también se comunican en qué fronteras están los procesos detenidos, así como aquellas en las que el proceso de asilo es más fluido.

Violencia, discriminación y xenofobia

La situación de vulnerabilidad de los migrantes de tránsito centroamericano se traduce en los riesgos que enfrentan por las situaciones de violencia que viven de manera cotidiana. La violencia que se vive en términos de asaltos y robos por parte de la delincuencia y autoridades gubernamentales se suma a la presencia de organizaciones criminales, así como a la discriminación y xenofobia por parte de algunos sectores de la población. La presencia del narcotráfico se hace visible en las narrativas de los migrantes entrevistados. Los riesgos para los migrantes tienen que ver con el acercamiento e invitación para ser reclutados en dichas organizaciones incluso en la amenaza del levantamiento forzado. Al respecto Camilo, proveniente de Guatemala nos comenta sobre su experiencia en un crucero en la ciudad de Culiacán.

"yo me asusté porque nunca había visto tanto dinero en mi vida, era mucho dinero, una maleta de esas así grandota, de esas de meter ropa, solo de a 100 (dlls) nada de que a 20 y 50, solo de 100. Va ser tuyo, pasa un carrazo, ¡No, un carrazo! Un carrazo como en los que andan los narcos aquí en Culiacán, de esos que se abren y se cierran de arriba, carrazo. Andaba así, yo si me asusté porque el vato con una… el tipo con una pistola aquí, otra aquí, una radio aquí, una pechera, aquí andaba las balas y no sé qué carajo andaba la cartera, y andaba como dos teléfonos (señalando físicamente en donde estaban los artefactos). Sí y el tipo andaba así con los ojos, tú sabes, cuando la gente consume marihuana se le echa de ver por los ojos, los ojos todos rojos, ¡rojos!, parecía diablo; si me asusté yo, dije yo "a qué hora este me está llevando", no me moví porque yo miré al vato, sospechoso, va decir este vato que yo me le ando escondiendo, mire yo le voy a enseñar que no me le ando escondiendo y se paró, me dijo: no quieres trabajar?,-Mira hermano, yo voy pues para Estados Unidos. - Vamos, va cambiar tu vida. Para que ningún otro puto te ande humillando por dinero, y cuando ellos te miren en un carro con dinero y todo, tú los vas a humillar a ellos como ellos te humillaron a ti.-le conté que habían matado a mi mamá, se quedó asombrado el tipo, ya no me siguió diciendo nada, me dejó que me fuera, me dejó aquí y se fue él, ya no lo he vuelto a ver yo. Pero si me asusté bastante porque lo miré todo armado". (Camilo. Entrevista 2022)

De igual manera Santiago, migrante de Honduras nos narra sobre la experiencia que tuvo al intentar cruzar por la frontera de Algodones en Mexicali:

"Y de repente no sé qué cartel llegó y nos empezaron a buscar, estábamos asustados, bueno yo estaba asustado…: Y los carros con las luces encendidas […] Y el niño los vio, y yo asustado le dije: "Dios mío, sácame de aquí, te lo juro que no lo vuelvo a intentar así (de manera indocumentada), si me sacas yo te prometo que a mi hijo no lo vuelvo a arriesgar, voy a buscar una vía legal, que me metan a un albergue o un refugio, como se llamen, para yo poder pasar con mi hijo legal, por mientras voy a estar así porque necesito sacar un documento

Por otra parte, encontramos actitudes discriminatorias y de xenofobia contra la población migrante centroamericana durante su paso por la ciudad de Culiacán. Los anterior nos permite describir la situación que atraviesan los migrantes como resultado del discurso que los criminaliza. De acuerdo a el Consejo Nacional para Prevenir la Discriminación (CONAPRED) señaló que en México se presenta una creciente ola de xenofobia que se reproduce por redes sociales, medios de información y otros espacios en los que se reproducen mensajes y discursos xenófobos en contra de personas migrantes y refugiadas, con base en prejuicios sobre su cultura, origen nacional, etnicidad y situación migratoria (Leite, Correa, Suárez, Flores, Ramírez, Méndez y Del Pino, 2022).

A través de las narrativas de las personas que fueron entrevistadas se puede observar por una parte de la población de la ciudad de Culiacán, una tendencia de rechazo y racismo contra los migrantes. En este sentido, Josué, originario de Honduras nos señala:

"En ese semáforo (señala el crucero), un señor iba pasando y él sin yo decirle nada cerró el vidrio, yo le dije "no se preocupe jefe, yo no soy ladrón, no le andamos robando a nadie" y como que no me escuchó, le repetí "no somos ladrones, jefe, solamente andamos pidiendo, vamos nomas de pasada por acá". Entonces el 'man' no me dijo nada; así hay gente que nos dicen, busquen trabajo o así, nos hacen sentir mal a veces" (Josué, entrevista, 2022).

68

Una de las principales experiencias que comentaron los migrantes fue el temor de la gente por ser asaltados, la apariencia física y la vestimenta genera un impacto en los locales que optan por cambiar su camino para evitar pasar cerca o cierran el cristal de sus vehículos.

"Me dicen así, me dicen malas palabras, groseras… que hijo de la chingada, que hijo de tu… así como hablan ellos, así cosas feas. Yo lo que les digo, que Dios los bendiga, yo no les digo nada malo o no les hago caso, los ignoro, o si los miro que están así enojados yo los saludo, les digo ¿qué tiene? ¿qué le hice yo? ¿por qué me insulta?, "¡No, es que…!" Se ríen, se ponen rojos como tomate" (Wilder, entrevista, 2022).

En ocasiones los ciudadanos emiten comentarios que visibilizan su prejuicio y desconocimiento de la población migrante; la narrativa antiinmigrante que juzga y criminaliza emitida desde las elites del poder político y social, se impregna en las actitudes y comportamientos de los ciudadanos.

Celeste, nos narra, como un ciudadano le ofreció alimentos dañados o alterados:

"Llegó un día que yo estaba sentada, como diría en la orilla de la acera, sentada en eso apareció un mexicano y nos ofreció jugo, refresco, comida y cuando no es para ti, no es para ti pero yo no andaba con la mente de que viene algo en la comida verdad, nosotros pue' porque lo que nosotros andamos buscando es ayuda, no que nos perjudiquen sino que ayuda pero en veces hay personas que no, como te vuelvo a decir, no todos somos iguales, yo no pienso como tú piensas ni tú piensas como yo pienso, como te digo, llegó y nos ofreció la comida y nosotros bien alegres, entonces ya nos llevamos la comida pero cuando llegamos a casa yo me fijo – porque yo tengo la maldita maña que me fijo en todos los objetos que haiga pues, de lo que me regalen y lo que no me gusta lo regalo a otra persona – entonces, yo miré que el niño bate el fresco, el jugo, era de toronja, entonces cuando nos fijamos que adentro del jugo estaba con unas cosas bien raras, como que le hubieran echado algo pues, no te lo pudiera diferenciar porque era algo horrible para que decirte, para qué decirte, era una como de algo adentro, que le habían echado" (Celeste, entrevista, 2022).

Además de este tipo de acciones, en los cruceros, que son los espacios en los que usualmente piden apoyo económico, han recibido algunos comentarios de odio como el siguiente que nos comenta Celeste:

"Nos dicen que nos vayamos, que no somos de aquí, que solo

venimos a molestar [...] muchas veces es difícil no ignorar esos comentarios, pero siempre hay que tener en cuenta que esa gente es la que está mal, ustedes están buscando un futuro, una mejor condición de vida, y a veces es gente ignorante, gente frustrada, que trae sus problemas y los quiere desquitar con otras personas" (Celeste, entrevista, 2022).

De acuerdo a Van Dijk (2009) el discurso racista se transmite a través de canales con un alto alcance, teniendo efecto en las masas, que lo asimilarían como una verdad propia. Logrando así una cadena en donde el discurso racista y/o xenófobo se multiplica, lo que viene a ser un dispositivo más de la biopolítica migratoria.

Reflexiones finales

La puesta en marcha de una política de contención migrante ha condicionado la situación de vulnerabilidad de la migración de tránsito de origen centroamericano en su paso por el noroeste de México. Señalamos que se trata de una biopolítica diseñada a través de una serie de dispositivos, cuyo objetivo ha sido el controlar y contener la migración, a través de la implementación de leyes y regulaciones jurídicas que funcionan bajo la idea de salvaguardar la soberanía del Estado nación. Esta política de contención, ha repercutido en las condiciones de vulnerabilidad en las trayectorias de los migrantes de origen centroamericano, al tratarse de personas que intentan cruzar territorio mexicano en su búsqueda por llegar a los Estados Unidos, en condiciones no autorizadas. De esta manera, la biopolítica que se ejerce por parte del estado, va encaminada a priorizar las disposiciones de un aparato jurídico bajo el discurso de la seguridad nacional, acompañada de una narrativa, la cual criminaliza al migrante, negando sus garantías del derecho de tránsito.

La narrativa de "ilegalidad" de la migración por parte del estado, condiciona la invisibilidad del migrante centroamericano, vulnerando sus derechos humanos y condicionado sus trayectorias al estar expuestos a escenarios de violencia por parte de organizaciones criminales, así como de abuso de poder y extorsiones por parte de los propios agentes gubernamentales. Lo anterior aunado al riesgo en su integridad física dadas las características del tipo de transporte que utilizan y las rutas inhóspitas por donde transitan.

Durante su trayectoria por el noroeste del país, el migrante se enfrenta a una ausencia de atención y apoyo por parte del Estado. De acuerdo a las narrativas rescatadas, su condición de indocumentado da lugar a una ventana de extorsiones, en puntos de control y en los espacios sociales donde transitan. En el caso de la ciudad de Culiacán, se observa que los migrantes establecidos temporalmente como parte de su recorrido a la frontera Norte del país, no cuentan con ningún tipo de recursos por parte de las instituciones de gobierno, agravada su condición de marginación por la inexistencia de albergues por parte de la sociedad civil que les permita contar con algún tipo de alojamiento, asistencia u orientación.

De esta manera, la criminalización de los grupos migrantes viene a profundizar las condiciones de vulnerabilidad y se presenta como una de las estrategias discursivas para la justificación de la biopolítica ejercida por el estado. Se observa en la ciudad de Culiacán el impacto que la política antiinmigrante ejerce en la opinión generalizada de la población, al criminalizar al sujeto migrante a través de acciones de racismo y xenofobia. Con discursos de miedo y rechazo por su condición migrante, vistos como un potencial delincuente y como un riesgo para la seguridad pública.

El recrudecimiento de la política migratoria a través de la colaboración en la contención migratoria promovida por los Estados Unidos, ha orillado al sujeto migrante a condiciones inhóspitas que ponen en riesgo su vida, aunado a la exposición que enfrentan dada la presencia de grupos delincuenciales en la entidad, quienes se hacen presentes buscando su anexión en las actividades del narcotráfico. Frente a las condiciones de riesgo presentes durante sus trayectorias, los migrantes centroamericanos diseñan una serie de estrategias de sobrevivencia a través de redes sociales en la que participan grupos de migrantes con información sobre rutas, medios de transporte y puntos de control migratorio. Lo anterior representa un recurso de apoyo en su movilidad, la cual está en constante negociación dados los escenarios cambiantes durante su trayecto.

Podemos concluir señalando que el fenómeno de la migración centroamericana representa a la población más vulnerable de un sistema económico que promueve el desplazamiento de miles de personas y sus familias, orillándolos a condiciones de vulnerabilidad y riesgo en su integridad física, en la búsqueda de su sobrevivencia. Las condiciones de marginación de los sujetos migrantes no terminan, sino que las acompañan durante sus trayectorias, frente a una biopolítica diseñada por los estados-nación de *dejar morir*, priorizando un aparato jurídico-administrativo de salvaguarda de las fronteras y negando los derechos humanos y la vida misma de la población migrante.

Referencias bibliográficas

ACNUR. (2020). *Desplazados por la violencia en Centroamérica | ACNUR.* https://eacnur.org/ es/ actualidad/noticias/emergencias/desplazamiento-forzado-centroamerica-violenciapandillas#:~:text=La%20violencia%20contra%20ni%C3%B1as %20y, comunidad %20 LGBTI%20en%20la%20regi%C3%B3n.

ACNUR. (2023). *Desplazamiento en Centroamérica | ACNUR.* https://www.acnur.org/ emergencias/desplazamiento-en-centroamerica

Alfaro, R. S., Hernández, A. J., & Salas, V. W. (2019). La migración internacional de retorno en el Estado de México. *Región y sociedad, 31*, e1085. https://doi.org/ 10. 22198/rys2019/31/1085

Arellano, C, (2023). Cada día, dos migrantes son víctimas de algún crimen en México, Periódico La jornada, 26 de agosto del 2023.

Arroyo, J., & Álvarez, D. (2018). *Muros y migración México-Estados Unidos.* https://www.redalyc.org/journal/112/11255298005/movil/

BBC. (2018). Caravana de migrantes: los 2.000 centroamericanos que quieren llegar a Estados Unidos. *BBC News Mundo.* https://www.bbc.com/mundo/noticias-america-latina-45904527

Burgueño, N., & Cueto, S. (2021). Exclusión, vulnerabilidad y fronteras: la migración de tránsito en la Ciudad de Culiacán, Sinaloa, en el contexto de COVID-19. *Diarios del Terruño, 12*, 125-149. https://www.revistadiariosdelterruno.com/burgueno-angulo-cueto-calderon/

Busso. (2001). POBREZA, EXCLUSIÓN Y VULNERABILIDAD SOCIAL. Usos, limitaciones y potencialidades para el diseño de políticas de desarrollo y de población. (2001). *REDAEPA.* https://www.redaepa.org.ar/jornadas/viii/ AEPA/B10/ Busso, %20Gustavo.pdf

Calva, L., & Torre, E. (2020). Cambios y continuidades en la política migratoria durante el primer año del gobierno de López Obrador. *Norteamérica, revista académica del CISAN-UNAM, 15*(2). https://doi.org/10.22201/cisan.24487228e.2020.2.415

Campesi, G. (2012). Migraciones, seguridad y confines en la teoría social contemporánea. *DOAJ (DOAJ: Directory of Open Access Journals).* https://doaj.org/article/ b14a268cdbe94 2599ae4e506228d1a07

Castillas, R. (2008). *Las rutas de los centroamericanos por México, un ejercicio de caracterización, actores principales y complejidades.* https://www.scielo.org.mx/scielo. php?script= sci_arttext&pid= S1870-75992008000100007

Comisión Económica para América Latina y el Caribe. (2020). *Panorama Social de América Latina 2020. CEPAL.* CEPAL. https://www.cepal.org/sites/default/files/ presentation/files/version_final_panorama_social_para_sala_prebisch-403-2021. pdf

Comisión Nacional de los Derechos Humanos (2022). *Informe especial de la CNDH sobre la situación que guarda el Tráfico y el Secuestro en Perjuicio de Personas Migrantes en México 2021*, México. Recuperado de https://www.cndh.org.mx/sites/ default/files/ documentos/ 2022-12/Informe_Especial_Trafico_Secuestro_Migrantes.pdf

Comisión Nacional de los Derechos Humanos. (2018). Los desafíos de la migración y los albergues como oasis: Encuesta Nacional de Personas Migrantes en Tránsito por México. En *cndh.org.mx.* Recuperado 5 de febrero de 2022, de https://www.cndh. org. mx/ sites/all/doc/Informes/Especiales/Informe-Especial-Desafios-migracion.pdf

Comisión Nacional de los Derechos Humanos. (2020). *Informe de actividades 2020. Personas Migrantes. Diagnóstico Situacional de los Derechos Humanos de las Personas Migrantes.* México Recuperado de: http://informe.cndh.org.mx/menu.aspx?id=60055#lda60905

Cueva, A. (1986). "La democracia en América Latina: ¿novia del socialismo o concubina del imperialismo?" *Estudios Latinoamericanos,* UNAM 1 (1): 39–47.

Durand, J. (2017). La inmigración como amenaza en Estados Unidos, Anuario CINOB de la inmigración 2017, pp. 32-49, Recuperado de: https://www.cidob.org/es/articulos/anuario_cidob_de_la_inmigracion/2017/la_inmigracion_como_amenaza_en_estados_unidos.

Foucault, M. (1978). *Microfísica del Poder.* https://dialnet.unirioja.es/servlet/ libro? codigo= 112376

Foucault, M. (2006). *Seguridad, Territorio, Población: Curso en el Collège de France (1977-1978).* Fondo de Cultura Económica. https://www.uv.mx/tipmal/files/2016/10/M-FOUCAULT-SEGURIDAD-TERRITORIO-POBLACION.pdf

Foucault, M. (2007). *Nacimiento de la biopolítica: curso en el College de France 81978-1979).*

Gramlich, J. y Scheller,A. (2021)."Whats happening at the U.S.-Mexico border in 7 charts", *Pew Research Center,* en https://www.pewresearch.org/short-reads/2021/11/09/whats-happening-at-the-u-s-mexico-border-in-7-charts/

Leite, P., Armando, Correa, A., Suárez, J., Flores, L., Ramírez, A., Méndez, V., & Del Pino, M. (2022). *COMUNICACIÓN SIN XENOFOBIA. RECOMENDACIONES PARA MEDIOS Y REDES SOCIALES* (1.a ed.). CONAPRED. http://www. conapred. org.mx/index.php?contenido=documento&id=411&id_opcion=147& op=

López, N. (2018). *Procesos migratorios en la Centroamérica del siglo XXI* (1.a ed.).

OIM (2022). "Reporte mundial de la migración 2022", *Organización Mundial de las Migraciones,* Suiza.

Orrego, C., & Vergara, C. (2019). Política migratoria y violencia institucional: Análisis biopolítico del caso chileno. *Violencias: Conceptos y materialidades contemporáneas, 15,* 51-75. https://revistanemesis.uchile.cl/index.php/RN/article/download/61725/65415

Portal de Datos sobre Migración (2023). Disponible en https://www.migration dataportal. org/es/regional-data-overview/datos-migratorios-en-centroamerica #: ~:text=De%20los%2016%2C2%20millones,ciento%20eran%20mujeres%20(Ibid).

Rivera, (2015). Movilidades, circulaciones y localidades. Desafíos analíticos del retorno y la reinserción en la ciudad. Alteridades, 25 (50), 51-63. Recuperado de http://www.redalyc.org/pdf/747/74743764005.pdf

Rivera, L. (2015). Movilidades, circulaciones y localidades. Desafíos analíticos del retorno y la reinserción en la ciudad. *Alteridades, 25*(50), 51-63. http://www.redalyc.org/ pdf/ 747/74743764005.pdf

Sassen, S. (2016). Tres migraciones emergentes: Un cambio de época. *Sur, 13*(23), sur.conectas.org. https://sur.conectas.org/wp-content/uploads/2016/09/2-sur-23-espanhol-saskia-sassen.pdf

Torres, E. (2011). *Revoluciones sin cambios revolucionarios: ensayos sobre la crisis en Centroamérica.*

Unidad de Política Migratoria (2020). "Morir en el camino fallecimientos de personas migrantes en Mexico", en *Rutas Estudios sobre movilidad y migración internacional,* Gobierno de México, año 1 no. 2 abril junio 2020. Recuperado en http://www.politicamigratoria. gob.mx/work/models/PoliticaMigratoria/CEM/Investigacion/Rutas/Rutas02.pdf.

Unidad de Política Migratoria, Registro e Identidad de Personas. (2022). Diagnóstico de la movilidad humana en Yucatán. En *portales.segob.gob.mx.* Secretaria de Gobernación. Recuperado 6 de febrero de 2022, de https://portales. segob.gob.mx/ work/ models/ PoliticaMigratoria/CPM/foros_regionales/estados/sur/info_diag_F_sur/diag_yucatan.pdf

Van Dijk, T. A. (2009). *Discurso y poder : contribuciones a los estudios críticos del discurso.*

Vélez.Ibáñez, C. (2015). "Política, procesos históricos y la tontería humana: un cuento largo acerca de la vida entre liliputenses de Arizona", en Vélez-Ibáñez, C.G.; Sánchez, R. y Rodríguez, M.(Coords.). *Visiones de acá y de allá. Implicaciones de la política antiinmigrante en las comunidades de origen mexicano en Estados Unidos y México*. México: UNAM, ASU, UACJ, pp. 27-59.

(IN)MOVILIDADES DE MIGRANTES VENEZOLANOS EN LA RUTA ANDINA EN EL CONTEXTO DE LA PANDEMIA DE COVID-19

Julia Kieslinger[1]

Introducción

Según Human Rights Watch (2018: 2), la crisis política, económica, humanitaria y de derechos humanos en Venezuela ha generado una multiplicidad de factores que están provocando la salida de venezolanos del país. Según estimaciones, entre 2014 y 2018 más de 2,3 millones de personas abandonaron el país (ibíd.), en diciembre de 2022 los números alcanzaron 7,1 millones (R4V, 2022). Aunque no existen datos consolidados sobre la migración desde Venezuela, las cifras de migrantes reportadas en los países receptores indican que alrededor de 5,9 millones de personas se ubican en América Latina y que los principales destinos han sido Colombia (2.477.588), Perú (1.490.673), Ecuador (502.214) y Chile (444.423) (ibíd.) (ver figura 1).

Dado que existe un gran número de venezolanos que utilizan pasos fronterizos no oficiales y que aún no han obtenido un estatus legal, las cifras reales supuestamente sean mucho más elevadas (Human Rights Watch, 2018; ACAPS, 2021; R4V, 2022). Según la OIM (2019), el Corredor Andino es la ruta terrestre más utilizada y dinámica de Sudamérica (ver figura 2).

En sus trayectorias transnacionales, los migrantes experimentan movimientos espaciales y fases de permanencia, aquí concebidas como (in)movilidades humanas. Aparte de las estimaciones numéricas, poco se sabe sobre las experiencias de los migrantes con (in)movilidades en el contexto de crisis. Por lo tanto, realizamos un estudio de caso participativo con migrantes venezolanos en Huaquillas (ciudad fronteriza en el sur de Ecuador) sobre sus experiencias de (in)movilidad durante la pandemia de COVID-19.

---

[1] Institut für Geographie de la Friederich Alexander University (FAU), Alemania. Correo electrónico: julia.kieslinger@fau.de

Figura 1. Migrantes y refugiados venezolanos en América Latina (Modificado según R4V, diciembre del 2022).

Figura 2. El Corredor Andino - La ruta terrestre más utilizada en la región sudamericana (Modificado según R4V, 2019: 8).

Concepción del estudio

Basándose conceptualmente en el *Paradigma de las Nuevas Movilidades* (p.e. Sheller & Urry, 2006; Hannam et al., 2006), esta investigación aborda la diversidad de movimientos de las personas sin categorías espaciales y temporales predefinidas y tiene en cuenta el fenómeno de la permanencia (p.e. Kieslinger, 2021). Para comprender la toma de decisiones con respecto a las (in)movilidades es importante tener en cuenta el contexto vital en el que se sitúan individuos cuando negocian y ejecutan (in)movilidades (Kieslinger, 2021: 94). Según Verena Brinks y Oliver Ibert (2020: 275) hasta ahora se ha prestado poca atención a especificar 'crisis' como experiencia humana excepcional y estresante, así como un contexto particular para la acción y posibilidad de intervención. Cuando se actúa en condiciones de incertidumbre, las rutinas ya no están disponibles, lo que da lugar a una acción altamente improvisada o experimental (Milstein, 2015). Sin embargo, Brinks e Ibert (2020: 277) hacen hincapié en que las crisis no son sólo una cuestión de percepción; despliegan cualidades performativas porque los diagnósticos y las respuestas contribuyen a las crisis.

Para captar las experiencias de los migrantes venezolanos con sus propias (in)movilidades a lo largo de sus rutas, y los impactos de Covid-19, realizamos un estudio de caso participativo en Huaquillas (ciudad fronteriza en el sur de Ecuador). Junto con asistentes de campo locales, realizamos entrevistas cualitativas y participativas durante una estancia de tres semanas en septiembre de 2021, que incluyeron las herramientas de mapeo de movilidad (Weidinger et al., 2019) y biografías de (in)movilidad (Kieslinger et al., 2020). Realizamos un muestreo no probabilístico (Bernard, 2006) para obtener las perspectivas de un amplio abanico de personas. Seleccionamos varios puntos de acceso a los participantes y recurrimos a la captación en frío en diferentes lugares, utilizando gatekeepers y el muestreo de bola de nieve (Kieslinger et al., 2020). Como la mayoría de los migrantes venezolanos vivían en la calle, accedimos a nuestros entrevistados en lugares públicos y a algunos de ellos cerca de refugios de organizaciones de ayuda humanitaria. Además, realizamos el reclutamiento a diferentes horas del día y de la semana. En este estudio se hizo especial hincapié en los criterios éticos (por ejemplo, Clark-Kazak, 2017; MacKenzie et al., 2007 en el contexto de la migración forzada), como la participación voluntaria y el consentimiento informado, la confidencialidad, la privacidad y la protección de datos, así como evitar la exposición y el daño. Para las entrevistas, alquilamos una habitación en un hotel y proporcionamos máscaras, alcohol para la desinfección, así como una compensación económica. Antes de iniciar la conversación, se explicaron detenidamente los temas y herramientas de la entrevista; indicamos a nuestros participantes a que nos comunicaran en cualquier momento si se sentían incómodos o si querían terminar la entrevista. Además, les facilitamos nuestros datos de contacto por si querían borrar la información más adelante. Los datos personales de nuestros entrevistados se limitaron al nombre de pila, la edad, el sexo, el nivel de estudios o la profesión y las personas con las que viajaban. Los datos se almacenaron cuidadosamente y se analizaron de forma anónima. En total, realizamos 13 entrevistas con 18 participantes: 7 mujeres (rango de edad: 16-33, edad promedia: 26), 11 hombres (rango de edad: 14-47, edad promedia: 25).

Por último, complementamos nuestro trabajo empírico con la investigación documental sobre los temas relacionados para contextualizar las afirmaciones de nuestros participantes mediante la inclusión de bibliografía y datos secundarios proporcionados por la académica, pero también por ONG, instituciones gubernamentales y periódicos.

Resultados

En primer lugar, esbozamos brevemente algunos acontecimientos generales en relación con las pautas migratorias en la región desde la bibliografía. A continuación, detallamos las experiencias de (in)movilidades de nuestros participantes en cuanto a rutas, medios de movilización, lugares de permanencia y cruce de fronteras. Finalmente, presentamos las repercusiones más importantes de las crisis de COVID-19 con énfasis en las medidas de confinamiento.

Pautas migratorias en Sudamérica

En las últimas dos décadas, los procesos de movilidad en América del Sur se han vuelto más complejos y multidireccionales, y países que anteriormente fueron emisores de migrantes se transformaron en receptores (Herrera & Gómez, 2022; Berg & Pérez Martínez, 2022). Esta tendencia se sustenta principalmente en el aumento de la migración transfronteriza intrarregional dentro de América del Sur debido al endurecimiento de las políticas migratorias restrictivas en el Norte, así como a las crisis económicas y políticas en la región (Herrera & Gómez, 2022). Junto con el cambio en los patrones migratorios, también se ha producido un cambio en las políticas migratorias. A principios de la década del 2000, con el surgimiento de gobiernos post-neoliberales, en varios países se habían aprobado marcos regulatorios progresistas para responder a las nuevas formas de movilidad (ibíd.: 11). Las políticas se centraron en fortalecer los vínculos políticos con los emigrantes en el exterior (p.e. Moraes et al., 2009), atraer personal calificado e inversionistas del exterior (p.e. Pedone & Alfaro, 2015), habilitar iniciativas de libre movilidad regional y procesos de regularización migratoria para ciudadanos sudamericanos (Herrera & Gómez, 2022). A partir del 2015, la migración venezolana sin precedentes dio lugar a respuestas ad hoc y políticas similares en diferentes países (Acosta et al., 2019). Junto con el giro político hacia gobiernos neoliberales (Argentina, Brasil, Ecuador, Chile) se implementaron políticas cada vez más restrictivas (Herrera & Gómez, 2022: 12). Finalmente, ha habido un retorno a la gestión nacional de la migración y una creciente concepción de la migración como una amenaza a la seguridad y la estabilidad económica (Brumat, 2019). Además, muchos venezolanos no tienen documentos de identidad (Human Rights Watch, 2018). En 2017 y 2018 los gobiernos de Colombia, Ecuador, Perú y Chile habían decretado permisos especiales (temporales) de ingreso para inmigrantes venezolanos con el fin de aliviar a las autoridades fronterizas (OIM, 2019). Como en 2019 se restableció la exigencia de visado en Ecuador (agosto), Perú (junio) y Chile (junio) (OIM, 2019), los cruces fronterizos informales aumentaron sustancialmente. En marzo de 2020, se cerraron las fronteras debido al COVID-19, lo que imposibilitó los cruces fronterizos legales. Posteriormente, las fronteras entre Colombia, Ecuador, Perú y Chile se reabrieron de nuevo a finales de 2021 o principios de 2022 (El Comercio, 2021; El Tiempo, 2021; MRE Bolivia, 2022); la frontera entre Venezuela y

Colombia se abrió en enero de 2023 (Deutsche Welle, 2022).

Experiencias de los participantes con (in)movilidades en la región andina

En cuanto a las rutas migratorias (Kieslinger, en preparación), 15 de los entrevistados emprendían el viaje por primera vez; tres de ellos, por segunda vez. En el momento de las entrevistas, 12 de los participantes se encontraban en la ruta en dirección sur; las motivaciones fueron ofertas de trabajo de amigos y conocidos, condiciones favorables debido a las zonas de comercio en la frontera o el clima. Seis de los participantes estaban en la ruta hacia el norte; el lugar de retorno más meridional mencionado fue Santiago de Chile. Las razones para el retorno fueron: no haber conseguido entrar en los países de ruta o de destino, sufrir malos tratos o abusos, experiencias de violencia, actitudes xenófobas contra los migrantes venezolanos y condiciones climáticas desfavorables. Los medios de movilización de los participantes en ambas direcciones fueron el transporte público (autobús), camiones, autostop y caminar a pie.

En sus rutas, los participantes tuvieron que pasar por varios pasos fronterizos, en su mayoría informales (las llamadas trochas). Éstos se encontraban principalmente en los alrededores de los pasos fronterizos oficiales. Entre Venezuela y Colombia se mencionaron tres pasos fronterizos: Los más utilizados fueron Táchira - Cúcuta y El Amparo de Apure - La Unión en la ruta andina. El paso entre Guarero - Paraguachón no fue utilizado con frecuencia ya que implica una mayor distancia debido a una zona de conflicto con grupos armados de Venezuela y Colombia en la región sur oriental del Departamento de La Guajira que obliga a los migrantes a tomar la ruta por la costa pacífica. Entre Colombia y Ecuador, los participantes nombraron dos pasos fronterizos: Ipiales - Tulcán en la ruta andina y La Hormiga - San Miguel en la ruta amazónica. La carretera Panamericana fue la ruta principal de los migrantes venezolanos en su camino hacia el sur ya que es la ruta con mayor transporte en Ecuador. Aunque existen varios pasos fronterizos entre Ecuador y Perú, los participantes del estudio sólo mencionaron el paso entre Huaquillas - Tumbes.

En la mayoría de los casos, los participantes cruzaron ríos o puentes fronterizos. Según nuestros informantes, dependiendo de la estación (niveles de agua) y de las trochas, la gente cruzaba algunos ríos a pie o en balsas con ayuda de cuerdas, a nado o en barca. Los cañones se cruzaban sobre troncos de árboles o antiguos puentes colgantes; en algunos casos, los participantes tomaban desvíos y caminos en la alta montaña. Los que se trasladaron a Perú y más al sur tomaron también caminos por tierra en condiciones desérticas.

Sin embargo, durante sus trayectorias los participantes de nuestro estudio, experimentaron fases de permanencia en distintos lugares. Los motivos indicados para estancias inferiores a un mes, fueron la pernoctación, el descanso, temas de salud (p.e. lesiones, enfermedades, nacimiento de niños), la ayuda humanitaria, la visita a conocidos, amigos y/o familiares, la organización de viajes y la exploración de lugares. Los motivos principales para estancias de un mes a cinco años fueron el trabajo, la ayuda humanitaria y/o la reunificación familiar (ver Tabla 1).

Tabla 1. Lugares de permanencia (1 mes – 5 años) y motivación principal

	Lugares	1ra mención	2da mención	3ra mención	4ta mención
COLOMBIA	Cúcuta	5 años (trabajo)	1,5 años (trabajo)	1 año (trabajo)	
	Bucaramanga	1,5 años (trabajo)			
	Cali	2 años (enfermedad, amigos, trabajo)	2 años (trabajo)		
	Barranquillas	4 años (trabajo)			
	Bajira de Belén	6 meses (trabajo)			
	Medellín	7 meses (trabajo)	2 años (trabajo)		
	Bogotá	1 año 2 meses (trabajo)			
	Pasto	1 año 5 meses (trabajo)			
ECUADOR	Nueva Loja	1 año (trabajo)			
	Ibarra	4 meses (ayuda humanitaria)			
	Huaquillas	más de 1 mes (ayuda humanitaria)	4 meses (embarazo, ayuda humanitaria)	5 meses (trabajo)	2 meses (trabajo, reunión familiar)
PERÙ	Huarmey	2 meses 2 semanas (trabajo)			
	Lima	2,5 meses (trabajo)			

Fuente: 13 entrevistas 2021; nota: se tomaron en cuenta estancias a partir de un mes.

Las medidas de confinamiento en la región andina

Según los datos del *Oxford COVID-19 Government Response Tracker* (OxCGRT), donde se recogen las políticas gubernamentales de más de 180 países, ha habido un sorprendente grado de coincidencia en las respuestas gubernamentales de los distintos países en los primeros meses de la pandemia (Hale et al. 2021: 530). Mientras que a principios de marzo de 2020 sólo unos pocos países habían adoptado políticas sanitarias y de contención firmes, en el plazo de un mes se adoptaron respuestas políticas intensivas en todo el mundo. En los meses siguientes se levantaron las restricciones políticas y, en algunos casos, se volvieron a imponer a medida que la epidemia crecía y menguaba (ibíd.: 531-532). Por este motivo, las respuestas gubernamentales tras el periodo inicial de aplicación muestran una creciente divergencia entre países. Las medidas gubernamentales registradas en OxCGRT están relacionadas con la contención y el cierre, la respuesta económica, los sistemas sanitarios y varias acciones; los datos recogen el número y el grado de las políticas aplicadas en un área determinada (ibíd.: 529). Las respuestas de los gobiernos de Venezuela, Colombia, Ecuador, Perú y Chile se centraron inicialmente en la contención de la propagación del virus (por ejemplo, cuarentenas y cierres nacionales, medidas de bioseguridad). A medida que la pandemia avanzaba, en las estrategias nacionales se tuvieron en cuenta medidas adicionales para contrarrestar los efectos del brote de coronavirus en las sociedades (por ejemplo, programas de vacunación, transferencias de efectivo y/o distribución de paquetes de alimentos, recomendaciones y normativas sobre empleo, activación de sectores económicos estratégicos). Sin embargo, luego de la fase inicial, las estrategias nacionales de Venezuela, Colombia, Ecuador, Perú y Chile variaron (ver anexo).

Experiencias de los participantes con las medidas de confinamiento

Nuestro objetivo era captar las experiencias de los participantes con respecto a las respuestas gubernamentales en el transcurso de la pandemia COVID-19 y cómo estas medidas afectaron a sus (in)movilidades. Las respuestas gubernamentales mencionadas en todos los países fueron cierres de carreteras y fronteras, toques de queda, restricciones del transporte, así como el aumento de los controles por parte de la policía y el ejército en las calles, en los puestos de control recién instalados o en las fronteras.

Los participantes indicaron que, en marzo de 2020, en muchos países, los servicios de transporte fueron suspendidos por decretos gubernamentales, que incluían el transporte público, de mercancías y privado. En el curso de la reactivación económica y según los casos COVID-19 estas medidas fueron modificadas posteriormente. El sector del transporte público se reabrió, pero al principio funcionaba con un número limitado de autobuses, de líneas de autobuses (destinos) y capacidades de pasajeros. El transporte de mercancías fue readmitido más rápidamente, primero para los servicios estratégicos y después para todo tipo de servicios. También se reabrió el transporte privado, pero regulado en función de las matrículas de los coches y los horarios de circulación. Estos cambios en el sector del transporte estaban directamente relacionados con los medios de movilización de los que dependían los migrantes venezolanos. En general, nuestros participantes reportaron que tenían que caminar más y mayores tramos a pie, viajar con más frecuencia en camiones y/o utilizar otros servicios de transporte informales. Además, tenían que pagar precios más altos y asumir mayores riesgos de accidentes, lesiones, explotación, abusos y violencia en sus viajes. La capacidad limitada de los servicios de transporte provocó la separación de los miembros de la familia o de los grupos. Por último, muchos de ellos tuvieron que aplazar sus salidas de lugares y permanecer más tiempo en lugares de tránsito hasta que pudieron organizar el viaje.

Otras medidas relacionadas con la restricción de los servicios de transporte fueron el cierre de las principales carreteras terrestres y el establecimiento de puestos para controlar la circulación de vehículos. Con el tiempo, las carreteras volvieron a abrirse para determinados vehículos (por ejemplo, traslado de productos estratégicos, transporte de pasajeros). El mayor control de los militares en las rutas migratorias hizo que no se dejara pasar a la gente, que se la devolviera o que las autoridades la llevaran a otros lugares. Por ello, algunos de nuestros participantes buscaron rutas alternativas; los que fueron devueltos tuvieron que volver a hacer tramos de la misma ruta. En ambos casos, esto les llevó a recorrer distancias más largas en sus trayectorias, la mayoría de las veces tuvieron que caminar a pie. Otros permanecieron un tiempo en los lugares a los que habían sido enviados o en lugares de su ruta hasta que se reabrieron de nuevo las carreteras.

Otra medida que ya fue mencionada antes, era el cierre de fronteras que según los participantes, tuvo muchos efectos negativos para los migrantes venezolanos. En primer lugar, las opciones legales de emigración e inmigración dejaron de estar disponibles, ya que las instituciones estatales limitaron sus servicios a excepciones individuales (por ejemplo, turistas) y la policía y los militares controlaron los pasos fronterizos. En muy raras ocasiones, nuestros participantes afirmaron que los agentes de policía o los militares cedían el paso a los migrantes venezolanos. Esto provocó una acumulación de enormes cantidades de personas en las regiones fronterizas que no podían entrar en los países por sus rutas de tránsito ni llegar a sus destinos previstos. La mayoría tomó vías informales, las llamadas trochas, y otros se quedaron en la región fronteriza o regresaron a lugares por donde habían pasado antes. En segundo lugar, la policía y el ejército también controlaban y vigilaban las trochas conocidas, por lo que se buscaban nuevas rutas informales y se crearon nuevas trochas. En tercer lugar, los grupos armados o criminales que exigían dinero controlaban la mayoría de los nuevos pasos fronterizos informales. Muchos participantes contaron que habían sufrido actos de violencia como robos, violaciones o la desaparición de familiares o conocidos. También observaron que estos grupos violentos contrataban o forzaban a migrantes para sus maquinaciones. Algunos de nuestros informantes buscaron trochas que no estuvieran controladas por grupos armados o criminales. En resumen, los migrantes venezolanos que participaron en nuestro estudio tuvieron que recorrer distancias más largas debido a la búsqueda de nuevas rutas o al regreso a otros lugares en el camino; otros tuvieron que quedarse en la región fronteriza hasta encontrar una posibilidad de cruzar la frontera. Todos los entrevistados experimentaron una mayor inseguridad y casi todos ellos la exposición a la violencia. Otro impacto mencionado fue que las organizaciones internacionales y las ONG durante este periodo tuvieron que suspender sus servicios en los pasos fronterizos, que antes eran puntos estratégicos para ayudar a los migrantes.

Los toques de queda, organizados por horas y modificados en el transcurso de la reactivación económica y según los casos COVID-19, afectaron a nuestros entrevistados especialmente en los lugares de permanencia (en el país de origen o en otros países), pero también en sus desplazamientos. Los que tenían trabajo experimentaron dificultades como el cambio de horario laboral o la necesidad de permisos adicionales para ir a trabajar. Otros que trabajaban en el sector informal, como los vendedores ambulantes, perdieron su base de ingresos y tuvieron que buscar otras oportunidades en otros lugares. Además, durante los toques de queda, no había gente en las calles, que en cierta medida antes habían apoyado a los migrantes venezolanos (por ejemplo, mendigando). Además, las tiendas, las instituciones de servicios públicos y las organizaciones de ayuda humanitaria estaban cerradas o sólo funcionaban durante determinadas horas. Por lo tanto, nuestros participantes tuvieron que reorganizar sus rutinas diarias y sus medios de vida. En algunos casos, esto implicó abandonar el lugar de permanencia en busca de oportunidades de ingresos y, en otros, ampliar las fases de permanencia en determinados lugares de sus rutas hasta que se suspendiera el toque de queda (por ejemplo, para evitar multas y castigos por parte de las autoridades). Otra dificultad mencionada fue la organización de un refugio durante las horas del toque de queda y durante la noche.

En general, las respuestas del gobierno a la pandemia de COVID-19 aumentaron el control policial y militar en las calles, en los puestos de control recién instalados o en las fronteras. Según los participantes, tuvieron que utilizar rutas alternativas con distancias más largas, recurrir a servicios de transporte informales o caminar a pie. Al ser devueltos o enviados a lugares por las autoridades, se vieron obligados a desandar parte del camino o a permanecer en los lugares durante cierto tiempo. Algunos informantes señalaron que se movilizaban a pie por la noche para evitar los controles.

Resumen

Según los participantes, las medidas gubernamentales de confinamiento tuvieron repercusiones sustanciales en las movilidades e inmovilidades de los migrantes venezolanos. Además, el impacto de las respuestas gubernamentales en las (in)movilidades de nuestros participantes dependía del número y grado de medidas que habían cambiado con el tiempo. En este sentido, la temporalidad y el momento jugaron un papel importante en cómo nuestros encuestados se vieron afectados por las medidas: por ejemplo, si los migrantes emprendieron su viaje al inicio de las medidas gubernamentales o más tarde después del inicio de las vacunaciones. También, si las medidas gubernamentales entraron en vigor cuando iniciaron, prosiguieron o finalizaron sus movilidades - si estaban en movimiento o en lugares de permanencia (origen, en la ruta, en el destino).

En resumen, las personas que se encontraban en permanencia indicaron el inicio de nuevos procesos de movilidad debido a la necesidad de encontrar opciones de ingresos, pero también el retraso en las salidas previstas. Los participantes que estaban en movimiento indicaron predominantemente procesos de inmovilización en los que tuvieron que permanecer durante un tiempo o un periodo más largo en lugares no planificados o no deseados (por ejemplo, lugares de tránsito, lugares en las zonas fronterizas, en lugares a los que fueron deportados). Además, tuvieron que cambiar de rutas y sub-rutas para evitar los controles y encontrar servicios de transporte o vías para cruzar la frontera; algunos de ellos tuvieron que volver a lugares anteriores de sus rutas y desandar ciertos tramos. Casi todos los entrevistados tuvieron que recorrer distancias más largas de lo previsto y cambiar los medios de movilización, por ejemplo, viajar con más frecuencia en camiones y/o utilizar otros servicios de transporte informales; la mayoría tuvo que recorrer más tramos y más distancias a pie. Por último, se ha producido una informalización de las movilidades, ya que se cerraron servicios que antes prestaban las instituciones públicas (por ejemplo, el transporte o el cruce de fronteras).

Otro aspecto importante a mencionar aquí, es que la localidad también tuvo una gran influencia en los impactos de las respuestas gubernamentales sobre las (in)movilidades de los migrantes venezolanos. Por un lado, luego de la fase inicial, las estrategias nacionales de Venezuela, Colombia, Ecuador, Perú y Chile variaron así como las medidas a escala regional o local, que se tomaron de acuerdo a las cifras de incidentes en subregiones administrativas. Por otra parte, las declaraciones de nuestros participantes muestran que las personas se vieron afectadas de forma diferente si se encontraban en el lugar de origen, en otros lugares de permanencia o en los pasos fronterizos. En los lugares de origen en Venezuela, nuestros participantes declararon que la pandemia había agravado enormemente la precaria situación económica y que ya no era posible asegurar su sustento. Por este motivo, la gente decidió abandonar su lugar de origen. Los informes de los medios de comunicación sobre la pandemia provocaron miedo al contagio e hicieron que la gente abandonara el lugar antes de la aplicación de las medidas gubernamentales anunciadas (por ejemplo, cierre de fronteras, toques de queda). En otros lugares de permanencia, los entrevistados informaron de un aumento de las dificultades con la población local. Por un lado, la precaria situación económica también afectaba a la población de las sociedades de acogida y, por otro lado, la gente tenía miedo de contraer el COVID-19, sobre todo porque muchos migrantes venezolanos vivían en la calle. Según nuestros participantes, esto provocaba rechazo, menos apoyo y asistencia, humillaciones, agresiones y violencia hacia los migrantes venezolanos. En unos pocos casos, la pandemia influyó en la selección de los destinos, por ejemplo, si las personas no podían llegar o entrar en el país de destino y tenían que regresar o debido a la difícil situación económica y al rechazo de los migrantes venezolanos en los puestos de trabajo. No obstante, las principales motivaciones para la elección del destino fueron las ofertas de trabajo, la reunificación familiar o el encuentro con amigos, la existencia de redes de apoyo en el destino o la ausencia de redes de apoyo para seguir el camino, las recomendaciones de familiares y amigos, las cuestiones de salud y el embarazo. Sin embargo, las aspiraciones con respecto a los destinos también cambiaron durante toda la trayectoria migratoria.

Discusión

Tras haber obtenido información sobre las consecuencias de la pandemia COVID-19 en las vidas (in)móviles de los participantes, sigue siendo un reto detectar los impactos de COVID-19 en las (in)movilidades de los migrantes venezolanos de manera desvinculada de otros acontecimientos que tuvieron y tienen lugar hasta hoy día.

Nuestros hallazgos muestran que la emigración desde Venezuela no ha disminuido en número a pesar de las restricciones de movilidad en el transcurso de la pandemia COVID-19 (por ejemplo, cierre de fronteras, toques de queda, servicios limitados de transporte). Sin embargo, las sub-rutas y los procesos de movilidad han cambiado, así como las fases de permanencia en los lugares. Ha habido procesos de movilización, pero también de inmovilización, con un aumento de las movilidades de ida y vuelta, fases prolongadas de estancia en lugares de permanencia o en lugares de tránsito, así como desplazamientos más largos debido a los desvíos tomados. Otro fenómeno que requiere especial atención es la mayor necesidad de realizar los trayectos en parte o totalmente a pie - lo que dio lugar a la denominación hoy en día bien conocida de "caminantes" (p.e. Bolívar, 2021) -, así como de utilizar servicios de transporte informales. Estos impactos observados en nuestros resultados concuerdan con los hallazgos de Álvarez Velasco (2022) quien describe el surgimiento de nuevas rutas migratorias y la formación del Corredor Andino en el curso de (nuevas) formas de control principalmente por actores estatales y paraestatales pero también por otros actores como instituciones humanitarias, que ejercen control sobre la movilidad de los migrantes. En consecuencia, la pandemia del COVID-19 ha reforzado la emergencia de nuevas (in)movilidades a lo largo del Corredor Andino. Esto también está relacionado con la evolución de las dinámicas y políticas migratorias en América del Sur (como detallado anteriormente), donde los venezolanos se convirtieron en el grupo de migrantes más importante desde 2015 (Stefoni, 2018; R4V, 2022), y donde finalmente, ha habido un retorno a la gestión nacional de la migración con una creciente concepción de la migración como una amenaza a la seguridad y la estabilidad económica (Brumat, 2019). En este sentido, la pandemia del COVID-19, que estalló en Sudamérica en marzo de 2020, se convirtió en un elemento legitimador de la restricción de la movilidad humana (Herrera & Gómez, 2022: 12).

Según las conclusiones de nuestro estudio, la disminución de la actividad económica como consecuencia de la pandemia COVID-19 tuvo graves repercusiones en las (in)movilidades de los migrantes venezolanos. En primer lugar, la pérdida de puestos de trabajo y las dificultades para asegurar sus medios de vida, así como las oportunidades laborales (esperadas), fueron cruciales en la toma de decisiones sobre irse o quedarse y en la selección de destinos. En segundo lugar, la precaria situación económica afectó a las personas de las redes de apoyo de los migrantes que antes permitían movilidades y/o inmovilidades. Por último, la población local de las sociedades de acogida también tuvo que afrontar la grave situación económica. Esto condujo a la disminución de la disponibilidad de ayuda humanitaria, al aumento de la competencia en los mercados de trabajo formal e informal, al incremento de los casos de conflictos, de comportamientos xenófobos y de violencia contra los migrantes venezolanos. Como resumido de Sakdapolrak et al. (2022), la pandemia de Covid-19 y las medidas de confinamiento tuvieron repercusiones de gran alcance sobre los migrantes y sus medios de subsistencia translocales. Se han registrado ejemplos de aumento de las desigualdades sociales, actitudes xenófobas y racismo contra los migrantes venezolanos en el contexto del empleo, la cultura y la criminalidad en Perú (Blouin & Zamora Gómez, 2022), en relación con el sistema sanitario en Chile (Tijoux Merino & Ambiado Cortés, 2022), en la industria de la confección en Argentina (Caggiano, 2022) y en el contexto de COVID-19 (Freier et al., 2022). En cuanto al entorno económico y sus efectos en las dinámicas migratorias, es importante considerar la tendencia general de desaceleración económica sostenida en América del Sur desde 2015 (Herrera & Gómez, 2022: 6-10) como resultado de la caída de los precios de las materias primas y de economías basadas principalmente en modelos extractivistas de desarrollo (CEPAL, 2021). Así, las condiciones sociales y laborales de las personas se han deteriorado con crecientes índices de pobreza, desempleo e informalidad laboral (ibíd.). Además, las desigualdades sociales crecen en países como Ecuador y Colombia (ibid.), destinos de muchos migrantes venezolanos. Mientras que en algunos países existe una marcada segmentación laboral entre la población migrante y la nativa (por ejemplo, Argentina y Chile), en otros con altas tasas de informalidad, migrantes y nativos comparten mercados laborales precarios (por ejemplo, Ecuador y Perú) (Carella et al., 2021). En este caso, los efectos económicos negativos de la pandemia de COVID-19 agravaron los efectos negativos de la desaceleración económica general en América del Sur sobre los mercados laborales y la situación socioeconómica con el aumento de desigualdades. Además, según Herrera y Gómez (2022: 10), se están dando dinámicas más complejas de desigualdad social que involucran raza y género en la región que necesitan una investigación más detallada.

El caso del proceso migratorio venezolano muestra que las razones de la migración son multicausales (situación económica, colapso de las instituciones sociales, violencia, falta de acceso a la salud, a la alimentación y a un entorno seguro) y complejas (Blouin et al., 2020), a menudo con efectos en cascada. En América del Sur, más recientemente se ha observado un aumento del carácter forzado de la migración y una diversificación de las causas del desplazamiento, en términos estructurales y de las motivaciones de las personas: necesidades económicas, violencia política y social, expulsiones por megaproyectos de infraestructura, crisis humanitarias por desastres naturales (Herrera & Gómez, 2022: 8). Desde esta perspectiva, la pandemia del COVID-19 es una crisis adicional a las crisis económicas y políticas ya existentes en América del Sur.

Referencias

ACAPS (2021). VENEZUELA/COLOMBIA. CAMINANTES: Necesidades y vulnerabilidades de los refugiados y migrantes venezolanos que viajan a pie. Informe temático. Enero 2021. Recuperado de: [https://www.acaps. org/ sites/ acaps/ files/ key-documents/files/20210121_acaps_thematic_report_caminantes_in_colombia _and_venezuela_spanish.pdf] (28.2.2023).

Acosta, D., Blouin, C., y Freier, L. F. (2019). "La emigración venezolana: respuestas latinoamericanas". *Documentos de trabajo 3/19. Fundación Carolina.* Recuperado de: [https://www.fundacioncarolina.es/wp-content/uploads/2019/04/DT_FC_03.pdf] (28.2.2023).

Álvarez Velasco, S. (2022). "Between Hostility and Solidarity: The Production of the Andean Region-Southern Cone Transit Migratory Corridor". En: G. Herrera & C. Gómez (Ed.). *Migration in South America. IMISCOE Regional Reader.* Cham: Springer. 51-76. Recuperado de: [https://doi.org/10.1007/978-3-031-11061-0].

Berg, U. D. y Pérez Martínez, L. (2022). "The Legality of (Im)mobility: Migration,

Coyoterismo, and Indigenous Justice in Southern Ecuador". En: G. Herrera & C. Gómez (Ed.). *Migration in South America. IMISCOE Regional Reader.* Cham: Springer. 145-168. Recuperado de: [https://doi.org/10.1007/978-3-031-11061-0].

Bernard H. R. (2006). Research Methods in Anthropology. Qualitative and Quantitative Approaches. Lanham, New York, Toronto, Oxford: ALTAMIRA.

Blouin, C. y Zamora Gómez, C. (2022). "Institutional and Social Xenophobia Towards Venezuelan Migrants in the Context of a Racialized Country: The Case of Peru". En: G. Herrera & C. Gómez (Ed.). *Migration in South America. IMISCOE Regional Reader.* Cham: Springer.169-190. Recuperado de: [https://doi.org/10.1007/978-3-031-11061-0].

Bolívar, L. (2021). Caminantes de ida y vuelta. El flujo de caminantes venezolanos por el continente en tiempos de pandemia. Centro de Derechos Humanos Universidad Católica Andrés Bello Caracas. Recuperado de: [https://21475655-932b-4f16-93c9-e4289a9616ac.filesusr.com/ugd/526227_39c23b73cbbe4f33bc19af6266c6c912.pdf] (28.02.2023).

Brinks, V. y Ibert, O. (2020). "FROM CORONA VIRUS TO CORONA CRISIS: THE VALUE OF AN ANALYTICAL AND GEOGRAPHICAL UNDERSTANDING OF CRISIS". *Tijdschrift voor Economische en Sociale Geografie.* 111 (3). 275-287. DOI:10.1111/tesg.12428.

Brumat, L. (2019). "Migration and the 'rise of the right' in South America: Is there an increasing anti-immigration sentiment in the Southern Cone?". EUI Blog (1.2.2019). Recuperado de: [https://blogs.eui.eu/migrationpolicycentre/migration-rise-right-south-america-increasing-anti-immigration-sentiment-south https://blogs.eui.eu/migrationpolicycentre/migration-rise-right-south-america-increasing-anti-immigration-sentiment-southern-cone/ern-cone/] (28.2.2023).

Caggiano, S. (2022). "Inequalities and the Social Process of Categorizing: Migrant Work in Argentina's Garment Industry". En: G. Herrera & C. Gómez (Ed.). *Migration in South America. IMISCOE Regional Reader.* Cham: Springer. 207-224. Recuperado de: [https://doi.org/10.1007/978-3-031-11061-0].

Carella, F., Frean, S. y Velasco, J. J. (2021). Panorama Laboral en tiempos de COVID-19: Migración laboral, movilidad en el mundo del trabajo ante la pandemia de la COVID-a9 en América Latina y el Caribe. Recuperado de: [https://www.ilo.org/ wcmsp5/ groups/ public/---americas/---ro-lima/documents/publication/wcms_778606.pdf] (01.08.2023).

CEPAL (Comisión Económica para América Latina y el Caribe) (2021). *Panorama Social de América Latina, 2020* (LC/PUB.2021/2-P/Rev.1). Recuperado de: [https://www.cepal.org/es/publicaciones/46687-panorama-social-america-latina-2020] (01.08.2023).

Clark-Kazak, Ch. (2017). "Ethical considerations: Research with people in situations of forced migration". *Refuge: Canada's Journal on Refugees.* 33(2). 11-17. Recuperado de: [https://doi.org/10.7202/1043059ar] (28.2.2023).

Deutsche, W. (2022). "Colombia y Venezuela anuncian apertura total de frontera". Recuperado de: [https://www.dw.com/es/colombia-y-venezuela-anuncian-apertura-total-de-frontera/a-64074976] (24.02.2023).

El Comercio (2021). "Perú confirmó la reapertura de fronteras con Ecuador y Chile". Recuperado de: [https://www.elcomercio.com/actualidad/mundo/peru-reapertura-fronteras-ecuador-chile.html] (24.02.2023).

El Tiempo (2021). "Duque y Lasso confirman apertura de frontera entre Colombia y Ecuador". Recuperado de: [https://www.eltiempo.com/politica/gobierno/duque-y-

lasso-confirman-apertura-de-frontera-entre-colombia-y-ecuador-633786]
(24.02.2023).

Freier, L. F. & Doña-Reveco, C. (2022). "Latin American Political and Policy Responses to Venezuelan Displacement". *International Migration*. 00. 1-9. Recuperado de: [https://doi.org/10.1111/imig.12957].

Hale, T., Webster, S., Petherick, A., Phillips, T. y Kira, B. (2020). *Oxford COVID-19 Government Response Tracker*, Blavatnik School of Government. Data use policy: Creative Commons Attribution CC BY standard.

Links to the figures:

Chile's Covid-19 Trajectory: Recuperado de: [https://raw.githubusercontent.com/OxCGRT/covid-policy-tracker/master/images/country_charts/Chile.png];

Colombia's Covid-19 Trajectory: Recuperado de: [https://github.com/OxCGRT/covid-policy-tracker/blob/master/images/country_charts/Colombia.png];

Ecuador's Covid-19 Trajectory: Recuperado de: [https://github.com/OxCGRT/covid-policy-tracker/blob/master/images/country_charts/Ecuador.png];

Peru's Covid-19 Trajectory: Recuperado de [https://github.com/OxCGRT/covid-policy-tracker/blob/master/images/country_charts/Peru.png];

Venezuela's Covid-19 Trajectory: Recuperado de [https://github.com/OxCGRT/covid-policy-tracker/blob/master/images/country_charts/Venezuela.png] (01.07.2023)

Hale, T., Angrist, N., Goldszmidt, R. et al. (2021). "A global panel database of pandemic policies (Oxford COVID-19 Government Response Tracker)". *Nat Hum Behav*. 5. 529–538. Recuperado de [https://doi.org/10.1038/s41562-021-01079-8].

Hannam, K., Sheller, M., y Urry, J. (2006). "Editorial: Mobilities, immobilities and moorings". *Mobilities*. 1(1).1–22. DOI: 10.1080/17450100500489189.

Herrera, G. y Gómez, C. (2022). "Introduction: Emergent Issues of South American Migrations". En: G. Herrera & C. Gómez (Ed.). *Migration in South America. IMISCOE Regional Reader*. Cham: Springer. 1-23. Recuperado de: [https://doi.org/10.1007/978-3-031-11061-0].

Human Rights Watch (2018). *EL ÉXODO VENEZOLANO. Urge una respuesta regional ante una crisis migratoria sin precedentes*. Recuperado de: [https://www.refworld.org. es/docid/ 5ba01e544.html] (28.2.2023).

Kieslinger, J., Kordel, S., y Weidinger, T. (2020). „Capturing meanings of place, time and social interaction when analyzing human (Im)mobilities: Strengths and challenges of the application of (im)mobility biography". *Forum Qualitative Sozialforschung*. 21(2). Art. 7. DOI:10.17169/fqs-21.2.3347.

Kieslinger, J. (2021). *The Importance of Spatial (Im)mobilities in the Context of Changing Life Conditions and Lifeworlds: The Example of Socio-Ecological Transformation in Rural Ecuador*. [tesis de doctorado]. Institut für Geographie. Friedrich-Alexander Universität Erlangen-Nürnberg. Recuperado de: [https://opus4.kobv.de/opus4-fau/frontdoor/index/ index/docId/ 17 173].

MacKenzie, C., McDowell, C. y Pittaway, E. (2007). "Beyond "do no harm": The challenge of constructing ethical relationships in refugee research". *Journal of Refugee Studies*. 20(2). 299-319.

Milstein, B. (2015). "Thinking Politically about Crisis: A Pragmatist Perspective". *European Journal of Political Theory*. 14. 141–160.

Moraes, N., Bermúdez, A., Escribá, Á., & Padilla B. (2009). "Estrategias de vinculación de los Estados latinoamericanos con sus diásporas: un análisis de las iniciativas desarrolladas por Colombia, Perú, Brasil y Uruguay". En: Á. Escrivá, et al. (Ed.). *Migración y participación política*; pp. 297-326. Consejo Superior de Investigaciones Científicas.

MRE (Ministerio de Relaciones Exteriores de Bolivia) (15.02.2022). COMUNICADO. Cancillería de Bolivia comunica la apertura de fronteras terrestres con Perú. Recuperado de: [https://www.cancilleria.gob.bo/webmre/comunicado/4830] (24.02.2023).

OIM (Organización Internacional para las Migraciones) (2019). *TENDENCIAS MIGRATORIAS EN LAS AMÉRICAS. Octubre 2019.* Recuperado de: [https://robuenosaires.iom.int/sites/default/files/Informes/Tendencias-Migratorias-en-Americas-Octubre.pdf] (29.03.2021).

Pedone, C., y Alfaro, Y. (2015). "Migración cualificada y políticas públicas en América del Sur: el programa PROMETEO como estudio de caso". *Forum Sociológico.* 27. 31–42. Recuperado de: [https://doi.org/10.4000/sociologico1326].

R4V (Inter-Agency Coordination Platform for Refugees and Migrants from Venezuela) (2019). *REGIONAL REFUGEE AND MIGRANT RESPONSE PLAN for Refugees and Migrants from Venezuela January - December 2019.* Recuperado de: [https://www.iom.int/sites/default/files/press_release/file/rmrp_venezuela_2019_onlineversion_final.pdf] (01.08.2023).

R4V (Inter-Agency Coordination Platform for Refugees and Migrants from Venezuela) (December 2022). *Refugees and migrants from Venezuela.* Recuperado de: [https://www.r4v.info/en/refugeeandmigrants] (30.1.2023).

Sakdapolrak, P., Pagogna, R. & Diniega, R. (2022). "Covid-19, Migration und Translokalität". *Geographische Rundschau.* 5. 14-17.

Sheller, M. y Urry, J. (2006). "The new mobilities paradigm". *Environment and Planning A.* 38(2). 207–226. DOI:10.1068/a37268.

Stefoni, C. (2018). *Panorama de la Migración Internacional en América del Sur* (Serie Población y Desarrollo. No. 123). CEPAL/OIM.

Tijoux Merino, M.E. y Zamora Gómez, C. (2022). "When Migrant Pain Does Not Deserve Attention: Institutional Racism in Chile's Public Health System". En: G. Herrera & C. Gómez (Ed.). *Migration in South America. IMISCOE Regional Reader.* Cham: Springer. 191-206. Recuperado de: [https://doi.org/10.1007/978-3-031-11061-0].

Weidinger, T., Kordel, S., y Kieslinger, J. (2019). "Unravelling the meaning of place and spatial mobility: analysing the everyday life-worlds of refugees in host societies by means of mobility mapping". *Journal of Refugee Studies.* 0(0). DOI:10.1093/jrs/fez004.

Anexo: Las trayectorias COVID-19 de Venezuela, Colombia, Ecuador, Perú y Chile (Hale et al. 2020)

Venezuela's Covid-19 Trajectory

Source: Oxford COVID-19 Government Response Tracker. More at https://github.com/OxCGRT/covid-policy-tracker or bsg.ox.ac.uk/covidtracker

Colombia's Covid-19 Trajectory

Source: Oxford COVID-19 Government Response Tracker. More at https://github.com/OxCGRT/covid-policy-tracker or bsg.ox.ac.uk/covidtracker

Ecuador's Covid-19 Trajectory

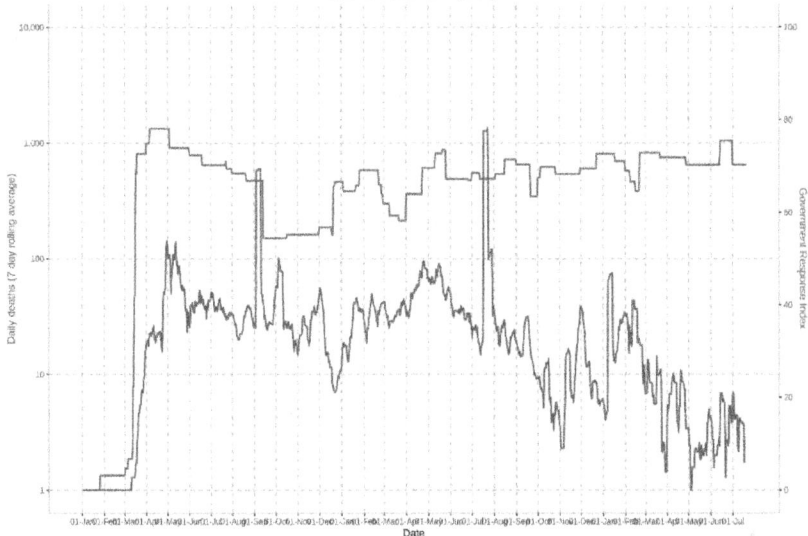

Source: Oxford COVID-19 Government Response Tracker. More at https://github.com/OxCGRT/covid-policy-tracker
or bsg.ox.ac.uk/covidtracker

Peru's Covid-19 Trajectory

Source: Oxford COVID-19 Government Response Tracker. More at https://github.com/OxCGRT/covid-policy-tracker
or bsg.ox.ac.uk/covidtracker

93

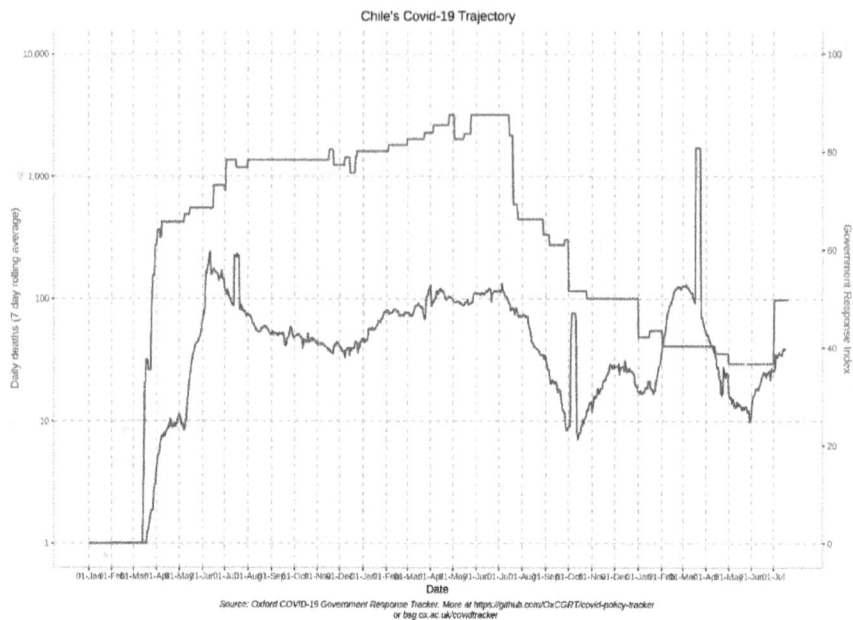

Chile's Covid-19 Trajectory

Source: Oxford COVID-19 Government Response Tracker. More at https://github.com/OxCGRT/covid-policy-tracker
or bsg.ox.ac.uk/covidtracker

LA SEMPITERNA CRISIS DE LA EMIGRACIÓN ECUATORIANA

Pascual G. García-Macías[1] y Kevin Amay-Burguan[2]

Introducción

Ecuador ha experimentado diversos movimientos migratorios internacionales a lo largo de su historia, influenciados por múltiples factores, principalmente económicos y políticos. Este capítulo se centra en analizar cómo las crisis económicas han impulsado significativamente la migración de ecuatorianos hacia el extranjero, abordando las causas, efectos y las políticas públicas que han surgido en respuesta a estos fenómenos. El concepto de "sempiterno" permite entender la migración como un proceso continuo y perpetuo que se reinventa constantemente, manteniéndose siempre presente en la historia del país. Desde principios del siglo XX, la migración internacional de ecuatorianos ha estado influenciada por diversos factores. Ramírez y Ramírez (2005) y Acosta, López y Villamar (2006) identifican las relaciones comerciales con Estados Unidos, las crisis económicas globales y la falta de políticas internas de apoyo a los productores agrícolas como motivaciones iniciales. La migración a Estados Unidos se intensificó durante las décadas de 1930 y 1960, mientras que la migración a Europa, especialmente a España e Italia, se incrementó a partir de la década de 1970 (Ramos, 2010).

Las crisis económicas y políticas han sido un motor sempiterno de la migración ecuatoriana, impulsando olas de emigración en diferentes épocas. Estas crisis, aunque diferentes en su naturaleza y contexto, han tenido un impacto duradero en la sociedad ecuatoriana. Durante la década de 1980, Ecuador enfrentó una grave crisis de deuda externa que provocó una recesión económica. La inflación, el desempleo y la devaluación de la moneda generaron condiciones de vida insostenibles para muchas familias, lo que llevó a un aumento significativo de la emigración hacia países como Estados Unidos y España. Esta crisis marcó el inicio de un ciclo perpetuo de búsqueda de mejores oportunidades en el extranjero. La crisis bancaria de 1999 o mejor conocida como el feriado bancario fue otro evento crucial que provocó una masiva salida de ecuatorianos. La quiebra de varios bancos y la consecuente congelación de los depósitos bancarios resultaron en la pérdida de ahorros y la ruina económica para muchas personas. Este evento desencadenó una

[1] Docente-investigador. Correo electrónico: pasgegar84@gmail.com
[2] Universidad Técnica Particular de Loja (UTPL), Ecuador. Correo electrónico: kaamay@utpl.edu.ec

"fuga de cerebros" y un éxodo masivo, demostrando nuevamente la naturaleza sempiterna de la migración como respuesta a las crisis económicas.

En la línea de una crisis sempiterna y multidimensional en el Ecuador desde principios del siglo XX, los ecuatorianos han migrado principalmente a Estados Unidos, motivados inicialmente por la producción y exportación de los Panamá Hat, así como por las crisis económicas globales derivadas de las guerras mundiales.

Ramos (2010) identifica dos grandes períodos en la migración ecuatoriana: una etapa inicial lenta y una segunda más agresiva desde 1976 hasta principios de los 2000, caracterizada por un éxodo significativo y una feminización del proceso migratorio, con un notable aumento de mujeres migrando de manera autónoma hacia destinos como España e Italia. Una de las primeras crisis económicas que motivaron la migración ecuatoriana fue la declinación de la industria del Panamá Hat después de la Segunda Guerra Mundial. Las familias de las provincias de Azuay y Cañar, donde se concentraba la producción, se vieron obligadas a buscar nuevas fuentes de sustento, lo que llevó a muchos a migrar a Estados Unidos.

Como lo mencionamos previamente, la crisis financiera de 1999, conocida como el feriado bancario, fue un evento crucial que exacerbó la migración. Larrea (2004) describe cómo el cierre de más de la mitad de los bancos del país, junto con la inflación y el desempleo, desestabilizó la economía. La dolarización en el año 2000, aunque eventualmente estabilizó la economía, también impulsó a muchos ecuatorianos a buscar mejores oportunidades en el extranjero, principalmente en Estados Unidos y Europa (Jokish y Kyle, 2005). A consecuencia del feriado bancario 1997 y 2014, la población emigrante creció de 722,733 a 2,759,821 personas (INEC, 2011). La investigación de Camacho y Hernández (2008) muestra que, a partir de 1995, la cantidad de mujeres migrantes aumentó notablemente, equilibrándose con la de hombres en 1999.

Este fenómeno debe entenderse en el contexto de una crisis sempiternal que ha afectado a Ecuador. A partir de 1999, la tendencia de los ecuatorianos a emigrar aumentó significativamente debido a crisis estructurales económico-políticas que desató un denso proceso migratorio durante una década. Esta crisis profundizó los niveles de pobreza y desigualdad especialmente en áreas urbanas, debido a pérdidas económicas significativas en ahorros e inversiones; así como poca oferta laboral y aumento de trabajos informales.

Algunas provincias de Ecuador, como Loja, Cañar, Azuay, Morona Santiago, Zamora Chinchipe y Pichincha, han enfrentado históricamente desafíos económicos y conflictos geopolíticos que han moldeado sus patrones migratorios. En particular, la guerra con Perú no solo exacerbó las dificultades económicas, sino que también creó un entorno de inestabilidad que incentivó la migración. La economía de estas provincias, tradicionalmente dependiente de la agricultura y la minería, ha sido vulnerable a las fluctuaciones de precios y a la falta de inversión sostenida en infraestructura y desarrollo.

Desde un punto de vista económico, la migración se presenta como una estrategia de supervivencia y búsqueda de mejores oportunidades. Las redes sociales, tanto familiares como comunitarias, desempeñaron un papel crucial al proporcionar apoyo y facilitar el proceso migratorio. Estas redes ofrecieron no solo apoyo emocional, sino también asistencia económica y logística, lo que permitió a los migrantes establecerse y adaptarse más rápidamente en sus nuevos destinos.

La dinámica migratoria en estas provincias también se puede analizar a través del lente de la globalización y su impacto en las economías locales. La apertura de mercados y la integración económica internacional han tenido efectos mixtos: por un lado, han creado oportunidades de empleo y comercio, pero por otro, han expuesto a las economías locales a la competencia global, afectando negativamente a los sectores más vulnerables.

Estas provincias, pese a sus dificultades, han desarrollado mecanismos de resiliencia a través de la migración. La capacidad de movilizarse y buscar mejores condiciones en otros lugares refleja tanto la vulnerabilidad como la adaptabilidad de estas comunidades frente a un contexto económico adverso y conflictivo. Las políticas públicas deberían, por tanto, enfocarse en fortalecer las economías locales y en mejorar las condiciones de vida para reducir la necesidad de migrar por motivos económicos y de seguridad.

El flujo migratorio a partir de 1999 provino principalmente de las provincias andinas del sur de Ecuador, que enfrentaron no solo problemas económicos, sino también conflictos como la guerra con Perú. Estas provincias contaban con redes sociales que facilitaron la ayuda entre migrantes. Así, las provincias con mayor flujo migratorio en relación con su población fueron: Loja, Cañar, Azuay, Morona Santiago, Zamora Chinchipe y Pichincha (Gordillo Mendoza, 2020).

La migración internacional tiene profundos efectos en las familias ecuatorianas. Pedone (2006) señala que la tradicional estructura familiar cambió, con mujeres asumiendo roles de proveedoras principales. Este cambio ha provocado diversas problemáticas, como la separación de familias y la discriminación social de los hijos de migrantes (Herrera y Martínez, 2002). Los estudios de Mancheno (2010) y Noboa (2009) destacan problemas sociales como el aumento en la deserción escolar y el abuso, vinculados a la ausencia de los padres migrantes. Sin embargo, la migración también ha tenido efectos económicos positivos, principalmente a través del envío de remesas. En 2003, las remesas representaron el 6% del PIB de Ecuador (Banco Central del Ecuador, 2003), mejorando la calidad de vida de muchas familias.

El fenómeno de la migración internacional, particularmente el éxodo migratorio ecuatoriano de finales del siglo XX y principios del XXI, se caracteriza por su complejidad multidimensional. Esta complejidad radica en la confluencia de factores económicos, sociales, jurídicos y culturales que influyen en las decisiones migratorias de los individuos. El carácter multidimensional de la migración dificulta la elaboración de estudios exploratorios exhaustivos. Las limitaciones de estos estudios consideramos se deben a 3 factores:

1.- Diversidad de factores: La multiplicidad de componentes (económicos, sociales, jurídicos y culturales) que inciden en la migración dificulta su análisis integral en un solo estudio.

2.- Ausencia de datos: La falta de un sistema de registro estadístico completo sobre la migración dentro de los estados limita la comprensión precisa del fenómeno.

3.- Imposibilidad de teorías generales: La heterogeneidad de la migración hace inviable la construcción de una teoría única que abarque todas sus aristas.

Causas y antecedentes de la crisis sempiternal en Ecuador

En consecuencia de las limitaciones antes mencionadas, las teorías de alcance medio se presentan como una estrategia y opción viable para estudiar la migración. Estas teorías se enfocan en aspectos específicos del fenómeno, permitiendo un análisis más profundo y preciso. Este enfoque resulta especialmente útil al analizar datos como los presentados en la figura 2, donde se observa una tendencia creciente en el flujo de salida de ecuatorianos hacia el extranjero desde 1998. En ese año, se registraron 274,995 personas que salieron del país, mientras que para 2016 el total ascendió a 1,550,898, marcando el punto más alto de la gráfica durante el periodo analizado. Posteriormente, en 2020, la tendencia cambió y el número de personas que emigraron disminuyó a 508,095, pero en 2022 el valor volvió a incrementarse, alcanzando un total de 1,357,644 personas que salieron de Ecuador. Las teorías de alcance medio permiten abordar estos datos de manera más detallada, explorando las causas y consecuencias específicas detrás de estas fluctuaciones migratorias.

Gráfica 1. Salida del país de ecuatorianos 1997-2022

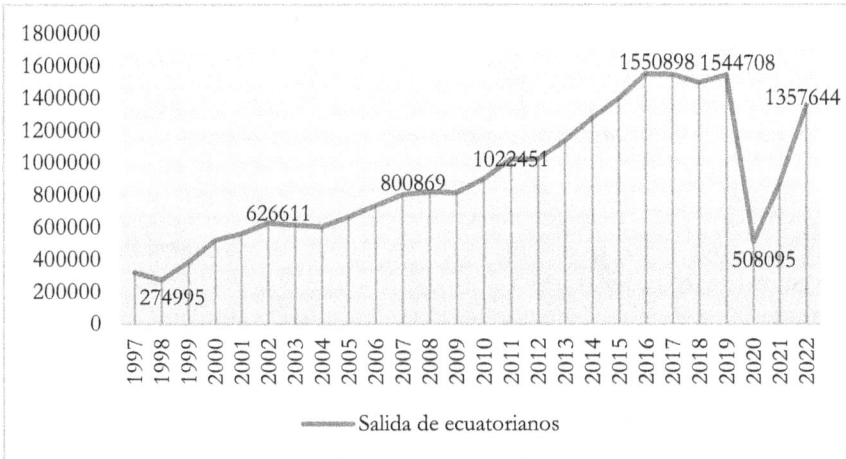

Fuente: Datos tomados del INEC (2023) elaboración: Los autores

La constante salida de ecuatorianos puede interpretarse como un síntoma de una crisis sempiternal, una condición de inestabilidad y problemas recurrentes que impulsa a la población a buscar mejores condiciones de vida en el extranjero. Esta migración masiva no solo refleja la búsqueda de oportunidades económicas, sino también la desesperación ante una crisis estructural persistente que parece no tener fin.

A pesar de los esfuerzos gubernamentales por aumentar el empleo a nivel nacional y reducir la tasa de desempleo; la evidencia estadística presenta un panorama paradójico. Para analizar este tema, se ha recopilado información anual sobre la evolución del número de migrantes ecuatorianos y la tasa de desempleo general, la cual se muestra en la gráfica siguiente:

Gráfica 2. Evolución de la tasa de desempleo y el número de migrantes – Ecuador

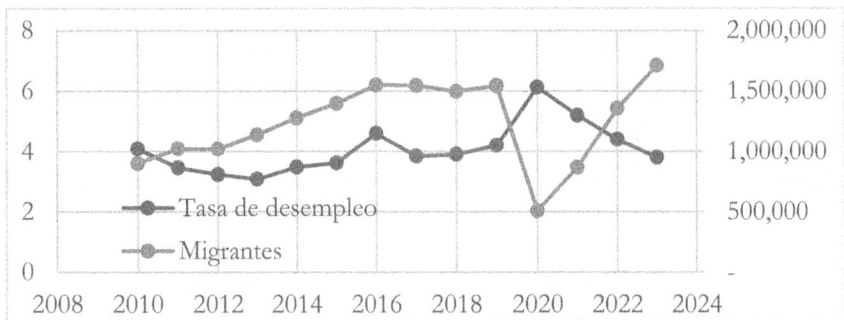

Fuente: Datos tomados del INEC (2024). Elaboración: los autores.

En la gráfica se observa una relación inversa en los datos analizados en los últimos años. Desde el 2012, se nota un incremento constante en el número de migrantes ecuatorianos que abandonan el país, a pesar de que la tasa de desempleo ha disminuido. Esta tendencia solo se vio interrumpida por la pandemia de COVID-19 en 2020, pero una vez superada esta crisis, la tendencia de emigración volvió a manifestarse con un efecto rebote.

Esto puede explicarse por diversas razones, pero el punto clave es el repunte histórico de emigración en ese período. Aunque hubo un notable esfuerzo en reducir el desempleo y se logró una disminución, surge la pregunta: ¿a costa de qué? La gráfica sugiere que esta reducción en el desempleo se logró a expensas de la emigración ecuatoriana. Acotando, a pesar de reducción en la tasa de desempleo, un factor significativo fue la salida de ecuatorianos del país, lo cual contribuyó a dicha reducción.

En este sentido, las teorías económicas clásicas sostienen que la migración es impulsada por factores como la búsqueda de mejores salarios, el escape del desempleo y la desigualdad de ingresos. En el contexto de la globalización, las asimetrías económicas entre países generan flujos migratorios desde regiones menos desarrolladas hacia aquellas con mayores oportunidades. Muchas teorías sobre la migración internacional han destacado las variables económicas, como los salarios, las disparidades de ingresos y los niveles de desempleo, como factores explicativos de este fenómeno. En el contexto de un mundo globalizado, donde grandes regiones presentan un desarrollo económico relativamente bajo y están casi excluidas del sistema internacional, la migración surge como una solución lógica al desempleo y a los bajos salarios en los países de origen.

Este enfoque sugiere que la configuración económica de cada país, en el contexto de sus relaciones con los mercados internacionales y su demanda laboral específica, influye significativamente en las decisiones migratorias de los individuos. Así, la migración se interpreta como una decisión racional basada en la expectativa de mejores oportunidades en los países de destino.

Aunque las teorías más recientes han superado los argumentos puramente económicos, incorporando aspectos sociológicos, como la importancia de las redes sociales, y antropológicos, como la centralidad de los imaginarios colectivos, también es crucial considerar las condiciones histórico-estructurales de un país. La ausencia de una democracia plena y de una gobernabilidad que otorgue estabilidad, no solo económica sino también política, agravan la situación. En este sentido, nuestra hipótesis es que Ecuador vive en una constante crisis multidimensional y sempiternal, la cual crea el caldo de cultivo para una continua y significativa emisión de migrantes internacionales.

De la crisis a la migración: dinámicas económicas y sociales en el Ecuador contemporáneo

En el capitalismo, la noción de "crisis" ha adquirido un sentido de permanencia, significando un fenómeno recurrente. Esto plantea la pregunta: ¿Qué constituye una crisis y qué características la definen? Según Rodríguez (2014, p.63), una crisis encarna diversas facetas, tales como "un cambio repentino en el curso de una enfermedad, ya sea para mejorar al paciente o para empeorarlo; una mutación importante en el desarrollo de otros procesos, ya sean físicos, históricos o espirituales; una situación de un asunto o proceso cuando su continuación, modificación o cese está en duda; un momento decisivo en un negocio serio con importantes consecuencias; un juicio hecho sobre algo después de haberlo examinado cuidadosamente; una escasez, hambruna; o una situación difícil o complicada" (2014, pp.69-70).

En consecuencia, el concepto de crisis inherentemente transmite tanto pathos como telos. Cada crisis señala las limitaciones del sistema imperante, induciendo así malestar mientras invoca la capacidad del sistema para superarlo. En ambos casos, el concepto de crisis implica una transición, ya que la estructura actual de la realidad no puede acomodar las demandas de las sociedades, sirviendo así como un preludio al cambio.

La noción de crisis tiene un legado histórico sustancial dentro del ámbito del marxismo, asociado principalmente con la posible caída del capitalismo. El análisis de Marx sobre la tendencia decreciente de la tasa de ganancia, expuesto en el tercer volumen de "El Capital", estableció una base positiva y, paradójicamente, dialéctica para la crisis del capitalismo. Las experiencias históricas han validado la identificación de Marx de la sobreacumulación como la causa subyacente de las crisis del capitalismo. La comprensión marxista de las crisis, basada en la observación de la tasa decreciente de ganancia y su interacción con la sobreacumulación, mantiene su relevancia en la teoría económica contemporánea. Diversos eruditos, incluidos Samir Amin (2009), Giovanni Arrighi (1976) y Raúl Prebisch (1984), han enriquecido el discurso con estudios exhaustivos destinados a construir una teoría robusta de las crisis del capitalismo. Estos esfuerzos académicos reflejan la persistente necesidad de comprender las contradicciones inherentes del sistema de producción capitalista y su predisposición a crisis recurrentes.

Dentro de esta perspectiva, el pathos ejerce su influencia sobre cualquier aspecto teleológico del sistema. Este punto de vista puede interpretarse como una forma de "extremismo histórico" o incluso "catastrofismo". Se presta a reflexiones sobre una multitud de crisis, tales como las crisis civilizatorias (Lander, 2019), las crisis climáticas (Carrington, 2019), las crisis estructurales que abarcan ámbitos ecológicos, sociales, climáticos y otros, o las crisis

101

sistémicas (Escolar, 2011). En este contexto, basándose en el concepto de sistema-mundo pionero de Wallerstein (1974) y arraigado en las ideas de Cox (1959), Ramón Grosfoguel (2016) postula la existencia de un sistema-mundo centrado en Occidente, centrado en el cristianismo, colonial-capitalista/ patriarcal moderno actualmente sumido en el caos sistémico, dada la pérdida de hegemonía norteamericana (Arrighi, 1994). El aura de transición inherente al concepto de crisis resuena con la evocativa metáfora de Gramsci: "lo viejo no ha muerto del todo, y lo nuevo no ha nacido del todo". Sin embargo, como Gramsci señaló acertadamente, es dentro de esta oscuridad, a menudo atribuida a las crisis, que "monstruos" emergen.

En el discurso contemporáneo, el concepto de crisis se ha incrustado dentro de una interpretación cíclica de la historia, donde la perspectiva teleológica a menudo supera la emocional. En el contexto del capitalismo global, William Robinson expone la ocurrencia simultánea de tres crisis distintas: económica, cíclica y sistémica. Sin embargo, se postula que lo que estamos experimentando actualmente es una crisis social integral. Esta crisis, arraigada en el impacto disruptivo del sistema sobre las relaciones eco-sociales, resuena en todos los aspectos de la sociedad, afectando a todos los seres vivos y convulsionando todo el espectro de relaciones sociales, actores, valores e instituciones. Michael Roberts (2023) introduce el concepto de "policrisis", que encapsula la interconexión y convergencia de múltiples crisis, incluidas las ambientales (pandemias y clima), económicas (depresión e inflación), geopolíticas (divisiones internacionales y guerras) y democráticas (el auge de ideologías de extrema derecha y estados fallidos). Según algunos eruditos, la historia oscila entre períodos de colapso y crisis, como lo demuestra la trayectoria recurrente del ascenso y caída de civilizaciones (Diamond, 2011, 2019).

Históricamente, las discusiones sobre las crisis a menudo se han centrado en dimensiones económicas y de oikos (económicas) más que en otros aspectos sociales. Si bien existen referencias a crisis políticas, estas típicamente conciernen a las distorsiones y contradicciones dentro del sistema político. Sin embargo, más allá de las interpretaciones convencionales, proponemos una perspectiva alternativa sobre la crisis: una que la percibe como un instrumento político que facilita el dominio en la era del capitalismo tardío. La crisis puede manifestar las contradicciones inherentes del sistema, pero desde el ascenso del neoliberalismo, se ha convertido en un componente integral de la estrategia de dominación política. Esto plantea preguntas sobre cómo la crisis se integra ahora directamente en el arsenal de control político dentro del neoliberalismo.

La situación ecuatoriana está rodeada por un cúmulo de adversidades sociales que promueven la migración debido a la constante desestabilización nacional y la persistente crisis económica. En un contexto ideal, el gobierno debe garantizar a sus ciudadanos seguridad y confianza en que los recursos a su disposición son adecuados y suficientes. Sin embargo, la realidad vivida en Ecuador está lejos de este ideal. Como se evidencia en las gráficas anteriores, muchos ecuatorianos optan por emigrar, resultando en cifras alarmantes de remesas que en 2023 superaron aproximadamente 15 veces los valores en inversión extranjera directa.

Gráfica 3. Comparativa de ingresos nacionales por IED y remesas (millones de USD)

Fuente: Datos tomados del Banco Central (2024). Elaboración: los autores.

La caída de la IED y el aumento de las remesas reflejan una crisis de gobernanza puesto que la incapacidad del Estado para atraer y mantener inversiones podría estar relacionada con inestabilidad política, corrupción o falta de políticas económicas que otorguen certidumbre al capital extranjero. Aunque la IED puede inyectar capital en la economía local, los beneficios económicos directos son frecuentemente limitados. Las empresas extranjeras a menudo repatrian gran parte de sus beneficios a sus países de origen, lo que minimiza el impacto positivo en la economía local. Además, las inversiones suelen concentrarse en sectores específicos, como la extracción de recursos naturales, que no necesariamente generan un desarrollo económico equilibrado ni sostenible. La IED puede exacerbar las desigualdades económicas y sociales en lugar de reducirlas. Los empleos generados por la inversión extranjera a menudo están concentrados en áreas específicas y pueden no beneficiar a la población más pobre del país. Además, los beneficios económicos tienden a acumularse en manos de una élite empresarial y política, aumentando la brecha entre ricos y pobres.

103

En consecuencia, de la inestabilidad política y la ingobernanza, así como la dependencia de las remesas, también sugiere problemas estructurales en el mercado laboral y la economía interna, donde los ciudadanos se ven obligados a emigrar para buscar mejores oportunidades de vida.

La creciente importancia de las remesas se alinea con el concepto de migración sempiternal, donde la migración continua y sostenida es una respuesta a condiciones económicas adversas en Ecuador. La migración masiva y el envío de remesas pueden ser tanto un síntoma como un agravante de la crisis económica y de gobernanza, creando un ciclo donde la salida de ecuatorianos en busca de mejores oportunidades se convierte en una constante normalidad.

La figura presenta una comparativa de ingresos nacionales por Inversión Extranjera Directa (IED) y remesas en Ecuador, expresados en millones de USD, desde el año 2015 hasta el 2023. En ella, se observa una tendencia creciente significativa en los ingresos por remesas a lo largo del periodo analizado. Desde 2015, las remesas han mostrado un aumento constante, alcanzando un pico notable en 2023 con 5,447.49 millones de USD.

Por otro lado, los ingresos por IED presentan una tendencia fluctuante y en general baja. Después de un aumento en 2018 y 2019, la IED muestra una disminución notable en 2020 y, aunque hay una ligera recuperación en 2021 y 2022, vuelve a disminuir en 2023 a 372.3 millones de USD.

Las remesas han demostrado ser una fuente de ingresos mucho más estable y en constante crecimiento en comparación con la IED. Esto es crucial para la economía ecuatoriana, ya que proporciona una fuente de ingresos predecible y creciente para muchas familias, especialmente en tiempos de crisis económica.

Así, las remesas tienden a tener un impacto directo en la economía local, ya que son utilizadas por las familias receptoras para cubrir necesidades básicas como alimentación, vivienda, educación y salud. Esto promueve el bienestar de los hogares y contribuye a la reducción de la pobreza en áreas rurales y urbanas. En contraste, la IED puede estar más orientada a sectores específicos que no siempre benefician directamente a la población general. Además, los beneficios de la IED pueden ser repatriados, limitando su impacto positivo en la economía local. La gráfica demuestra claramente la preeminencia de las remesas como una fuente vital y creciente de ingresos para Ecuador, superando con creces a la IED en términos de estabilidad, impacto directo en la economía local y apoyo al bienestar de las familias. Las políticas públicas deberían, por tanto, reconocer y apoyar la importancia de las remesas, facilitando los canales de envío y asegurando que estas transferencias continúen siendo una fuente crucial de desarrollo económico y social para el país. Mientras tanto, la IED, aunque importante, debería ser complementada con políticas que promuevan un desarrollo más inclusivo y sostenible.

El oximoron del Ecuador entre la transición neoliberal y la ausencia de las narrativas hegemónicas hacia la dominación y el nuevo éxodo migratorio ecuatoriano

La confluencia de estos diversos factores dio lugar a narrativas generales sobre la crisis, la estabilidad económica, el ajuste fiscal, la austeridad, la reducción del Estado, la eficacia del sector privado y otras ideas influyentes. Estas ideas forman colectivamente el marco ideológico dentro del cual se desarrolla la transformación hacia el Estado mínimo neoliberal y sus formas asociadas de dominación política. Este período de ajuste y austeridad presenció dos dinámicas políticas prominentes: en primer lugar, el papel del Estado en asegurar la gobernabilidad durante la transición neoliberal a través de mecanismos de dominación política implementados dentro de cada nación regional, y en segundo lugar, un conjunto de metanarrativas que se unieron para establecer la hegemonía necesaria sobre la sociedad para asegurar este cambio neoliberal. La dominación política y la capacidad hegemónica, por lo tanto, progresaron a lo largo de trayectorias paralelas pero convergentes.

Si bien los gobiernos progresistas tienden a mitigar o eludir las crisis, esforzándose por unificar la dominación política y la capacidad hegemónica, el resurgimiento del neoliberalismo opera en la dirección opuesta. En este contexto, se deben generar crisis para separar la dominación política de las capacidades hegemónicas. Un ejemplo claro de esto es el caso de Ecuador bajo el liderazgo del presidente Lenín Moreno. Originalmente elegido bajo el estandarte de la Revolución Ciudadana, Moreno cambió drásticamente su rumbo político después de un año en el cargo, abrazando una trayectoria política de derecha y creando las condiciones necesarias para este cambio a través de la generación de una crisis inducida.

Durante 2016-2018, Ecuador no mostraba indicios de una crisis inminente. Los indicadores macroeconómicos reflejaban una economía en crecimiento, bajas tasas de inflación, una deuda pública mínima (por debajo del 40% del PIB), reducción de la pobreza, inversiones públicas y privadas sustanciales, un marco institucional robusto, bajos niveles de conflicto social y las tasas de criminalidad más bajas de América Latina y del mundo. Estos indicadores favorables fueron el resultado de un ciclo económico iniciado en 2007 con la elección del primer gobierno progresista de la nación y alineado con la tendencia más amplia de gobiernos progresistas en la región.

Sin embargo, frente a estos indicadores económicos positivos, ¿por qué la administración del presidente Lenín Moreno se involucró con el FMI en un rescate financiero? ¿Por qué el FMI desarrolló un programa de intervención basado en un contexto macroeconómico aparentemente estable? La respuesta radica en la estrategia deliberada del gobierno de Moreno y el FMI para fabricar una crisis. Esta crisis artificial fue diseñada para desmantelar los marcos institucionales y legales que impedían la implementación de políticas neoliberales.

El FMI introdujo conceptos novedosos no encontrados en las regulaciones de Ecuador para inflar artificialmente el tamaño del déficit fiscal. Excluyeron los ingresos por exportaciones de petróleo e incluyeron arbitrariamente los gastos relacionados con los subsidios a los combustibles. Esta manipulación llevó a una asimetría en las cuentas públicas, con ingresos disminuidos y gastos aumentados (considerando erróneamente los subsidios a los combustibles como parte del presupuesto fiscal). Esta posición fiscal distorsionada, denominada por el FMI como el "resultado primario no petrolero", proporcionó una base para justificar la intervención, incluyendo un severo programa de ajuste.

Según los cálculos del FMI, el balance primario no petrolero del país parecía insostenible, lo que justificaba su participación directa en un programa que abarcaba medidas como la reducción de la inversión pública, la disminución de la nómina del sector público, aumentos en los impuestos indirectos, restricciones del Banco Central para comprar bonos emitidos por el Ministerio de Economía y Finanzas, la independencia del Banco Central, la conversión de reservas internacionales en una regla de apoyo para los bancos privados, la privatización de empresas públicas, modificaciones a las regulaciones laborales favoreciendo esquemas de flexibilidad laboral, la privatización de la seguridad social, la creación de un mercado para administradores privados de fondos de seguridad social, las intervenciones presupuestarias del gobierno territorial a nivel municipal y provincial, y la eliminación de los subsidios a los combustibles.

La propuesta a la eliminación de los subsidios a los combustibles incitó grandes protestas sociales en octubre de 2019 y junio de 2022[3]. El impacto de estas medidas generó una crisis sin precedentes en Ecuador, con un aumento del desempleo y del trabajo informal, resultando en un éxodo significativo de personas. El marco institucional colapsó, incapacitándose el

---

[3] El gobierno de Ecuador, bajo la administración de Daniel Noboa, ha anunciado la eliminación gradual de los subsidios a los combustibles, específicamente a la gasolina extra y ecopaís, en 2024. Esta medida es parte de un acuerdo con el Fondo Monetario Internacional (FMI) para acceder a un préstamo de 4,000 millones de dólares, destinado a mejorar la liquidez del país y cumplir con las metas fiscales establecidas. GK. (2024). Así será la eliminación de los subsidios a los combustibles, según el gobierno. La Voz del Tomebamba. (2024). La eliminación de subsidios a los combustibles se ejecutará este año.

Estado para cumplir con funciones esenciales como mantener la seguridad ciudadana.

La intervención del FMI y el Banco Mundial, junto con la crisis inducida, descompuso significativamente las funciones contractuales y regulatorias del Estado. El crimen organizado desafió el monopolio del Estado sobre la fuerza legítima, transformando a Ecuador en un estado fallido. Este escenario dependía de la creación de la crisis ex nihilo, facilitando el retorno a la separación de la dominación política de las capacidades hegemónicas, que encontraron nuevamente su locus en el mercado para la generación de símbolos y metanarrativas sobre las perspectivas humanas, mientras el Estado se ocupaba de gestionar la crisis, efectivamente cooptado por intereses bancarios vinculados al crimen organizado.

Durante la administración de Moreno, la crisis inducida impidió que la sociedad comprendiera la relación intrincada entre el crimen organizado y el grupo económico asociado con el Banco de Guayaquil y Guillermo Lasso. Solo cuando la sociedad comenzó a entender que la crisis inducida era un ardid para recalibrar las dinámicas de poder y la dominación política, se enfrentaron a la realidad de que el crimen organizado había tomado control del Estado.

La pregunta de por qué las crisis sirven como condiciones habilitantes para la dominación política dentro del neoliberalismo puede atribuirse a la evolución del capitalismo contemporáneo. Las consecuencias políticas tradicionales asociadas con las crisis, que amenazaban el colapso del sistema capitalista, se han atenuado notablemente. Esta transformación se debe a dos desarrollos cruciales: la capacidad del capitalismo para gestionar sus contradicciones innatas mediante el capital especulativo global y la consolidación del neoliberalismo, que ha presentado esta ideología como la única opción viable, disminuyendo la capacidad de resistencia y transformación dentro de la sociedad civil. Estos factores han convertido las crisis en instrumentos que refuerzan la dominación política bajo el neoliberalismo, restringiendo las opciones de cambio y resistencia al orden económico y político establecido.

En el contexto actual, las crisis emergen como elementos cruciales en el ejercicio de la dominación política, facilitando la intervención de entidades como el Fondo Monetario Internacional (FMI) y el Banco Mundial. Estas instituciones utilizan las crisis como justificación irrefutable para expandir significativamente su influencia, promoviendo la privatización y la transferencia de excedentes financieros desde las naciones más empobrecidas hacia el capital global. Esta práctica puede interpretarse como una forma de neocolonialismo que remodela la geopolítica global y la distribución internacional del trabajo.

Un elemento común en la crisis de gobernanza es la incapacidad de las instituciones democráticas para resolver conflictos de manera efectiva y enfrentar problemas sociales, políticos y culturales. Esta crisis refleja una debilidad institucional profunda, producto de una crisis democrática que afecta la capacidad del Estado para gestionar conflictos entre diversos actores sociales, como indígenas, campesinos, transportistas y colectivos sociales. La fragilidad del Estado y las disfunciones en sus instituciones políticas, sociales y económicas generan un entorno donde los conflictos entre actores tradicionales y emergentes cuestionan el equilibrio institucional debido a la falta de leyes y procedimientos democráticos y plurales.

El fracaso del modelo económico neoliberal ha profundizado las desigualdades y la fragilidad social en América Latina. Las políticas de privatización y apertura de mercados han incrementado las desigualdades sociales y la pobreza. Las políticas de ajuste estructural impuestas por el Banco Mundial han subordinado a los países a criterios de "buena gobernanza", que se utilizan más como un instrumento del neoliberalismo que como una búsqueda de justicia social. Este modelo de gobernanza ha contribuido a la expulsión y desplazamiento de personas debido a la incapacidad del Estado para solventar brechas sociales y responder a nuevas demandas sociales, llevando a una crisis sistémica y de legitimidad institucional.

En el contexto actual del gobierno ecuatoriano, los resultados han sido notablemente deficientes. Entre los cambios negativos experimentados en los últimos años se destacan el incremento en el número de muertes violentas, un aumento significativo en las migraciones, la reducción de subsidios, el alza de impuestos y una disminución en el financiamiento de sectores críticos como la educación, la salud, el deporte y la inversión pública. Para revertir esta situación, es esencial que el gobierno actúe con coherencia y firmeza en la gestión de los problemas presentes y futuros. Sin embargo, se observa una falta de cohesión interna, predominando las excusas y la atribución de culpas a administraciones anteriores, además de una notable falta de responsabilidad durante sus propios mandatos.

Daniel Noboa, quien ha adoptado una orientación neoliberal enfocada en reducir la criminalidad, ha enfrentado desafíos significativos. En un corto período, ha deteriorado las relaciones internacionales, promovido persecuciones políticas, dañado la imagen presidencial y establecido vínculos con organizaciones y figuras cuestionables. Además, ha llevado a cabo una consulta innecesaria[4] dadas las dificultades económicas que atraviesa el país. Recientemente, Noboa ha presentado en conferencias resultados de su gestión que no reflejan la realidad evidenciada por los datos estadísticos nacionales recopilados por las entidades de control. Entre Rafael Correa, Lenín Moreno, Guillermo Lasso y el actual Daniel Noboa los mandatarios han ordenado 113 estados de excepción, locales y nacionales. Dando sobre todo este último, muestras de la ingobernanza, ineptitud y dominación política-militar que ejerce en el país, donde a 40 días de haber sido electo decretó su primer estado de excepción - 8 de enero, 2024- (a la fecha lleva cuatro estados de excepción en un periodo de 6 meses, el tercero La Corte Constitucional declaró inconstitucional este decreto el 10 de mayo de 2024, debido a la falta de justificación adecuada según los requisitos constitucionales) (Primicias, 2024).

Estos estados de excepción reflejan la estrategia de Noboa de utilizar medidas extraordinarias -Tal cual manual de la doctrina del shock- para abordar diversas crisis, desde la violencia carcelaria hasta la crisis energética, aunque algunas de estas medidas han enfrentado oposición y han sido cuestionadas en términos de su constitucionalidad y la veracidad de estos argumentos endebles como es el conflicto interno proveniente del imaginario del presidente y construido bajo la narrativa de los medios bajo su control.

El enfrentamiento entre distintas figuras políticas y corrientes de pensamiento se ha vuelto una constante en la gobernanza ecuatoriana. Desde el final del mandato de Rafael Correa y el giro hacia la derecha de Lenín Moreno, se ha observado una transición cíclica hacia una instauración neoliberal, influenciada por la globalización y su impacto en los países en desarrollo, con el objetivo de promover el avance capitalista. El gobierno de Daniel Noboa ha generado una narrativa al estilo trumpista de la posverdad, donde el eje central radica en generar la idea de alarma generalizada debido a una crisis política y de seguridad. Con el objetivo de implementar medidas drásticas para abordar los problemas de los ecuatorianos, Noboa ha decretado cuatro estados de excepción en menos de ocho meses de mandato.

Este análisis subraya la necesidad urgente de una gobernanza coherente y responsable, capaz de enfrentar los desafíos actuales sin recurrir a estrategias

---

[4] El costo estimado de la consulta popular y el referéndum propuestos por el presidente Daniel Noboa en Ecuador para el año 2024 se sitúa en aproximadamente 50 millones de dólares. El universo (2024). La consulta ha sido criticada debido a 3 preguntas importantes que son; la primera pregunta ha sido cuestionada porque expande el rol de las Fuerzas Armadas en tareas de seguridad interna, tradicionalmente reservadas a la Policía Nacional. Esto plantea preocupaciones sobre la militarización de la seguridad pública y posibles violaciones de derechos humanos. La 8 Esta pregunta ha sido vista como un intento de facilitar la entrada de capital extranjero a expensas de la soberanía y la capacidad del Estado para regular y resolver disputas internas como lo es el caso Chevron. La 9 Esta propuesta ha sido criticada por sindicatos y organizaciones de trabajadores, que argumentan que la idea central es precarizar aún más el empleo y debilitar los derechos laborales.

de crisis inducida ni medidas autoritarias que socavan la estabilidad y el desarrollo sostenible del país. El uso frecuente de estados de excepción revela tanto la debilidad del Estado como un intento desesperado de control, reflejando una estrategia de gobernanza que prioriza medidas extraordinarias y autoritarias en lugar de soluciones democráticas y estructurales.

En resumen, la crisis de gobernanza en Ecuador ha llevado a un aumento en la migración, evidenciando la incapacidad estatal para resolver problemas estructurales y sociales, y reflejando un ciclo de crisis que se perpetúa.

La evidencia presente tanto de manera teórica y la obtenida dentro de la práctica de los gobiernos motivan una creencia clara de la creciente instauración neoliberal que vive el Ecuador en el actual gobierno, puesto que las medidas tomadas por Daniel Noboa se enfocan en liberar y estabilizar la soberanía económica del capital ecuatoriano a costa de la garantía social, esto debido a la merma constante en son de su mejora y la consideración constante en privatización del área de salud y la educación.

Para este punto se ha de analizar las medidas tomadas en el que se ha implementado un aumento del IVA nacional del 12% al 15% con el afán de combatir la delincuencia, pero en el mismo período lleva a cabo la condonación de deudas tributarias, siendo tal que el Grupo Noboa sea de los más deudores tributarios que tiene el país. A pesar de la mala experiencia de Ecuador con el Fondo Monetario Internacional, nuevamente se ha endeudado en USD 4000 millones, situación mediante la cual el país deberá acatar directrices y condiciones propuestos por este ente que comprometen al país a acatar e implementar medidas económicas y financieras que afectan directamente a los subsidios en energía y transporte y la reducción del gasto público, resultado que podemos observar en el siguiente gráfica 4.

En la evolución de la deuda y la inversión pública como porcentaje del PIB en Ecuador desde 2006 hasta 2022 hay una tendencia preocupante desde la perspectiva keynesiana como marxista. Desde el enfoque keynesiano, la falta de inversión pública a pesar del alto endeudamiento sugiere una política fiscal ineficaz para estimular el crecimiento económico. Desde el marxista, estas tendencias indican una crisis estructural del capitalismo, donde el estado ecuatoriano se endeuda para beneficiar al capital financiero, mientras la clase trabajadora sufre los recortes en inversión pública y servicios en disminución de su calidad de vida por la poca y mala infraestructura existente en hospitales, escuelas, carreteras etc.

Gráfica 4. Deuda pública e inversión como porcentaje del PIB Ecuador

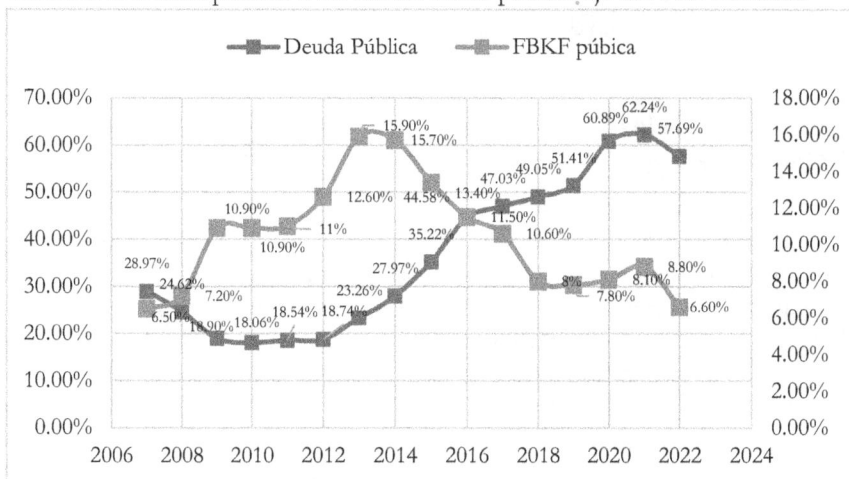

Fuente: Datos tomados del Banco Central y Ministerio de Finanzas. Elaboración: los autores.

Estas dinámicas subrayan la necesidad de políticas económicas que no solo gestionen la deuda de manera sostenible, sino que también promuevan la inversión en infraestructura y servicios que beneficien a la mayoría de la población, especialmente en un contexto de crisis económica recurrente y migración creciente en Ecuador. El constante cambio tanto en políticas económicas y fiscales, como el manejo político evidenciado es clara señal de la transformación que está viviendo el país, las cuales generan preocupación por las múltiples conexiones de esta realidad con el pensamiento dado por Naomi Klein, en La Teoría del Shock, en la que se supone un aprovechamiento de las crisis por los gobiernos y élites económicas para implementar y reforzar políticas neoliberales que en otro escenario no serían aceptadas por la sociedad.

Esta realidad es solo el inicio de un escenario muy asemejado al vivido en Chile en los años 70 impulsada por Estados Unidos con los ideales neoliberales y el uso de este país como experimento para la aplicabilidad de sus medidas económicas, donde las próximas elecciones serán cruciales para determinar el futuro de la estructura nacional, puesto que desde ya tiene implicaciones negativas por el constante daño de imagen a los movimientos políticos como fue el caso del asesinato del candidato Fernando Villavicencio y el rumo de las vinculaciones del movimiento "correísta" con este hecho. En el contexto ecuatoriano se ha experimentado el uso de factores como la pandemia de COVID-19 y la supuesta crisis de violencia para la implementación de reformas económicas (consultas, aumento de impuestos, merma en subsidios) y ajustes fiscales. Además, la intervención exterior es cada vez más fuerte, dependencia del FMI, acuerdos internacionales en minería y la promoción de inversión privada y extranjera son cada vez más notorias, como también del retorno de la base de Manta son opciones puestas a la vista nuevamente.

La Situación de los Migrantes Ecuatorianos: Aumento de Deportaciones y Detenciones desde América del norte.

La migración de ecuatorianos hacia Estados Unidos ha sido un fenómeno constante y significativo, impulsado por crisis económicas y políticas en Ecuador. En los últimos meses, se ha observado un incremento alarmante en el número de detenciones y deportaciones de migrantes ecuatorianos en Estados Unidos, lo que refleja tanto la persistencia de los factores que impulsan la migración como las políticas migratorias restrictivas implementadas por el gobierno estadounidense.

En marzo de 2024, se reportó que casi 16.000 ecuatorianos fueron detenidos o deportados desde Estados Unidos, lo que representa un incremento de 4.000 con respecto al mes anterior. Desde el inicio del año fiscal estadounidense en octubre de 2023, la patrulla fronteriza ha aprehendido a 78.849 ecuatorianos. Estos datos subrayan una tendencia creciente en la migración irregular, a pesar de los esfuerzos del gobierno ecuatoriano para crear empleo y mejorar las condiciones económicas en el país (Primicas, 2024).

Simultáneamente, México detectó a casi 1,4 millones de personas en situación migratoria irregular entre enero y mayo de 2024, de los cuales más de 136.000 eran ecuatorianos. Este flujo masivo de migrantes ecuatorianos incluye un número significativo de menores no acompañados, lo que agrava la vulnerabilidad de esta población y resalta las condiciones desesperadas que enfrentan.

La travesía hacia Estados Unidos es extremadamente peligrosa, especialmente a través de la selva del Darién y las rutas controladas por organizaciones criminales. La detención y posterior deportación de estos migrantes evidencian no solo la ineficacia de las políticas migratorias restrictivas, sino también la desesperación de quienes buscan escapar de condiciones insostenibles en su país de origen.

La situación de los menores no acompañados es particularmente preocupante. Estos niños y adolescentes enfrentan un alto riesgo de explotación y abuso durante su viaje y después de ser detenidos. La falta de protección adecuada y la reunificación familiar en los países de destino agravan su vulnerabilidad, creando un ciclo de precariedad y riesgo que difícilmente se resuelve con la deportación.

Gráfica 5. Ecuatorianos devueltos por la autoridad migratoria mexicana

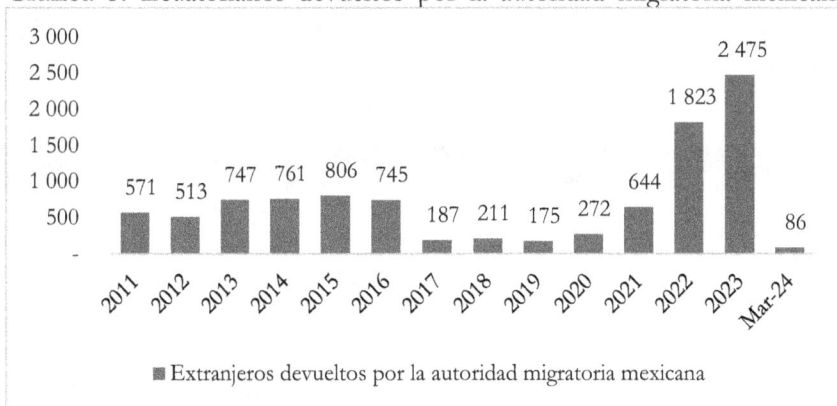

Fuente. Datos tomados del Gobierno de México (2024)

El incremento en las deportaciones y detenciones de migrantes ecuatorianos tiene varias implicaciones. En primer lugar, subraya la falta de políticas públicas efectivas en Ecuador para abordar las causas estructurales de la migración. La creación de empleo y las mejoras económicas mencionadas por el gobierno no han sido suficientes para frenar el éxodo masivo de ciudadanos. En segundo lugar, la deportación masiva genera un impacto significativo en las familias y comunidades en Ecuador, exacerbando la pobreza y la desesperanza al devolver a los migrantes a las mismas condiciones que intentaron escapar.

Desde una perspectiva más amplia, la migración ecuatoriana y las respuestas de los gobiernos de Estados Unidos y México reflejan las dinámicas de poder y desigualdad en el sistema internacional. Las políticas migratorias restrictivas y las deportaciones masivas son parte de una estrategia más amplia de control fronterizo que busca limitar la movilidad de los más vulnerables, manteniendo al mismo tiempo los beneficios económicos derivados de la mano de obra migrante.

La situación de los migrantes ecuatorianos, marcada por un aumento en las detenciones y deportaciones, pone de manifiesto la persistencia de problemas estructurales en Ecuador y las fallas de las políticas migratorias restrictivas en Estados Unidos. Es esencial que se desarrollen políticas públicas integrales que no solo aborden las causas de la migración, sino que también proporcionen protección y apoyo a los migrantes en tránsito y en los países de destino. La crisis migratoria actual requiere un enfoque colaborativo y humanitario que reconozca y respete los derechos de los migrantes, garantizando su seguridad y dignidad en todo momento.

Tabla 1. Encuentros de la Patrulla Fronteriza de EE.UU. y la Oficina de Operaciones de Campo por Área de Responsabilidad y Componente años 2022-2024

FY   ▨ 2022   ■ 2023   ▨ 2024 (FYTD)

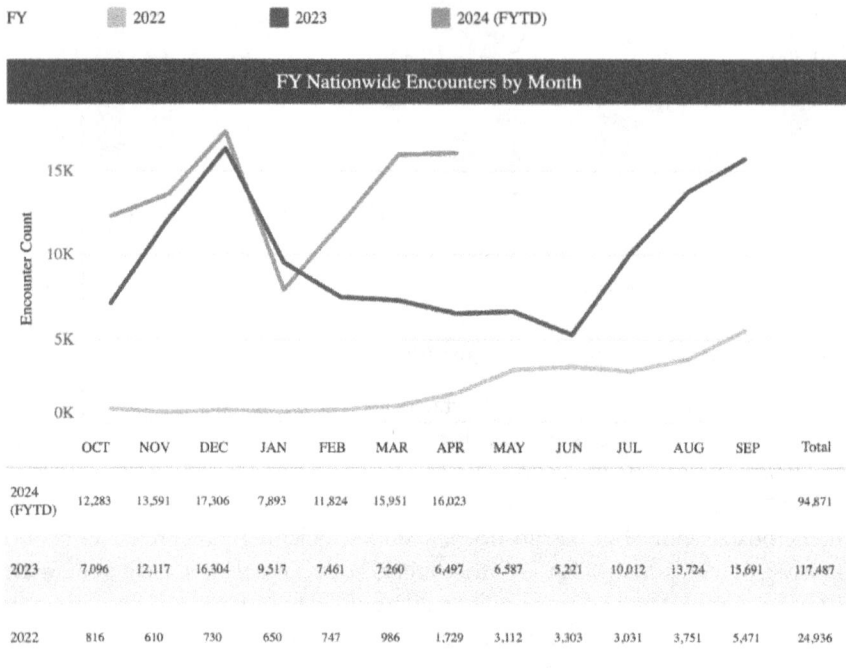

FY Nationwide Encounters by Month

	OCT	NOV	DEC	JAN	FEB	MAR	APR	MAY	JUN	JUL	AUG	SEP	Total
2024 (FYTD)	12,283	13,591	17,306	7,893	11,824	15,951	16,023						94,871
2023	7,096	12,117	16,304	9,517	7,461	7,260	6,497	6,587	5,221	10,012	13,724	15,691	117,487
2022	816	610	730	650	747	986	1,729	3,112	3,303	3,031	3,751	5,471	24,936

Fuente: Los datos son de la Oficina de Aduanas y Protección Fronteriza de EE.UU. (USBP) están actualizados al 05/3/2024

La puerta abierta a la sempiterna migración de ecuatorianos

El fenómeno de la naturalización de inmigrantes ecuatorianos en España, observado a partir de 2009, se puede analizar desde varias perspectivas teóricas que destacan tanto los factores estructurales como los dinámicos de este proceso migratorio. Desde la teoría de la migración neoclásica: Según esta teoría, los individuos migran en busca de mejores oportunidades económicas y mayores salarios. Empero; la naturalización facilita la movilidad laboral y la estabilidad económica al permitir a los inmigrantes acceder a un mercado laboral más amplio dentro de la Unión Europea. Esto sugiere que los ecuatorianos buscan la nacionalidad española para mejorar su situación económica y aprovechar las ventajas de la libre circulación en la UE. Además, muestra como el boom migratorio de 1999-2001 fue el inicio de una estrategia de naturalización para ellos y sus descendentes y como han subvertido los datos de pasar de la irregularidad a la nacionalización.

También podemos analizarlo desde la teoría de las redes migratorias esta perspectiva enfatiza el papel de las redes sociales en el proceso migratorio. Los inmigrantes ecuatorianos que adquieren la nacionalidad española pueden facilitar la migración de sus familiares y amigos, estableciendo un efecto multiplicador que incrementa el flujo migratorio. Estas redes proporcionan apoyo emocional y logístico, reduciendo los costos y riesgos asociados con la migración.

El aumento en la naturalización de ecuatorianos y la consiguiente facilidad para traer a familiares y moverse libremente por la UE tiene implicaciones profundas. Por un lado, puede aliviar la presión demográfica y económica en Ecuador; por otro, puede crear desafíos para España y la UE en términos de integración y cohesión social. Si no se toman medidas adecuadas para gestionar este flujo migratorio y facilitar la integración, se corre el riesgo de exacerbar los discursos anti-inmigración, nativistas y xenófobos, además de potencialmente enfrentar una nueva crisis migratoria en el espacio Schengen.

Gráfica 6. Inmigrantes ecuatorianos en España, por nacionalidad, 2002-2022

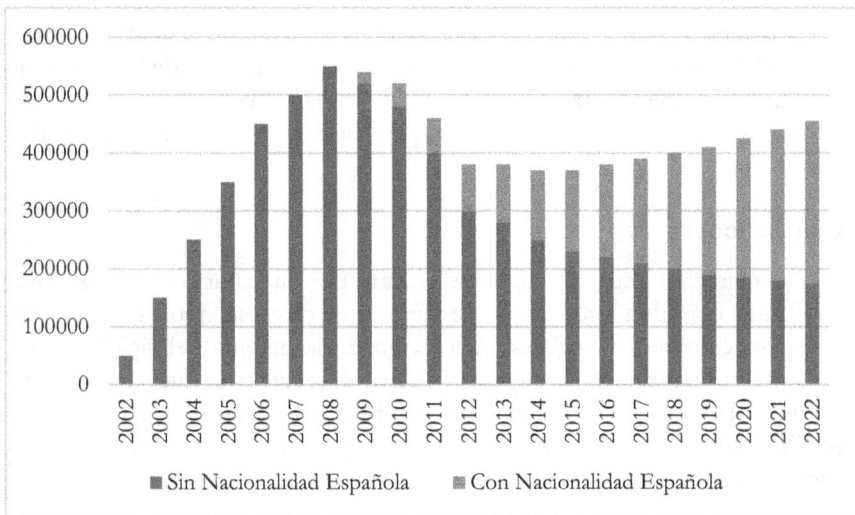

Fuente: INE. Población españoles-extranjeros por país de nacimiento, sexo y año. Elaboración por los autores

El gráfico muestra la evolución del número de inmigrantes ecuatorianos en España entre 2002 y 2022, diferenciando entre aquellos que tienen nacionalidad española (color naranja) y aquellos que no la tienen (color azul). Hasta 2008, la mayoría de los inmigrantes ecuatorianos en España no tenía la nacionalidad española. El número de inmigrantes sin nacionalidad española alcanzó su punto máximo en ese año.

A partir de 2009, comienza a observarse un incremento en el número de ecuatorianos que adquieren la nacionalidad española, mientras que el número de aquellos sin nacionalidad española disminuye notablemente. El gráfico muestra que, a partir de 2010, un número creciente de inmigrantes ecuatorianos obtiene la nacionalidad española. Este proceso de naturalización tiene varias implicaciones.

Al obtener la nacionalidad española, estos inmigrantes tienen más facilidad para moverse dentro de la Unión Europea y traer a sus familiares a España. Esto puede incentivar a más ecuatorianos a migrar, sabiendo que tienen redes de apoyo y una mayor facilidad para establecerse legalmente. Sin embargo, un incremento significativo en la migración puede generar presión sobre los servicios públicos, como la vivienda, la salud y la educación. Además, si la llegada de nuevos migrantes no es bien gestionada, puede llevar a tensiones sociales y a un aumento en la competencia por empleos y recursos, lo cual puede exacerbar los discursos anti-inmigracion, nativistas y xenófobos no solamente en España si no todo el espacio Schengen por la libre movilidad de estos ecuatoriano-españoles.

Si la tendencia de naturalización continúa y facilita la migración de más ecuatorianos a España, esto podría llevar a una situación donde haya un flujo constante de nuevos migrantes. Si no se toman medidas adecuadas para integrar a estos nuevos inmigrantes, España podría enfrentar una nueva crisis migratoria.

Conclusiones

La migración ecuatoriana, caracterizada por su naturaleza sempiternal, refleja una compleja intersección de factores en crisis de índole económicos, políticos, culturales y sociales. A lo largo de la historia del siglo XX, los ecuatorianos han emigrado en respuesta a crisis recurrentes que han socavado la estabilidad económica y social del país. Este fenómeno se ha intensificado en diferentes periodos históricos, destacando especialmente las migraciones hacia Estados Unidos y Europa.

El análisis de las crisis económicas, como la crisis de deuda de los años 80 y el feriado bancario de 1999, revela un patrón cíclico de inestabilidad que ha forzado a muchas familias a buscar mejores oportunidades en el extranjero. Estas crisis no solo han provocado una fuga de cerebros, sino también un significativo éxodo de la población, afectando tanto a las áreas rurales como urbanas y profundizando las desigualdades económicas y sociales.

El impacto de la globalización y la apertura de mercados ha tenido efectos duales sobre las economías locales. Si bien ha creado oportunidades de empleo y comercio, también ha expuesto a los sectores más vulnerables a la competencia global, exacerbando las desigualdades.

Las redes sociales y comunitarias han jugado un papel crucial en el apoyo a los migrantes, facilitando su adaptación en los nuevos destinos y subrayando la importancia de los vínculos sociales en el proceso migratorio.

Las políticas públicas en Ecuador han demostrado ser inadecuadas e ineficientes para mitigar los efectos de estas crisis. La incapacidad del Estado para atraer y mantener inversiones sostenibles ha contribuido a una dependencia creciente de las remesas, que, aunque vitales para muchas familias, no sustituyen la necesidad de un desarrollo económico equilibrado y sostenible. Las remesas han demostrado ser una fuente de ingresos más estable en comparación con la inversión extranjera directa (IED), pero la dependencia de estas transferencias refleja problemas estructurales en el mercado laboral y la economía interna.

La creciente migración femenina y la feminización del proceso migratorio evidencian cambios significativos en la estructura familiar tradicional y los roles de género en Ecuador. Este fenómeno ha generado problemáticas sociales como la separación familiar y la discriminación de los hijos de migrantes, aunque también ha tenido efectos positivos al mejorar la calidad de vida a través de las remesas.

La crisis de gobernanza en Ecuador se manifiesta en la incapacidad del Estado para resolver conflictos y gestionar efectivamente los problemas sociales, políticos y culturales. Esta debilidad institucional se ha visto agravada por políticas neoliberales que han profundizado las desigualdades y la fragilidad social. Las medidas económicas recientes, como el aumento del IVA, la eliminación de subsidios a la gasolina y la condonación de deudas tributarias, reflejan una estrategia que favorece al capital financiero a costa del bienestar social, evidenciando un conflicto inherente entre las necesidades económicas del país y las políticas implementadas por los intereses individuales de sus gobernantes.

El uso frecuente de estados de excepción por parte del gobierno actual subraya una estrategia de dominación política -ante la ausencia de hegemonía- que prioriza medidas autoritarias sobre soluciones democráticas y estructurales. Este enfoque, lejos de resolver las crisis subyacentes, perpetúa un ciclo de inestabilidad, incertidumbre y por ende migración continua.

En resumen, la emigración ecuatoriana es un síntoma de una crisis multidimensional que exige una reestructuración profunda de las políticas económicas y sociales. Es imperativo que las políticas públicas se orienten hacia el fortalecimiento de las economías locales, la mejora de las condiciones de vida y la creación de oportunidades que reduzcan la necesidad de migrar por motivos económicos y de seguridad. Solo a través de un enfoque integral, plural, verdaderamente democrático y sostenible se podrá intentar romper el ciclo perpetuo de crisis y migración en Ecuador.

Bibliografía

Arrighi, G. (1976). Una nueva crisis general capitalista. Cuadernos Políticos, (8).
Arrighi, G. (1995). The Long Twentieth-Century. London: Verso
Banco Central del Ecuador (2003). Información Estadística Anual. Quito: BCE.
Banco Central del Ecuador (2003). Información Estadística Anual. Quito: BCE.
Bauman, Z. (2015). Modernidad líquida. Fondo de cultura económica.
Borrero, A., & Vega, S. (1995). Mujer y migración: alcance de un fenómeno nacional y regional. Cuenca: Abya Yala.
Borrero, A., & Vega, S. (1995). Mujer y migración: alcance de un fenómeno nacional y regional. Cuenca: Abya Yala.
Camacho, G., & Hernández, K. (2008). Niñez y migración en el Ecuador: diagnóstico de la situación. Quito: UNICEF, CEPLAES, INFFA.
Canales, A. (2007). Remesas, desarrollo y pobreza. Una visión crítica desde América Latina. En Yépez del Castillo, I., & Herrera, A. (eds). Nuevas migraciones latinoamericanas a Europa. Balances y desafíos. Quito: FLACSO. Carrillo, M. (2008). Foto de Familia. Los usos privados de las fotografías entre familias transnacionales ecuatorianas. El caso de la migración hacia España. En Herrera, G. Ramírez J. (eds) (2008). América Latina migrante: Estado, familia, identidades. Quito: FLACSO.
Carlier, J. (2007). La evolución de las políticas de migración entre América Latina y Europa. En Yépez del Castillo, I., & Herrera, A. (eds). Nuevas migraciones latinoamericanas a Europa. Balances y desafíos. Quito: FLACSO.
Carrington, D. (5 de noviembre de 2019). «Climate crisis: 11,000 scientists warn of 'untold suffering'». The Guardian (en inglés británico). ISSN 0261-3077. Consultado 20 de diceibmre 2022.
Cox, O.C. (1959). The Foundations of Capitalism. London: Peter Owen.
D´Eramo, D. (2017). Gobernabilidad, gobernanza…En definitiva, el estado, en Revista Administración pública y sociedad, Núm, 3, junio 2017, Buenos Aires, pp. 126-135
Diamond, J. (2011). Collapse: how societies choose to fail or succeed: revised edition. Penguin.
Diamond, J. (2019). Upheaval: how nations cope with crisis and change. Penguin UK.
Eguiguren, M. (2011). Sujeto migrante, crisis y tutela estatal. Quito: Abya Yala, FLACSO.
Escobar, A. (2008). Tras las huellas de las familias migrantes en el Cantón Cañar. En Herrera, G. Ramírez J. (eds) (2008). América Latina migrante: Estado, familia, identidades. Quito: FLACSO.
Escolar, N. (2011) Crisis sistémica: Origen y alternativas para un desafío común (2ª parte). Texto extraído de https://modii.org/crisis-sistemica/
Foucault, M. (2008). Nascimento da biopolítica: curso dado no Collège de France (1978-1979). Martins fontes.
Foucault, M. y Ewald, F. (2003). " Society Must Be Defended": Lectures at the Collège de France, 1975-1976 (Vol. 1). Macmillan.
Gratton, B. (2005). Ecuador en la historia de la migración internacional ¿Modelo o aberración? En Herrera, et al. (2005). La migración ecuatoriana: transnacionalismo, redes e identidades. Quito: FLACSO.
Herrera, G. (2008). Políticas migratorias y familias transnacionales: migración ecuatoriana en España y Estados Unidos. En Herrera, G. Ramírez J. (eds) (2008). América Latina migrante: Estado, familia, identidades. Quito: FLACSO.

Herrera, G. (2013). "Lejos de tus pupilas" Familias transnacionales, cuidados y desigualdad social en Ecuador. Quito: Flacso.

Herrera, G. (2014). ¿Por qué examinar el vínculo entre migración y desarrollo? En Herrera, G. (Coord.) El vínculo entre migración y desarrollo a debate. Miradas desde Ecuador y América Latina. Quito: FLACSO.

Herrera, G. (2014). El vínculo entre migración y desarrollo a debate: miradas desde Ecuador y América Latina. Quito: FLACSO.

Herrera, G., & Eguiguren, M. (2014). Migración y desarrollo: interrogantes y propuestas sobre el vínculo en la experiencia latinoamericana. En Herrera, G. (Coord.) El vínculo entre migración y desarrollo a debate. Miradas desde Ecuador y América Latina. Quito: FLACSO.

Herrera, G., & Martínez, A. (2002). Género y migración en la región Sur. Informe de Investigación. Quito: FLACSO.

Herrera, G., & Martínez, A. (2002). Género y migración en la región Sur. Informe de Investigación. Quito: FLACSO.Herrera, G. et al. (2006). Ecuador: las cifras de la migración internacional. Quito: FLACSO.

Jokish, B., & Kyle, D. (2005). Las transformaciones de la migración transnacional del Ecuador. 1993 – 2003. En Herrera, et al. (2005). La migración ecuatoriana: transnacionalismo, redes e identidades. Quito: FLACSO.

Jokish, B., & Kyle, D. (2005). Las transformaciones de la migración transnacional del Ecuador. 1993 – 2003. En Herrera, et al. (2005). La migración ecuatoriana: transnacionalismo, redes e identidades. Quito: FLACSO.

Machado, D. (2014). Políticas migratorias del Ecuador: inconsistencias entre la praxis y el discurso. En Acosta, A. et al. (2014). La restauración conservadora del correísmo.

Mancheno, M. (2010). Ecuador: efectos de la migración en los resultados educativos. En Historia Actual Online. No. 22. Pp. 57-75.

Mancheno, M. (2010). Ecuador: efectos de la migración en los resultados educativos. En Historia Actual Online. No. 22. Pp. 57-75.

Moncayo, M. (2014). Las políticas de retorno en Sudamérica: ¿una ruta hacia el desarrollo? En Herrera, G. (Coord.) El vínculo entre migración y desarrollo a debate. Miradas desde Ecuador y América Latina. Quito: FLACSO.

Moncayo, M. (2014). Las políticas de retorno en Sudamérica: ¿una ruta hacia el desarrollo? En Herrera, G. (Coord.) El vínculo entre migración y desarrollo a debate. Miradas desde Ecuador y América Latina. Quito: FLACSO.

Pedone, C. (2002). Las representaciones sociales en torno a la inmigración ecuatoriana a España. ÍCONOS Revista de Ciencias Sociales. No.14. Flacso – Quito, Ecuador, pp. 56-66.

Ponce, F. (2004). La ciudadanía en tiempos de migración y globalización. En: Programa Andino de Derechos Humanos (ed.). Globalización, migración y derechos humanos(pp. 83– 91). Quito: Universidad Andina Simón Bolívar / Ediciones Abya-Yala.

Ramírez, F., & Ramírez, J. (2005). La estampida migratoria ecuatoriana. Crisis, redes transnacionales y repertorios de acción migratoria. 2° Ed. Quito: Centro de Investigaciones CIUDAD.

Ramírez, F., & Ramírez, J. (2005). La estampida migratoria ecuatoriana. Crisis, redes transnacionales y repertorios de acción migratoria. 2° Ed. Quito: Centro de Investigaciones CIUDAD.

Ramos, P. (2010). Entre el escándalo y la rutina. Medios y familia en la migración internacional. Quito: FLACSO.

Ramos, P. (2010). Entre el escándalo y la rutina. Medios y familia en la migración internacional. Quito: FLACSO.

Sánchez, J. (2004). Ensayo sobre la economía de la emigración en Ecuador. Ecuador debate. Volumen 63. Pp. 47-62.

Yépez, I., & Herrera, G. (2007). Nuevas migraciones latinoamericanas a Europa: balances y desafíos. Quito: FLACSO.

PARTE II.

POLÍTICAS DE CONTENCIÓN Y SEGURIDAD FRONTERIZA

LAS MIGRACIONES CENTROAMERICANAS POR MÉXICO 2018-2022: MILITARIZACIÓN DE LAS POLÍTICAS MIGRATORIAS, MAYOR SUBORDINACIÓN A ESTADOS UNIDOS Y UN ENORME COSTO SOCIAL

Rodolfo García Zamora[1] y Selene Gaspar Olvera[2]

Introducción

En los últimos veinte años crecen las migraciones de Centroamérica a México por la crisis económica, social y política estructural, las violencias crecientes y problemas ambientales, así este país se convierte en un espacio de mayor tránsito de los transmigrantes hacia la frontera con Estados Unidos. En los últimos cinco años dicho flujo se incrementa por la persistencia de los problemas señalados, la existencia de redes sociales transnacionales y la perspectiva de lograr el asilo o refugio en aquel país al inicio del gobierno de Biden en 2021.

En el último lustro Estados Unidos consolida la externalización de fronteras con la militarización de las políticas migratorias en México en frontera norte y frontera sur, la aceptación mexicana del Programa Permanece en México en 2019 y el Título 42 a partir de marzo 2020 con la deportación de más de 60 mil migrantes centroamericanos solicitantes de refugio en Estados Unidos a México, proceso que provoca violencias crecientes y un enorme costo social sobre esos migrantes y de otras nacionalidades. Medida de corto plazo, a un vigente en enero de 2023 según el comunicado del DHS que se convirtió en un instrumento de contención que permite el rechazo de migrantes o solicitantes de asilo por razones sanitarias (INM, 2022).

Justo al inicio del gobierno de López Obrador en diciembre de 2018, sin contar con una política migratorio integral con enfoque de desarrollo y derechos humanos, coincide la llegada de las Caravanas Migratorias de Centroamérica caracterizadas por su carácter masivo, familiar, con una estrategia de apoyo de las redes sociales transnacionales y una campaña de difusión pública. De una actitud de solidaridad coyuntural al final de 2018 e inicios de 2019 por parte del nuevo gobierno, a partir de junio del último año cuando Trump amenaza con penalizar las exportaciones mexicanas si el

---

[1] UAED-UAZ, México. Correo electrónico: rgarciazamora54@gmail.com
[2] UAED-UAZ, México. Correo electrónico: selene.gasparolvera@gmail.com

gobierno de AMLO no detiene las caravanas en su frontera sur, el gobierno de México se subordina crecientemente a la política migratoria, de control de fronteras y seguridad regional de Estados Unidos. Acepta unilateralmente la deportación creciente de los transmigrantes a México por el Programa Permanece en México al final de 2019 y el Título 42 en marzo de 2020, sin ninguna contrapartida de legalización de los más de 5 millones de migrantes mexicanos irregulares en ese país, sin apoyo financiero para asumir los gastos de las decenas de miles de deportados, ni de colaboración en propuestas de desarrollo en CA y México y se promueve una mayor militarización en la política migratoria nacional.

Esta creciente subordinación migratoria se ratifica con la Cumbre de los Lideres del Norte de América (CLNA) en enero de 2023 qué se realiza con el objetivo de fortalecer la integración económica regional de México, Estados Unidos y Canadá mediante un proceso sustitutivo de importaciones de Asia que aumente la función del primer país como proveedor de insumos industriales para los otros dos con la promesa de aumento en las inversiones y el empleo. Con dicho acuerdo México acepta recibir unilateralmente en 2023 360 mil deportados originarios de Cuba, Venezuela, Nicaragua y Haití de Estados Unidos que no calificaron para recibir el asilo en ese país. Con ello se ratifican las políticas de militarización migratoria en el país, la mayor subordinación a Estados Unidos, la inseguridad y violencias crecientes contra los transmigrantes y su elevado costo social, temas que son objeto de análisis en este estudio.

Las migraciones de Centroamérica a México 1980 A 2010

Para María del Carmen García y Daniel Villafuerte (2014, 261) desde mediados de la década de 1990, la migración centroamericana con destino a Estados Unidos se convirtió en un fenómeno masivo y con ello México se transformó en un país de tránsito. El rápido crecimiento de los flujos migratorios alertó y alarmó al gobierno mexicano, que comenzó a mantener mayor vigilancia en la frontera sur que históricamente había sido olvidada, porque no representaba ningún peligro para la soberanía nacional. El olvido mostró que México podía ser una zona de refugio, como lo fue en los años ochenta del siglo pasado, en el marco del conflicto armado en Guatemala. Se trataba, por otra parte, de una frontera bastante porosa y en algunos lugares con nula vigilancia policiaca.

Según Manuela Camus Bergareche (2021, 51) la vinculación de Centroamérica con México tiene una profundidad histórica; como parte de la Nueva España, lo que hoy es Chiapas estaba integrado a la Capitanía General de Guatemala. En el siglo XX, a partir de la década de 1950, empezarán las salidas de los centroamericanos hacia Estados Unidos atravesando México.

Para la década de 1980, con las guerras internas en Guatemala y El Salvador, se produjo la búsqueda de refugio en Estados Unidos, Canadá y México; en ese entonces se hicieron presentes las redes nacionales e institucionales y se dio un apoyo y reconocimiento internacional a esta migración que no se ha vuelto a repetir.

Para Camus, a finales del siglo XX, con las posguerras, los países de Centroamérica emergen como una región más integrada a Estados Unidos, dependiente y articulada a su mercado y más alineada políticamente (Morales, 2007, citado por Camus 2021). Su inserción subordinada a la globalización les convierte en economías exportadoras también de cuerpos, sus trabajadores migrantes entran a una lógica perversa con el sacrificio de sus ciudadanos mientras sus países reciben remesas y, gracias a ellas, logran una estabilidad macroeconómica. Desde entonces el paso de los centroamericanos por México hacia Estados Unidos se ha caracterizado por un ingreso migratorio no autorizado, sin acceso a derechos ni a protección, pero también sin excesivas penalizaciones para los hombres jóvenes. Desde 1995 a 2005 la salida de centroamericanos atraviesa una etapa de crecimiento hasta llegar a una fase de desaceleración producida con la crisis financiera en Estados Unidos en los años 2006 y 2009, pero el ritmo de la huida no tarda en restablecerse y aumentar para 2012 a 206 mil personas en tránsito; en 2013 con 261 mil, en 2014 con 392 mil y 377 mil en 2015 (Rodríguez Chávez, 2016, citado por Camus 2021). Entre 2014 y 2016, se producen flujos mixtos de personas migrantes centroamericanas, tanto por las características (aparecen más menores de edad no acompañados y madres que viajan con sus hijos) como por los motivos de salida, que son múltiples y entremezclados (Lorenzen 2018, citado por Camus 2021). Datos recientes de INM dan cuenta de la problemática que vive el país con el notable incremento de la migración irregular a pesar de que los mayores incrementos se dieron durante la pandemia del COVID-19 que moderó la emigración de mexicanos hacia Estados Unidos, pero no la trasmigración de países centroamericanos (Gráfica 1)

Camus señala que la clandestinidad de estos flujos migratorios se asumía en la invisibilidad de esta realidad, y México delegaba su atención a los albergues de la sociedad civil, de organizaciones religiosas y de acompañamiento, apoyo e investigación, como Pueblo Sin Fronteras, Movimiento Mesoamericano Migrante y otras instancias. El Alto Comisionado de las Naciones Unidas para los Refugiados (ACNUR), el Instituto Nacional de Migración (INM) y la Comisión Mexicana de Ayuda a Refugiados (COMAR) son organismos que apenas empezaban a articularse en México.

Gráfica 1. Eventos de personas en situación migratoria irregular en México

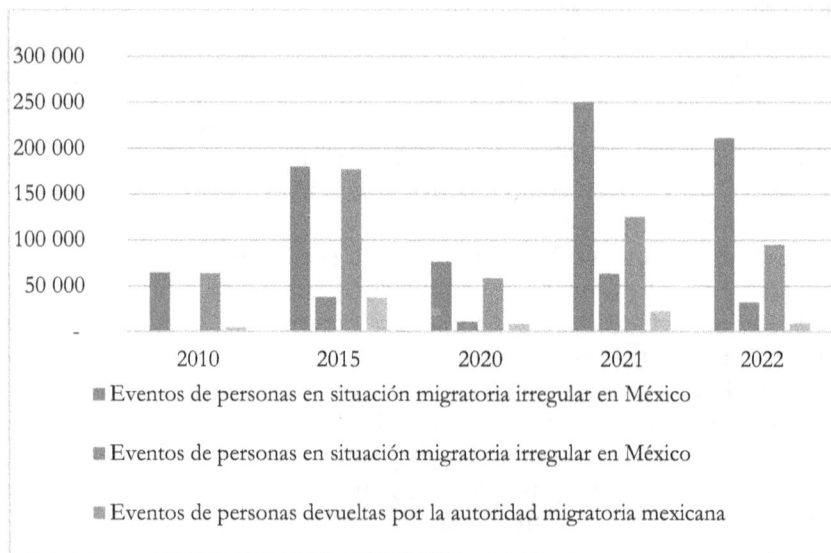

■ Eventos de personas en situación migratoria irregular en México

■ Eventos de personas en situación migratoria irregular en México

■ Eventos de personas devueltas por la autoridad migratoria mexicana

Fuente: Elaboración propia con datos del Instituto Nacional de Migración, varios años.

Para dicha investigadora la laxa posición de México ante este trasiego de irregularidades ha facilitado una gran diversidad de formas de movilidad y trayectorias que se conjugan con las propias de este país: jornaleros temporales, refugiados, desplazados, profesionales de múltiples intentos. En el caso de los centroamericanos, su ocultamiento es profundo y extendido, y lo observamos en la rutinización de la violencia sobre las personas migrantes en su camino por México, especialmente cuando viajan en el ferrocarril o La Bestia y al atravesar las "plazas" o territorios regulados por los cárteles. Pobres, extranjeros, clandestinos y anónimos, son objeto de abusos, extorsiones, secuestros, violaciones, trata, reclutamiento como cargadores o mulas o como trabajadores forzados, y pueden ser asesinados con impunidad por grupos criminales, fuerzas de seguridad o delincuentes. Las vías del ferrocarril son una larga fosa clandestina de cuerpos mal enterrados o no enterrados que atraviesa al territorio mexicano como una cicatriz de la ignominia. Se calculan entre 72 mil y 120 mil transmigrantes centroamericanos muertos o desaparecidos (Varela 2016, citado por Camus 2021). Datos de los consulados de México en la frontera con Estados Unidos del sistema, de protección consular muestra un incremento importante en el número de fallecimientos de mexicanos en su intento por cruzar a Estados Unidos, lo que permite deducir que los flujos emigratorios de mexicano indocumentados a ese país han aumentado en los últimos tres años. De acuerdo con datos de la Secretaría de Relaciones Exteriores entre 2010-2002 repatriaron 66,271 cadáveres de mexicanos de Estados Unidos a México,

19,303 de los cuales fueron repatriados entre 2000-2022 (29.1% del total) uno de cada cuatro son mujeres (25.8%) (Gráfica 2).

Gráfica 2. Total de fallecimientos en la frontera suroeste de Estados Unidos, 1998-2022, según fuente

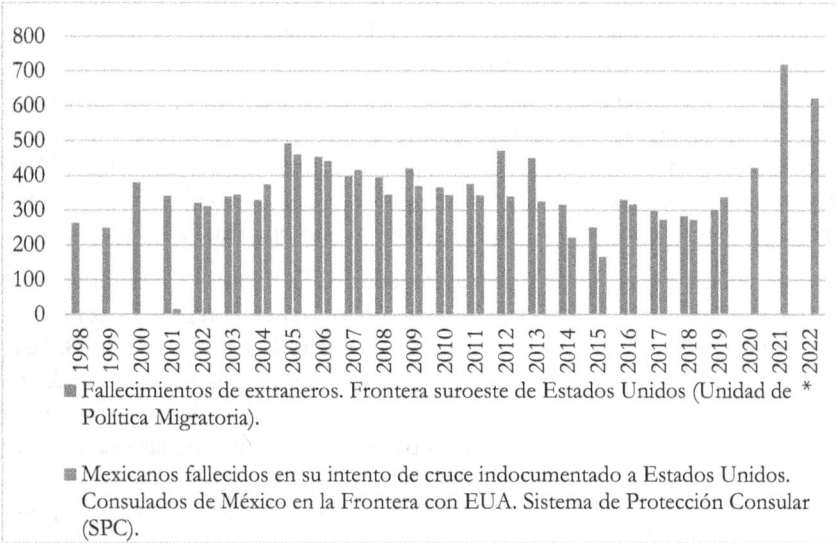

■ Fallecimientos de extraneros. Frontera suroeste de Estados Unidos (Unidad de *
Política Migratoria).

■ Mexicanos fallecidos en su intento de cruce indocumentado a Estados Unidos.
Consulados de México en la Frontera con EUA. Sistema de Protección Consular
(SPC).

Fuente. Elaboración de los autores con datos UPM, 1998-2019 y Consulados de México en la Frontera con EUA. Sistema de Protección Consular (SPC) 2001-2022.

Para Dolores Paris Pombo (2017, p.12) la migración internacional de los tres países del Norte de Centroamérica tiene orígenes distintos. Mientras la migración guatemalteca hacia México tiene una larga historia ligada a la formación de culturas, economías y mercados de trabajo transfronterizos desde finales del siglo XIX, la migración hondureña es mucho más reciente, pues cobra visibilidad después del impacto desastroso del huracán Mitch en 1998. Por su parte, en su origen la migración salvadoreña fue provocada por la guerra civil (1980-1992). A pesar de esta diferencia histórica, en la actualidad las migraciones de los tres países comparten algunas características: en general, se trata de flujos mixtos, es decir, ligados tanto a situaciones de violencia generalizada como a modelos de desarrollo excluyentes. En particular, desde finales del siglo XX se encuentra un aumento en migraciones forzadas por la inseguridad, la violencia y los sistemas de extorsión en las principales ciudades de la región. Entre los migrantes originarios de las zonas rurales, la pobreza, la falta de tierras y de oportunidades de empleo, aunadas a los desastres y a los efectos de la depredación ambiental por los megaproyectos, como presas y minas, son los factores de expulsión más frecuentes. Los hombres jóvenes de las zonas urbanas huyen a menudo del reclutamiento forzado por parte de las pandillas y de la extorsión. Para las mujeres, particularmente niñas y adolescentes, el acoso, el abuso y la violencia sexual, incluso al interior de las familias, es muchas veces el motivo desencadenante de la migración (ACNUR, 2014 b, citado por Paris, 2017).

Paris Pombo (2017, p.13) destaca como en los últimos veinte años, Centroamérica recibió a cientos de miles de deportados de Estados Unidos. Al ser forzados a retornar a sus países de nacimiento, no encuentran ninguna oportunidad de inserción social, económica o cultural y, por ello, emprenden una reemigración en condiciones cada vez más vulnerables. Las políticas de deportación masiva provocan así lo que el Migration Policy Institute (MPI) llama "una puerta giratoria"(a revolving door) de emigración, deportación y reemigración (Rieting y Dominguez, 2015, citado por Paris 2017).

Para ella, a pesar de las políticas de control, la vigilancia fronteriza y las políticas migratorias, la migración centroamericana en la región ha tendido a aumentar desde 2003, con una ligera baja durante la recesión de 2008. Este aumento se puede observar en el crecimiento de la población nacida en Guatemala, El Salvador y Honduras que reside en Estados Unidos, en el incremento de las remesas hacia estos países y el aumento de las detenciones y deportaciones de migrantes originarios de esa región tanto por las autoridades mexicanas como estadounidenses. Nuestras estimaciones derivadas de la American Community Survey para los años de 2000, 2010 y 2020 confirman lo señalado sobre la tendencia de crecimiento para los países centroamericanos mencionados, los inmigrantes hondureños observan el mayor crecimiento del periodo 2000-2020, su número creció en 107.8% más que se duplicó y se estima que hay más de 654 mil en 2020. Le sigue el orden de importancia los procedentes de Guatemala, su número creció en 104.0% en el periodo al pasar de 469,641 a 957,976 personas; por su parte, los salvadoreños que ya desde 2000 ocupaban la primera posición con el mayor número de inmigrantes en Estados Unidos de los países centroamericanos aumento su número en 72.6% al pasar de 797,641 a 1,376,098 personas entre 2000 y 2020, en conjunto el número de inmigrantes de países centroamericanos en Estados Unidos aumento en 74.9% al pasar de 2 millones a 3.5 millones en el periodo (Gráfica 3). Los acuerdos bilaterales de control migratorio entre México y Estados Unidos en el sur y norte del país, explican el menor crecimiento de la inmigración centroamericana del periodo 2010-2010 en Estados Unidos y el incremento de esa población en México.

Por su parte, Jorge Durand (2016) realiza el análisis de las migraciones de Centroamérica como parte del subsistema migratorio de Mesoamérica integrado por México y los países de esa región. En efecto, el parte de plantear que los sistemas migratorios se constituyen por la relación que se establece entre países emisores y receptores de migrantes, los cuales, generalmente, se ven acompañados de flujos de mercancías, capitales e información. De tal modo que se instaura y dinamiza, por medio de la migración, un conjunto de relaciones económicas, sociales, políticas y culturales. No obstante, en esencia los sistemas migratorios forman parte de procesos de articulación tanto de mercados de trabajo como de oferta y demanda de mano de obra (Massey et al., 1999 citado por Durand 2016). Este investigador se refiere al sistema norteamericano como un conjunto de procesos globales que giran en torno a Estados Unidos, el país receptor por excelencia. Con cambios muy importantes en los últimos cincuenta años con dinámicas diversas, razón por la cual plantea hablar de subsistemas que integran el gran sistema norteamericano.

Gráfica 3. Inmigrantes de países de Centroamérica en Estados Unidos 2000, 2010 y 2020

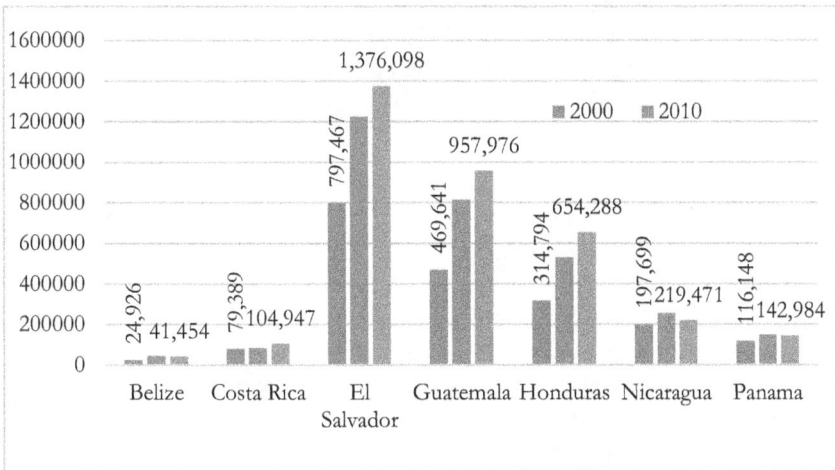

Fuente: Estimación de los autores con base en U.S. Census Bureau, American Community Survey 2000, 2010 y 2020.

Durand considera que el subsistema migratorio mesoamericano cuenta con dos grandes protagonistas: México y el Triángulo Norte centroamericano. México, para él, es un caso aparte por la historicidad del proceso migratorio de más de un siglo de antigüedad, por una vecindad con Estados Unidos de más de tres mil kilómetros de frontera y por la masividad de once millones de migrantes en Estados Unidos, la mitad de ellos indocumentados. En el Triángulo Norte centroamericano el origen y detonador migratorio fueron las guerras civiles, en el contexto de la Guerra Fría, en la década de 1980 para los casos de El Salvador y Guatemala, mientras que para Honduras, fue el impacto regional por las guerras civiles en los países vecinos y la crisis ambiental por los huracanes que devastaron el país en 1998 y que encaminaron el proceso migratorio hacia Estados Unidos que dotó de visas humanitarias.

Este autor destaca que este subsistema migratorio es fundamentalmente unidireccional: 98 por ciento de los mexicanos se van a Estados Unidos, al igual que la inmensa mayoría de salvadoreños, guatemaltecos y hondureños y se caracteriza por un muy alto grado de irregularidad. Dentro del subsistema mesoamericano sólo un país tiene niveles explosivos de migración (El Salvador), los otros tienen niveles masivos y altos. El subsistema tiene redes sociales extensas y maduras en Estados Unidos, es en su mayoría masculino, pero evoluciona hacia una migración familiar. Se trata de una migración laboral de baja calificación y alto nivel de organización comunitaria. A nivel general, Durad percibe una tendencia a que los flujos migratorios originados en México decrezcan y que los de Centroamérica sigan creciendo, en especial Honduras y Guatemala. El Salvador tiene 20.5% de su población radica en el exterior, pero muy posiblemente 35 a 40 por ciento de la población sea económicamente activa, lo que impacta en el mercado de trabajo local y en un menor ritmo de flujo de salida (Menjivar, 2000, citado por Durand 2016, p.36).

Jorge Durand (2016, p.38) analiza el sistema migratorio centroamericano de 1970 a 2010 como proceso de integración con el sistema migratorio norteamericano. En este periodo, México se integra al proceso regional centroamericano al servir como país de destino para el exilio en la década de 1970, como país de refugio durante las guerras civiles en la década de 1980, como lugar de tránsito de los flujos migratorios económicos en la década de 1990 y, finalmente, como lugar de tránsito para la mayoría de los migrantes y como destino y retorno para unos pocos. Ya ubicados en el siglo XXI Durand señala como a los avatares de la política en el siglo XXI, con gobiernos democráticos pero acotados y vulnerables, les corresponde un tipo de violencia sistémica que penetra en todos los sectores de la sociedad y que se sustenta en la impunidad. La violencia generalizada se interrelaciona directamente con la presencia cada vez mayor de bandas del crimen organizado y pandillas de carácter internacional, que utilizan a miles jóvenes como halcones, gatilleros o narcomenudistas, quienes además de los trabajos que les encarga el narco, se dedican a delinquir, robar, extorsionar, secuestrar y cobrar derecho de piso. A la persistente pobreza en la región se suma la violencia sistémica y generalizada que incluye al medio rural y urbano, lo que ha generado migración económica y desplazamiento de cientos de miles de personas que buscan mejorar su situación fuera de su lugar de origen, pero también la de los desarraigados, los que ya no tienen nada que perder y huyen de una situación de violencia extrema y pobreza ancestral.

130

Las migraciones centroamericanas por México desde 2000: aumento de los flujos, violencias y militarización de la política migratoria

Para Rodolfo Cruz Piñeiro (2022) en los últimos quince años, la dinámica migratoria en la región Centro y Norteamérica se ha visto fuertemente impactada por distintos factores que se han conjugado para hacer que el fenómeno migratorio y de movilidad sea aún más complejo. La pobreza alcanzada en los países del triángulo del norte de Centroamérica, así como los niveles alcanzados de inseguridad por la cruenta violencia que están experimentando estos países han resultado en un fuerte éxodo de su población, sin mencionar las dramáticas consecuencias de los desastres naturales en la región centroamericana. Asimismo, la política migratoria estadounidense durante la administración de Donald Trump ha mostrado ser racista y xenófoba hacia las poblaciones migrantes, ejecutando diferentes medidas administrativas que han casi desmantelado el sistema de asilo y refugio en ese país y que han puesto serios obstáculos a los migrantes que provienen de los países de México y Centroamérica.

Según Cruz Piñeiro, los distintos patrones de movilidad en la región se han modificado sustancialmente. La migración de mexicanos hacia Estados Unidos ha alcanzado niveles minúsculos que nunca antes se habían presentado, las migraciones y desplazamientos de los centroamericanos hacia el Norte se han intensificado, así como también los procesos de migración de retorno y deportación se han mostrado más visibles con una serie de obstáculos y problemas hacia esas poblaciones vulnerables en la región.

Es importante considerar que desde los años noventa del siglo anterior con el crecimiento de las migraciones centroamericanas que transitan por México rumbo a Estados Unidos crecen las presiones de Estados Unidos para que nuestro país colabore en distintas iniciativas de contención de ese flujo migratorio que progresivamente se multiplican y van a adquirir el carácter de una criminalización hacia esos migrantes y la militarización de la política migratoria nacional. Para Dolores Paris (2017, p. 87) tres factores modificaron la relación con el gobierno de Estados Unidos y propiciaron una cooperación más abierta y declarada: la caída del bloque socialista en Europa y sus impactos en la política exterior de Estados Unidos en América Latina apoyando dictaduras militares en oposición a México, la regularización en Estados Unidos de más de 2 millones de migrantes mexicanos en 1986-1988 por el Acta de Reforma y Control de la Inmigración (IRCA) que posibilita una mayor colaboración migratoria, y la negociación del Tratado de Libre Comercio entre ambos países y Canadá que entra en funcionamiento en 1994.

Bajo esa nuevo escenario de colaboración, en 1988 y 1989 cuando crece de forma significativa la llegada de miles de refugiados guatemaltecos, salvadoreños y nicaragüenses a la frontera sur de Texas después de transitar por México, el gobierno de Estados Unidos pone en marcha un plan específico de contingencia, denominado Plan de Intensificación para la Frontera Sur (Enhancement Plan for the Southern Border), mediante el cual se establece la colaboración con México para frenar los flujos migratorios de Centro América que transitaban por ese país hacia Estados Unidos y así fortalecer la lucha contra el tráfico de migrantes(Frelick, 1991, citado por Paris, 2017,p.88). Dicha colaboración se expresa en un aumento de las deportaciones de centroamericanos de México, en 1988 Servicios Migratorios deportó a 14 mil centroamericanos, en 1989 fueron 85 mil y 126 mil en 1990. Permaneciendo las deportaciones arriba de 120 mil migrantes en los tres últimos años de gobierno de Salinas de Gortari de 1992 a 1994 (Casillas, 2012, p.34, citado por Paris, 2017, p.89).

La colaboración anterior marca una nueva etapa de colaboración de los gobiernos mexicanos de diferentes partidos políticos desde fines de los años 80s hasta el 2023 de colaboración y creciente subordinación a las políticas de contención migratoria, deportaciones crecientes y externalización de fronteras de Estados Unidos hacia la frontera de Guatemala como su nueva frontera sur para fines migratorios. Este proceso es descrito por Anguiano Téllez y Lucero Vargas (2022) como la construcción gradual de la política migratoria de contención en México mediante nuevos programas, modificaciones legales, diversas acciones gubernamentales de control, contención y deportaciones crecientes que progresivamente se integran a las estrategias de seguridad nacional en el país bajo el argumento de promover la gestión migratoria y la "legal estancia" de los migrantes en el territorio nacional.

Para Elisa Ortega (2022, p.133) el proceso anterior de la estrategia de externalización de fronteras hacia la frontera con Guatemala se venía promoviendo incluso mucho antes de los acontecimientos del 11 de septiembre del 2001 que vinieron a profundizar el enfoque se seguridad nacional sobre migración y la militarización de las políticas migratorias en ese país, en México y en el mundo. En efecto, ella sostiene que por su posición geográfica nuestro país ha tenido una activa participación y colaboración en ese proceso, específicamente para contener a la migración centroamericana y ha servido a los gobiernos como moneda de cambio para favorecer los intereses económicos y comerciales a costa de las vidas y los derechos humanos de los migrantes y solicitantes de asilo procedentes de esa región. Para ella, esto se puede ver en las últimas tres décadas, independientemente del partido que este en el poder. La securitización de las migraciones ha sido usada para externalizar las fronteras estadounidenses a México desde hace más de treinta años, los cuales pueden dividirse en dos etapas con dos discursos de criminalización hacia los migrantes que pretenden justificar la imposición de su política migratoria militar en la región y la subordinación de México y los demás países: la etapa de los migrantes como narcotraficantes y la etapa de los migrantes como terroristas.

La etapa 1980-2000 y el discurso de "los migrantes irregulares como narcotraficantes" (Ortega, 2022, p.134-134). Estados Unidos usó como primer discurso para externalizar el control de su frontera a México el asociamiento de los migrantes irregulares con los narcotraficantes, el cual empata con la construcción securitaria del migrante irregular como una amenaza socioeconómica y un peligro al orden público (Campesi, 2012, citado por Ortega, 2022). Este discurso que tiene como bastiones al combate de la migración irregular y la "guerra contra las drogas" (provenientes de México y Colombia) tiene su origen en el periodo que siguió a la aprobación a la Inmigration Reform and Control Act (IRCA) de 1986, que regularizó a 2.3 millones de mexicanos y criminalizó el empleo de migrantes irregulares (Durand, 2013, citado por Ortega 2022, p.134). En este periodo destaca la puesta en marcha de la Operación Gatekeeper, del primero de octubre de 1994, que tenía por objeto disuadir de cruzar la frontera a las personas migrantes irregulares y conducirlas a rutas más peligrosas por el desierto como señala Jorge Durand en el mismo documento referido.

En el caso mexicano, en 1993 cuando se estaba terminando la negociación del Tratado de Libre Comercio con Estados Unidos y Canadá bajo el gobierno de Carlos Salinas de Gortari, se crea el Instituto Nacional de Migración (INM) para la gestión migratoria y la contención de la migración irregular en tránsito, a través de dos dispositivos: detener y deportar como ejes de la política migratoria a lo largo y ancho del país (artículo 151). El gobierno estadounidense entrenó a agentes migratorios y fuerzas militares y de seguridad mexicanos para profesionalizar sus labores. En 1998 pone en marcha la "Operación Sellamiento" (parecida a la Gatekeeper de 1994), que involucró acciones coordinadas entre México y Estados Unidos en la frontera con Guatemala para detectar migrantes irregulares. Durante el gobierno de Vicente Fox (2000-2006) se estable el "Plan Sur" (2001), con el discurso de proteger "la dignidad de las personas migrantes y combatir la corrupción e impunidad". En los hechos promovió operativos del JNM, de la Policía Federal Preventiva (PFP) y de la Procuraduría General de la República (PGR) en importantes puntos de cruce de migrantes centroamericanos, así como la construcción de nuevas instancias migratorias, inversión en tecnologías y contratación de servidores públicos. Al final de este sexenio, el INM contaba con 52 centros de detención migratoria en el país (Casillas, 2008, citado por Ortega 2022, p. 135).

Etapa de 2001-2017: discurso "los migrantes irregulares y solicitantes de asilo como terroristas" (Ortega, 2022, p.135). Con los atentados terroristas en Estados Unidos del 11 de septiembre de 2001, el discurso securitario cambió y se asoció a los migrantes irregulares con terroristas, usándose la construcción securitaria del migrante como amenaza a la seguridad nacional (Campesi, 2012 citado por Ortega 2002, p. 135), por lo que se tomaron medidas para frenar y contener la "amenaza". En Estados Unidos se reconfigura la gestión migratoria, se crean instituciones (Department of Homeland Security y sus distintas agencias), se emiten leyes (Patriot Act), que convierte a las migraciones irregulares en asunto de seguridad nacional) y órdenes militares excepcionales que autorizan la detención indefinida de extranjeros sospechosos de terrorismo (un estado de excepción manifiesto) , se aumenta el muro fronterizo con México, se intensifican los operativos contra migrantes en los lugares de trabajo y se aumenta el número de agentes de la Patrulla Fronteriza (Durand, op. Cit.p. 764).

En el caso de México se realizaron acuerdos bilaterales y multilaterales y acciones de control de la migración centroamericana. Se formó el Grupo de Alto Nivel de Seguridad Fronteriza entre México y Guatemala (2002) y México y Belice (2005) para trabajar tanto contra el terrorismo como contra el crimen organizado, la migración irregular, el tráfico ilícito de mercancías y la seguridad pública fronteriza. El "Operativo Escudo Comunitario" (2005) buscaba contener el flujo de pandillas centroamericanas en tránsito por México hacia Estados Unidos. En 2005 se reconoce al INM como instancia de seguridad nacional y en 2006 se firma el "Memorándum de Entendimiento entre los gobiernos de México, El Salvador, Guatemala, Honduras y Nicaragua, para la repatriación digna, ordenada, ágil y segura de nacionales centroamericanos migrantes vía terrestre" (Rodríguez, 2016, citado por Ortega, 2002, p. 136).

Durante el gobierno de Felipe Calderón (2006-2012) se impulsa el "Plan Puebla-Panamá" (2008) que discursivamente buscaba promover la infraestructura y las inversiones en energía en la región para para reducir la pobreza, desigualdad y violencia. En los hechos se trataba de fortalecer la externalización de fronteras de Estados Unidos hacia México con un enfoque de seguridad regional para supuestamente evitar la entrada de terroristas potenciales por la frontera sur de Estados Unidos, y, a la vez, permitir la coordinación regional de las deportaciones y la contención de la migración irregular al norte. Este plan, ahora llamado "Proyecto de Integración y Desarrollo de Mesoamérica", implicó la transferencia de 4 mil 529 millones de dólares de Estados Unidos a México de 2008 a marzo de 2017(Proyecto Mesoamérica, México, AMEXCID, 2018, Ortega, 2002, p.137).

En este gobierno, en 2008, se establece la Iniciativa Mérida, presentada como la necesaria cooperación bilateral en materia de seguridad entre los dos países para contrarrestar la violencia ocasionada por las drogas. Para ello, Estados Unidos suministró recursos a México para equipamiento y capacitación de funcionarios mexicanos para el combate a redes criminales, tráfico de drogas y personas, así como el control de flujos migratorios irregulares (U.S. Embassy México 2008, citado por Ortega, 2002, p.137). Con esta iniciativa, de 2008 a mayo de 2017, Estados Unidos transfirió a México 2.8 billones de dólares (Seelke y Finklea, 2017, citado por Ortega, 2002, p.137).

En el sexenio 2012-2018 de Peña Nieto, en gran medida por el flujo de miles de menores no acompañados a la frontera sur de Estados Unidos en 2013 y 2014, que devino en crisis migratoria, institucional y humanitaria en cuanto a la gestión adecuada de dicho flujo, se crea el "Programa Integral Frontera Sur" (2014), como estrategia nacional en el discurso enfocada "a la protección de los derechos humanos de los migrantes, el desarrollo de los estados fronterizos y el fortalecimiento de la seguridad en la zona"(Segob, Programa Frontera Sur, 2015, citado por Ortega, 2002, p.137). Sin embargo, resalta Elisa Ortega, de nuevo, su objetivo fue reafianzar el papel de México como dique de contención de los migrantes centroamericanos a través de agresivos operativos en corredores y "hotspots" de migrantes en Chiapas, Tabasco, Oaxaca y Veracruz.

La estrategia de externalización de fronteras de Estados Unidos tiene resultados evidentes de acuerdo con las cifras del Gobal Detention Proyect que señala como de 2010 a 2016 Estados Unidos fue el país con mayor aumento en la cantidad de detenciones de personas migrantes, seguido por México, que ocupa el segundo lugar de doce países estudiados. De 2013 a 2017 ambos países se mantienen como líderes en la detención de niños migrantes (Global Detention Proyect, 2016, 2017, citado por Ortega, 2002, p. 137). De esta manera, indica Ortega, los países de destino aumentan la detención de personas migrantes antes de llegar a su territorio, y lo hacen con la ayuda de los países de tránsito. Este es el caso de Estados Unidos y el trabajo de detención que realiza México con los migrantes centroamericanos (Cuadro 1).

Para Dolores Paris (2017, p.104) desde el inicio del siglo XXI, México ha desarrollado una amplia infraestructura de detención y deportación de migrantes. De manera que independientemente de que los factores de expulsión de las migraciones centroamericanas estén relacionados con la violencia generalizada en sus lugares de origen, se exponen a un alto riesgo si son devueltos forzosamente a sus países. La enorme mayoría de los hondureños, salvadoreños y guatemaltecos detenidos por los agentes de migración o por la policía son deportados a sus países de origen. Por ejemplo, en 2013 fueron detenidos 80 mil 548 migrantes originarios de esos países, representando el 93 por ciento de las detenciones; asimismo, en ese año fueron deportados 72 mil 232 migrantes de esos tres países UPM, 2013, Paris 2017, p.104). Por lo tanto, las deportaciones representan el 96 por ciento de las detenciones. Ella resalta como el Estado mexicano emplea un lenguaje eufemístico para designar las acciones dirigidas hacia los migrantes. Por ejemplo, en 2011 se consideraba que los migrantes no eran detenidos sino "asegurados"; a partir de la publicación de la Ley de Migración en el mismo 2011, el Instituto Nacional de Migración habla de migrantes "presentados ante la autoridad migratoria" y "alojados en las estaciones migratorias". Los centros de detención son considerados como "estancias migratorias". Esta estrategia choca con el Informe de la Comisión Nacional de Derechos Humanos (CNDH) que expresa que "existe en estos establecimientos una concepción netamente compatible con el sistema carcelario, debido a que opera con celdas, rejas metálicas, aldabas, candados, y cuentan con bases de cemento que usan como camas, características que corresponden más a un reclusorio que a un alojamiento administrativo" (2005, p.1, citado por Paris, 2017, p.105).

Tabla 1. Devueltos por autoridades migratorias de México, 2020-2022

	Eventos de personas devueltas por la autoridad migratoria mexicana			Eventos de niñas, niños o adolescentes devueltos por retorno asistido desde México		
	2020	**2021**	**2022**	**2020**	**2021**	**2022**
Total	60,315	130,275	106,008	8,710	23,048	9,192
% de América Central	96.8%	96.2%	89.6%	98.1%	97.6%	93.6%
América Central	58,388	125,347	94,995	8,546	22,484	8,603
Belice	6	101	35	2	13	2
Costa Rica	10	14	9	3	4	
El Salvador	4,450	6,843	4,281	680	2,213	617
Guatemala	26,149	53,156	44,959	4,491	9,226	4,776
Honduras	27,320	62,847	40,700	3,332	10,596	3,034
Nicaragua	452	2,373	5,005	40	422	170
Panamá	1	13	6	66	10	4

Fuente: Elaboración de los autores con datos del Instituto Nacional de Migración, varios años.

Anguiano Téllez y Lucero Vargas (2022,p.133), señalan como con la Ley de Migración en el 2011, como instrumento jurídico, se pretende presentarla como la renovación integral de la política migratoria del Estado mexicano, poniendo énfasis en la protección y el respeto de los derechos humanos de los migrantes y, a la par, en aspectos de seguridad nacional(SEGOB, 2011). Esta Ley facultó a la Secretaría de Gobernación como instancia a cargo de formular y dirigir la política migratoria y al INM como entidad encargada de instrumentar esa política a través de la ejecución, control y supervisión de los actos realizados por autoridades migratorias. Ambas investigadoras sostienen que en el sexenio de Felipe Calderón (2006-2012) se sigue con la misma estrategia de política migratoria basada en la seguridad nacional y el control de la migración irregular(con fuerte énfasis en el "combate al crimen organizado) del sexenio previo de Vicente Fox (2000-2006) al mismo tiempo que se promueve una narrativa de respeto y protección de los derechos humanos de toda persona migrante en México, con lo que se produce una contradicción constante entre la estrategia militar contra los migrantes centroamericanos y la demagogia de respeto a sus derechos humanos que persiste hasta el gobierno de López Obrador. En efecto, la política migratoria del Estado mexicano continúa orientándose por la contención del ingreso y el tránsito irregulares a través de acciones de detección, detención y deportación (denominadas "aseguramiento, alojamiento y repatriación" de forma eufemística como señalamos antes). A esta estrategia contra los migrantes de Centroamérica promovida desde los años 90 del siglo anterior, ambas investigadoras la denominan como el proceso de la política migratoria militar, de seguridad nacional, que deviene proceso de inseguridad humana que produce violencias crecientes, miles de desaparecidos y asesinatos migrantes en ambas fronteras y todos los corredores migratorios del país lo que otros autores denominan como la necropolítica migratoria o política migratoria de la muerte en México.

Ariadna Estévez (2023, 20 abril) describe a esa situación como proceso necropolítico de producción y administración de la migración forzada. Es, para ella, el conjunto de políticas, leyes, instituciones, discursos políticos y mercados legales e ilegales encaminados a producir ganancias de la muerte y el desplazamiento de personas en un contexto legal en que la devastación de los hábitats es legal, pero, la movilidad es un delito y tiene las fases de producción y administración. En la primera, la migración masiva es el resultado residual de estrategias de producción capitalistas utilizadas para deshacerse de la gente que habita geografías ricas en recursos naturales, mientras que corporaciones y estados se benefician de la violencia sexual, criminal y de pandillas que afecta a hombres y mujeres diferente. Para ello se promueven dos estrategias. La de despoblamiento forzado junto con el asesinato, la desaparición forzada y el feminicidio, para formar un cocktail de violencia que sirva para despoblar geografías donde las comunidades se organizan para resistir la desposesión de sus hábitats y el autoritarismo. La otra estrategia es la muerte lucrativa representada por las ganancias derivadas de los asesinatos perpetrados por y para la reproducción del extractivismo y los mercados ilegales.

Sobre la administración de la necropolítica, Estévez señala que una vez que se producen las condiciones para que exista el despoblamiento forzado, el necropoder conduce a los migrantes a través de la geografía de la muerte donde una red de estados necropolíticos permiten que las bandas criminales

137

contrabandeen, trafiquen, extorsionen y, en última instancia maten a los migrantes forzados. En esta etapa hay tres estrategias, según dicha investigadora, la primera y central, del principio legal "pro morituri" (opuesto al pro persona), interpretación y legislación necropolítica a través de los regímenes internacional y nacional de asilo, y de otras leyes que contribuyen al desplazamiento y provocan de forma creciente la muerte de los migrantes. La segunda es la de la espacialización necropolítica transnacional del régimen internacional de asilo y migración a través del derecho "pro morituri", ejemplo. Tapón del Darién, el cruce por ríos y desiertos; y, la tercera, bolsones de desechabilidad, espacios públicos de precariedad radical donde se refugian las personas desechadas por los sistemas de asilo y los deportados, generalmente en ciudades fronterizas.

Para Téllez y Vargas (2022, p.150) en los últimos 25 años la política migratoria del Estado mexicano ha sido diseñada e implementada atendiendo a principios de seguridad nacional, muy alejada de un interés por atender y ordenar la migración irregular y respetar los derechos humanos de las personas migrantes. A pesar del cambio de gobierno y las múltiples declaraciones a favor de los derechos humanos de las personas migrantes, junto con normativas nacionales y firmas de convenios internacionales, la actuación en los tres niveles de gobierno muestra la construcción de una política migratoria orientada de forma creciente a la contención selectiva de personas migrantes, y caracterizada por la constante violación de sus derechos humanos.

La incoherencia entre la normatividad y la actuación del gobierno mexicano en contra de los migrantes centroamericanos se evidencia en la Ley de Migración de 2011, en ella se estipula todo tipo de derechos para los migrantes sin importar su condición migratoria. Sin embargo, estos derechos suelen violarse en los hechos, lo cual se justifica con argumentos como la falta de recursos o por trámites administrativos difíciles y costosos. Por otro lado, el concepto de derechos humanos se encuentra plasmado y repetido múltiples veces en la mayoría de los documentos oficiales del gobierno, incluso en los del INM, mientras que en el discurso político raramente se hace uso de la noción de seguridad nacional. Pero, para Dolores París (2017, p.111), en los hechos la gestión migratoria en México implica la persecución y sometimiento de los migrantes centroamericanos, en operativos y redadas donde los agentes de migración se hacen acompañar de policías para intimidar a los migrantes con armas en la mano. Los migrantes pueden ser detenidos por semanas o incluso meses (si interponen un recurso administrativo como la solicitud de refugio) en centros de detención que carecen de condiciones mínimas para asegurar una estancia digna; los propios migrantes los califican como lugares peores que las cárceles. La deportación se da sin importar las condiciones de vulnerabilidad específicas del migrante, muchas veces poniendo en peligro su vida o su integridad personal.

A partir de múltiples entrevistas con migrantes centroamericanos, Dolores Paris expresa como para ellos la gestión migratoria en México es caracterizada por la violencia bajo diversas formas: violencia física directa por parte de los agentes de migración y policías; violencia estructural que se vive a lo largo del camino bajo la forma de racismo, xenofobia y discriminación; violencia simbólica que se impone como normal, aceptable o legítima acción soberana para la defensa de la integridad territorial, de la seguridad fronteriza o de la seguridad nacional; finalmente, violencia institucional, ejercida mediante los procesos de encarcelamiento, traslados forzosos, coartación de la movilidad autónoma y deportación(Paris, 2017,p.111).

La política migratoria, la presencia del crimen organizado y de bandas de tratantes y traficantes de personas, conjugadas con las eventualidades propias de cualquier proceso migratorio, hacen que la experiencia del tránsito por nuestro país se defina justamente por su complejidad, en la que los riesgos se incrementan, la violencia se exacerba y el común denominador es la violencia. Para Lucero Vargas y Hernández López (2021, p. 10) a pesar de la Ley de Migración de 2011, puesta en marcha de claros dispositivos de control y de verificación migratoria a lo largo y ancho del país, ha dejado en evidencia que la lógica gubernamental para la gestión de los flujos se centra en atender los principios de securitización de la migración: la detención y deportación. De esta manera desde la puesta en marcha de la Ley de Migración, la constante continúa siendo la de flujos irregulares, riesgos en el desplazamiento y férreas estrategias de contención migratoria que ha dado el mismo resultado, a saber: la persistencia de la vulnerabilidad en las personas que migran.

Bajo la perspectiva anterior, Alonso Hernández y Chantal Lucero (2021, p.33) sostienen que la historia reciente de la migración de personas centroamericanas está conformada por el riesgo, la victimización y la vulnerabilidad. En cualquier región del país donde se presente este fenómeno, una característica primordial es precisamente el alto grado de vulnerabilidad que viven quienes circulan o residen temporal o, incluso, permanentemente en estos espacios de tránsito. De manera afortunada, para ellos, otra parte importante de esa historia vinculada a la tragedia la conforman las acciones de solidaridad y hospitalidad que, a lo largo de los años, han promovido las organizaciones de la sociedad civil, albergues y actores religiosos que en lo individual y lo colectivo acompañan a las personas, gestionan mecanismos para que su tránsito o estadía sea más digna, y hacen evidentes las violaciones a los derechos humanos.

Según Manuela Camus (2021, p.54) los migrantes centroamericanos en

México al no lograr entrar en Estados Unidos, quedan envueltos en un movimiento circular intermitente: "atrapados en la movilidad". En este sentido, México no ha sido un país en donde las personas migrantes centroamericanas quisieran quedarse; era un territorio de tránsito que ha derivado en uno de circulación, debido a las crecientes dificultades de cruzar la frontera de Estados Unidos y las extremas penalizaciones por hacerlo de forma clandestina, y a su vez se está convirtiendo en un país de acogida "forzada".

Ello, también ha derivado en una migración más permanente de centroamericanos en México y ha favorecido un menor crecimiento y en algunos casos un decrecimiento de la inmigración centroamericana en Estados Unidos. De acuerdo con datos estimados a partir de las muestras censales del país de 2000, 2010 y 2020 la inmigración de países centroamericanos en México creció en 63% entre 2000-2020 y se duplico entre 2010 y 2020; aunque México no necesariamente es el destino final de los centroamericanos las medidas de endurecimiento de las políticas de aprehensión y deportación en México como país de tránsito y de contención para Estados Unidos favorecen que los migrantes de esos países se asienten en México tras su fracaso de internarse en Estados Unidos. Si bien, los inmigrantes centroamericanos en México representan el 0.10% de la población total residente en el país en 2020, estos han incrementado su participación en el total de inmigrantes al pasar de representar el 9.0% en 2000 a 10.7% en 2020; y los inmigrantes en México procedentes de Honduras, El Salvador, Costa Rica y Guatemala aumentaron su número de manera muy importante al observar un incremento porcentual del 237.4%, 119.8%, 91.0% y 87.7% respectivamente (Grafica 4). De acuerdo con datos de OIM y ONU (2020) los migrantes de Honduras, Guatemala y El Salvador que transitan por México tienen como destino Estados Unidos, 67.2%, Guatemala (9.5%) y 58.3% respectivamente, el resto México (32.8%, 90.5% y 41.7% respectivamente, dato que releva la importancia de México como país de destino para estos países centroamericanos.

Camus emplea el concepto de "zona gris" utilizado para describir la las formas de explotación, violencia y destrucción contra los prisioneros en las cárceles de Hitler durante la segunda guerra mundial con total impunidad para describir como en el paso por México se configura todo un dispositivo de abusos y violencia contra la población centroamericana, facilitada por la situación del anonimato y desprotección y por la confluencia con los circuitos del narcotráfico, donde los criminales se disputan el territorio y son permitidos por el Estado. Así, para ella, múltiples soberanías se traslapan en la geografía mexicana y encuentran en el cuerpo del migrante una mercancía excepcional, por tratarse de un anónimo en clandestinidad.

Gráfica 4. Incremento porcentual de la población procedente de países centroamericanos residente en Estados Unidos y en México 2010-2020

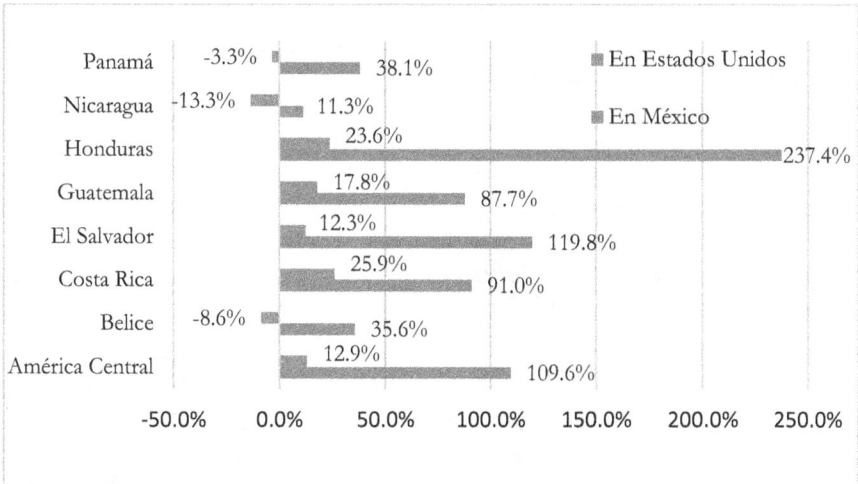

Fuente: Estimación de los autores, U.S. Census Bureau, American Community Survey (ACS) 2010 y 2020 e INEGI, Muestras Censales de Población y Vivienda de México 2010 y 2020.

Para ella, en México los espacios de presencia institucional del Estado, hospedajes y centrales de transporte, carreteras y vías de ferrocarril y hasta los mismos albergues para personas migrantes, son parte de la geografía de la zona gris. En ellos encontramos cierta indistinción entre los actores que los integran, muchas veces articulados entre sí: delincuentes, bandas criminales, vecinos maras, agentes del Estado y de los estados, diversos trabajadores del tren, como partícipes de la zona gris, las personas migrantes también producen mucha violencia, y la ejercen sobre ellos mismos y sobre sus iguales., como lo hacen los integrantes de las maras en la frontera sur del país. Esta situación corrobora los planteamientos de Agamben (2010, citado por Camus, 2021, p.57) sobre los espacios de zona gris y soberanía traslapada que generan estados de excepción, de suspensión de derechos.

De manera creativa Manuela Camus (2021, p.60) plantea como las zonas grises se presentan desde los países y comunidades de origen de los migrantes de Centroamérica donde la sincronía de violencias estructurales del atraso, marginación, pobreza, la acumulación por despojo, los megaproyectos, las violencias criminales crecientes y los desastres naturales obligan a la salida de la población para poder sobrevivir. A este proceso le denomina "la insostenibilidad de la vida" como categoría que busca explicar las extremas precarizaciones del mundo contemporáneo, sumadas a procesos históricos de sufrimiento social que arrojan a los sujetos a situaciones límite, donde la elección posible se limita a la huida, el exilio, el desplazamiento. Para ella, la paradoja a resolver es la hegemonía del Norte global en un sistema económico-político global, que expulsa a poblaciones del Sur global por insostenibilidad de la vida y que, de forma simultánea, impide la vida de los expulsados a otros espacios. Así, los expulsados centroamericanos atrapados en la movilidad en México quedan subordinados a un futuro incierto, al pendiente de la ayuda de asociaciones civiles, parroquias, gobiernos, de pequeños trabajos, de la mendicidad o de participación en la economía "informal" del delito, entre los intentos de asentamiento y el nomadismo. Estas dos dinámicas y sus retos, no sólo no se contraponen, sino que en momentos pueden parecer indistinguibles. Las tendencias navegan entre quienes, desterritorializados, tratan de rehacer un modo de vida desde una posible inserción a la sociedad mexicana y quienes entran en la espiral de la vida nómada y/o "de la calle".

Por su parte, Elizabeth Juárez Cerdi (2021; p.76), considera que ya no se puede hablar de los centroamericanos sólo como migrantes en tránsito, pues el paso y la estancia por el territorio mexicano ha dejado de ser temporal, limitada; y como menciona Marconi, "en la práctica, termina siendo de largo plazo y semipermanente porque siempre hay más obstáculos (principalmente de naturaleza económica y política) que obligan a muchos migrantes a pararse prolongadamente en algún lugar durante su viaje, sin perspectivas reales inmediatas de alcanzar su meta ni tampoco de volver a su lugar de origen" (2018, p.1 citado por Juárez Cerdi 2021, p.78). Los migrantes enfrentan las fronteras verticales creadas por los gobiernos y por los grupos delictivos para detenerlos, a la par que un universo de normas legales, sociales, políticas, culturales que le son extrañas, pero con las que tiene que aprender a lidiar para subsistir. En este proceso se van generando zonas de precariedad personal que reflejan el efecto del régimen de detención y control de la migración, fuera y dentro de su vida.

Según esta investigadora, en la migración de los centroamericanos también empieza a observarse cada vez más una" movilidad intermitente" por México debido, entre otros factores, a la detección y deportación tanto de Estados Unidos como por la realizada por México en su ardua tarea de ser el muro de contención para ese país. Con la criminalización de los migrantes y las políticas migratorias militares crecen las deportaciones de México a Centroamérica a tal punto que en 2015 rebasan a las realizadas por Estados Unidos. Para ella la movilidad intermitente es el desplazamiento de un territorio a otro, de forma temporal y repetitiva, sin la intención expresa de residir en éste de manera permanente o a largo plazo (Cortés, 2009, citado por Juárez Cerdi, 2021, p.80). La dinámica migratoria actual es mucho más compleja y diversa que las formas tradicionales de migrar de periodos previos, por ello propone hablar de "circulación intermitente" para resaltar las diversas formas de desplazarse en el espacio que implica varias idas y venidas, paradas temporales, interrupciones obligatorias o voluntarias y el uso de distintos tipos de recursos que pueden encontrarse de forma dispersa en diferentes redes sociales o a través de actores distintos. La nueva situación que enfrentan los migrantes centroamericanos en México de no poder ingresar a Estados Unidos y no querer regresar a sus países por las causas que los obligaron a abandonarlos Elizabet Juárez la llama "atrapados en la movilidad" retomando a Hess (2012,p.435, Juárez Cerdi, 2021, p.82).

México 2018-2023. Las caravanas, y la tragedia criminal de Ciudad Juárez: crisis de la gestión migratoria e institucional

Durante 2018 y principios de 2019, se presenció un cambio importante en las formas de movilidad humana de Centroamérica, con desplazamientos colectivos de miles personas que viajaban por México con intención manifiesta de llegar hasta Estados Unidos. Las caravanas migrantes centroamericanas fueron, sin duda, la forma más visible y politizada de movilidad colectiva, las cuales arribaron a la ciudad de Tijuana, en Baja California, y a Piedras Negras en Coahuila. Simultáneamente, se desarrollaron otros movimientos de población como la llegada masiva a Ciudad Juárez, Chihuahua, de personas originarias de Cuba y Centroamérica. Para Camilo Contreras et al (2021, p.9) el fuerte aumento del control fronterizo y las políticas de asilo, cada vez más restrictivas, de Estados Unidos y de refugio en México, han provocado que estas formas de movilidad colectiva se tornen en una inmovilidad temporal de migrantes y solicitantes de asilo. Es decir, una vez que las personas llegan a las ciudades de la frontera norte, se encuentran bloqueadas y entran en un largo compás de espera. Algunas se asientan en el norte del país, sin perder muchas de ellas las expectativas de cruzar la frontera en algún momento.

Eduardo Torre Cantalapiedra (2021, 64) percibe a las caravanas migratorias del Norte de Centroamérica (NCA) como parte del desplazamiento masivo de personas que lleva décadas produciéndose desde Honduras, el Salvador y Guatemala hacia Estados Unidos y que ha ido cambiando a lo largo del tiempo en cuanto a volúmenes y dirección de los flujos migratorios, así como el perfil de los migrantes que los componen. Recuerda como en años recientes el flujo de migrante del NCA que cruza irregularmente a Estados Unidos ha ganado en importancia en comparación con el flujo de migrantes mexicanos y estuvo compuesto en mucho mayor grado por migrantes que viajan con otros miembros de la familia.

Este investigador, como la mayoría de las investigaciones de las migraciones de esa región, ratifica a las violencias y las cuestiones económicas como las causas principales de la movilidad desde el NCA. De la misma forma, reitera, como otros estudios, que la violencia no termina cuando dejan atrás sus países. El territorio mexicano es un "campo minado" para los migrantes del que las caravanas buscan defenderse. Los abusos, agresiones, daños físicos y muertes que éstos han sufrido en su tránsito hacia Estados Unidos son en gran medida resultado de la violencia estructural que se produce/reproduce a partir de las leyes que irregularizan a los migrantes en combinación con las medidas de contención que las ponen en práctica.

Según Eduardo Torre (2021, p.65) la movilidad en grupos de gran tamaño son la excepción de una movilidad/éxodo centroamericano que se ha caracterizado durante décadas por flujos de cientos de miles de personas atravesando por México solas o en pequeños grupos que pasaban desapercibidos. Las caravanas de 2018 y 2019 representan un proceso de maduración de múltiples experiencias migratorias individuales, familiares y en particular de organizaciones de familias con migrantes desaparecidos y organizaciones religiosas que en años previos comenzaron a realizar pequeñas caravanas hacia la frontera norte en la búsqueda de sus familiares y en protesta contra las políticas antiinmigrantes de Estados Unidos. Esto significó un largo proceso de aprendizajes sociales transnacionales de más de tres lustros, de realización de alianzas con organizaciones sociales, comunitarias, organismos no gubernamentales y diversas iglesias en los países de NCA, México y Estados Unidos. Así, la "la caravana del viacrucis migrante" de marzo de 2018 expresaba ese proceso de aprendizajes colectivos y el conocimiento de que las movilizaciones grandes con cientos de migrantes, acompañados por defensores de derechos humanos, las iglesias y otros actores sociales permitía un mejor trato de las autoridades mexicanas y la defensa frente a sus agresores de todo tipo. De hecho, este "viacrucis migrante" representó un ensayo de la primera caravana que salió de San Pedro, Sula, Honduras el 13 de octubre de 2018, en términos de estrategia, de alianzas, de actores, de mecanismos de organización y participación, de narrativa pública ante los medios de comunicación nacional e internacional.

Para Daniel Villafuerte (2021, p.18) la caravana es la manifestación más clara de un sistema migratorio en crisis profunda, un sistema que se expandió rápidamente ante la magnitud de la combinación tóxica de pobreza, exclusión, precariedad extrema y violencia. La caravana es una respuesta, una rebelión de las masas, mínimamente organizadas para transitar por un largo camino de obstáculos. El rechaza que se trata de una "crisis humanitaria" por la instrumentación que con frecuencia realiza la prensa y la narrativa oficial de esa definición para ocultar las causas estructurales que provocan la miseria, la pobreza, la desposesión creciente y violencias de todo tipo que obligan a las personas a emigrar, a huir para poder sobrevivir.

Eduardo Torre (2021, p.91) al igual que Eugenia Anguiano y Chantal

Lucero señala como desde los años noventa Estados Unidos presiona de diversas maneras al gobierno mexicano a que se involucre crecientemente en su estrategia de externalización de fronteras, la contención del flujo migratorio hacia ese país, la criminalización y la construcción progresiva de una política migratoria militar que intenta justificar como guerra contra los narcotraficantes y luego del 11 de septiembre del 2001 como guerra contra el terrorismo. Al momento de la llegada de las caravanas de finales de 2018, la política de contención mexicana y su frontera vertical se explica en gran medida por las presiones que ejerce Estados Unidos para que México controle los flujos migratorios como lo hace el en su frontera suroeste.

El mismo autor antes señalado, resalta como el gobierno de Trump no sólo busca reducir la migración irregular, sino, además, reducir las vías legales de acceso a Estados Unidos mediante el asilo y otras formas de protección internacional, tradicionalmente limitadas y que se busca restringir al máximo. En esa estrategia la primera barrera de acceso es la política de contención migratoria mexicana que, en su empeño de detener y deportar, radica en que no hace distinción entre los diferentes motivos que tienen los migrantes para salir de sus países de origen. A nivel jurídico, en México desde 2011, se han dispuesto nuevos instrumentos para atender a las personas que llegan a su territorio en búsqueda de protección. Sin embargo, con la llegada de las caravanas su capacidad de atención a los solicitantes de protección es rebasada y muestran grandes limitaciones institucionales de recursos humanos calificados, instalaciones, presupuesto y voluntad política ya que con frecuencia la normativa, sus vacíos y ambigüedades se usan para negar a la protección a los solicitantes de asilo. El otorgamiento de la Tarjeta de Visitante por Razones Humanitarias (TVRH) se otorga de forma excepcional y no como mecanismo generalizado a todos los solicitantes con el perfil migratorio para recibir la protección y poder circular libremente por el territorio nacional.

Para Elisa Ortega (2022, p.138) las caravanas migrantes que han llegado a México desde finales de 2018 procedentes de Centroamérica han dado un nuevo giro al discurso securitario de las migraciones: literalmente se les ha equiparado con "invasiones" condensando las tres construcciones del migrante irregular bajo la lente securitaria: como amenaza al orden público y la seguridad nacional; como amenaza sociocultural, y como amenaza socioeconómica. Las respuestas de los gobiernos de Estados Unidos y México han sido acordes, convirtiendo a México en la primera línea de "defensa" del muro a que hizo referencia el expresidente Trump durante todo su mandato. Y consolidándolo como un país frontera.

En el contexto anterior, las políticas de protección a los migrantes en México y Estados Unidos son limitadas, con fallas en su funcionamiento y la consigna de reducir al máximo el otorgamiento del asilo y refugio a la masa creciente de migrantes centroamericanos y de otros países que lo solicitan desde antes de las caravanas. Con el advenimiento de estas en 2018 y 2019 el control migratorio, la militarización de las políticas migratorias y la reducción radical en el otorgamiento de asilo y refugio se restringe al máximo. De hecho, las caravanas son utilizados como coartada por el gobierno de Trump en 2019 para desmantelar el sistema de asilo con el anuncio de los llamados Protocolos de Protección Migrante (MPP), también llamado Programa Permanece en México, como nueva estrategia de deportación expedita a México de todos los solicitantes de asilo, qué habiendo pasado por este país, no hayan solicitado el asilo en el mismo. Con esta disposición se deportan a más de 60 mil solicitantes de asilo a diversos lugares de la frontera norte mexicana que vienen a incrementar su vulnerabilidad y los graves problemas sociales para su atención. El 7 de junio de 2019 el secretario de Relaciones Exteriores de México en Washington acepta la política migratoria, de control fronterizo y seguridad regional de Estados Unidos ante la amenaza de que si no se frenaban las migraciones de Centroamérica se gravarían las exportaciones de México como castigo. El 20 de marzo de 2020 se consolida la estrategia antimigrante norteamericana con el establecimiento unilateral del programa Título 42, que aprovechando la irrupción del Covid en la región, se suspende la aceptación de solicitudes de asilo y se autoriza la deportación expedita de los migrantes centroamericanos y de otras nacionalidades por cuestiones sanitarias. De esta manera, según Elisa Ortega (2022, p.158), con aplicación del del Título 42, Estados Unidos aplica normas racializadas contra los migrantes centroamericanos para desaparecer el asilo.

En el caso mexicano con la llegada de nuevas caravanas en 2019 y 2020 se profundizan las medidas para limitar al máximo el otorgamiento de asilo y refugio con el pretexto de limitaciones institucionales, se reduce al máximo el acceso a las TVRH que se otorgó en la primera caravana de 2018 y se incrementa la participación de la guardia nacional con más de 20 mil agentes en coordinación con el Instituto Nacional de Migración para la vigilancia de las fronteras, detención, encarcelamiento y deportaciones crecientes. La Comisión Mexicana de Apoyo a los Refugiados (COMAR) y ACNUR se enfrentan a miles de solicitantes de asilo sin contar con las instalaciones, el personal y los presupuestos para ello. Lo que genera el proceso descrito previamente de "atrapamiento migrante" en México de decenas de miles de ellos que no pueden ingresar a Estados Unidos, no pueden regresar a sus países sin poner en peligro sus vidas y no se les otorga un documento legal que les permita transitar por el país y que los proteja de las múltiples violencias y extorsiones de las policías y criminales. La paradoja de la actuación del gobierno mexicano subordinado y al servicio de la política de contención migratoria y externalización de fronteras de Estados Unidos con detenciones, encarcelamientos y deportaciones masivas es que las realiza con el discurso de que dichas acciones se hacen como parte de su estrategia de promover la migración segura, ordenada y regular de acuerdo al Pacto Global de las Migraciones de Marrakech de diciembre 2018 en Marruecos.

La política de contención migratoria del gobierno mexicano ha significado una auténtica guerra contra los migrantes centroamericanos y de otros países que transitan desde esa región a México y los Estados Unidos. En su actuación las autoridades mexicanas han contribuido al incremento de las zonas grises a que se enfrentan los migrantes en el país por las detenciones arbitrarias, indefinidas e insalubres. Las detenciones violan los términos especificados en la Constitución nacional en términos de duración y en las condiciones en que se realizan; las detenciones en las llamadas estaciones migratorias tienen graves consecuencias sobre la salud física y mental de los migrantes y solicitantes de asilo. Tanto la sociedad civil como la Comisión Nacional de Derechos Humanos han documentado sistemáticamente la violación de derechos humanos en esos espacios donde existe hacinamiento, y las personas detenidas son víctimas de mala atención médica, mal tratos físicos y mentales e incluso posibles actos de tortura. De hecho, desde antes de la pandemia del Covid, había denuncias reiteradas de que las estaciones migratorias no reúnen las condiciones de habitabilidad e higiene y ponen en peligro la salud y la vida de las personas ahí detenidas. Estas deficiencias, violencias y riesgos en las estancias migratorias convertidas de facto en cárceles para migrantes provocaron en 2020 múltiples actos de protesta, motines e incendios al interior de diversas estaciones migratorias del país: 23 de marzo en la estación migratoria Siglo XXI en Tapachula, Chiapas; el 29 de marzo, en la estación migratoria de Villahermosa, Tabasco; el 31 de marzo en la estación migratoria de Tenosique, Tabasco; el 2 de abril en las instalaciones del INM de Hermosillo, Sonora, y el 6 de abril en el albergue provisional de Piedras Negras, Coahuila (Ortega Velázquez, 2002,168).

A finales de 2018, las caravanas migrantes pasaron a formar parte del repertorio de estrategias en tránsito de migrantes procedentes del Norte de Centroamérica, así como de otros países. La participación en tales marchas puede entenderse como una estrategia de supervivencia para el tránsito migratorio con dos rasgos centrales: la precariedad y pobreza como tegumento de los integrantes de las caravanas y la construcción de un mecanismo de protección colectiva al hacerlo de forma masiva, abierta, barata, con múltiples alianzas sociales y una estrategia de medios de comunicación. Las caravanas son producto de la gran cantidad de violencias contra los migrantes en las últimas décadas, de un largo proceso de aprendizaje transnacional y la construcción de alianzas sociales con actores en toda la región. Específicamente, las lecciones de las caravanas de 2018 a

2020 muestran que el paso de las fronteras y el tránsito en los diferentes países dependió en gran medida de la respuesta que dieron los Estados a las caravanas y sus políticas migratorias, al final todas subordinadas a las políticas de externalización de fronteras, contención migratoria y seguridad regional de Estados Unidos (Torre Cantalapiedra, 2021).

Eduardo Torre resalta que es importante reconocer que fueron diversas caravanas las que transitaron por México entre 2018 y 2020, en momentos diferentes, con organizaciones y acciones diversas, con liderazgos y alianzas diferentes y también con distintas respuestas de los Estados nacionales. Ante ello los integrantes de las diversas caravanas dieron muestras reiteradas de capacidad de agencia, de auto-organización y sobre la marcha, ante acontecimientos inesperados, dar respuesta consensuadas, que llegaron incluso a definir la estrategia de continuar la marcha unificada o por grupos, hacia una frontera o hacia varias fronteras de Estados Unidos. Esta capacidad de auto-organización, de agencia, de apoyo, solidaridad y lucha colectiva es la que permite que los migrantes de las caravanas enfrenten las zonas grises de México como zonas de violencia, impunidad y muerte y que puedan sobrevivir y seguir adelante. La experiencia es que los Estados nacionales en toda la región no tienen como prioridad los derechos humanos ni la protección de los migrantes. Por el contrario, se trata de la contención migratoria a toda costa, la criminalización de la migración, la detención, encarcelamiento y deportaciones crecientes; solapando, incluso, la corrupción, la extorsión y todo tipo de violencias de los cuerpos de seguridad y criminales en contra de los migrantes. En el caso de México, la crisis en la gestión migratoria de 2018 a 2023 ratifica la enorme debilidad en el diseño y aplicación de una política migratoria integral con enfoque de desarrollo y derechos humanos. El gobierno actual de la Cuarta Transformación, sin contar con esa política por incapacidad y falta de voluntad política de aprovechar las múltiples propuestas planteadas por la sociedad civil transnacional desde 2000 al 2023, muestra un enorme fracaso en la gestión migratoria con sus ocho modalidades actuales y en particular frente a las migraciones de Centroamérica. En los hechos más que construir un nuevo proyecto de Nación lo que ha hecho es refuncionalizar la subordinación y dependencia de Estados Unidos a todos los niveles y en particular en los temas de migración, fronteras y derechos humanos para los migrantes.

Desde 2020 señalamos como la migración y el desarrollo económico representaban grietas en el gobierno de la Cuarta Transformación del presidente López Obrador (García Zamora y Gaspar Olvera, 2020) al seguir desde el inicio de su gobierno la política económica de austeridad de los gobiernos anteriores,, sin ninguna estrategia alternativa para el desarrollo económico nacional y carecer de un política migratoria integral frente a la mayor diversidad y complejidad de la movilidad humana en el país. Pese a las múltiples propuestas hechas por la sociedad civil transnacional desde el año 2010. En 2022 analizando los graves problemas de México respecto a la gestión migratoria de los flujos crecientes de Centroamérica y las diversas modalidades de la movilidad humana en el país nuevamente señalamos la urgencia de que el gobierno mexicano reconociera la importancia de ese proceso diseñando una política migratoria integral con enfoque de desarrollo económico y derechos humanos, asumiendo las ocho dimensiones de movilidad humana en el país, con especificidades y requerimientos diferentes para cada una de ellas, retomando las diferentes propuestas de política migratoria integral planteadas por la sociedad civil transnacional en los lustros previos, recuperar y actualizar el Programa Especial de Migración, como la propuesta más avanzada de política migratoria integral, resultado del trabajo de más de sesenta organizaciones de la sociedad civil transnacional, la Secretaria de Relaciones Exteriores y la Secretaria de Gobernación, publicado en el Diario Oficial de la Federación el 30 de abril de 2014, pero, que al no ser vinculante no llega a aplicarse (García Zamora y Gaspar Olvera, 2022).

Según la investigadora, Elisa Ortega (2022, p.2005) la subordinación de México a la política migratoria y de externalización de fronteras de Estados Unidos, replicando el desmantelamiento del sistema de asilo y refugio para migrantes de ese país ha provocado que se tenga en nuestro país un derecho humano al asilo vacío. Para ella, en el papel, existe un sistema de protección internacional generoso, sin embargo, en los hechos presenta graves limitaciones, complejidades e instrumentaciones que lo vuelven vacío, retórico. Ella señala problemas jurídicos y prácticos. Entre los primeros destaca la detención de los solicitantes de asilo en estaciones migratorias durante el procedimiento; la falta de representación jurídica gratuita para los solicitantes de asilo durante el procedimiento; falta de efectividad de los recursos de revisión; la obligación de permanecer en el mismo estado de presentación de la solicitud de asilo, y el plazo de treinta días para presentar la solicitud. Sobre los obstáculos prácticos, Ortega, señala los siguientes: Incumplimiento del INM de su obligación de informar a las personas detenidas de su derechos de solicitar asilo y respuestas que disuaden solicitarlo; violación del principio de no devolución por parte del INM; incumplimiento de la COMAR de emitir la constancia de que la persona está solicitando asilo, y del INM de expedir la Tarjeta de Visitante por Razones Humanitarias (TVRH) a los solicitantes de la condición de refugiados; entrevistas de elegibilidad por teléfono y sin protocolos; la "alternativa" de "huida interna" que da COMAR para negar la protección internacional, y poca capacidad operativa y financiera del órgano encargado de decidir las solicitudes de asilo. Frente a estos problemas y obstáculos Ortega Velázquez sostiene que el régimen contemporáneo de asilo en México es un productor de espacios de excepción permanentes y derechos vacíos.

Como resultado de la creciente inseguridad y violencias en México desde finales de los años noventa del siglo anterior, aunado a la criminalización de la migración y las políticas militares de contención migratoria durante el siglo XXI, se incrementa todo tipo de violencias contra los migrantes que transitan por México, en particular los centroamericanos. La expresión más dramática de este proceso lo representan las masacres de San Fernando, Tamaulipas, con el asesinato de 72 migrantes, el 23 de agosto de 2010, la masacre de Cadereyta, Nuevo León, con 49 migrantes asesinados el 13 de mayo de 2012, la masacre de Camargo FECHA, Tamaulipas, con el asesinato de 19 migrantes y la muerte de 57 migrantes en Tuxtla Gutiérrez, Chiapas en diciembre de 2021., en un accidente carretero al ser perseguidos por la policía mexicana. Eventos en los que se conjugó la participación de integrantes de las organizaciones criminales con la complicidad y omisión de los diferentes cuerpos policiacos y del Instituto Nacional de Migración de México.

El 27 de marzo de 2023 en la estación migratoria de Ciudad Juárez, México, fallecen calcinados y asfixiados 40 migrantes, en su mayoría centroamericanos, por la negligencia criminal de los funcionarios del INM, quienes ante un incendio en las celdas donde estaban encarcelados los migrantes con candado, decidieron no abrir las mazmorras y aplicando su necropolítica migratoria dejaron morir de forma criminal a esos migrantes. Con ello se ratifica, nuevamente, que la política migratoria del estado mexicano mata de manera impune. Carlos Heredia (2023) señala que ello se explica por el funcionamiento de un gobierno indigno, responsable de esa tragedia criminal, que muestra como su política migratoria mata migrantes. Dicho investigador caracteriza a esa política migratoria de la muerte con nueve características:

1. Ausencia de política migratoria propia. Subordinación a Estados Unidos, externalización de fronteras, criminalización de migrantes y ausencia de respeto a los derechos humanos.

2. Los migrantes como moneda de cambio en las negociaciones con Estados Unidos sobre derechos humanos, el narcotráfico, las violencias y los problemas del Tratado México, Estados Unidos y Canadá.

3. Designación de un carcelero al frente del Instituto Nacional de Migración para perseguir, encarcelar, violentar, deportar o matar migrantes.

4. Desde los años 90s del siglo anterior, en 2005, 2012, 2019 y 2023, denuncias reiteradas sobre violencias, corrupción e impunidad de

los agentes del INM y las estaciones migratorias convertidas de facto en auténticas cárceles migratorias, saturadas, insalubres, peligrosas y violencia sistemática de los derechos humanos.

5. Marginación de los Consejos Ciudadanos del espacio de Políticas Públicas de la Secretaría de Gobernación y del propio INM.

6. Omisión del Estado mexicano en el diseño de políticas públicas migratorias integrales con enfoque de desarrollo y derechos humanos, pese a las múltiples propuestas de la sociedad civil.

7. Coordinación del INM, la Guardia Nacional y todas las policías del país, incluso, el ejército, en la guerra de persecución, encarcelamiento y deportación de migrantes. Frecuentemente aliados con las organizaciones criminales del país.

8. Desprecio contra las organizaciones de la Sociedad Civil, defensores de los migrantes y responsables de los albergues en todo el territorio nacional.

9. Contubernio e impunidad con las organizaciones criminales de tráfico y trata de personas.

Jorge Durand (2023, 2 de abril) frente a la tragedia criminal de Ciudad Juárez señala la enorme grieta institucional del gobierno mexicano entre las secretarias de Relaciones Exteriores y Secretaría de Gobernación responsables constitucionalmente de las migraciones y la movilidad humana en el país, que evaden su responsabilidad en guerra aplicada contra los migrantes de manera especial en este sexenio y pretenden usar a funcionarios menores y a los mismos migrantes como responsables de la muerte de 40 de sus compañeros. Esto con la complicidad del presidente López Obrador, quien de forma demagógica minimiza la tragedia provocada por su política migratoria de la muerte, de sus funcionarios (precandidatos presidenciales para el proceso 2024) y ofrece que se formará una Coordinación del gobierno federal, el INM, la Marina, el Ejército y el sector privado, presidida por un carismático y polémico sacerdote, que lustros atrás se ganó el reconocimiento por su lucha a favor de los migrantes y que durante el gobierno actual se ha plegado a las directrices políticas presidenciales.

Durand plantea que hay dos momentos de crisis en la gestión migratoria del gobierno mexicano actual y su relación con Estados Unidos. En 2019, cuando de forma coyuntural el gobierno de México otorga visas temporales por razones humanitarias a integrantes de las caravanas de 2018 e inicios de 2019, que estimulan la llegada de más caravanas y Trump amenaza con gravar las exportaciones mexicanas si el gobierno mexicano no frena las migraciones de Centroamérica, obligando a que el 7 de junio, en Washington, el secretario

151

de Relaciones Exteriores acepte la subordinación a la política migratoria, de externalización de fronteras y seguridad regional de Estados Unidos. El segundo momento crítico lo representa la tragedia criminal de Ciudad Juárez que es un resultado multifactorial de la ausencia de una política migratoria integral en el país, la subordinación a la política de Estados Unidos, los graves problemas institucionales en el INM y las instituciones de seguridad, la ausencia de mecanismos reales de protección de los derechos humanos y la complicidad y contubernio con las organizaciones criminales.

La saturación de las cárceles migratorias del país, llamadas eufemísticamente "estaciones migratorias" crece de forma exponencial en la frontera norte a causa del aumento de las deportaciones de solicitantes de asilo en Estados Unidos, aceptadas por el gobierno mexicano en diciembre de 2018, por el funcionamiento del Programa Quédate en México en 2019 y la aplicación del Título 42 en marzo de 2020, y seguirá creciendo por la aceptación en enero de 2023 del gobierno de López Obrador de recibir 30 mil deportados mensuales de Estados Unidos originarios de Venezuela, Cuba, Haití y Nicaragua. La tragedia de Ciudad Juárez fue crónica de una tragedia criminal anunciada por las múltiples denuncias sobre las violencias, irregularidades y peligros en las cárceles migratorias, la ineptitud, corrupción y contubernio del INM con las organizaciones criminales y el autismo electoral de los titulares de Relaciones Exteriores y Gobernación, quiénes en lugar de asumir sus funciones migratorias con toda responsabilidad, las han evadido y privilegian sus estrategias electorales para llegar a la presidencia de México.

El 9 de abril, Jorge Durand (2023) nuevamente destaca el intento fallido del gobierno mexicano de evadir su responsabilidad en la tragedia de Ciudad Juárez y en la aplicación de la política migratoria de la muerte al querer culpar a una empresa privada de seguridad que se había contratado para administrar la prisión migratoria de esa ciudad. Pese a las reiteradas exigencias nacionales e internacionales de remover al titular del INM y exigir una investigación a fondo que incluya al secretario de Gobernación, bajo cuyo mando funciona ese Instituto, el presidente de México y su gobierno evaden sus responsabilidades. Se reitera en la creación de una nueva Coordinación institucional y Durand señala como al inicio de 2019 se nombró una Comisión Intersecretarial de Atención Integral en Materia Migratoria, presidida por el secretario de Relaciones Exteriores, que nunca funcionó como lo evidenció la claudicación del gobierno mexicano en Washington el 7 de junio de 2019 y la continuación en la política migratoria de la muerte con cientos de miles de detenidos, encarcelados, deportados y miles de desaparecidos (105 mil en 2023 según Human Right Watch) y 350 mil asesinados de 2006 a 2021 en todo el país, incluidos los migrantes.

152

La nueva propuesta presidencial de una Coordinación Nacional de Asuntos Migratorios y Extranjería, formada por siete secretarias y las organizaciones se seguridad nacional, bajo la tutoría del polémico sacerdote señalado, quien admite que las propuestas contra la corrupción y a favor de los derechos humanos de la Cuarta Transformación nunca llegaron al INM, sigue siendo la única propuesta del gobierno mexicano. La impresión en general, en México, es que esta Coordinación y el uso de la imagen del sacerdote referido es una cortina de humo del gobierno mexicano para evadir sus responsabilidades y discutir con seriedad el diseño de una verdadera política migratoria integral con enfoque de derechos humanos. De hecho, Durand destaca la falta de compromiso del gobierno actual y del Congreso hacia las políticas y presupuestos migrantes, ya que en 2022 la Comisión Mexicana de Ayuda a Refugiados ante cerca de 180 mil solicitantes de asilo y refugio en el país pidió un presupuesto para 2023 de 124 millones de pesos y ambos sólo asignaron 24 millones. Situación contrastante con un gran incremento presupuestal otorgado para el INM para ese año por parte del Congreso.

Para Elisa Ortega (2023, abril 13) la tragedia de Ciudad Juárez es un crimen de Estado. La cadena de responsables abarca desde los agentes encargados de la operación de la estancia migratoria hasta el propio comisionado del INM. La detención de migrantes irregulares y solicitantes de asilo es una piedra angular de la política migratoria mexicana soportada por la Ley de Migración de 2011, pero, violentando en los hechos varias disposiciones de la Constitución del país sobre procedimientos de detención, de "aseguramiento", "alojamiento", "presentación", acceso a la información y respeto a los derechos humanos. Para ella, una de las estrategias de la política de contención son las estancias migratorias con instalaciones inhumanas, insalubres, inseguras, sin rutas de evacuación y mortíferas, que explican la tragedia criminal de Ciudad de Juárez. En palabras de Achile Mbembe, se trata de una necropolítica o política de la muerte para que las personas migrantes que intentan cruzar por México para llegar a Estados Unidos no lo logren y la pedagogía de las violencias, de la muerte y la impunidad disuadan a otros migrantes de intentar transitar por el infierno del territorio nacional.

Por su parte. Leticia Calderón (2013, 15 de abril) indica como la tragedia de Ciudad Juárez develó actos de corrupción, violación a los derechos humanos y crimen de lesa humanidad que derivaron en la muerte de 40 personas encerradas en una cárcel migratoria de la cual no pudieron escapar durante el incendio generado como protesta contra las múltiples violaciones recibidas por los migrantes. Ella subraya como gran parte de la tragedia por la que atraviesan las personas migrantes en México es un tipo de violencia de más bajo perfil que está jurídicamente encubierta en una cantidad de trámites, solicitudes de documentos imposibles de obtener de sus propios países y procedimientos prolongados hasta la humillación de una larga espera, que explica que sean ciudades como Tapachula, Ciudad Juárez, Tijuana, principalmente, donde la concentración de los migrantes es más visible respecto a otras entidades del país y donde la crisis de la gestión migratoria es muy evidente.

Calderón Chelius (2023, 6 abril) señala como luego de la tragedia de Ciudad Juárez donde murieron 40 personas en la estación migratoria la idea de que la política migratoria debe cambiar se ha extendido; sin embargo, aunque parezca paradójico, ese no es el problema central, ya que si se respetara la política vigente ninguna de las prácticas que se usan bajo el pretexto del control migratorio podría ocurrir. Lo que tiene que plantearse, para ella, es un amplio debate que defina un cambio profundo y contundente del papel que México tiene y seguirá teniendo como país de tránsito de miles de migrantes que buscan llegar a Estados Unidos, lo mismo sobre la relación con dicho vecino que hasta hoy se ha definido por seguir las mismas pautas que ellos dictan en medio de cada una de las campañas electorales donde usan el tema migratorio como uno de los temas centrales para calentar la disputa entre los partidos. Resulta fundamental que el debate sea abierto e incluyente, en el cual participen los tres niveles de gobierno, el poder ejecutivo, legislativo y judicial, toda la clase política y el conjunto de la sociedad civil, incluido, por supuesto, las organizaciones migrantes mexicanas en Estados Unidos y las organizaciones migrantes de otras nacionalidades que existen en nuestro país. Considerando temas tan relevantes como el libre tránsito, el retorno, el refugio, el asilo, los desplazados por la violencia y los megaproyectos. Es fundamental considerar las causas estructurales que en Centroamérica y otros países han generado las migraciones masivas por la destrucción de las economías tradicionales, los programas económicos de ajuste estructural, el despojo con los megaproyectos de todo tipo y el autismo de los gobiernos de esa región indiferentes e incapaces de reconocer las causas estructurales del abandono masivo de las poblaciones de sus países y diseñar un nuevo tipo de políticas públicas de desarrollo y cohesión social que incida en las causas de fondo de las migraciones masivas.

La investigadora Leticia Calderón (2023, 16 abril) reflexionando nuevamente sobre las políticas migratorias en México señala como el escenario criminal que provocó el incendio en que murieron 40 personas en un centro de detención en Ciudad Juárez abrió la cloaca que nos obliga a revisar con lupa la política migratoria que ha desarrollado el gobierno de la 4T. La parte más evidente de esta política es su función de contención que ha llevado a situaciones extremas que van desde ciudades conmocionadas por la presencia de miles de personas, como ha ocurrido en Tapachula todos estos años, y ahora el limbo de la espera de otros tanto en Ciudad Juárez. Ella resalta como el gobierno mexicano al aplicar la política de contención y externalización de fronteras dictada por Estados Unidos ha establecido el perfilamiento racial en las detenciones contra los migrantes centroamericanos, mecanismos de detención que violentan la Constitución, retenes en todo el país violatorios de la ley y en general la militarización de la política migratoria y una guerra contra los migrantes. Ante dicha estrategia Calderón Chelius plantea revisar la política migratoria, pero, bajo todas las dimensiones que presenta la movilidad humana en el país para generar leyes, normas y reglamentos que posibiliten la movilidad humana de todos los migrantes salvaguardando su integridad física y todos sus derechos humanos. De manera particular sugiere considerar las migraciones provenientes de Centroamérica, la migración de retorno de Estados Unidos a México y considerar la derogación del obsoleto artículo 33 que impide el ejercicio de los derechos políticos de los migrantes en el país, entre otras dimensiones de la movilidad humana.

Frente a la tragedia criminal de Ciudad Juárez del 27 de marzo del 2023, Víctor Quintana (2023) destaca el intento de des responsabilización de los responsables de esa tragedia. En principio, señala a los gobiernos de los países de origen de los migrantes. Al ser factores como la miseria, el desempleo, la injusticia social, las violencias, sobre todo criminal, la persecución política los principales factores de expulsión de las personas migrantes, deberían ser los gobiernos respectivos quienes hagan lo posible por irlos resolviendo. No es así, o no asumen esa responsabilidad o lo hacen de manera muy limitada.

Un segundo actor-factor de la expulsión de migrantes en nuestra región, señalado por Quintana, es el colonialismo ejercido por Estados Unidos sobre Latinoamérica desde hace siglos. Colonialismo que destruye y subordina las economías y las sociedades locales, e introyecta el modo de trabajar, consumir, desear y vivir promovido por él. Así, el capitalismo norteamericano, genera un efecto de atracción de la gente a su modo de vida, a su supuesto progreso, pero al mismo tiempo, su dominio neocolonial provoca la expulsión de poblaciones que no tienen condiciones de vida digna en su país de origen, pero cuando éstas llegan a la frontera norteamericana, se les levantan muros de hierro y de política migratoria racista y represiva. La dialéctica de la inclusión subordinada y la exclusión violenta. Ante esto, Washington no sólo busca des responsabilizarse del problema, sino lo agrava mediante sus políticas represoras, mediante la expulsión de migrantes para transferir a "terceros países" toda responsabilidad.

Un tercer actor-factor analizado por Quintana es el gobierno federal mexicano que tiene una seria responsabilidad en esta problemática de las personas migrantes. Por presión o por no haber de otra, ha tenido que ser partícipe de facto de la política migratoria de los Estados Unidos: ha militarizado las fronteras, contenido migrantes, improvisado una política de atención, sin suficientes recursos, sin que en ella participen estados, municipios y sociedad. No ha extirpado la corrupción alojada desde hace añales en el Instituto Nacional de Migración, donde sigue habiendo extorsiones, maltratos, represión, perpetradas (y perpetuadas) contra las personas migrantes. Ciertamente, según él, no rehúye la responsabilidad, pero la cubre a medias y asume una responsabilidad que no le corresponde al aceptar el rol que le asigna el gobierno de Estados Unidos.

Un cuarto actor-factor del drama migratorio en México lo representan los gobiernos estatales y los municipios fronterizos, quienes de pronto se enfrentan con un problema que rebasa con mucho sus capacidades. Algunos de ellos hacen lo más que pueden para brindar una atención adecuada. Sin embargo, hay otros, sobre todo de oposición, que tratan de des responsabilizarse trasladando toda responsabilidad al Gobierno Federal y ni siquiera ejercen un control adecuado sobre las policías estatales o federales, que muy frecuentemente son los principales extorsionadoras y maltratadoras de las personas migrantes. La paradoja de la experiencia de Chihuahua en contra de los migrantes, es que la actual gobernadora del estado, de un partido de derecha ha realizado acuerdos con gobernador fascista de Texas para frenar la migración a ese estado con fuertes inversiones del erario estatal , y el alcalde de Ciudad Juárez, del partido oficial Morena, semanas previas a la tragedia de Ciudad Juárez promovió redadas en contra de los migrantes, pidiendo al INM un mayor encarcelamiento de los mismos, por considerarlos negativos para la Ciudad.

Víctor Quintana (2023) considera que el éxodo masivo de migrantes hacia los Estados Unidos va a continuar al menos en el futuro próximo. Para que no se repitan no sólo las tragedias como las del 27 M en Ciudad Juárez, sino también para reducir al máximo los sufrimientos de este tipo de personas es necesario cambiar el paradigma con el que se piensa en ellas y con el que se actúa con relación a ellas (y contra ellas). El paradigma dominante actual es el que el Papa Francisco llama "la cultura de los muros": las personas migrantes son "peligrosas", potencialmente criminales, bárbaros que asaltan las ciudadelas del "desarrollo", por lo tanto, hay que interponer todo tipo de muros ante ellas: muros de hierro en la frontera norte, muros militares y policías, muros de leyes y normatividades, centros de detención, más muros y candados. Este paradigma debe cambiarse por el de la dignidad de la persona, la acogida y los cuidados. Las y los migrantes son personas humanas, con todos los derechos en todas partes. Como tales merecen que sociedades y gobiernos los acojan, no los criminalicen, les brinden todos los cuidados que sus posibilidades les permitan, en lugar de muros y candados. Partiendo de este cambio en la manera de pensar a las personas migrantes, hay toda una serie de tareas que se pueden llevar a cabo, como las siguientes:

1. Combatir por todos los medios, sobre todo por las redes sociales, a las falsas concepciones y a las fake news que se difunden criminalizando a las personas migrantes, culpándolas de todo tipo de males, a las actitudes xenofóbicas y racistas.

2. Promover en cada localidad la conciencia sobre las causas del problema migratorio, sobre los responsables del mismo, y sobre las formas para que la población acoja con solidaridad a las personas migrantes.

3. Exigir al Estado mexicano que construya una política migratoria con enfoque efectivo de derechos humanos, abriéndose a la participación ciudadana. Quienes saben del asunto de las personas migrantes, incluso más que el propio gobierno, son las organizaciones de la sociedad civil que las apoyan y cuidan, las iglesias y las y los activistas. Hay que escucharlas, invitarlas a participar. Ellas demandan recurrentemente la desmilitarización de las fronteras, y la no criminalización de las personas en movilidad y brindarles atención y cuidados dignos, sin consideraciones políticas. Hay que escucharlas y tener humildad de dejarse guiar por ellas.

4. Aprovechando el llamado ciclo progresista en la región, se debe promover la construcción de un Pacto Latinoamericano por los Derechos Humanos de las Personas Migrantes que sirva como base para un diálogo multilateral con el gobierno de Washington. Muchos sectores de allá lo apoyarán, considera Quintana.

El éxodo masivo migrante continuará, las tragedias y las muertes se repetirán si no se transforma la cultura de los muros y los candados en la cultura de la acogida a personas portadoras de derechos, independientemente de su origen y de su situación legal (Quintana; 2023).

Ante la tragedia del 27M de Ciudad Juárez, los integrantes de más de 80 organizaciones mexicanas migrantes en Estados Unidos agrupadas en el Colectivo de Federaciones y Organizaciones Mexicanas Migrantes (COLEFOM), como parte de la sociedad civil transnacional exigen sanciones para todos los responsables institucionales de ese evento y un cambio a fondo en las políticas migratorias militarizadas que se han convertido en políticas de la muerte. Ellos expresan qué como resultado de más de tres décadas de luchas y aprendizajes, el COLEFOM ha venido construyendo su Agenda

Migrante Transnacional con diversas propuestas de política pública, programas y presupuestos para que formen parte de la Agenda Nacional.

Como parte de la nación mexicana, sostienen, siempre han planteado y lo reiteran en su Manifiesto, que urge una Política Migratoria Integral con enfoque de desarrollo y derechos humanos, la que considere las múltiples dimensiones de la movilidad humana en el país, la especificidad de cada una de ellas, sus necesidades y propuestas a partir de la congruencia planteada en la misma Ley de Migración, la Constitución, la Ley de Refugio y los Convenios Internacionales, para privilegiar el respeto irrestricto a los derechos humanos en todas las acciones del Estado mexicano con los migrantes, independientemente de su nacionalidad o estatus migratorio.

En el Manifiesto se plantea que resulta lamentable que los migrantes solo aparezcan en los discursos oficiales para registrar los niveles extraordinarios de remesas que mandan a México; para criminalizar el aumento de las migraciones que vienen del exterior como peligro para la seguridad nacional o para registrar tragedias como las de Ciudad Juárez como resultado de una ausencia de políticas integrales sobre movilidad humana que han estado ausentes en la agenda pública nacional, así como en los presupuestos en los últimos sexenios incluyendo el actual.

El COLEFOM demanda un profundo cambio institucional en el marco normativo sobre la movilidad humana y en las políticas públicas integrales para enfrentar las causas estructurales de las migraciones y garantizar la seguridad humana y derechos plenos al ejercer el derecho de migrar de todas las personas, buscando la colaboración con Estados Unidos y Canadá para el diseño e implementación de propuestas serias que incidan en esas causas estructurales.

Frente a la tragedia criminal de Ciudad Juárez del 27M, el COLEFOM dice NO a la impunidad y SI a un cambio a fondo en las Políticas Públicas del Estado mexicano sobre Movilidad Humana con un enfoque integral que aborde las causas estructurales de la misma y que salvaguarde el derecho humano de migrar con seguridad y respeto pleno a la integridad de todas las personas que vivan o transiten por México. Para lo cual hacen las siguientes propuestas:

1. Reconocer las ocho dimensiones migratorias de México como país de origen, tránsito, destino, retorno, desplazamiento, refugio, asilo y "devueltos" por el Título 42 en Estados Unidos. Reconocer el cambio de perfil de los migrantes de Centroamérica crecientemente en búsqueda de refugio en Estados Unidos y no migrantes económicos como en décadas previas, lo que significa reconocer otro tipo de necesidades de protección internacional

bajo la Ley de Refugio y que México está obligado a brindar de acuerdo a los convenios internacionales y su propia Constitución.

2. México país de migrantes con más de 150 años de migración internacional a los Estados Unidos, 40 millones de personas de origen mexicano en ese país, por principio de congruencia está obligado a realizar un cambio a fondo en su marco normativo sobre movilidad humana a partir de la congruencia planteada en la Constitución Política de los Estados Unidos Mexicanos, los Tratados y Convenios Internacionales, la Ley de Migración y la Ley de Refugio para privilegiar el respeto irrestricto a los derechos humanos en todas las acciones del Estado mexicano con las y los migrantes, independientemente de su nacionalidad o status migratorio.

3. Actualizar e implementar el Programa Especial de Migración publicado en el Diario Oficial de la Federación el 30 de abril de 2014, mismo que fue elaborado con la colaboración de múltiples organizaciones de la sociedad civil transnacional y el gobierno federal.

4. Desmantelar la militarización de la política migratoria nacional y sus fronteras que se planteó como solución para contener los flujos migratorios a Estados Unidos y ha fallado como lo muestran sus incrementos y las violencias, desapariciones y muertes crecientes en todo el país. La Guardia Nacional, el Ejército, la Marina y el INAMI no pueden seguir actuando como la "mexican migration patrol" al servicio de Estados Unidos.

5. Destitución de Francisco Garduño al frente del Instituto Nacional de Migración y la desaparición de las cárceles migratorias y transformación a fondo de ese organismo.

6. Creación de una Comisión Especial de Investigación de Masacres y Desapariciones de Personas Migrantes con apoyo de la Organización de las Naciones Unidas para superar la impunidad de las violencias contra los migrantes.

7. Se requiere qué ante la tragedia de Juárez, el Estado mexicano de forma clara y precisa asuma su responsabilidad total, deslinde las responsabilidades de las diferentes Secretarías y sus titulares por acción u omisión, la reparación del daño hacia familiares y deudos de forma ejemplar. Que en su actuación hoy el Estado mexicano, el Ejecutivo, Judicial y Legislativo muestren congruencia en su actuación.

8. Se requiere una investigación nacional e internacional a fondo de todas las instituciones y responsables de alto nivel involucrados en la tragedia de Juárez y ejercer la acción legal contra quien resulte responsable.

9. Que los Poderes Legislativo y Judicial junto con el Ejecutivo Federal promuevan cambios en la normatividad migratoria para que todo migrante en tránsito por México disponga de un documento legal que le permita la movilidad y evitar ser sujeto de todo tipo de agresiones, soborno, chantaje y violencias de cualquiera de los cuerpos de seguridad y de los grupos criminales.

10. Que COMAR sea el organismo relevante junto con las Secretarías de Relaciones Exteriores y Gobernación, las organizaciones de la Sociedad Civil, iglesias, organizaciones de migrantes, académicos y demás organismos con experiencia en el trabajo con los migrantes en México, quienes definan como superar el "atrapamiento" de los miles de migrantes internacionales en el país, privilegiando su protección, el respeto a sus derechos humanos, así como para facilitar su tránsito seguro, su integración y orientación adecuada en sus trámites en la frontera norte de nuestro país para llegar a Estados Unidos.

11. Revertir la subordinación unilateral a las políticas migratorias y de seguridad de Estados Unidos, donde lo que se necesita en realidad es un proceso de colaboración y coordinación con el tema de movilidad humana y derechos humanos entre los países que integran el TMEC, buscando incidir en las causas estructurales de la migración en la región, con políticas, programas y presupuestos concretos, de forma coordinada.

12. Como parte de la nueva arquitectura institucional de México en materia de movilidad humana, urge un cambio en el marco normativo migratorio que garantice la protección irrestricta de todas las personas migrantes y la creación de la Secretaría de Movilidad Humana, para lo cual los Poderes Ejecutivo, Legislativo y Judicial, así como los diferentes institutos políticos deberán hacer su propuesta. El COLEFOM plantea que, como lo han hecho sus organizaciones desde el año 2000, construirán su propuesta de cambio en el marco normativo y de Política Migratoria Integral para el sexenio 2024-2030 y el periodo 20230-2040, con el propósito de contribuir a la construcción de la nueva arquitectura institucional en materia de movilidad humana en México. Estos cambios, para ellos, son un reto colectivo para el país, para su

mejor funcionamiento en los años siguientes donde el Estado mexicano tiene la obligación de promover dicha transformación. El COLEFOM, señalan, hará su contribución como lo ha hecho apoyando al país por más de cuarenta años.

El día 23 de abril de 2023 inicia una nueva Caravana desde Tapachula Chiapas con 3 mil migrantes que plantean dos demandas centrales: investigación y castigo a los responsables de la tragedia de Ciudad Juárez y libre acceso para llegar a la frontera de Estados Unidos considerando que el día 11 de mayo deja de aplicarse en ese país el Título 42 de deportación expedita de los migrantes solicitantes de refugio vigente desde marzo de 2020 (Título 8) y mediante los cuales se han expulsado 7 millones de migrantes, 40.9% bajo el Título 42. Destaca el año fiscal 2023 que de octubre a marzo se han detenido o expulsado poco más de 1.5 millones de migrantes, 444 mil del Título 42 y poco más de 1 millón del Título 8 (Gráfica 5).

Gráfica 5. Detenciones y expulsiones del Título 8 y Título 42 para el año fiscal 2020, 2021, 2022 de octubre a septiembre y de octubre a marzo 2023

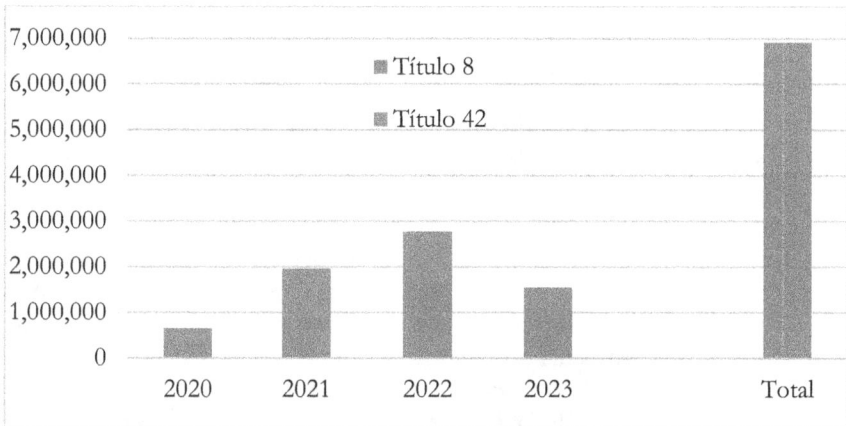

Fuente: Elaboración de los autores con datos de U.S. Customs and Border Protection.

El día 24 de abril del mismo 2023, ingresan a Brownsville, Texas, 1500 migrantes irregulares solicitando refugio, ingreso que se repite en los días siguientes y la respuesta es la aplicación del Título 42 y su deportación inmediata a México. Ante tales acontecimientos, considerando que en al año fiscal 2022 fueron detenidos 2.7 millones de migrantes en la frontera suroeste de Estados Unidos con un aumento de más nacionalidades, las relaciones diplomáticas tensas con varios países de donde provienen los solicitantes de asilo y los motivos migratorios complejos que hacen que se cada vez sea más difícil evaluar las solicitudes de protección, el 27 de abril funcionarios del gobierno de Biden dan a conocer su estrategia de control fronterizo, contención y otorgamiento de asilo bajo dos principios: incentivar la llegada ordenada y desincentivar los cruces en los puertos de entrada con fuertes sanciones legales. El sistema de control migratorio posterior al Título 42 se integra por la opción de Construcción de Caminos Legales y Consecuencias Severas del lado de las sanciones. El primero comprende establecer centros regionales de procesamiento de solicitudes de protección, inicialmente en Guatemala y Colombia y en otras ubicaciones, evaluando las solicitudes para ingresar a Estados Unidos, Canadá y España; agilizar procesos de reunificación familiar para cubanos y haitianos y ampliar los procesos para salvadoreños, hondureños, guatemaltecos y colombianos; duplicar el reasentamiento de refugiados de la región y aumentar el número de citas de CBP One por día. El segundo componente plantea que los cubanos, haitianos, nicaraguenses y venezolanos que lleguen irregularmente seguirán siendo expulsados a México; el DHS ampliará las deportaciones aceleradas, incluidos los vuelos de repatriación, las deportaciones de familias, el programa ampliado de alternativas a la detención (ATD) y la detención para adultos solteros; los cubanos y haitianos interceptados en el mar ya no serán elegibles para los programas de libertad condicional, y se anuncia el acuerdo entre Estados Unidos, Panamá y Colombia para frenar la migración por el Tapón de Darién.

Doris Maisner et al (2023, abril) realizan una evaluación de la nueva estrategia diseñada por parte del gobierno de Estados para enfrentar los flujos migratorios de Centroamérica y de sus principales dependencias, la Aduana y Protección Fronteriza (CBP) y los Servicios de Ciudadanía e Inmigración de Estados Unidos (USCIS) y el Servicio de Inmigración y Control de Aduanas (ICE) para superar la acumulación de 2 millones de expediente de solicitud en los tribunales de inmigración y aplicar a mediano plazo la estrategia de externalización de fronteras y contención migratoria de carácter hemisférico. Dichos investigadores pertenecientes al Migration Policy Institute señalan que el éxito dependerá de la forma en que se aplique la estrategia, de la cantidad de personal y de la infraestructura institucional que se utilice considerando los casos acumulados de protección y los que se presenten en los años siguientes. Ante esta situación, los investigadores señalados implícitamente resaltan la necesidad de reconstruir y fortalecer todo el sistema de protección migratoria internacional en términos de personal, infraestructura física, jurídica, de apoyos sociales, educativos, sanitarios y psicológicos con la colaboración de las organizaciones no gubernamentales aspirando a una plicación más humanitaria.

Doris Meissner y sus colegas consideran que la nueva estrategia migratoria presentada por los funcionarios norteamericanos el 27 de abril muestran el reconocimiento de una nueva etapa migratoria luego de las deportaciones masivas durante la época de la pandemia. Para ellos el eje de la nueva estrategia es la migración ordenada y las sanciones severas a la migración irregular. A corto plazo Estados Unidos enfrenta el cuello de botella de los 2 millones de casos acumulados en los tribunales migratorios y la reconstrucción del sistema de asilo desmantelado durante el gobierno de Trump para responder a los más de cien mil migrantes hoy en la frontera de México que esperan poder presentar su solicitud de asilo a Estados Unidos. Estos investigadores reconocen que la nueva estrategia debe considerar un enfoque humanitario en las relaciones con los migrantes y políticas ordenadas y justas para el manejo de las fronteras con el apoyo de las organizaciones gubernamentales. Sin embargo, más de cuarenta años de la estrategia de externalización de fronteras, de contención migratoria y deportaciones masivas por parte de Estados Unidos, generan la duda de la nueva estrategia de contención migratoria continental considere tales dimensiones. Como ha sucedido durante 40 años, tampoco ahora el gobierno de Estados Unidos considera las causas estructurales de las migraciones masivas y las migraciones forzadas, no lo considera en su actuación y tampoco en las propuestas de colaboración con los países de origen y tránsito de los migrantes más allá del enfoque securitario, de promover la militarización de las políticas migratorias y llevar la externalización de sus fronteras hasta Panamá y Colombia.

Conclusiones

El Sistema Migratorio Mesoamericano con dos flujos principales, el de México y el de los países del norte de Centroamérica se conforma luego de más de cuatro décadas al final del siglo XX en que la economía norteamericana recibe montos crecientes de migrantes con historicidades, causas, montos y ritmos diferentes de esos dos componentes. Desde finales de los años ochenta del siglo anterior se perciben dos perfiles y montos diferentes de los migrantes de México y los de Centroamérica, migrantes económicos masivos en el primer caso, y migrantes forzados los del segundo con montos crecientes. Es importante considerar que es en esa etapa de los años 80 y 90s del siglo XX en que quedan claras las relaciones del Sistema Migratorio Mesoamericano en el cual Estados Unidos es el país receptor, México y Centroamérica son los países emisores, fungiendo el primero de estos países como bisagra creciente de la migración irregular de esa región. La actitud de Estados Unidos es de regular los flujos migratorios hacia su país, inicialmente con el control y militarización de su frontera sur, y posteriormente promoviendo la externalización de fronteras hacia el sur de México y en Centroamérica mediante presiones, programas e iniciativas diversas qué con la narrativa de la criminalización de la migración irregular, buscan la contención a toda costa de los flujos migratorios a su país. Por parte de los países emisores se percibe a la migración internacional como positiva porque reduce las presiones del mercado laboral, funciona como paliativo de los graves problemas económicos, sociales y políticos y las remesas contribuyen mucho a atenuarlos y ayudan a la frágil situación macroeconómica de los países. La coincidencia entre Estados Unidos, México y los países del norte de Centroamérica es que la migración internacional hacia el primer país resulta funcional, para el destino porque en su etapa de largo crecimiento económico de los años 70s a 2006 dicha migración hace un gran aporte al mercado laboral, al sistema hacendario y de pensiones, y en los países de origen por reducir sus diversos problemas y ayuda a atenuar la crisis social y promover un frágil equilibrio económico. Ninguno de los gobiernos desde fines de los años 80s del siglo anterior hasta 2023 han reconocido las causas estructurales de esa migración, documentada e irregular, no han colaborado en diseñar una propuesta estratégica de desarrollo económico que incida en las causas estructurales de la migración, como planteaba Rober Pastor en los años 90s del siglo anterior, al discutirse el TLC y la construcción del muro en el sur de Estados Unidos. Dicho autor planteaba la construcción de un Plan Marshall para Centroamérica y México que generando desarrollo económico y bienestar en la región redujera de forma permanente los flujos migratorios.

En los hechos, lo que se ha impuesto es la política securitaria, de militarización de fronteras y de las políticas migratorias impuestas por Estados Unidos desde fines de los años noventa hasta el 2023. Los resultados han sido un enorme costo social en términos de violencia, desapariciones y asesinatos de los migrantes centroamericanos, mexicanos y de diversas partes del mismo. La necropolítica, las políticas migratorias de la muerte promovidas por Estados Unidos y acogidas y aplicadas por todos los gobiernos de la región bajo la pedagogía de que con las violencias, secuestros, extorsiones, decenas de miles de desaparecidos y migrantes asesinados se iba a disuadir a que no siguiera creciendo la migración internacional a Estados ha fracasado, si bien la migración de México a Estados Unidos de 2006 a 2023 presenta una tendencia constante a la baja, las migraciones de Centroamérica, con flujos adicionales del Caribe, América del Sur y decenas de países de África y Asia ha seguido creciendo.

La respuesta de Estados Unidos ha sido profundizar la militarización de su política migratoria y de fronteras, desmantelar el sistema legal de asilo y refugio, promover acciones como el Programa Permanece en México, el Título 42 y otros para realizar la deportación masiva de los centroamericanos solicitantes de protección internacional. Al mismo tiempo, intensifica las presiones para que México y los países del norte de Centroamérica acepten la externalización de fronteras, militaricen sus políticas migratorias y funcionen todos como la policía migratoria de contención al servicio de Estados Unidos con graves problemas para decenas de miles de migrantes atrapados en México, que no pueden entrar a Estados Unidos, ni pueden regresar a sus países de origen sin poner en peligro su vida; mayores crisis sociales y políticas en los países centroamericanos donde persisten las causas estructurales de la migración forzada y la población enfrenta la militarización de las políticas migratorias para que no emigren.

En el 2018 con el triunfo de López Obrador en las elecciones presidenciales en México surge el discurso que sólo el desarrollo puede frenar las migraciones, pero, sin una política migratoria integral con enfoque de desarrollo económico y derechos humanos para México y la región. En 2019 se le solicita a la CEPAL una propuesta de desarrollo que incida en las causas estructurales de la migración, quien elabora la propuesta, funcionarios de México la presentan en Washington, se presenta en dos ocasiones en México en 2020 y 2021 ante representantes de los gobiernos de Centroamérica, y ni Estados Unidos, ni los demás países respaldan y se comprometen para promover conjuntamente esa propuesta concretando lo que hace décadas había propuesto Robert Pastor. En 2021, cuando Biden gana la presidencia de Estados Unidos coyunturalmente menciona que promoverá el desarrollo económico de Centroamérica para que se reduzca la migración y en cuatro meses el discurso se olvida y se promueven las políticas internas de mayores deportaciones y en la región de fortalecer la externalización de fronteras y políticas migratorias militares de la muerte. La necropolitica como eje del Sistema Migratorio Mesoamericano.

En 2023 valorando la actuación de todos los gobiernos del Sistema Migratorio Mesoamericano en los últimos lustros se desprende que no les interesa la colaboración para una propuesta conjunta de desarrollo económico y social en la región que incida en las causas de la migración masiva como forma de sobrevivencia de cientos de miles de migrantes. Queda clara su coincidencia en seguir aplicando las políticas de contención, las necropolíticas migratorias, que los sobrevivientes sean los que cumplan la cuota de trabajadores precarios que requiere Estados Unidos o que este promueva medidas administrativas como mayores programas de trabajadores temporales para satisfacer su ´déficit de trabajadores estimado en 4 millones, al mismo tiempo que se profundizan las violencias institucionales y del crimen organizado contra los migrantes.

Sin embargo, la realidad es más complicada. ¿Qué hará México en la frontera norte con los cerca de 100 mil migrantes centroamericanos devueltos por Estados Unidos a partir de la aplicación del Programa Permanece en México y el Título 42 y los 320 mil nuevos deportados de Cuba, Honduras, Nicaragua y Venezuela que acepto López Obrador en enero de 2023? ¿Qué sucederá en la frontera sur de México con Guatemala y que sucederá al interior de Honduras y El Salvador donde el despojo, la expropiación, pobreza y miseria sigan provocando la migración forzada y sus gobiernos están comprometidos con Estados Unidos para no dejarlos migrar?

A partir del 27 de abril en que el gobierno de Estados Unidos presenta su nueva estrategia migratoria posterior al Título 42 queda claro el reforzamiento de la militarización de las políticas migratorias en la región, privilegiando las migraciones ordenadas desde la distancia, externalizando sus fronteras hasta Panamá y Colombia, deslocalizando los centros de recepción de solicitud de asilo de la frontera sur de México a Centroamérica y el Cono Sur, aumentando todo tipo de sanciones sobre la migración irregular. Además de esta política continental de externalización de fronteras y securitización de las políticas migratorias, nuevamente se excluye toda propuesta que incida en las causas estructurales de la migración en Centroamérica y en todo el continente. Se asume que seguirá la fábrica continental y mundial de migrantes forzados y que lo que la "gobernanza imperial" requiere son mayores estrategias militares de vigilancia, control, detención, deportación y sistemas jurídicos que reduzcan al máximo el otorgamiento de asilo y el aumento de sanciones a los transgresores migrantes irregulares. En este escenario, la "trampa de Tapachula" o "prisión de Tapachula" como fue descrita por los migrantes de la Caravana del 23 de abril de 2023 se reproducirá en todas las ciudades de la frontera norte de México convirtiendo al Estado mexicano en el carcelero no sólo de las estaciones migratorias sino de todas esas ciudades para evitar que cientos de miles de migrantes ahí asentados, centroamericanos, mexicanos y de múltiples otros países intenten ingresar a Estados Unidos. ¿Forma esto parte de los acuerdos secretos del T-MEC o es el costo de la tolerancia de Biden hacia los problemas diplomáticos, económicos, energéticos, comerciales, de seguridad y drogas que tiene México con el país vecino?

A partir del surgimiento de las "zonas grises" en toda la región de Mesoamérica, el Caribe y América del Sur de donde provienen cientos de miles de migrantes, caracterizada por las violencias, corrupción, desapariciones, asesinatos masivos y la impunidad institucional, se procederá a la administración militar directa de las "zonas grises" en las fronteras, en los corredores migratorios y en las zonas de origen de las migraciones forzadas junto con la externalización de fronteras hasta el Cono Sur?

Reconociendo que hay diferencias económicas e institucionales importantes entre México y Centroamérica y el Caribe, que el primer países presenta mayores indicadores de crecimiento económico y bienestar, sin embargo, ni el gobierno mexicano actual (tampoco ninguno de los anteriores) ni los gobiernos de Honduras, El Salvador y Guatemala están comprometidos con una estrategia verdadera de desarrollo económico y

166

social conjunta que permita que Mesoamérica deje de ser el mayor mausoleo de la necropolitica, de la muerte masiva de miles de migrantes, de las violencias e impunidad institucional por la indiferencia e irresponsabilidad de sus gobiernos y toda la clase política.

El tema de las estrategias de desarrollo económico nacional de México y los países de Centroamérica y el Caribe no es prioridad ni del interés de Estados Unidos, es un desafío al interior de cada país, de la población en su conjunto, de las diferentes organizaciones sociales, empresariales y no gubernamentales, mujeres, hombres, indígenas, campesinos, obreros, jóvenes, ancianos. Lo mismo sucede con las políticas migratorias con enfoque de derechos humanos que no son prioridad para ningún gobierno de la región. ¿Seguirá siendo la preocupación de los gobiernos de Mesoamérica intensificar el extractivismo migrante de expulsar la mayor cantidad de migrantes al exterior para recibir mayores montos de remesas y luego presumirlas como lo hace López Obrador en México? ¿Serán los gobiernos de la región los capataces de sus "zonas grises" como ejercito laboral de reserva para mediante los programas de trabajadores temporales mandar los contingentes que requiera la economía norteamericana, aplicando al mismo tiempo las necropolíticas en contra de sus migrantes irregulares?

Luego de cuatro décadas de externalización de fronteras, de criminalización de los migrantes, de políticas migratorias militarizadas, de la aplicación transnacional de la necropolítica migratoria impuesta por Estados Unidos en la región, serán las organizaciones sociales progresistas del campo y la ciudad, indígenas, obreros y jóvenes, las ONG, organizaciones feministas, quienes decidan si quieren seguir siendo la principal mercancía de exportación regular o irregular de la región; si quieren replicar la experiencia de transitar por el infierno de las "zonas grises" de los corredores migratorios y de fronteras de Mesoamérica hacia el Norte. Con todas sus secuelas de violencias, inseguridad y muerte o si se decantan por un esfuerzo de construcción desde debajo de un verdadero proyecto de cambio estructural, de desarrollo integral, con empleo, bienestar y seguridad humana para todos, promoviendo un cambio en la clase política de cada país y en sus instituciones caducas, asumiendo que el "big brother" y sus aliados nacionales están y estarán defendiendo el sistema actual del cual son soporte y principales beneficiarios (García Zamora-Gaspar Olvera 2022,p.309).

Referencias bibliográficas

Anguiano, M. y Lucero-Vargas, Ch. (2022). La construcción gradual de la política de contención migratoria en México. En D. Villafuerte y M. Anguiano (Coords.), Movilidad humana en tránsito. Retos de la Cuarta Transformación en política migratoria (pp. X-X). CLACSO, UNICAH, SESMECA.

Téllez, A. y Vargas, C. (2022) La construcción gradual de la política de contención migratoria en México"

Anguiano Téllez María Eugenia y Daniel Villafuerte Daniel (2015) (Coordinadores) Cruces de Frontera. Movilidad humana. COLEF, UNICACH, SESMECA.

Calderón Chelius, L. (2023, 15 de abril). De Ciudad Juárez a La Juárez: notas sobre migración en México. *La Opinión.* Recuperado de https://lasillarota.com/ opinion/ columnas/2023/4/15/de-ciudad-juarez-la-juarez-notas-sobre-migracion-en-mexico-424025.html

Calderón Chelius, L. (2023, 16 de abril). ¿Qué hacer con la política migratoria mexicana? *El Universal.* Recuperado de https://www.eluniversal.com.mx/opinion/instituto-mora/que-hacer-con-la-politica-migratoria-mexicana-2/

Calderón Chelius, L. (2023, 6 de abril). Después del duelo, ¿una nueva política migratoria? *Milenio.* Recuperado de https://www.milenio.com/opinion/leticia-calderon-chelius/columna-leticia-calderon-chelius/despues-del-duelo-una-nueva-politica-migratoria

Camus Bergareche, M. (2021). Centroamericanos en México. Movilidades por insostenibilidad de la vida. En E. Juárez Cerdi (Ed.), *Las Zonas Grises de la Migración* (pp. xx-xx). El Colegio de Michoacán.

Contreras Delgado, C., París Pombo, M. D., & Velasco, L. (Eds.). (2021). *Caravanas migrantes y desplazamientos colectivos en la frontera México-Estados Unidos.* El Colegio de la Frontera Norte. Recuperado de https://libreria.colef.mx/detalle.aspx?id=7766

Colectivo de Federaciones y Organizaciones Mexicanas Migrantes (COLEFOM). (2023, marzo). Manifiesto y propuestas ante la muerte de 40 migrantes encarcelados. *Brújula Ciudadana, 148.* Iniciativa Ciudadana. Recuperado de https://www.revistabrujula. org/b148-manifiesto-y-propuestas-ante-muerte40-migrantes-encarcelados

Cruz Piñeiro, R. (2022). Nuevos procesos migratorios en la frontera México-Estados Unidos. En A. Hernández & A. Campos-Delgado (Eds.), *Migración y movilidad en las Américas.* CLACSO, Ed. Siglo XXI Editores.

Durand, J. (2016). El Subsistema Migratorio Mesoamericano. En C. Heredia Zubieta (Ed.), *El Sistema Migratorio Mesoamericano.* CIDE-El Colegio de la Frontera Norte.

Durand, J. (2023, 2 de abril). El canciller se encarga del tema migratorio. *La Jornada.* Recuperado de https://www.jornada.com.mx/2023/04/02/opinion/004a1pol

Durand, J. (2023, 9 de abril). Muerto el niño... *La Jornada.* Recuperado de https://www.jornada.com.mx/2023/04/09/opinion/011a2pol

Estévez, A. (2023, 20 de abril). El proceso de producción y administración necropolítica de la migración forzada: un modelo para analizar las causas del DFI en México más allá del extractivismo y el narco. *Ciclo de Seminarios Grupo de Trabajo sobre Desplazamiento Forzado Interno (DFI) y Violencias en México, COMECSO.*

García Aguilar, M. del C., Villafuerte- Solis, D. (2014). *Migración, derechos humanos y desarrollo.* Juan Pablos Editor.

García Zamora, R., Gaspar-Olvera, S. (2020). Migración y Desarrollo Económico. Grietas en la Cuarta Transformación 2018-2024. Transnational Press London.

García Zamora, R., Gaspar- Olvera, S. (2022). México y la Cuarta Transformación frente a las migraciones y la crisis multidimensional en 2022. Transnational Press London.

Heredia Zubieta, C. (2016). *El Sistema Migratorio Mesoamericano.* CIDE-El Colegio de la Frontera Norte.

Heredia Zubieta, C. (2023, 31 de marzo). Gobierno indigno. Responsable de la tragedia criminal. Su política migratoria mata. *El Universal.* Recuperado de https://www.eluniversal.com.mx/opinion/carlos-heredia-zubieta/gobiernoindigno/

Hernández López, R. A., Lucer- Vargas, C. (Eds.). (2021). *Vulnerabilidad en Tránsito. Peligros, retos y desafíos de migrantes del norte de Centroamérica a su paso por México.* El Colegio de la Frontera Norte. Recuperado de https://libreria.colef.mx/detalle.aspx?id=7867

INM. (2022, 24 de octubre). Opinión Migración 251022. *Instituto Nacional de Migración.* Recuperado de https://www.inm.gob.mx/gobmx/word/index.php/opinion-migracion-251022/

Juárez Cerdi, E. (2021). No hay más: uno tiene que quedarse acá o seguir el camino. En E. Juárez Cerdi (Ed.), *Las Zonas Grises de la Migración* (pp. xx-xx). El Colegio de Michoacán, El Colegio de la Frontera Norte, Instituto Mora.

Meissner, D., Ruiz Soto, A., & Putzel-Kavanaugh, C. (2023, abril). Enfoque de una estrategia posterior al Título 42 para la gestión migratoria. *Migration Policy Institute (MPI).*

OIM & ONU. (2020). *Migración. Encuesta de caracterización de personas migrantes en tránsito 2020.* Recuperado de http://www.mic.iom.int/ webntmi/ descargas/ 2020/ DTM_ Encuesta_caracterizacionGT2020.pdf

Ortega Velázquez, E. (2022). El asilo como derecho en disputa en México. La raza y la clase como dispositivos de exclusión. Instituto de Investigaciones Jurídicas de la UNAM.

Ortega Velázquez, E. (2023, 13 de abril). La detención migratoria en México y sus mortíferas consecuencias. *Nexos.* Recuperado de https://migracion. nexos. com. mx/ 2023/04/la-detencion-migratoria-en-mexico-y-sus-mortiferas-consecuencias/

MÉXICO COMO TERRITORIO DE CONTENCIÓN MIGRATORIA EN CONTEXTOS DE PANDEMIA

Guillermo Castillo Ramírez[1] y Jorge González Sánchez[2]

Introducción

Desde buena parte del siglo XX y a la fecha, México, según datos del Consejo Nacional de Población (CONAPO), ha sido un país de origen de miles de migrantes con destino al norte global (CONAPO, 2018 y 2020). No obstante, por su ubicación geográfica y su estratégica situación para varios corredores migratorios (García y Villafuerte, 2014; International Crisis Group, 2018), desde finales del siglo pasado y especialmente en las últimas décadas (2000-2020), el país ha sido un espacio obligado de tránsito de poblaciones en condición migratoria irregular del Norte de Centroamérica (PMINC)[3] y con destino a Estados Unidos de América (EUA) (Observatorio de Legislación y Política Migratoria del COLEF, 2016; Villafuerte y García, 2018; CONAPO, 2021; González Sánchez, 2022). Por ello, desde hace años, los últimos gobiernos de EUA han ejercido una notoria influencia sobre las políticas migratorias mexicanas hacia las PMINC (Robert Strauss Center, 2019; París y Díaz, 2020), a fin de que dichas políticas estén acordes con los procesos de control migratorio estadounidenses hacia ciertas poblaciones extranjeras en condición irregular (García, 2021).

En este contexto, este capítulo, con base en la revisión de fuentes de la Unidad de Política Migratoria (UPM) e informes de derechos humanos de diversas organizaciones pro migrantes, argumenta que México, desde hace años, y en especial en el contexto del segundo año de la pandemia (2021), se ha configurado como un vasto y desigual territorio de contención migratoria, ha jugado un papel clave en la conformación de regímenes fronterizos regionales (EUA/México/Norte de Centroamérica) y en las dinámicas de externalización de fronteras (de EUA hacía México). Particularmente, se destaca como esto se ha expresado en dos procesos concretos. (1) En el aumento y selectividad de las detenciones y deportaciones de las PMINC del 2021 respecto al 2020. (2) Y, por otro lado, en las acciones de desarticulación, represión y criminalización hacia las PMINC (con especial énfasis en las caravanas migrantes de los últimos años).

---

[1] Instituto de Geografía (UNAM). Correo electrónico: gcastillo@geografia.unam.mx
[2] Instituto de Geografía (UNAM). Correo electrónico: jorgos@unam.mx
[3] En el caso del presente trabajo las PMINC abarcan personas de tres países del norte de Centroamérica: Honduras, El Salvador y Guatemala.

El aporte del presente trabajo reside en mostrar que las recientes políticas migratorias mexicanas -especialmente durante los dos primeros años de la pandemia- tienen que ser entendidas, no sólo desde los criterios del interés nacional y la soberanía territorial del Estado nacional, sino también desde un marco geopolítico que considere la impronta de EUA y la agenda de control migratorio de dicho país. También abona en el sentido de ver cómo, dada la magnitud y la selectividad territorial de ciertas acciones del ejercicio de la política migratoria (concretamente las detenciones y deportaciones), son parte relevante de las recientes estrategias de control migratorio estatal hacia las PMINC. En este tenor, este capítulo se posiciona dentro del grupo de estudios críticos sobre migraciones, políticas estatales y fronteras (Mezzadra, 2012; Mezzadra y Nielson, 2013; Winton, 2018; Villafuerte y García, 2018). Una de las contribuciones del presente trabajo es el abordaje espacio-territorial de los procesos de control migratorio -con énfasis en las regiones fronterizas-, en el contexto de la literatura sobre migraciones y control de poblaciones extranjeras irregularizadas en México y Latinoamérica.

La estructura del capítulo es la siguiente. Después de esta sección introductoria de encuadre y definición del objetivo del trabajo, está el andamiaje conceptual que aborda las fronteras como producciones socio políticas -que son más que meros muros-. Posteriormente, se describe la estrategia metodológica, tanto en términos de la definición espacio temporal del trabajo, como de las fuentes y datos utilizados. Después, hace el encuadre de las investigaciones y estudios dentro de los cuales se ubica el capítulo. Y, con base en los desarrollos previos, se aborda la sección principal del trabajo, donde se da cuenta de los procesos de distribución y concentración territorial de las detenciones y deportaciones como una de las expresiones más relevantes de los procesos de control migratorio. Finalmente, el texto cierra destacando la forma en qué México, de ser un país de tránsito, se convirtió también en un territorio estratégico de control y contención migratoria en Centro y Norteamérica, formando parte del complejo y multiescalar régimen fronterizo que EUA, a través de la presión geopolítica, ha producido desde el sur de su territorio y hasta el norte de Centroamérica.

Marco teórico, detenciones y deportaciones como contención migratoria

Las migraciones internacionales, en tanto procesos de movilidad espacial transfronteriza entre diferentes países y por diferentes causas (Gregory *et al.*, 2009), tiene una clara dimensión política. Dicha dimensión política se funda, tanto en el papel de los Estados nacionales respecto a poblaciones extranjeras -especialmente aquellas irregularizadas-, como en la relación y posturas de las poblaciones migrantes respecto a los países de tránsito, origen y destino

(Casas-Cortés *et al.*, 2015). Particularmente para este texto, y en esta sección, se abordan el papel de los países de tránsito -en este caso México- en relación con poblaciones extranjeras irregularizadas, y en particular al papel de las fronteras en este tipo de procesos. Desde ciertos linderos de las Ciencias Sociales y por buena parte del siglo XX, las fronteras se han concebido como infraestructuras materiales que expresan los límites internacionales entre dos o más países, y manifiestan el control de los territorios de cada país (Asociación Norteamericana Antropológica, 2021).

No obstante, como han señalado ciertos abordajes críticos de las migraciones y fronteras, sin negar la materialidad de estos dispositivos de diferenciación territorial entre países, las fronteras estatales no son sólo "cosas"; son también un conjunto de relaciones sociopolíticas mediadas por objetos (Mezzadra, 2012; Mezzadra y Nielson, 2013) y ciertos procesos de producción de la lógica estatal de diferenciación respecto a otros Estados nacionales y sus respectivas poblaciones extranjeras.

Para el caso del presente trabajo, las fronteras se piensan como territorios estatales de control migratorio, en diversas escalas (locales, nacionales y regionales). Las fronteras tienen diferentes expresiones; pueden ser muros y vallas, pero también son complejos dispositivos de articulación de acciones estatales móviles -mediante fuerzas de seguridad y dentro del territorio del Estado nación-. Este es justamente el caso de las detenciones y deportaciones que, más allá de la dimensión jurídica de ser meras expresiones del ejercicio de la ley migratoria hacia poblaciones extranjeras, son también parte de las estrategias de contención migratoria y de producción de fronteras.

De facto, como lo muestran diversas investigaciones (París y Díaz, 2020) y como se verá con precisión en las siguientes secciones, las detenciones y deportaciones si postergan y truncan las travesías de decenas de miles de personas del PMINC que, anualmente y a través de rutas muy adversas, intentan llegar a EUA. Las fronteras, en su dimensión como objetos materiales (muros, vallas, etc.) y también en su condición de prácticas de control de uso y restricción de ciertos espacios por parte de ciertas poblaciones, tienen drásticos efectos sobre las poblaciones migrantes.

Estrategia metodológica y fuentes utilizadas

La estrategia metodológica en la elaboración del presente trabajo fue doble. Por un lado, se hizo una selección de información estadística de fuentes oficiales que permitían pensar a México como un territorio de contención migratoria. Por otra parte, se hizo un encuadre espacio temporal de los límites y alcances del trabajo. Respecto a este segundo punto, y para llevar a cabo el objetivo del presente artículo, se hizo la siguiente delimitación geográfica e histórica. En el ámbito espacial, el trabajo se circunscribe al territorio del Estado nacional de México, y con particular énfasis en las regiones de más alta concentración de los procesos de contención migratoria -particularmente las fronteras norte y sur de México, que en conjunto tiene 4,310 kilómetros-.

En lo concerniente a la delimitación temporal, el trabajo se acota a los dos primeros años de la pandemia del Covid19 (2020 y 2021). Es un periodo muy complejo, de diversos y drásticos cambios, y en el que se articulan varios procesos sociopolíticos: (A) el 2020 fue el último año de la administración Trump (con su hostil política antiinmigrante); (B) ese mismo año fue el inicio y consolidación de la pandemia, así como el periodo donde se implementaron medidas sanitarias con fines antiinmigrantes -como el Título 42-; (C) el año 2021 fue el inicio de la administración Biden (quién intentó tener otra postura -quito varias de las medidas de Trump- pero no mejoro mucho la situación de los migrantes); también el segundo año se distinguió por el incremento de las PMINC.

En lo concerniente a los datos utilizados para la elaboración del presente texto, se utilizaron datos estadísticos de acceso libre, público y gratuito de la Unidad de Política Migratoria (UPM) de la Secretaria de Gobernación de México. Particularmente, se trabajó con los registros de detenciones y deportaciones de los años 2020 y 2021, en especial para las poblaciones migrantes de Honduras, El Salvador y Guatemala (UPM, 2022, 2021 y 2020a).[4] Se analizaron los totales anuales, pero también se elaboraron desagregados para las regiones de las fronteras sur y norte de México,[5] para analizar los procesos de distribución y concentración.

Las ventajas del uso de esta información es que se trata de un conjunto de datos sistemáticos, que se producen anualmente, bajo criterios estandarizados y que permiten rastrear y describir los procesos claves (las detenciones y deportaciones) del ejercicio de la ley migratoria y de los procesos de control territorial de poblaciones extranjeras -regularizadas e irregularizadas-. Antes

---

[4] También se trabajó el año previo a la pandemia (2019), con el fin de tener un referente para poder dar cuenta de los cambios acontecidos en los años 2020 y 2021.

[5] La frontera norte de México, que colinda con el sur de EUA, está conformada por las entidades federativas de Baja California, Sonora, Chihuahua, Coahuila, Nuevo León y Tamaulipas. Esta frontera tiene una extensión aproximada de 3,152 kilómetros. Y para sacar el total de las detenciones y deportaciones de esta frontera por año, se hizo la suma de los registros de cada una de las seis entidades que la componen. En el caso de la frontera sur, tiene una extensión de cerca de 1,149 kilómetros -es casi tres veces menor que la frontera norte-, y está compuesta por las entidades de Campeche, Chiapas, Quintana Roo y Tabasco, y colinda con Guatemala y Belice. Para sacar el total de detenciones y deportaciones por año, se hizo el mismo procedimiento que en frontera norte -se sumaron los registros anuales de cada una de las entidades que la componen-. No obstante, como se verá más adelante, la frontera sur es la que mayor peso relativo y total tiene en relación a la concentración de detenciones y deportaciones respecto de las otras regiones que componen el territorio mexicano (UPM, 2020, 2021 y 2022).

de concluir esta sección, es pertinente hacer un comentario de orden metodológico. En el caso de los registros de las detenciones y deportaciones se trata de eventos, y no de personas. Esto significa que un mismo migrante puede ser detenido y deportado varías veces durante un periodo de tiempo - sea un mes, o un año

Asimismo, para la elaboración del contexto histórico se hizo revisión de la literatura académica especializada en procesos de contención migratoria, así como una búsqueda de reportes e informes de redes y organizaciones pro migrantes. Particularmente se consultaron los informes de la Red de Documentación de las Organizaciones Defensoras de Migrantes (REDODEM).

Investigaciones sobre PMINC y las políticas de control territorial migratorio

Desde finales del siglo XX, México ya no es sólo un país expulsor de migrantes, también es un territorio de tránsito muy importante para diversas poblaciones extranjeras del continente -especialmente del norte de Centroamérica-. Entre los grupos de migrantes que transitan México y, de acuerdo con datos del Alto Comisionado de las Naciones Unidas para los Refugiados (ACNUR) y de CONAPO, las PMINC representan los mayores volúmenes demográficos (ACNUR, 2015; CONAPO, 2020, 2021 y 2022; González Sánchez, 2022; ver Gráfica 1), una larga historia y dentro de las cuales acontecieron las caravanas migrantes de 2018 y 2019 (Ruíz y Varela, 2020; Frank y Núñez, 2020). Esta situación se deriva, tanto de la posición geográfica de México -ser el país especialmente previo a EUA para los flujos migratorios que vienen del sur del continente-, como por el hecho de que la frontera México EUA es una de las más grandes y cruzadas -regular e irregularmente- del mundo y de que EUA es el principal destino a nivel mundial y en el norte global en términos de procesos migratorios internacionales (CONAPO, 2022 y 2021).

En la última década, derivado del aumento del volumen demográfico de las PMINC y del creciente presión de los gobiernos de EUA (París y Díaz, 2020; Villafuerte y García, 2018), se ha registrado un sustancial aumento de las detenciones y deportaciones por parte del gobierno mexicano (UPM, 2012 y 2022; ver Gráficas 1 y 2); y esto se ha hecho particularmente más acentuado en coyunturas precisas, como la crisis de los niños y menores no acompañados en la frontera México EUA de 2014 (International Crisis Group, 2018), y las caravanas migrantes de fines de 2018 y 2019 (UPM, 2019 y 2020a). En los últimos años, y aún pese a la emergencia sanitaria del Covid19, este tipo de políticas de control territorial de las PMINC tuvieron continuidad y se expresaron mediante diversos procesos: criminalización migratoria, detenciones, deportaciones, entre otras acciones estatales (Proyecto Covid-19 e Inmovilidad en las Américas, 2021).

Gráfica 1. Eventos de detenciones de extranjeros en situación irregular en México, 2011-2021

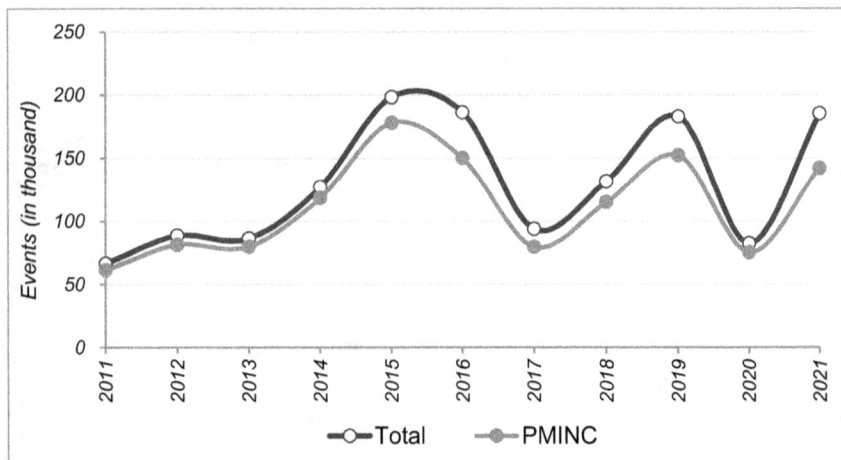

Fuente: elaboración propia a partir de información de la UPM. (http://politicamigratoria. gob. mx/ es/ PoliticaMigratoria/Series_historicas)

Gráfica 2. Eventos de extranjeros en situación migratoria irregular devueltos por la autoridad migratoria mexicana, 2011-2021

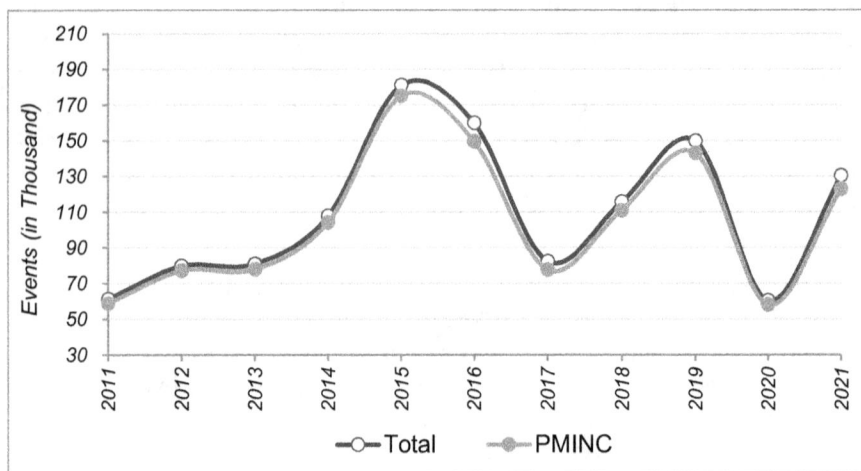

Fuente: elaboración propia a partir de información de la UPM. (http://politicamigratoria.gob.mx/es/ PoliticaMigratoria/Series_historicas)

En estos adversos contextos y como lo han documentado diversas redes de organizaciones -como la REDODEM y Médicos Sin Fronteras (MSF)-, desde hace años las PMINC sufren diversos procesos de violencia y exclusión en los países de origen (MSF, 2017), tránsito y destino. Los delitos que sufren las PMINC en su tránsito por México van, desde el robo y la extorsión -que son dos de los más frecuentes-, hasta privación de la libertad, secuestro, agresiones físicas, abuso y violaciones sexuales, tráfico de personas e incluso asesinatos (REDODEM, 2018, 2019 y 2020). En ese mismo tenor, el *Missing Migrant Project* (2023) ha dado cuenta de cómo, de 2014 a la fecha, cientos de migrantes han muerto, en el contexto de la frontera México EUA, muy probablemente gran parte de los cuales son PMINC (Missing Migrant Project, 2023); y también publicaciones de la UPM han dado cuenta de pérdida de vidas migrantes en diversas regiones de México -espacialmente en la frontera norte- (UPM, 2020b).

Asimismo, hay distintas investigaciones académicas que han dado cuenta de las dinámicas de violencia y de transgresión a los derechos humanos que experimentan dichos migrantes (Izcara-Palacios, 2015; Winton, 2018), y cómo estos procesos se agudizan en el marco de las políticas regionales, nacionales y locales de securitización fronteriza y de criminalización migratoria (Observatorio de Legislación y Política Migratoria del COLEF, 2016; Robert Strauss Center, 2019; París y Díaz, 2020; UPM, 2020b).

Producciones de fronteras, detenciones y deportaciones como control migratorio

Desde hace años, particularmente en coyunturas específicas (como las caravanas migrantes y la pandemia del Covid19), México, en especial sus fronteras sur y norte, son un territorio de tránsito (REDODEM, 2019 y 2020), con fuertes dinámicas de contención migratoria (París y Díaz, 2020; Villafuerte y García, 2018; Proyecto Covid-19 e Inmovilidad en las Américas, 2021) y procesos de violencia hacia las poblaciones migrantes irregularizadas (International Crisis Group, 2018; Robert Strauss Center, 2019). Esto se debe, tanto a su ubicación geográfica al sur y como antesala de EUA, como a su condición geopolítica en el contexto regional de los procesos migratorios entre EUA (como país de destino) y el norte de Centroamérica (como región de origen). Esto acontece en el marco de procesos de criminalización migratoria de corte nacional y regional, estimulados/promovidos e impuestos por parte de las administraciones estadounidense de EUA de Trump y Biden.[6]

---

[6] Entre Trump y Biden hay diferencias significativas en términos de política migratoria. Mientras el primero se caracterizó por una retórica nacionalista xenófoba con acciones fuertes de violación a los derechos humanos de los migrantes (separación de familias, detención de niños, la instauración del Título 42 justo

La emergencia sanitaria trajo cambios drásticos en las migraciones con destino a EUA y en los procesos de control de estas. No obstante, hubo diferencias importantes entre el primer (2020) y segundo (2021) año de la pandemia. Por ello, es pertinente abordar cada uno por separado, pero con una relación de continuación entre ciertos procesos.

Inicio de pandemia y decrecimiento de detenciones y deportaciones

Durante el primer año de la pandemia (2020), y debido tanto a los masivos contagios del virus Sars-Cov2, como a las medidas regionales del cierre de fronteras -en EUA y el norte de Centroamérica-, hubo una notoria reducción de las migraciones de PMINC en tránsito por México respecto el año 2019 (Proyecto Covid-19 e Inmovilidad en las Américas, 2021). No obstante, también se redujeron los registros de dos de las principales estrategias de control migratorio -las detenciones y deportaciones- (UPM, 2020a y 2021), aunque si se conservó la selectividad geográfica de dichas estrategias, que territorialmente se concentraron principalmente en las fronteras sur y norte.

En el caso de las detenciones de PMINC, el total nacional fue 152,138 para el año 2019, hubo una drástica reducción para el año 2020 a 75,399 -menos de la mitad del año anterior- (UPM, 2020a y 2021). Una tendencia muy similar aconteció en la frontera sur, que, de tener un registro de 74,993 en el 2019, bajó significativamente a menos de la mitad -con 31,215 detenciones- (UPM, 2020a y 2021). Por su parte, la frontera norte apenas tuvo una ligera reducción, al pasar de 33,020 en 2019 a 31,349 en 2020 (UPM, 2020a y 2021; ver Gráfica 3 y Tabla 1).

En lo relativo a las deportaciones del PMINC, el total nacional de 142,958 en el año previo a la pandemia (2019), aconteció una severa disminución en el primer año de la emergencia sanitaria (2020) y se tuvo un registro de 57,919 -poco más de la tercera parte del año anterior- (UPM, 2020a y 2021). Un proceso semejante se presentó en la región de la frontera sur, que, de tener 70,359 deportaciones en el anterior a la pandemia (2019), redujo drásticamente su registro a 27,830 para el año 2020 (UPM, 2020a y 2021). Por su parte, en la frontera norte la disminución fue importante pero menor. Se pasó de 21,969 en 2019 a 17,433 para el año 2020 (UPM, 2020a y 2021; ver Gráfica 4 y Tabla 2).

Ahora bien, las detenciones y las deportaciones de los PMINC del primer año de la pandemia fueron una parte muy importante del total nacional de

---

en el contexto de pandemia, los protocolos de protección migrante en 2019 y la prácticamente suspensión del asilo), Biden intentó desarticular varias de estas medidas sin mucho éxito. No obstante, y aún pese a la llegada del actual presidente, no ha mejorado la situación para las PMINC que desean ingresar a EUA y pedir asilo.

todas las detenciones y deportaciones del país en dicho año (UPM, 2021). En el caso de las 75,399 detenciones del PMINC fueron el 91.5% de todas las detenciones del país -cuyo registro de fue de 82,379- (UPM, 2021; ver Gráfica 5 y Tabla 3). En lo referente a las deportaciones de las PMINC para el 2020 -con un registro de 57,919-, la tendencia fue aún mayor y fueron el 96.0% de las deportaciones a nivel nacional, que fueron 60,315 (UPM, 2021; ver Gráfica 6 y Tabla 4).

Gráfica 3. Eventos de detención de PMINC en fronteras norte, sur y total nacional en México, 2019-2021

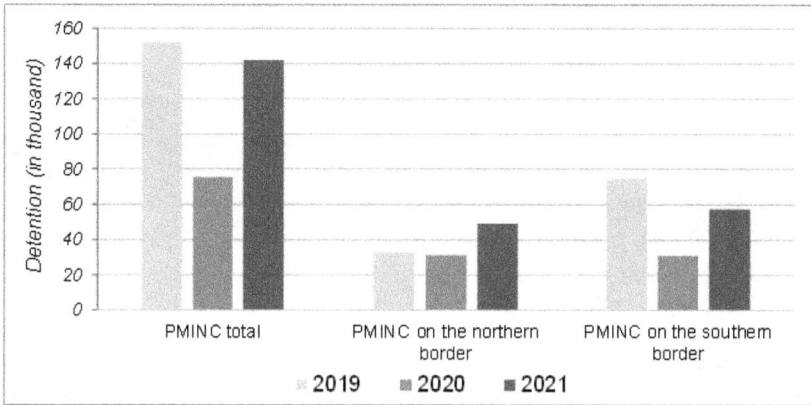

Source: Tabla 1.

Tabla 1. Eventos de detención de PMINC en fronteras norte, sur y total nacional en México, 2019-2021

Year	PMINC en la frontera norte	PMINC en la frontera sur	PMINC total
2019	33,020	74,993	152,138
2020	31,349	31,215	75,399
2021	49,356	57,552	142,056

Fuente: elaboración propia a partir de información de la UPM (2020, 2021, 2022).

Gráfica 4. Eventos de devolución de PMINC en las fronteras norte, sur y total nacional en México, 2019-2021

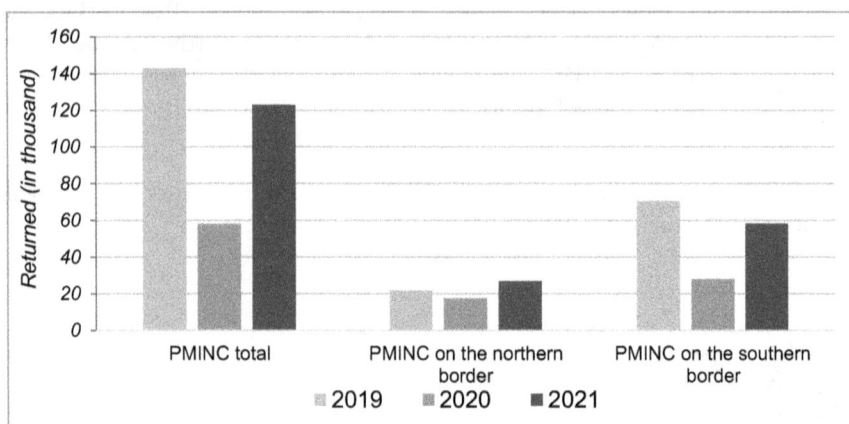

Source: Table 2.

Tabla 2. Eventos de devolución de PMINC en las fronteras norte, sur y total nacional en México, 2019-2021

Year	PMINC en la frontera norte	PMINC en la frontera sur	PMINC total
2019	21,696	70,359	142,958
2020	17,433	27,830	57,919
2021	26,745	58,126	122,846

Fuente: elaboración propia a partir de información de la UPM (2020, 2021, 2022).

Gráfica 5. Eventos de detenciones de extranjeros en situación irregular: PMINC y total nacional en México, 2019-2021

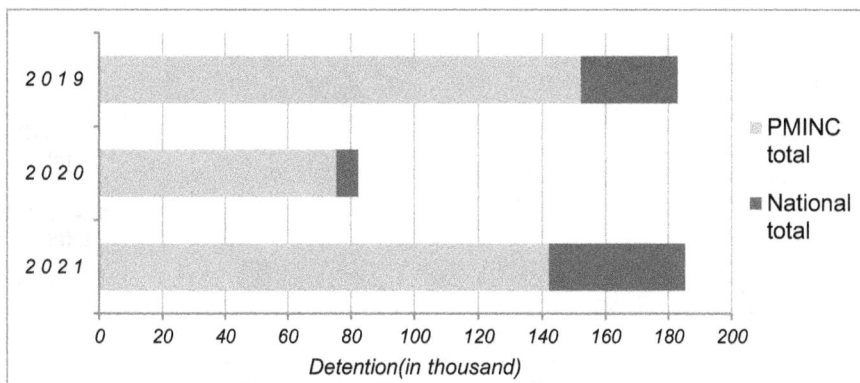

Source: Table 3.

Tabla 3. Eventos de detenciones de extranjeros en situación irregular: PMINC y total nacional en México, 2019-2021

Year	National total	PMINC total	PMINC total (in %)
2019	182,940	152,138	83.2
2020	82,379	75,399	91.5
2021	185,319	142,056	76.5

Fuente: elaboración propia a partir de información de la UPM (2020, 2021, 2022).

Gráfica 6. Eventos de devolución de extranjeros en situación irregular: PMINC y total nacional en México, 2019-2021

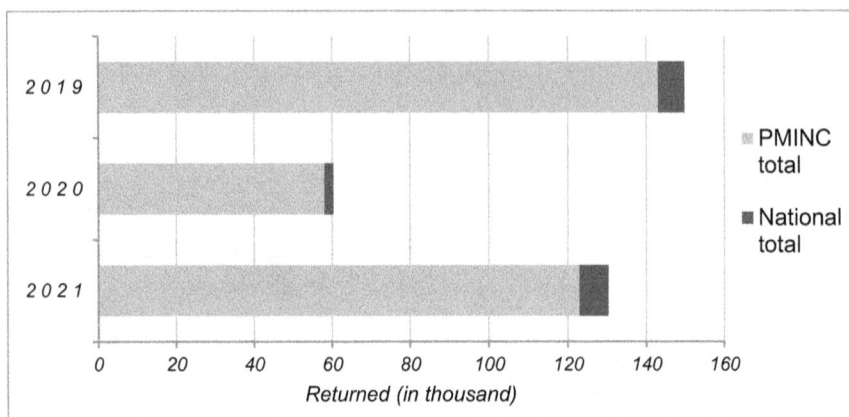

Source: Table 4.

Tabla 4. Eventos de devolución de extranjeros en situación irregular: PMINC y total nacional en México, 2019-2021

Year	National total	PMINC total	PMINC total (in %)
2019	149,812	142,958	95.4
2020	60,315	57,919	96.0
2021	130,275	122,846	94.3

Fuente: elaboración propia a partir de información de la UPM (2020, 2021, 2022).

Pandemia en 2021 y el control migratorio: detenciones y deportaciones

En el transcurso del 2021, y en el contexto de los masivos contagios del virus Sars-Cov2 durante el segundo año de pandemia y sus efectos socioeconómicos y políticos, se acentuaron, tanto los procesos migratorios de los PMINC, como las dinámicas locales, nacionales y regionales del cierre de fronteras -en EUA y el norte de Centroamérica- (Proyecto Covid-19 e Inmovilidad en las Américas, 2021). También aumentaron los registros de dos de las prioritarias estrategias de control migratorio -las detenciones y deportaciones- (UPM, 2021 y 2022); y, también en relativa continuidad con lo acontecido en los últimos lustros, se mantuvo el proceso de diferenciación de geográfica de dichas estrategias, que territorialmente se concentraron particularmente en las fronteras sur y norte.

En lo referente a los procesos de detenciones del PMINC, del acumulado del total nacional de 75,399 en el primer año de la pandemia, tuvo un drástico aumento para el año 2021 -de casi el doble-, con un registro de 142,056

(UPM, 2021 y 2022). Una dinámica muy semejante se presentó en la frontera sur, que, de tener un registro de 31,215 detenciones, subió a 57,552 (UPM, 2021 y 2022). Y, la frontera norte apenas tuvo también una tendencia muy similar y pasó de 31,349 en el 2020 a 49,356 (UPM, 2021 y 2022; ver Gráfica 3 y Tabla 1).

En lo concerniente a las deportaciones del PMINC, del acumulado del total nacional de 57,919 en el primer año de la pandemia (2020), se presentó un drástico repunte y el registro para el año 2021 fue de 122,846 (UPM, 2021 y 2022). Algo similar se presentó en la frontera sur, que, de tener 27,830 para el año 2020, se incrementó 58,126 (UPM, 2021 y 2022). Y, en la frontera norte el escenario fue parecido de 17,433 deportaciones para el año 2020, se alcanzó el registro de 26,745 para el segundo año de la pandemia -2021- (UPM, 2021 y 2022; ver Gráfica 4 y Tabla 2).

Ahora bien, las detenciones y las deportaciones de los PMINC del primer año de la pandemia fueron una parte muy importante del total nacional de todas las detenciones y deportaciones del país durante el segundo año de la pandemia (UPM, 2022). Las 142,056 detenciones del PMINC fueron el 76.6% de todas las detenciones del país -cuyo registro de fue de 185,319- (UPM, 2022, ver Gráfica 5 y Tabla 3). En lo concerniente a las deportaciones de las PMINC para el 2021 -con un registro de 122,846-, el proceso fue aún más drástico y representaron el 94.3% de las todas las deportaciones a nivel nacional -que ese año fueron 130,275- (UPM, 2022; ver Gráfica 6 y Tabla 4).

Años de pandemia, cambios y continuidades del control migratorio

Como puede observarse, para el periodo de la pandemia (2020-2021) y sabiendo que en el caso de las detenciones y deportaciones se tratara de eventos y no sólo de migrantes -un mismo migrante puede ser detenido y deportado más de una vez, en México hubo 217,455 detenciones de las PMINC y 180,765 deportaciones (UPM, 2021 y 2022); y, dentro del territorio nacional mexicano, las principales regiones que concentraron estas acciones de control fueron las fronteras sur y norte. Asimismo, las detenciones de las PMINC fueron 85.8% del total nacional; y, en caso de las deportaciones de las PMINC, fueron el 95.6% del total nacional (UPM, 2021 y 2022).

Como puede observarse, la ejecución de detenciones y deportaciones por parte de las autoridades migratorias mexicanas produjo que decenas de miles de migrantes que, en su tránsito por México y muchos de ellos con destino a EU, fueron contenidos y ya no llegaron a territorio estadounidense. Además, esto se combinó con otras medidas de contención migratoria en México y EUA, de corte nacional y regional. En el caso de México, fueron las acciones de control y desarticulación de las "caravanas migrantes" al interior del territorio nacional en 2021. Y, por su parte, en EUA continuaron las agresivas acciones de los Protocolos de Protección Migración y el Título 42 -mediante las cuales fueron rechazadas decenas de miles de migrantes-.

Conclusiones. México espacio de tránsito y dispositivo de contención

En el contexto de la pandemia, el presente trabajo mostró uno de los recientes procesos de producción política de México como territorio de tránsito y, sobre todo, como un dispositivo de contención migratoria. Esto es resultado de la articulación de varias dinámicas de diversos ámbitos -social y político administrativo-, y que se expresa en múltiples escalas.

Por un lado, y a nivel de una escala macro regional entre diferentes países, la situación geográfica de México en los procesos migratorios irregularizados de corte internacional y regional. En el contexto global, ciertos países del norte son fuertes polos de atracción de poblaciones del sur global. En ese sentido, EUA es el destino preferente de diversos flujos migratorios (que se mueven vía terrestre) a lo largo de Centro y Norteamérica, y esto hace de México el país bisagra/antesala para que las PMINC puedan llegar a territorio estadounidense. Esto es algo que, diversas organizaciones pro migrantes y de defensa de los derechos humanos -como la REDODEM-, han señalado al destacar la posición de México como país de tránsito obligado para diferentes flujos migratorios (REDODEM, 2019 y 2020).

Por otra parte, y sobre la base del punto previo, el peso e influencia de los gobiernos de EUA es un factor clave para entender ciertas acciones y decisiones de la política migratoria mexicana reciente –y en especial hacia ciertas poblaciones extranjeras, como las PMINC. En este contexto, es clave destacar que la postura del gobierno mexicano -y su agenda migratoria- hacia las PMINC no sólo se entiende desde los intereses propios y la soberanía territorial nacional. Por el contrario, es necesario destacar la importancia de los procesos geopolíticos (como la agenda política y electoral de EUA) y globales (la pandemia de Covid19) en este tipo de temas migratorios.

Particularmente para el caso de las PMINC se observa una política migratoria diferenciada y territorialmente selectiva, que se expresa en fuertes procesos de detención y deportaciones. También es necesarios recalcar que, durante la emergencia sanitaria del Sars-Cov2, hubo cambios drásticos y algunas continuidades -desde la variación de los volúmenes demográficos de los PMINC hasta la relativa constancia en los procesos de control migratorio hacia estas poblaciones de parte del gobierno de México-.

De lo anterior cabe resalta que, a través del rastreo de los cambios y el papel de detenciones y deportaciones en la pandemia, se puede pensar que las fronteras estatales mexicanas -en el norte y en el sur- no son sólo infraestructuras materiales, también pueden ser diferentes acciones y prácticas -como las mismas detenciones y deportaciones-.

Finalmente, este trabajo se ubica dentro de dos conjuntos de investigaciones sobre migraciones. Por un lado, se localiza en el grupo de trabajos recientes que abordan las migraciones centroamericanas en tránsito por México (CONAPO, 2022; González Sánchez, 2022) y las políticas de control estatal sobre poblaciones extranjeras (Winton, 2018; Villafuerte y García, 2018; París y Díaz, 2020). Y, por otra parte, se posiciona en el eje temático sobre migraciones, fronteras y políticas migratorias (Mezzadra, 2012; Mezzadra y Nielson, 2013). Uno de los aportes del presente capítulo es la perspectiva espacio-territorial de las dinámicas de control migratorio estatal -con especial atención en las fronteras norte y sur-, y en el marco de los estudios sobre migraciones y contención de poblaciones extranjeras irregularizadas en México y Latinoamérica.

Referencias bibliográficas

Alto Comisionado de las Naciones Unidas para los Refugiados (ACNUR). (2016). *Tendencias Globales. Desplazamiento forzado en 2015. Forzados a huir.* Madrid: ACNUR.

Asociación Norteamericana Antropológica. (2021). *Anthropology and the proliferation of the border walls.* Boston: Asociación Norteamericana Antropológica.

Casas-Cortes, M., Cobarrubias, S., De Genova, N., Garelli, G., Grappi, G. & Heller, C. (2015). New Keywords: Migration and Borders. *Cultural Studies,* 29:1, 55-87, doi: 10.1080/09502386.2014.891630

Consejo Nacional de Población (CONAPO). (2018). *Anuario de migración y remesas México 2018.* Ciudad de México: CONAPO, Secretaría de Gobernación, Fundación BBVA. https://www.gob.mx/conapo/documentos/anuario-de-migracion-y-remesas-mexico-2018-173515

Consejo Nacional de Población (CONAPO). (2019). *Anuario de migración y remesas México 2019.* Ciudad de México: CONAPO, Secretaría de Gobernación, Fundación BBVA. https://www.gob.mx/conapo/documentos/anuario-de-migracion-y-remesas-mexico-2019

Consejo Nacional de Población (CONAPO). (2020). *Anuario de migración y remesas México 2020.* Ciudad de México: CONAPO, Secretaría de Gobernación, Fundación BBVA. https://www.gob.mx/conapo/documentos/anuario-de-migracion-y-remesas-mexico-2020

Consejo Nacional de Población (CONAPO). (2021). *Anuario de migración y remesas México 2021.* Ciudad de México: CONAPO, Secretaría de Gobernación, Fundación BBVA. https://www.gob.mx/conapo/documentos/anuario-de-migracion-y-remesas-mexico-2021

Consejo Nacional de Población (CONAPO). (2022). *Anuario de migración y remesas México 2021.* Ciudad de México: CONAPO, Secretaría de Gobernación, Fundación BBVA. https://www.gob.mx/conapo/documentos/anuario-de-migracion-y-remesas-mexico-2022-yearbook-of-migration-and-remittances-mexico-2022

Frank, A., y Núñez, M. (2020). "Lady Frijoles": las caravanas centroamericanas y el poder de la hipervisibilidad de la migración indocumentada. *EntreDiversidades, 7*(14), 37-61.

http://entrediversidades.unach.mx/index.php/entrediversidades/article/view/158

García, J. (28 de diciembre de 2021). México, el gendarme de Estados Unidos con la migración. *El país*. https://elpais.com/mexico/2021-12-28/mexico-el-gendarme-de-estados-unidos-ante-la-migracion.html

García, M. y Villafuerte, D. (2014). Migración, derechos humanos y desarrollo. Aproximaciones desde el sur de México y Centroamérica. San Cristóbal de la Casas: Juan Pablos Editor, UNICACH.

González Sánchez, J. (2022). Migrantes centroamericanos en tránsito por México, a través de la Encuesta sobre Migración de la Frontera Sur, 2009 y 2018. En G. Castillo Ramírez, (Coord.), *Migraciones centroamericanas en México. Procesos socioespaciales y dinámicas de exclusión* (pp. 43-79). Ciudad de México: Instituto de Geografía UNAM.

Gregory, D., Johnston, R., Pratt, G., Watts, M., & Whatmore, S. (2009). The Dictionary of Human Geography. London: Blackwell.International Crisis Group. (2018). Mexico's Southern Border: Security, Violence and Migration in the Trump Era, Latin America Report, 66. Bruselas: International Crisis Group.

Izcara-Palacios, S. (2015). Los transmigrantes centroamericanos en México. *Latin American Research Review, 50*(4), 49-69. https://muse.jhu.edu/article/608874

Médicos Sin Fronteras (MSF). (2017). Forzados a huir del triángulo norte de Centroamérica: una crisis humanitaria olvidada. Ciudad de México: MSF.

Mezzadra, S. (2012). Capitalismo, migración y luchas sociales. *Nueva Sociedad, 237*, 159-178. https://nuso.org/articulo/capitalismo-migraciones-y-luchas-sociales-la-mirada-de-la-autonomia/

Mezzadra, S. & Nielson, B. (2013). *Border as Method, or the Multiplication of Labor. New York, USA: Duke University Press.* DOI:10.1215/9780822377542

Missing Migrant Project (MMP). (2023). *Migrant Fatalities Worldwide*. Nueva York: Missing Migrant Project.

Observatorio de Legislación y Política Migratoria del Colegio de la Frontera Norte (COLEF). (2016). *¿Qué es el Programa Frontera Sur?* Tijuana: COLEF y Comisión Nacional de los Derechos Humanos.

París, M. y Díaz, E. (2020). La externalización del asilo a la frontera Norte de México: protocolos de protección al migrante. En Red de Documentación de las Organizaciones Defensoras de Migrantes, *Migraciones en México: fronteras, omisiones y transgresiones. Informe 2019* (pp. 85-120). Ciudad de México: Red de Documentación de las Organizaciones Defensoras de Migrantes.

Proyecto Covid-19 e Inmovilidad en las Américas. (2021). *Situación por país: México.* Houston: Proyecto Covid-19 e Inmovilidad en las Américas. https://www.inmovilidadamericas.org

Red de Documentación de las Organizaciones Defensoras de Migrantes (REDODEM). (2018). El estado indolente: recuento de la violencia en las rutas migratorias y perfiles de movilidad en México. Informe 2017. Ciudad de México: REDODEM.

Red de Documentación de las Organizaciones Defensoras de Migrantes (REDODEM). (2019). *Procesos migratorios en México. Nuevos rostros, mismas dinámicas. Informe 2018.* Ciudad de México: REDODEM.

Red de Documentación de las Organizaciones Defensoras de Migrantes (REDODEM). (2020). *Migraciones en México: fronteras, omisiones y transgresiones. Informe 2019.* Ciudad de México: REDODEM.

Robert Strauss Center. (2019). *La implementación y el legado del Programa Frontera Sur de México.* Austin: The University of Texas Austin.

Ruíz, V. y Varela, A. (2020). Caravanas de migrantes y refugiados en tránsito por México:

el éxodo de jóvenes hondureños que buscan, migrando, preservar la vida. *EntreDiversidades*, *7*(1), 92-129. https://doi.org/10.31644/ED.V7.N1.2020.A04

Unidad de Política Migratoria (UPM). (2012). *Boletín de estadísticas migratorias 2011*. Ciudad de México: UPM, Secretaría de Gobernación.

Unidad de Política Migratoria (UPM). (2020a). *Boletín de estadísticas migratorias 2019*. Ciudad de México: UPM, Secretaría de Gobernación.

Unidad de Política Migratoria (UPM). (2020b). *Rutas. Estudios sobre movilidad y migración internacional*. Ciudad de México: UPM, Secretaría de Gobernación.

Unidad de Política Migratoria (UPM). (2021). *Boletín de estadísticas migratorias 2020*. Ciudad de México: UPM, Secretaría de Gobernación.

Unidad de Política Migratoria (UPM). (2022). *Boletín de estadísticas migratorias 2021*. Ciudad de México: UPM, Secretaría de Gobernación.

Villafuerte, D. y García, M. (2018). El derecho de fuga de los migrantes centroamericanos y los desafíos de México como país de tránsito. *Migración y Desarrollo*, *17*(32), 129-153. https://doi.org/10.35533/myd.1732.dvs.mcga

Winton, A. (2018). *Desplazamiento por violencia en el Norte de Centroamérica: Historias de sobrevivencia*. Ciudad de México: Agencia de las Naciones Unidas para los Refugiados (ACNUR).

ANÁLISIS DE LAS FUNCIONES SOCIALES DE LOS MUROS FRONTERIZOS. EL CASO DEL MURO ENTRE MÉXICO Y ESTADOS UNIDOS

Miguel Ángel V. Aguilar Dorado[1]

Voy a contarles la historia de un mexicano mojado que por brincarse la línea lo agarraron de este lado, lo golpearon sin consuelo cuatro migras del estado.

En un hospital de gringos un hombre está agonizando, el cura lo ha confesado, su amigo le está llorando, el viaje emprendieron juntos, y sus sueños se han truncado.

Amigo, dice el enfermo, mi tiempo se está acabando, lleva esta carta a mis padres, miénteles que estoy triunfando, diles que emprendí un gran viaje, regreso no sé pa' cuándo.

El dinero que al Estado le saqué por la golpiza se lo entregas a mis padres pa' que pongan la hortaliza, de mi padre su gran sueño, de mi madre su gran dicha.

Y sólo un favor te pido, entrañable ideal amigo, mándales carta a mis padres de su hijo el más consentido, diles que los quiero mucho y hazles creer que yo estoy vivo.

En una fosa común ya descansa un mexicano que con su vida pagó su delito: ser mojado.

Cuatro migras andan libres: "paisanos, tengan cuidado"

(El mexicano mojado, Grupo Exterminador, 1996).

Los espacios que habitamos condicionan nuestras actividades y desarrollo personal, incluso nuestras perspectivas de vida. Guerras, alianzas, poder, política y relaciones sociales presentes en los terrenos donde se concentran los grupos de personas son determinantes en las conductas compartidas, su intensidad y duración, así como en su modificación o censura. Parecería que el uso y la democratización de las tecnologías salvan las distancias físicas y culturales que separan a los habitantes de distintos puntos del planeta y dan paso a un mundo interconectado; sin embargo, el éxito de esta idea extendida es parcial. Si bien es cierto el desmantelamiento virtual de las fronteras, un fenómeno que se expresa en la cotidianidad con la creación y el

---

[1] Centro de Estudios Migratorios de la Unidad de Política Migratoria de la Secretaría de Gobernación de México. Correo electrónico: m_aguilard@hotmail.com

189

funcionamiento de mercados financieros internacionales, redes sociales y medios de comunicación masiva, somos testigos de la construcción y fortificación de muros fronterizos cada vez más altos y profundos entre países vecinos.

Las fronteras nacionales y su señalamiento extremo con muros fronterizos son importantes para entender las dinámicas entre países y las relaciones sociales, conductas y formas de interpretar el mundo. Por ejemplo, una tercera parte de la frontera entre México y Estados Unidos —una de las más largas del mundo, con 3 169 km—[2] está delimitada por tramos de muro fronterizo que suman 1 123 km, colocados de manera estratégica en áreas con altos índices de cruce irregular de personas migrantes. Como veremos más adelante, el muro fronterizo no es sólo una pared, es también un obstáculo diseñado para detener vehículos terrestres.

Esta valla no solo ha modificado la relación entre los dos países y la cotidianidad de los habitantes de las regiones fronterizas a ambos lados, también ha afectado de manera sustancial la vida diaria de actores vinculados a la migración tanto regular como irregular. Para los primeros, el muro fronterizo funciona como un filtro que ofrece la posibilidad de que el encuentro entre sujetos cosmopolitas suceda en las mejores condiciones, es decir, señala quiénes traspasan la barrera sin problema y quiénes no. Es un filtro de valor. En contraste, para los actores vinculados con el cruce irregular, el muro fronterizo es un elemento que separa lo material y lo simbólico, que dificulta el paso de personas y el intercambio cultural, de conocimientos, que limita aspiraciones, segrega y estigmatiza.

Los muros fronterizos son importantes para los actores vinculados a la migración regular e irregular en dos dimensiones: la material, porque se trata de construcciones físicas que impactan el espacio y la manera de habitar, y la simbólica, porque inciden en prácticas socioculturales que van desde intercambios simbólicos hasta formas de socialización y reinterpretación de la historia nacional.

El muro fronterizo entre México y Estados Unidos es un elemento surgido de una política nacional unilateral que tiene dos intenciones no enunciadas en el discurso enarbolado en torno a una presunta seguridad nacional: 1) remarcar asimetrías militares, económicas y culturales entre países, y 2) separar flujos transnacionales de flujos transfronterizos en el marco de una economía global, es decir, disgregar lo que cruza fronteras nacionales con o sin la participación del Estado.

---

[2] Estados Unidos y Canadá comparten la frontera más larga del mundo, de 8 893 km, dividida en dos sectores: 6 416 km al sur de Canadá y 2 477 km entre Canadá y Alaska. La frontera más pequeña está entre Botsuana y Zambia, un límite fluvial de unos 150 m.

Durante el proceso de investigación se ubicaron 62 muros fronterizos erigidos en diversas partes del mundo. Debido a que hay abundante bibliografía, filmografía y espacios para desarrollar estudios exhaustivos sobre cualquiera de ellos —como el de Palestina e Israel—, se llevó a cabo un proceso de decantación para elegir el que separa a México de Estados Unidos. En ello influyeron varios motivos. El principal, por supuesto, es la cercanía geográfica; además, esta barrera presenta características que permiten pensarla y presentarla como un muro fronterizo paradigmático, por lo tanto, con potencial de generalización:

• De los 62 muros fronterizos que existen, éste es el más largo, con 1 136 km, y sigue creciendo.[3]

• Es el muro que mayor despliegue humano y tecnológico requiere para su vigilancia y mantenimiento: más de 20 000 agentes del lado estadounidense.

• Lo coloca Estados Unidos, el país que atrae más personas migrantes irregulares del mundo. Se calcula que en 2022 este país tenía 11 millones de personas inmigrantes.

• Resguarda la frontera internacional con más cruces por día: más de un millón de eventos regulares por los 56 puntos establecidos y un aproximado de 800 detenciones diarias de sujetos que intentan el cruce irregular.

• A diferencia de otros, este muro fronterizo separa países que son socios comerciales, cuya interacción bidireccional sostiene la economía de, al menos, diez estados: cuatro entidades mexicanas y seis condados estadounidenses.

Este despliegue de atributos del muro fronterizo entre México y Estados Unidos permite pensar que su estudio podría conducir a una generalización analítica. Eso no significa que los resultados del análisis de otros muros fronterizos sean de la misma naturaleza que los que se obtengan en éste trabajo, pues no sólo es posible hacer acercamientos a partir de las características aquí desplegadas. Por ejemplo, estudiar el muro entre Israel y Palestina implicaría poner atención a las tecnologías y cuerpos de vigilancia; en el caso del de Croacia y Hungría, significaría atender las relaciones con los países vecinos o el número de cruces regulares o irregulares, entre otras características y variables.

Si bien es cierto que existen elementos comunes entre los muros

---

[3] Desde el inicio de la administración del presidente estadounidense Donald Trump hasta abril de 2019 se construyeron 9 km más de muro fronterizo entre México y Estados Unidos.

fronterizos, por ejemplo, que todos forman parte de sistemas mayores, denominados fronteras globales —que incluyen ríos, montañas, mares, satélites, robots, cuerpos policiales de diversos países—, estos son concentradores de violencias y rostro de estos sistemas. En términos sociales, la conducta relacionada con el espacio está, además, determinada por el sentido compartido que se le da.

El muro fronterizo. El muro entre México y Estados Unidos

La migra halló tu abuela en el desierto

La mandaron Tijuana pegado con palos

El brujo tiene contrabando del bueno

Número de seguro y cartas verdes

La migra, la migra te pegan bien duro

(Cazares et al., 1995).[4]

En las últimas décadas, las fronteras tomaron un nuevo impulso en los análisis sociales. La caída del muro de Berlín[5] atrajo la atención de los estudiosos en la materia porque, en teoría, el acontecimiento abría la posibilidad de construir un mundo más allá del socialismo y el capitalismo, un mundo interconectado —sin fronteras, y por supuesto, sin muros fronterizos—, un solo planeta habitado por el sujeto cosmopolita. Por otra parte, los eventos-ataques del 11 de septiembre de 2001 en Estados Unidos tuvieron el resultado contrario: los Estados-nacionales y algunos sectores académicos recuperaron la idea de la frontera como el principio y fin de las soberanías, y esgrimieron la necesidad de acentuar de forma extrema los límites nacionales con muros fronterizos para salvaguardar la seguridad nacional y evitar las injerencias extranjeras.[6]

Es importante tomar en cuenta que estas dos posturas respecto a las fronteras y los muros no son lineales, es decir, la segunda no representa la superación de la primera, cada una es producto de un contexto histórico y

---

[4] Brujería es un grupo de *deathgrind* que se caracteriza por usar el *pocho* en sus letras —"dicho de un mexicano: que adopta costumbres o modales de los estadounidenses" (RAE, 2022) —. La letra se reproduce como fue compuesta.

[5] A pesar de que estas murallas defensivas se han venido abajo, los muros fronterizos dejan rastros en el paisaje y siguen proyectando límites claros en los mapas y en las formas de vida.

[6] La construcción de muros fronterizos es una constante en el origen y mantenimiento de grupos sociales. Históricamente, los muros se erigieron como elementos de guerra usados para apartar a los enemigos claros. En el siglo XXI destaca que los muros fronterizos separan países interdependientes que no están en guerra, que tienen dinámicas bidireccionales históricas que generan zonas de contacto y cuyas economías se relacionan. Este estudio no brinda una historiografía sobre los muros fronterizos, sólo se retoman ejemplos de otros muros para hacer explícita su importancia en la creación y configuración de sociedades.

espacial específico. Lo interesante de estas ideas sobre las fronteras y los muros fronterizos es que ambas marcaron el rumbo político e ideológico de varias naciones: desde el fin del Pacto de Varsovia, que suponía el término de las pugnas entre Oriente y Occidente, hasta la creación de Frontex, la Agencia Europea de la Guardia de Fronteras y Costas, encargada de construir muros para resguardar la Unión Europea.[7]

También debemos destacar que ambas formas de entender el mundo coexisten. En la actualidad, movimientos sociales como No Borders, No Nations! conviven con otros, como la VDare Foundation, que esgrime la idea de un Estados Unidos blanco y su derecho a conservarlo de esa manera.

Durante el desarrollo de esta investigación, fuimos testigos de la construcción de más tramos de muro. En 2017, por ejemplo, conocimos los ocho protocolos de muro con los que se buscaba cubrir los casi 2 000 km de frontera que seguían sin bardear, por iniciativa del entonces presidente Donald Trump. Así como manifestaciones en contra.

Figura 1.

Protocolos 1 y 3. Foto: Yesica Uvina, cortesía del U.S. Customs and Border Protection.

Un punto de partida es establecer la diferencia entre regiones fronterizas y muros fronterizos —*border* y *frontier*— para mostrar la dimensión relacional entre, por un lado, la acción de construir o fortificar muros fronterizos, y por

---

[7] No es de extrañar que el número de construcciones y fortificaciones de muros fronterizos en el mundo tuviera un crecimiento exponencial luego de 2001. Ese año el número de muros fronterizos era de 15, en 2006 eran casi 20 y en 2019 había 62 construcciones de ese tipo.

el otro, el surgimiento y mantenimiento de prácticas socioculturales en áreas de contacto.

Es necesario aclarar que, en principio, los muros fronterizos no son elementos destinados a detener o desincentivar la migración irregular, como aducen los medios de comunicación. Lo que se aprecia en esta investigación es que los muros fronterizos son elementos físicos que sirven para remarcar asimetrías económicas, militares, políticas y culturales entre países interdependientes, y a la vez se constituyen como herramientas que buscan separar lo transnacional de lo transfronterizo, es decir, lo que cruza fronteras nacionales con la participación del Estado y lo que trasciende esas fronteras sin la injerencia estatal.

Los muros fronterizos funcionan en el discurso tras echar a andar una estrategia política denominada prevención por disuasión, cuya lógica es desincentivar los cruces irregulares al sentar las bases legales para el ejercicio de distintos tipos de violencias sobre sujetos o colectivos. La táctica consiste en analizar y luego contrarrestar los patrones tradicionales de cruce y empujar a las personas migrantes irregulares a zonas más agrestes. Es una especie de disuasión del cruce con rostro de amenaza.

Para estudiar los muros fronterizos contemporáneos tomé en cuenta algunas características del contexto histórico:

1. Que estamos en un periodo de paz internacional. Esto significa no sólo ausencia de guerra o conflictos militares, sino la vigencia de acuerdos de cooperación internacional que mandatan la resolución de problemas de manera armoniosa y en beneficio de las partes (Rummel, 1975).

2. La vigencia del ideal del mundo disociado de las lógicas territoriales (Waters, 1995), que tiende a la construcción de un mundo desterritorializado (Giddens, 2002), basado exclusivamente en la emancipación del sujeto y, como contraste.

3. La constante fortificación de las fronteras de los Estados-nacionales mediante la construcción de muros fronterizos que se extienden en gran parte de territorios limítrofes (Brown, 2015).

En ese contexto, la creación de fronteras internacionales y la construcción de muros fronterizos requiere distintas escalas de análisis, no sólo porque se multiplicaron los países en el mundo como manifestación de cambios de poderes políticos y militares,[8] sino además porque muchos son resultado de

---

[8] De 159 países en 1990 a 193 en 2017. Las cifras corresponden a Estados miembros de la Organización de las Naciones Unidas. A los integrantes actuales se les pueden sumar dos observadores: Palestina y Ciudad del Vaticano.

la existencia y el ejercicio de poderes económicos, sociales y culturales que repercutieron en la conformación de las naciones y en las formas en las que los sujetos entienden su entorno: "es particularmente significativo el periodo posterior a la Segunda Guerra Mundial durante el cual casi 120 Estados nacionales emergieron como resultado de procesos decoloniales (95 Estados) y secesionistas (20 Estados) (Krasteva, 2016) p. 18).

Ahora, además de delinear la conformación y negociación del Estado-nación en un territorio, la frontera abarca procesos como el reordenamiento social y territorial; cambios económicos y políticos; migración internacional y mercados laborales; regímenes de legalidad e ilegalidad; producción, consumo y circulación de bienes culturales; uso de tecnologías; medio ambiente; relaciones de interdependencia; procesos de mundialización y regionalización, y conductas intersubjetivas, entre otros, que requieren disciplinas y escalas de análisis diversas. Las fronteras internacionales atañen por igual a lo geopolítico y las prácticas socioculturales (Brambilla, Laine y Scott, 2016).

Los motivos para construir muros fronterizos son cada vez más complejos y van desde el terrorismo internacional hasta medidas sanitarias de control de enfermedades, como la fiebre aftosa.[9] No obstante, el argumento central es el mismo que esgrimían los pueblos primitivos: una amenaza externa que pone en riesgo la continuidad del cotidiano. Así, los centinelas tribales en los márgenes de los ríos y sus rocas, y los agentes de la Patrulla Fronteriza del gobierno estadounidense, equipados con alta tecnología, no son tan distintos en su origen y función: ambos buscan neutralizar al intruso, exponerlo y reducir el peligro para los de adentro.

La pregunta es: ¿son iguales todos los muros fronterizos? En otros términos, ¿este trabajo permitirá entender la Gran Muralla China o el Muro de Berlín? La respuesta es no. En principio, porque hay enormes diferencias entre los muros fronterizos que respondían a conflictos abiertos, como guerras o invasiones, y los muros contemporáneos, que surgen en tiempos de paz y se usan para subrayar asimetrías. Incluso los muros fronterizos contemporáneos varían de acuerdo con su contexto de creación, lo que modifica la producción de relaciones sociales, resistencias, disposiciones, intersecciones y procesos de socialización. Empero, comparten la función de ser productos políticos emanados de un corpus jurídico, con una fuerza especializada para su cuidado —que implica un enorme gasto para el país central—, ubicados entre civilizaciones distintas, una de las cuales resulta peligrosa para la otra, que se amuralla.

Los muros fronterizos tienen una dimensión relacional doble: por un lado,

---

[9] Como en el caso del muro fronterizo entre Botsuana y Zimbabue.

195

la que corresponde a la política práctica o real que se refleja en la construcción o fortificación de muros fronterizos, y por el otro, la que concierne a prácticas socioculturales que se traduce como la producción de la alteridad gracias a la existencia de estos dispositivos físicos.

Lo paradójico de la construcción y fortificación de muros fronterizos contemporáneos es que toma impulso en un momento histórico que los niega, en momentos en los que se habla de un mundo desterritorializado, fluido, que construye redes, del mundo pos Guerra Fría y pos-Apartheid.[10]

En el mundo existen 193 países, 311 regiones fronterizas y 62 muros fronterizos[11] que, lejos de desincentivar el paso irregular de personas, mercancías, drogas, armas o dinero, sólo complican el cruce subrepticio (Alonso, 2011). Los muros fronterizos han proliferado en el mundo global:[12] en la Unión Europea se construyeron 13 de 2018 a 2021 y en octubre de 2017 se presentaron protocolos para separar aún más a México de Estados Unidos. Entonces, ¿para qué sirve un muro fronterizo?

Wendy Brown (2015) considera que los muros fronterizos son una respuesta a la pérdida de soberanía de los Estados, que buscan proteger a los ciudadanos y definir un marco de referencia en la actividad económica mundializada.[13] Por eso generan estrategias teatrales más que soluciones efectivas. Los muros son contenedores psíquicos que hacen que los amurallados se sientan parte de un algo definido y protegido. Para Brown, la importancia de los muros fronterizos no reside tanto en su eficiencia como en su ostentosa visibilidad.

A diferencia de los muros fronterizos históricos, que eran claros en su función de separar enemigos y amenazas a la integridad física o moral, y a la vida comunitaria de los amurallados, los muros fronterizos contemporáneos

---

[10] El prefijo *post* habla de una formación posterior pero que no se supera (Brown, 2015), indica una situación en la que lo pasado, si bien no es el motor de cambio, no está relegado. *Post* habla de un presente que sigue cubierto por el pasado. En este mundo posnacional, posmoderno, poswestfaliano, el Estado-nación no tiene el monopolio de las relaciones políticas globales; sin embargo, sigue siendo un actor relevante y entre sus funciones está generar símbolos de identificación nacional. El Estado-nación es una unidad que centra la autoridad sobre determinado territorio y población, que ha tenido que adaptarse a las modificaciones impuestas por la globalización. Es un actor primordial en las relaciones internas y un catalizador de las relaciones internacionales: por un lado, busca generar identidad nacional, y por el otro, marcar pautas globales.

[11] Véase el anexo "Muros fronterizos en el mundo".

[12] Los más conocidos son el inmenso muro entre México y Estados Unidos, y el erigido entre Israel y Palestina, pero hay otros igual de terribles y menos conocidos, como los muros interiores sudafricanos pos-Apartheid o la barrera electrificada entre Zimbabue y Sudáfrica. En 2015, Arabia Saudita terminó de instalar los postes de hormigón de más de tres metros de altura para separarse de Yemen y planea marcar también la frontera con Iraq. Al respecto, Wendy Brown señala que "podría seguir vallando todo el país" (2015, p. 25).

[13] La pérdida de soberanía tiene que ver con el fin del control absoluto del Estado sobre el territorio, la ciudadanía y los límites nacionales, y con el monopolio del uso de la violencia legítima.

teatralizan los objetivos de seguridad y soberanía nacional, pero desempeñan, al menos, otras dos funciones que nos interesan: 1) remarcan asimetrías entre países interdependientes, y 2) separan los flujos transnacionales de los transfronterizos.

En el mundo actual, los países comparten dilemas, intereses y aversiones (Stein, 1982). Lo que afecta a una nación tiene consecuencias en otra. La interdependencia promulga la creación de acuerdos para solucionar problemas de mutua relevancia en los que se hace presente "la ausencia del uso de la fuerza, la falta de jerarquía en los asuntos a tratar y la presencia de múltiples canales de comunicación entre las sociedades" (Keohane y Nye, 2011, p. 165).

La interdependencia no sucede sólo entre naciones cercanas, sino entre países que han establecido vínculos directos o indirectos, por eso debe ser pensada como un entramado complejo de relaciones entre países y no como un pacto entre vecinos. Este enfoque promulga la idea de que los Estados están determinados o afectados de manera significativa por fuerzas externas. En términos políticos, la interdependencia señala que lo que pasa en un país afecta necesariamente al otro, y que ambos renuncian a la toma de decisiones unilaterales con el objetivo de llegar a acuerdos benéficos para ambos. Empero, estos objetivos tienen como consecuencia afectaciones que no son forzosamente simétricas.

La visión más tradicional de la interdependencia señala que el mando militar domina todas las otras formas de poder y que los Estados con mejor milicia marcan las pautas de comportamiento multinacional; sin embargo, en el mundo contemporáneo vemos transformaciones radicales en los elementos, usos y logros del poder. En la interdependencia asimétrica, la milicia —que no deja de existir y de ocupar un lugar preponderante— se adelgaza para dejar que los temas económicos y políticos se impongan en la agenda internacional.

La dimensión razonable involucra cierto grado de responsabilidad dentro de un marco político en el que se establece qué tan rápido ocurren los cambios en un país y qué tan costosos son sus efectos:

> La sensatez se mide no sólo por el volumen de los flujos que cruzan las fronteras internacionales, sino también por los costos y efectos de estos intercambios para las sociedades y sus gobiernos. Lo razonable surge de la interacción entre los marcos políticos. Lo razonable asume que estos marcos permanecen (Keohane y Nye, 2011, p. 10).

Los muros fronterizos conforman una política nacional que responde a una demanda global de conservación del *status quo* de modelos económicos representados por países dominantes que, entre otras cosas, procuran la implementación de un sistema político de democracia representativa[14] y la producción de otredades ceñidas a modelos de comportamiento y consumo generados por distintos actores, no sólo estatales sino también no territoriales.[15]

Los muros son un esfuerzo por controlar y bloquear fuerzas económicas, políticas, (para)militares y culturales desencadenadas por la globalización, consideradas peligrosas porque obedecen a su propia lógica, y sobre todo, porque tienen una intencionalidad y están organizadas.

Uno de los elementos que destaca en esta investigación es que, si bien los muros fronterizos contemporáneos son marcas extremas que definen o buscan precisar los límites de los Estados, su función no ser defensa contra ataques potenciales o invasiones militares ni escudo en proceso de guerra, sino separar los flujos internacionales de los transfronterizos.

El internacionalismo sirve para designar una cooperación política y económica entre Estados-nacionales para beneficio mutuo. El transfronterismo designa una cooperación entre individuos, grupos y empresas más allá de las fronteras nacionales y la influencia de los Estados. Lo internacional incluye los tratados entre los gobiernos de una nación con otra o de varias naciones —asimétricos o simétricos, vulnerables o razonables—, mientras lo transfronterizo cubre las actividades sociales que trascienden los límites de las naciones, en las que los Estados y sus gobiernos no tienen una función primordial o no desempeñan ningún papel.

El prefijo trans- quiere decir "más allá de" o "a través de" y sirve para designar lo que rebasa los límites de lo nacional. Lo inter- indica "dentro de" o "en medio de". Si bien ambos prefijos hablan de trascender los límites nacionales, la diferencia estriba en las formas: lo trans- atraviesa naciones sin participación del Estado o con una participación secundaria, y lo inter- considera los intereses del Estado y sus actores no territoriales en relación con un orden internacional.

El transfronterismo es un proyecto que interconecta lo local con lo regional y lo nacional, que impacta las economías mundiales porque genera elites cuyas prácticas están ideológicamente ligadas al desarrollo de un capitalismo global, pero no uno homogéneo, sino uno multicéntrico y de varias capas (Sprague, 2012), que afecta las instituciones y estructuras nacionales tradicionales al graduar y cuestionar el sentido y la necesidad del

---

[14] Es interesante observar cómo estos muros fronterizos que suponen la protección de las sociedades libres, seculares y abiertas, recurren a la supresión de leyes y garantías individuales.

[15] La asimetría de creencias y la dimensión moral de la frontera son ejemplos claros de esto.

Estado-nacional.[16]

Los agentes transfronterizos son todos los sujetos, colectivos, movimientos sociales, empresas y productos culturales que son resultado de poderes persistentes, informales o subrepticios, que dejan atrás fronteras nacionales bajo reglas propias.

En esa lógica, los muros fronterizos son herramientas que impiden o bloquean los flujos de personas o mercancías que no son patrocinados o incitados por los Estados, actores no territoriales o que se oponen a los intereses nacionales o las políticas globales. El transfronterizo se forma al margen de las convenciones del orden internacional en el que los Estados son los actores políticos dominantes. Digamos que el concepto de irregular —en referencia a las personas migrantes que carecen de la documentación exigida por los países de acogida— se utiliza para designar mercancías, colectivos, incluso flujos financieros.

Los muros fronterizos son filtros entre lo que está dentro de las políticas nacionales y los intereses internacionales, y lo que está más allá, de forma definitiva o temporal. Porque las políticas estatales son dinámicas: se modifican de acuerdo con las agendas globales. Lo que ahora se considera peligroso y debe ser contenido puede modificarse de manera subrepticia. Así, los muros fronterizos se tornan porosos o suaves en la medida en que un Estado requiere agentes de distinta naturaleza. El ejemplo claro son los trabajadores temporales para quienes se abren y se cierran fronteras según las necesidades del mercado laboral.[17] De esa forma, los muros fronterizos pueden dejar de ser una línea de separación transfronteriza para convertirse en un elemento para la cooperación internacional (Sánchez de Rojas, 2016).

También es importante anotar que lo transfronterizo puede transitar a lo internacional y viceversa. Como se explicó, las políticas estatales y la construcción de la otredad son contextuales, de forma que lo que ahora se considera que pasa fronteras obviando al Estado, en otro momento puede formar parte de las estrategias gubernamentales.

Los muros fronterizos previenen el paso de gente pobre, trabajadores no especializados y prófugos, pero también de contrabando, influencias culturales, etnias o religiones, movimientos sociales transnacionales y capitales globales no controlados ni patrocinados por los Estados-nacionales.

---

[16] Aunque parece que los agentes y las acciones transnacionales son marginales, es imprescindible mencionar que estos fenómenos marcan pautas económicas y políticas globales.
[17] Por ejemplo, el Programa de Trabajadores Agrícolas Temporales México-Canadá (PTAT) revisa periódicamente las normas operativas. Cada año se atienden y se modifican los requisitos solicitados para ser beneficiario del programa. Otro ejemplo claro es la Ley de Reforma y Control de la Inmigración (IRCA, por sus siglas en inglés), en 1986.

Es posible decir que el otro gran objetivo de los muros fronterizos contemporáneos es localizar, clasificar y contener a los agentes transfronterizos y facilitar el desplazamiento de los agentes internacionales.

El sujeto transfronterizo es una amenaza para el orden social internacional porque encarna poderes informales surgidos de procesos globalizadores, frente a los cuales las naciones no tienen control y a los que responden abruptamente con un amurallamiento del territorio cuya soberanía parece diluirse.

Como respuesta a la fuerza de los flujos transfronterizos y la pérdida del dominio de regímenes internacionales, los muros fronterizos son un intento por gobernar las fuerzas desencadenadas por las relaciones disociadas de lo territorial y las necesidades de un mundo interconectado. Los muros entre países proyectan una imagen de poder jurisdiccional y "un aura de nación delimitada y segura" (Brown, 2015, p.23), en un entorno cuyas prácticas económicas, políticas y culturales se alejan de la dinámica internacional.

Los 62 muros fronterizos funcionan con base en la política llamada "prevención por disuasión", cuya lógica es la hipersecuritización: el uso de tecnología de punta y el despliegue de miles de agentes en las principales áreas de cruce y destino, con el objetivo de disuadir el paso irregular o forzarlo a terrenos más hostiles que son "menos adecuados para el cruce, pero más propicios para implementar estas políticas" (De León, García y UMP, 2016). A partir del total de muros encontrados en esta investigación, es posible declarar que cuatro de cinco se relacionan con una red de países dominantes en los que invariablemente están Estados Unidos, la Unión Europea, Australia e Israel, que fungen como participantes en el financiamiento o apoyo a su construcción.

El éxito de esta estrategia, también presente en cierto tipo de discurso político, reside en haber convertido el cruce irregular en un periplo peligroso y violento que se desarrolla lejos de las áreas urbanas o pobladas, por lo tanto, está lejos de la vista de amplios sectores de los dos lados del muro fronterizo. Los objetivos de la estrategia de prevención por disuasión son:

1. Aumentar el riesgo de los cruces subrepticios para obligar a los sujetos irregulares o flujos transnacionales a intentar el cruce por terrenos más hostiles, o bien, desincentivarlos.

2. Maximizar la velocidad de la aprehensión de los sujetos irregulares que toman estas rutas.[18]

---

[18] Este punto resulta interesante por su doble dimensión: estas rutas invisibilizan al sujeto migrante, pero

3. Desarticular las rutas transfronterizas.

Podemos pensar que el proceso de fronterización se ha convertido en lo que antes era el sistema de misiles antibalísticos: los muros fronterizos son armas poderosas desplegadas contra los desplazados y los desposeídos.

La implementación de este plan implica dos elementos: por el lado de los amurallados, recursos económicos destinados a construir o fortificar muros, así como a vigilarlos;[19] por el lado de los excluidos, el aumento en los costos materiales y simbólicos del cruce irregular, desde precios más altos por cruzar hasta el incremento en decesos de personas migrantes irregulares en su intento por trasponer los muros fronterizos.[20]

La prevención por disuasión es una estrategia de la Guerra Fría usada para contener los procesos de insurgencia. Una de sus características es que las milicias y cuerpos policiacos desempeñan un papel fundamental: es un proceso de militarización que recurre a estrategias de guerra.[21] El resultado es que el cruce subrepticio se complica, entre otros aspectos, por la incorporación de otros actores sociales a los procesos migratorios. Uno de esos actores es el narcotráfico, que cobra cada vez más dinero por no enviar a las personas migrantes a lugares inhóspitos (Alonso, 2011), las convierte en *mulas*[22] o las secuestra o asesina después de hacer uso y abuso de sus cuerpos y recursos.

Los traficantes de personas entran al proceso migratorio porque los muros fronterizos hacen más difícil y arriesgado el cruce irregular. De esa forma, la persona migrante se convierte en una mercancía para transportar, en un vehículo de carga, en un sujeto para explotar... El negocio de los *coyotes*,[23] por ejemplo:

> Multiplicó sus precios por cuatro o más en menos de diez años. Mueve miles de millones de dólares anuales (15 millones sólo en 2019) [Contextos, 2020] y estimula la propaganda de que sí es factible y seguro llegar a Estados Unidos a cambio de pagar una media de mil

---

lo hacen perfectamente ubicable para las autoridades. Los cuerpos encargados de las defensas de los muros marcan las rutas subrepticias también y las patrullan con frecuencia. Esto quiere decir que los puntos ciegos en el tránsito en realidad son puntos diseñados.

[19] Por ejemplo, la Patrulla Fronteriza vigila los terrenos amurallados entre Estados Unidos y México con nueve drones MQ-9. Cada uno cuesta cerca de 17 millones de dólares.

[20] También aumentan los casos de estrés postraumático no tratado entre quienes logran cruzar, lo que *a posteriori* se convierte en un asunto de salud pública, y las tragedias humanitarias por la falta de condiciones mínimas para una vida digna tanto de personas inmigrantes como refugiadas.

[21] Véase la etnografía de Nicole I. Torres (2015), quien documenta y explora las consecuencias sociales, políticas y materiales de la militarización en la frontera de Arizona.

[22] Contrabandista de drogas en pequeñas cantidades (RAE, 2022).

[23] Persona o grupo de personas que a cambio de un pago con dinero o en especie guían a los migrantes para llegar a un punto geográfico determinado, ya sea durante el tránsito o al destino (Colef-CONAPO, 2017, p. 67).

quinientos y tres mil dólares per cápita (Alonso, 2011, p. 536).[24]

Esto desplazó la figura del *pollero*,[25] amigo que era parte de la familia y la comunidad, cooptado por el crimen organizado de carácter violento al cual está sometido (Martínez, 2016), le rinde cuentas y para quien trabaja traficando personas, armas y drogas.[26]

Incluso los muros fronterizos están estrechamente relacionados con el renacimiento y multiplicación de grupos parapoliciales —como el Minuteman Project y el Tea Party Movement, en Estados Unidos, o el Movimiento Nacionalista Búlgaro Shipka (BNO Shipka, por sus siglas en ruso), conocido en toda Europa como "cazadores refugiados"—, cuya intención es defender la defensa (Jones, 2016). Estos grupos pretenden apuntalar y no mermar el poder estatal: "buscan incitar a que el poder se robustezca, quieren 'obligar a nuestro inepto gobierno federal a reconocer la urgencia de proteger a los ciudadanos y su territorio'" (Brown, 2015, p. 125).

En la actualidad, el muro entre México y Estados Unidos cubre 1 136 de los 3 144.6 km compartidos por los dos países;[27] tiene 56 puestos fronterizos en los que a diario se contabiliza un millón de cruces regulares (Rebolledo, 2017) en los que trabajan más de 21 000 agentes fronterizos estadounidenses, divididos en cinco unidades.[28] En México, el Instituto Nacional de Migración (INM) tiene la misión de "atender a migrantes nacionales y extranjeros en su paso por el territorio nacional, poniendo acento en su compromiso de salvaguardar su integridad y con pleno respeto a sus derechos humanos, independientemente de su situación migratoria" (INM, 2015).

En total, las unidades de ambos países detuvieron y presentaron ante las autoridades migratorias un aproximado de 840 personas al día que intentaban pasar de manera irregular o por puntos no autorizados hacia Estados Unidos. Según cifras de Reece Jones (2016), del total de 40 000 muertes de civiles en el periodo de 2004 a 2014 en el mundo, 15% —es decir, 6 000— ocurrieron en el intento de cruzar este muro fronterizo.

---

[24] Según cifras de la Unidad de Política Migratoria, Registro e Identidad de Personas (UPMRIP, 2020,) de la Secretaría de Gobernación, las tarifas aproximadas que cobraban los *coyotes* a los centroamericanos —en su mayoría guatemaltecos, hondureños y salvadoreños— en 2019 eran de 4 000 dólares por conducirlos a la frontera sur y hasta 10 000 dólares por dejarlos en la frontera norte.

[25] Persona que transporta trabajadores indocumentados a Estados Unidos de América (RAE, 2022).

[26] Según información proveniente de las Encuestas de Migración en las Fronteras Norte y Sur, siete de cada diez migrantes mexicanos y del Triángulo Norte de Centroamérica que cruzaron a Estados Unidos por la frontera norte de México utilizaron el servicio de un *pollero*. Esto indica que la mayoría de los cruces hacia ese país están subordinados a una red de tráfico de personas.

[27] El 27 de octubre de 2018, el gobierno de Estados Unidos presentó a los medios de comunicación el primer tramo de los 10 km de muro fronterizo aprobados para construirse durante febrero de 2019, en la ciudad de McAllen, Hidalgo, Texas.

[28] Vigilancia y cambios de los límites territoriales; control de tránsito; control de transporte público; patrullaje marítimo, policía montada y en bicicleta (U.S. Customs and Border Protection,).

Desde 2017, los debates en Estados Unidos sobre la frontera sur se centran en la extensión del muro fronterizo. Se discute la construcción de un inmenso muro que remarque un territorio y no permita entradas irregulares. Estas discusiones son importantes porque uno de sus efectos es difuminar las distinciones entre seguridad nacional y acción policial, y lo relativo a la militarización y la guerra (Jones, 2016).

El muro fronterizo entre México y Estados Unidos se compone de dos tipos de barreras: peatonales,[29] que miden en promedio 6.4 m de altura y están enterradas a una profundidad de 1.8 m, y vehiculares, que miden casi 2 m de altura y constan de una viga que hace las veces de eje horizontal, sostenida por dos barras que forman una equis.

Figura 2. Dos tipos de valla se encuentran en la frontera entre México y Estados Unidos, en El Paso: la barrera peatonal a la izquierda y la vehicular a la derecha.

Fuente: USA Today Network (2021a).

---

[29] Las barreras peatonales son de tres tipos: las primarias, ya descritas; las secundarias, que corren paralelas a las líneas primarias, por lo general separadas por un camino que permite a la Patrulla Fronteriza monitorear el área, y las terciarias, que son una última capa de muro fronterizo detrás de las otras dos. Las barreras terciarias son menos altas y profundas.

Figura 3. Barrera para vehículos cerca de Calexico, California.

Fuente: USA Today Network (2021b). Foto: Hannah Gaber.

El análisis de las fronteras paradigmáticas —como las de México y Estados Unidos, o las que cercan Europa— arroja que el mundo no está centrado en un solo país y no existe un solo modelo capitalista, sino que se trata de varios países que buscan la expansión de sus dominios. Así, las fronteras globales —que se valen de estrategias similares: vigilancia, criminalización y segregación— crecen en diversos puntos y exacerban sentimientos nacionalistas a distintas velocidades.

Estas interpretaciones evidenciaron que los muros fronterizos son concentradores de violencias y también su rostro, y forman parte de fronteras globales, sistemas mayores que sí incluyen ríos, montañas, mares y otras soberanías.

Referencias

Alonso, G. (2011). Los peligros de la migración clandestina en las fronteras de España y la de México-Estados Unidos. En Natalia Ribas Mateos (Ed.), *El Río Bravo Mediterráneo. Las regiones fronterizas en la época de la globalización* (pp. 531-541). Barcelona: Bellaterra.

Brambilla, C., Laine, J., y Scott, J. (2016). *Borderscaping: Imaginations and Practices of Border Making*. Edimburgo: University of Edinburgh.

Brown, W. (2015). Estados amurallados, soberanía en declive. Barcelona: Herder

Contextos. Investigaciones sobre Movilidad Humana. (2020). Año 1, núm. 2: Caracterización de los flujos financieros asociados al tráfico ilícito de personas migrantes provenientes del Triángulo Norte de Centroamérica.

Giddens, A. (2002). Un mundo desbocado. Los efectos de la globalización en nuestras vidas. Madrid: Taurus.

Husserl, E. (1962). *Invitación a la fenomenología.* Buenos Aires: Losada.

INM. (2015). *Instituto Nacional de Migración.* Obtenido de Misión: https://www.gob.mx/inm/que-hacemos.

Keohane, R y Nye, J. (2011). *Power and interdependence* (4.a ed.). Illinois: Pearson.

León, J. de (2015). *The Land of Open Graves. Living and Dying on the Migrant Trail.* California: University of California Press.

León, J. de, García, E., y The Undocumented Migraction Project (UMP). (2016, 16 de febrero). Prevention Through Deterrence: Picturing a U.S. Policy. U.S. policy is effectively hiding the suffering of undocumented migrants. *Sapiens*: https://www.sapiens.org/culture/prevention-through-deterrence/.

Martínez-Zalce, G. (2016). Instrucciones para salir del limbo: arbitrario de representaciones audiovisuales de las fronteras en América del Norte. México: CISAN-UNAM.

Rebolledo, R. (12 de 1 de 2017). 5 datos sobre la frontera México-EU y la migración. *El Economista.*

Rummel, R. (1975). *Understanding Conflict and War*, vol 1. California: Sage Publications.

Stein, A. (1982). Coordination and Collaboration: Regimes in an Anarchic World. *International Organization*, 36, 299-324.

USA Today Network. (2021a). *The Wall.* USA Today Network. https://www.usatoday.com/ border-wall/usa-today-network-border-project-about-vr-podcasts-map/.

USA Today Network. (2021b). Explore the Border for Yourself – Every Single Mile. En *The Wall.* USA Today Network. https://www.usatoday.com/border-wall/us-mexico-interactive-border-map/.

Waters, M. (1995). *Globalization.* Londres: Routledge.

NORMALIZACIÓN DE LA EXCEPCIONALIDAD EN EL RÉGIMEN GLOBAL FRONTERIZO. EL CASO DEL TÍTULO 42 EN LA FRONTERA MÉXICO-ESTADOS UNIDOS

Ángel Iglesias Ortiz[1], Francisco Valenzuela[2], Valentina Cappelletti[3]

Debido a la emergencia sanitaria por COVID-19, declarada el 11 de marzo de 2020 y dada por concluida el 5 de mayo de 2023 por la Organización Mundial de la Salud (OMS), la gran mayoría de gobiernos del mundo impusieron restricciones para viajeros nacionales e internacionales afectando de diversas maneras los patrones principales de movilidad. La coyuntura de la pandemia permitió que se registraran nuevas prácticas y criterios de control fronterizo. Desde la interrupción temporal del icónico Acuerdo de Schengen entre los países de la Unión Europea y la prohibición a la entrada a los no ciudadanos de los países miembros, hasta la suspensión casi total del derecho de asilo y refugio en los principales países receptores durante la emergencia sanitaria, se materializó un control fronterizo que a nivel global normalizó prácticas basadas en la excepcionalidad, orientadas a la disuasión y control de los flujos migratorios, más que al control sanitario.

Uno de los ejemplos más claros de estas acciones es la aplicación del Título 42 por parte del gobierno de los Estados Unidos. Esta antigua medida sanitaria, concebida originalmente para prevenir la entrada de enfermedades contagiosas al país, fue aplicada e instrumentalizada en el contexto de COVID-19 para impedir la entrada de migrantes indocumentados a Estados Unidos, aunque manifestaran el deseo de solicitar asilo. Si bien, medidas nacidas a partir de la emergencia sanitaria, como la restricción de viajes no esenciales a Estados Unidos fueron revocadas, la aplicación del Título 42 se extendió hasta por tres años, lo cual ejemplifica cómo la excepcionalidad ha sido instrumentalizada. Este dispositivo sanitario, basado en la figura de la expulsión expedita, nos lleva a discutir el rol de la excepcionalidad (Calhoun 2004, Hess & Kasparek 2019, Kasparek 2016) y su instrumentalización en el gobierno de flujos migratorios masivos en su mayor parte de sur a norte y como parte del régimen global fronterizo, entendiendo a este régimen como la lógica de control y disuasión que los estados nación aplican a estos flujos (Hess 2012, De Genova & Peutz 2010).

---

[1] Tampere University, Finlandia. Correo electrónico: angel.iglesiasortiz@tuni.fi
[2] Maestro en Estudios de Población por el COLEF, México. Correo electrónico: jfvalenzuela@colmex.mx
[3] Pontificia Universidad Católica del Perú. Correo electrónico: valentina.cappelletti2@gmail.com

En este trabajo discutimos algunas de las implicaciones que tienen estas políticas de excepción en el régimen global fronterizo y en la vida de quién lo experimenta. Específicamente nuestro análisis aborda las afectaciones que la aplicación del Título 42 tuvo en el tránsito de personas migrantes y buscadoras de protección internacional provenientes de varios países de Latinoamérica, especialmente Centroamérica y México hacia Estados Unidos. Nuestro argumento es que medidas como esta, al estar basadas en situaciones que los gobiernos enmarcan como excepcionales, llegan a generar afectaciones perniciosas sobre la población objetivo que bajo contextos de "normalidad" no serían aceptadas y, paradójicamente, gracias al estado de emergencia o excepcionalidad tienden a ser normalizadas y legitimadas. Es decir, se convierten en acciones y afectaciones que se deben a una fuerza mayor y temporal y por lo tanto son menos impugnadas, aunque tengan un impacto que perjudica la movilidad de estas personas, así como sus condiciones de vida cotidiana, por ejemplo, a través de la producción de situaciones de atrapamiento prolongado y masivo en la frontera norte de México (Mena Iturralde & Cruz Piñeiro 2021, Odgers, 2024). Las prácticas de control fronterizo, que aplicó el gobierno de Estados Unidos bajo el Título 42 exacerbaron la discrecionalidad en el otorgamiento de derechos de entrada y en la diferenciación de poblaciones admitidas, asemejando a un 'apartheid sanitario' (Heller 2021), por el cual el combate al virus se tradujo en un combate a los migrantes, obligados a enfrentar tiempos indefinidos en situaciones y espacios de precariedad.

En este sentido, la excepcionalidad se toma como una base fundamental en los criterios que aplican los gobiernos en la disuasión y control de flujos migratorios. En este trabajo presentamos un análisis a partir de las experiencias de personas expulsadas bajo el Título 42 a la ciudad fronteriza de Tijuana, México, identificando el efecto de las políticas de expulsión en su cotidianidad y tránsito. Enmarcamos nuestro análisis de la aplicación del Título 42 bajo el concepto de política de la hostilidad (Domenech 2020), para considerar la expansión e intensificación del control de la migración especialmente irregular y abordar las relaciones de poder entre diversos actores involucrados en su gobernanza. Este concepto nos sitúa para entender la relación entre diferentes tipos de políticas y estrategias en contextos y coyunturas específicas (Domenech 2020: 4-5) y enmarca las afectaciones en el acceso a derechos, movilidad, temporalidad y cuestiones de tránsito de las personas migrantes.

En la primera parte presentamos el contexto de la aplicación del Título 42 y de la extensión de su aplicación. Posteriormente detallamos las características de nuestro estudio en la ciudad de Tijuana. En el siguiente apartado hacemos una exploración teórica de la dimensión relacional entre la excepcionalidad y la lógica que fundamenta al régimen global fronterizo. La discusión incluye diferentes ejemplos de controles migratorios y fronterizos que fueron justificados desde la excepcionalidad. En la tercera y última parte de la discusión, presentamos la categorización de dos tipos de efectos tomando como base nuestras observaciones en campo y las experiencias de personas que fueron expulsadas bajo el Título 42. Las afectaciones están relacionadas a lo que nosotros llamamos patrones de (in)movilidad y dos categorías de precarización de las condiciones de vida cotidiana en los albergues. Con este trabajo buscamos contribuir a las miradas críticas que ayudan a entender cómo el régimen global fronterizo, bajo el marco de la excepcionalidad, impone nuevas restricciones y las afectaciones que conlleva, a través del análisis de material empírico para la comprensión y discusión de este régimen.

Contexto del Título 42

El 20 de marzo de 2020 el gobierno de Estados Unidos decidió implementar el Título 42 del *U.S. Code*, sección 265: una norma de salud pública creada en 1944 para evitar la entrada y propagación de enfermedades contagiosas en el país. Bajo la bandera de la salud pública y el argumento de evitar el hacinamiento en los centros de detención migratoria durante la emergencia sanitaria por la COVID-19, las agencias encargadas del control fronterizo (Border Patrol – BP – y el Office of Field Operations-OFO) adquirieron la facultad de expulsar al último país de tránsito, y no necesariamente a su país de origen, de manera expedita, a personas migrantes que quisieran entrar vía terrestre sin documentos migratorios a territorio estadounidense, aun cuando se manifestara el deseo de solicitar asilo (Del Monte Madrigal 2022; U.S. Customs and Border Protection 2022).

Si bien, el Título 42 fue concebido como una serie de normas para contener la entrada de personas procedentes de países con brotes de enfermedades contagiosas sin distinguir entre extranjeros y ciudadanos estadounidenses, la administración de Donald Trump lo aplicó exclusivamente para detener la llegada de migrantes indocumentados del sur global (Del Monte Madrigal 2023), negándose también la posibilidad de solicitar protección internacional. Se argumentó que esta medida era necesaria para evitar la propagación del virus SARS-CoV-2 en el país y para prevenir contagios debido al hacinamiento en las instalaciones federales (Gramlich 2022). Sin embargo, su aplicación manifiesta la continuidad de una trayectoria de políticas migratorias caracterizadas por un abordaje de securitización y de externalización de la frontera de este país que se han ido implementando especialmente a partir del 11 de septiembre de 2001 y que ha ido consolidándose en la última década.

Antes de la aplicación del Título 42 y de la crisis sanitaria por la COVID-19, el gobierno de Donald Trump creó en enero de 2019 los Protocolos de Protección a Migrantes (MPP, por sus siglas en inglés). Este programa, implementado bajo el argumento de que el sistema de asilo estadounidense estaba siendo rebasado por el incremento de solicitudes de asilo en la frontera con México, obligaba a personas migrantes que intentaban ingresar a Estados Unidos a través del asilo, a esperar todo el proceso de solicitud y sus audiencias en los tribunales norteamericanos en las ciudades fronterizas mexicanas. El gobierno mexicano aceptó recibir a los migrantes expulsados por Estados Unidos bajo dicho programa, amparándose en razones humanitarias (París Pombo 2020; Kocher 2021; Morales-Cardiel & Lucero Vargas, 2021; Paris Pombo, 2022). Se estima que bajo este programa fueron enviados a México cerca de 71 mil solicitantes de asilo (Human Rights Watch 2022). La aplicación del MPP implicó una primera afectación al derecho de asilo. Por lo tanto, la activación del Título 42 por el mismo gobierno levantó sospechas por su conveniencia para los objetivos de la política migratoria de dicha administración. Con la llegada de la pandemia por COVID-19 el gobierno estadounidense además pausó indefinidamente los procesos y audiencias de solicitud de asilo de las personas devueltas a México bajo el MPP, pero no detuvo las expulsiones (Roy 2022). Fue una política selectiva que en los hechos contradecía su principal argumento: frenar la propagación del virus. Se siguió permitiendo el libre tránsito de los ciudadanos y residentes estadounidenses a través de las fronteras terrestres.

Asimismo, esta política tuvo algunas excepciones. El Título 42 no fue aplicable para algunos grupos como niños, niñas y adolescentes no acompañados, o personas que pudieran argumentar un peligro inminente relacionado con la seguridad o la salud pública, como emergencias médicas o el ser miembro de una población especialmente vulnerable como las personas Lesbianas, Gays, Bisexuales o Trans (LGBT). Sin embargo, a excepción de los niños, niñas y adolescentes antes mencionados, estos casos debían ser evaluados por un juez uno por uno para determinar su procedencia. Adicionalmente se reconocieron dos excepciones específicas: la primera para familias que solicitaran asilo y corrieran riesgo de tortura al ser regresadas (Isacson 2023) y la segunda para las personas ucranianas desplazadas por el conflicto entre Rusia y Ucrania, para quienes se introdujo un programa especial en abril de 2022 para permitir su ingreso a Estados Unidos (Department of Homeland Security 2022)[4].

Antes de la activación del Título 42, la patrulla fronteriza aplicaba el Título

---

[4] El 21 de abril de 2022 el presidente de Estados Unidos, Joe Biden anunció el programa "Unidos por Ucrania", para recibir hasta 100,000 personas ucranianas y de otras nacionalidades que estuvieran huyendo por el conflicto armado con Rusia (Department of Homeland Security, 2022).

8 a las personas sin documentación sorprendidas intentando ingresar a los Estados Unidos. Lo que marca la diferencia entre el Título 42 y el Título 8, en operación de manera simultánea, es que el primero lleva a la expulsión expedita de la persona, determinada por agentes fronterizos y no por un juez, sin desembocar propiamente en una deportación, sin crear un antecedente y sin tener consecuencias legales bajo la lógica de la rapidez del procedimiento. Se deja por lo tanto abierta la posibilidad de intentar solicitar asilo en Estados Unidos en el futuro. En cambio, la aplicación del Título 8, a pesar de contemplar entre sus procesos de remoción también uno expedito y no obstante implique la prohibición de solicitar asilo en el futuro a las personas deportadas bajo este título, generalmente durante el procedimiento legal concede la posibilidad de evitar la deportación presentando solicitud de asilo (Department of Homeland Security, 2023a, 2023b). En la siguiente gráfica se observa que hasta marzo de 2022 en casi todos los meses los procesamientos de migrantes indocumentados bajo el Título 42 superan a los del Título 8.

Gráfica 1. Encuentros mensuales de la Patrulla Fronteriza con migrantes bajo el Título 8 (aprehensiones) y el Título 42 (expulsiones)[5] 2020-2023[6]

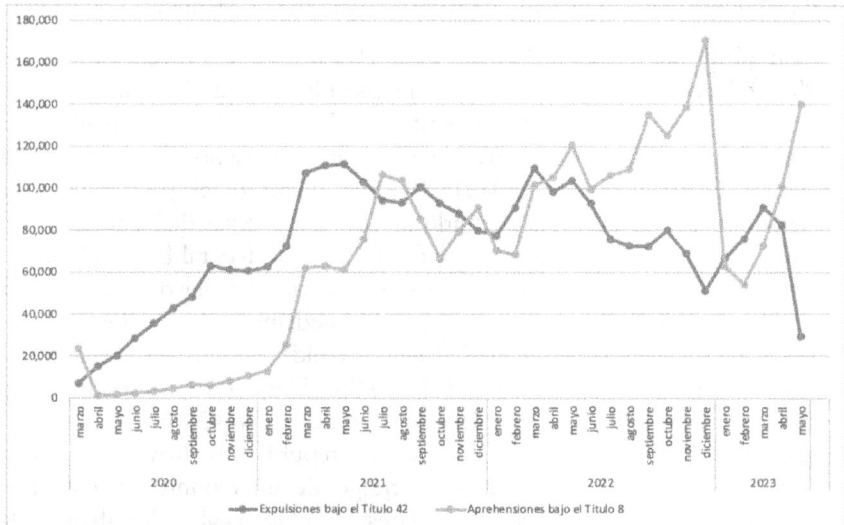

Fuente: Elaboración propia a partir de los datos de la U. S. Custom and Border Protection (2020, 2021, 2022, 2023) y (Del Monte Madrigal, 2023).

Esta tendencia es mucho más acentuada durante 2020 y hasta junio de 2021, cuando la administración del presidente Joe Biden comenzó a

---

[5] Para el Título 8 se contemplan las aprehensiones que pueden resultar en un proceso de solicitud de asilo en Estados Unidos dentro del país o en México, o en un proceso de deportación. Para el Título 42 todos los encuentros resultan en expulsiones.
[6] En el año 2020 se contempla desde el mes de marzo que fue cuando entró en acción el Título 42 y en el año 2023 se contempla hasta mayo que es el mes en que terminó su implementación.

considerar la rescisión del Título 42 (Isacson, 2023). En ese periodo se observan cifras muy bajas de aprehensiones bajo el Título 8 y que la mayoría de los procesamientos de personas migrantes indocumentadas se realizaron bajo el Título 42, lo cual muestra que en sus primeras etapas esta normativa pasó a sustituir de facto al Título 8, bajo el cual tradicionalmente se tratan los casos migratorios.

En total el gobierno de Estados Unidos realizó 2.9 millones eventos[7] de expulsión bajo el Título 42, que en su mayoría fueron adultos solteros, aunque también se vieron afectadas unidades familiares, con nacionalidad mexicana, guatemalteca, hondureña y salvadoreña, entre otras, quienes fueron expulsados a México, ya que el gobierno de este país aceptó recibir a nacionales de El Salvador, Honduras y Guatemala (Secretaría de Relaciones Exteriores, 2020). Asimismo, el tratamiento recibido durante el procedimiento de expulsión bajo el Título 42 para los nacionales de Cuba, Nicaragua y Venezuela estuvo influenciado por las relaciones políticas entre sus respectivos gobiernos y los Estados Unidos. Debido a la negativa de estos países a aceptar vuelos que transportaran a sus ciudadanos deportados desde Estados Unidos se estableció que fueran expulsados a México.

En abril del 2022 el Centro para el Control y Prevención de las Enfermedades (CDC, por sus siglas en inglés) bajo la administración de Joe Biden anunció el fin de la implementación de Título 42 programado para mayo del mismo año, reconociendo que su aplicación ya no era necesaria para evitar la propagación de COVID-19. Sin embargo, el juez federal de Louisiana Robert Summerhays emitió un fallo para frenar dicha decisión del CDC (Álvarez, 2022). En noviembre de 2022 el juez federal Emmet Sullivan dictó una sentencia para frenar el Título 42 por violar de ley de asilo y poner en riesgo la vida de las personas migrantes mediante su expulsión, pero el presidente del Tribunal Supremo de Estados Unidos John Roberts suspendió esa decisión (Del Monte Madrigal, 2021). Dentro de los principales argumentos para defender la implementación del Título 42 y buscar frenar su terminación, principalmente los congresistas republicanos han señalado que el cese del Título 42 representaba el riesgo de un repunte en los flujos migratorios y en los cruces irregulares, por lo cual solicitaban a la administración de Biden tener un plan para manejar tal situación antes de terminar con el Título 42. Finalmente, el gobierno de Biden anunció el fin de la implementación del Título 42 para el 11 de mayo de 2023 con la implementación de un plan de fortalecimiento de la seguridad en la frontera de Estados Unidos con México (Flores, 2022; Ramos, 2023).

---

[7] Los eventos no hacen alusión al número de personas sino al número de encuentros, es decir, una persona puede reintentar cruzar y representar un nuevo evento de expulsión (Gramlich, 2022; U.S. Customs and Border Protection, 2023).

Este tipo de políticas y programas han tenido un impacto en las ciudades fronterizas del norte de México que representan el último punto de contención para frenar el paso de migrantes procedentes de Latinoamérica, El Caribe e incluso África y Asia. Por ejemplo, Tijuana, Baja California, cuenta con un largo historial de recepción y tránsito de diversos flujos migratorios. Especialmente durante la década de los años 2000 recibió miles de personas deportadas de Estados Unidos y se consolidaron algunas organizaciones de la sociedad civil enfocadas en ayudar a esta población. Durante la última década la ciudad ha experimentado diversos sucesos críticos, como la llegada de miles de migrantes haitianos en 2016, de las caravanas de migrantes centroamericanos a partir de 2018 y de las personas devueltas bajo el ya mencionado MPP, aunadas a las del flujo de personas deportadas. Esta ciudad se ha convertido en uno de los espacios de contención de los cientos de miles de personas que buscan ingresar a los Estados Unidos (Albicker & Velasco Ortiz, 2019; Bojórquez et al., 2021; Olivas, 2020) y a la vez en una de las principales ciudades receptoras de personas expulsadas bajo el Título 42.

En las ciudades fronterizas de México la atención a la población en movilidad recae casi en su totalidad en las organizaciones de la sociedad civil. En Tijuana se ha conformado una red importante de aproximadamente 38 estructuras bajo la responsabilidad de estas organizaciones, que ofrecen refugio, proveen servicios básicos de alojamiento y alimentación, pero pueden también otorgan servicios legales, psicológicos, de salud, educativos, entre otros (Albicker & Velasco Ortiz, 2019; Llanes-Díaz et al., 2023). Sin embargo, el surgimiento y la transformación de esta red de organizaciones, se ha dado de manera contingente y emergente en respuesta a muchas de las coyunturas de políticas migratorias mencionadas. La creciente contención migratoria y lo polimorfo de esas estrategias políticas de contención y su fracaso de frenar el continuo flujo de migrantes que llegan diariamente a la frontera, han hecho que incluso con esta consolidada red de asistencia, emerja una crisis humanitaria en las ciudades fronterizas y particularmente Tijuana, debido al creciente número de personas que quedan atrapadas en esta ciudad entre la imposibilidad y la esperanza de cruzar a Estados Unidos.

Adicionalmente, durante la crisis sanitaria estas organizaciones enfrentaron una serie de dificultades. La llegada de migrantes a la frontera fue incesante, la implementación del Título 42 estableció una contención a su cruce a Estados Unidos y las autoridades mexicanas emitieron una serie de recomendaciones para prevenir y contener el contagio de COVID-19 en estos espacios que incluyeron el aislamiento, el distanciamiento social, la despresurización del espacio, la operación a puertas cerradas (Rangel et al., 2023) a las que los albergues para migrantes tuvieron que adaptarse de diferentes formas. Algunos detuvieron por completo su actividad, otros redujeron su capacidad de atención para evitar el hacinamiento. Hubo también una flexibilización en el tiempo máximo de estancia permitido para evitar una gran circularidad de personas (Del Monte Madrigal & McKee Irwin, 2020). A partir de nuestro trabajo de campo identificamos que otros espacios, no implementaron ninguna restricción de acceso y tiempo de estancia, generando condiciones de hacinamiento. Algunos lugares de albergue comenzaron a implementar cuotas de estancia o reducir el límite de tiempo de estancia dada la alta demanda. Por lo tanto, la contención migratoria acentuada por el Título 42, la reducción de la capacidad de atención de los albergues como consecuencia de las medidas preventivas para contener la propagación de la COVID-19, la continua llegada de migrantes a la frontera norte y particularmente la ciudad de Tijuana, y la necesidad de estancias más prolongadas a la espera de que sus casos fueran procesados por un juez, propiciaron una fuerte crisis humanitaria.

Estrategia metodológica

Nuestro estudio se realizó en la ciudad de Tijuana, Baja California, entre febrero y mayo de 2022. Realizamos 30 entrevistas semiestructuradas a personas migrantes adultas expulsadas a Tijuana bajo el Título 42 que se encontraban viviendo en 8 de los 38 albergues de la ciudad, donde también realizamos observación participante. Tuvimos conversaciones informales con migrantes y activistas y entrevistas semiestructuradas con organizaciones que otorgaban acompañamiento legal para la solicitud de asilo en Estados Unidos durante la vigencia del Título 42. Los albergues visitados abarcaban estructuras consolidadas y otras de reciente creación, algunas que ofrecían una atención integral y otras que aseguraban los servicios básicos, algunas que alcanzaban a hospedar a más de 1500 personas y otras con capacidad inferior a cuarenta. La mayor parte de estas estructuras estaba gestionada por organizaciones de la sociedad civil religiosas y laicas y una estructura por el gobierno federal. En estos espacios convivían personas de diferentes nacionalidades: principalmente mexicana, hondureña, guatemalteca, salvadoreña, haitiana, cubana entre otras; sin embargo, el grupo mexicano mayoritariamente del estado de Michoacán[8] y centroamericano superaban ampliamente a los demás; estos dos grupos pertenecen las treinta personas que entrevistamos que fueron expulsadas a Tijuana bajo el Título 42. Todas nuestras observaciones y conversaciones informales fueron registradas y procesadas en un diario de campo, mientras que para las entrevistas semiestructuradas recurrimos a la grabación de audio y transcripción. En todos los casos se explicó brevemente los objetivos de nuestra investigación

---

[8] Víctimas del desplazamiento forzado interno por la operación del crimen organizado en la región.

a la persona entrevistada y se le solicitó su autorización y consentimiento verbal registrado en audio.

El análisis que presentamos se basa en las experiencias de las personas migrantes y analizamos cómo éstas reflejan a nivel personal el control de las meso y macroestructuras del régimen global fronterizo. Debido a lo reciente de la implementación y finalización del Título 42, la literatura de controles migratorios (Del Monte Madrigal, 2023; Diaz S., 2021; Lincoln, 2021) apenas ha registrado la aplicación de esta medida por parte de los Estados Unidos y no hay gran recolección de las experiencias de las personas expulsadas con el Título 42. Es necesario detallar que en nuestro estudio el lugar de expulsión fue Tijuana, pero las expulsiones bajo el Título 42 se dieron a lo largo de toda la frontera y no necesariamente en puntos de devolución como los puertos fronterizos formales entre ambos países. Por ejemplo, la ciudad de Reynosa, Tamaulipas, fue el lugar donde la mayoría de las personas en nuestro estudio intentó el cruce, siendo sucesivamente expulsadas a Tijuana. Así mismo, la anulación del Título 42 fue aplicada en la tercera semana de mayo 2023. Por lo reciente de esta situación, nuestro análisis no refleja las dinámicas y nuevos requerimientos impuestos por el gobierno de los Estados Unidos.

La excepcionalidad y su normalización dentro del régimen global fronterizo

En este apartado tratamos la dimensión relacional entre la excepcionalidad y la lógica que fundamenta al régimen global fronterizo. Cuando se habla de excepcionalidad dentro del contexto de este régimen, el análisis se enfoca en entender cómo, con fundamento en la soberanía nacional y el control territorial, una nueva dimensión de relaciones y ejercicio de poder se lleva a cabo de manera extraordinaria reemplazando la estructura previa y afectando a las dinámicas de movilidad humana. En la literatura sobre migración, las ideas de Giorgio Agamben han sido usadas para entender cómo una política de la excepcionalidad anula o suspende ciertos derechos a los migrantes (Andrijasevic 2010, Hess & Kasparek 2017). El estado de excepción implica una suspensión del orden jurídico que habilita la definición de un nuevo umbral o límite (Agamben, 2005: 28). En este sentido, el estado de excepción se analiza considerando cómo se lleva a cabo la suspensión de la normalidad legal y las consecuencias en el sujeto migrante (Andrijasevic, 2010: 147-8). La discusión de los controles y la soberanía nacional se articula anteponiendo el interés nacional a la negación del "otro" (Butler & Spivak 2007) mediante su contención. El fondo de esta discusión es la disparidad de poder entre el estado y la otredad de un sujeto al que se le considera externo al contexto "nacional". Diferentes análisis de las consecuencias del régimen global fronterizo han abordado aspectos como la temporalidad, que incluye cómo las políticas migratorias aceleran o retrasan la vida de las personas (Bhatia and Canning 2021, Cwerner 2001, Mavroudis et al. 2017, Tazzioli 2018), la espera en espacios fronterizos de riesgo, o los obstáculos de los procesos administrativos de migración y asilo (Bendixsen & Hylland Eriksen 2018, Fontanari 2017, Jacobsen y Karlsen 2021).

La exploración teórica en este trabajo aborda la relación entre la excepcionalidad y su normalización, así como de las nuevas situaciones o límites que se crean desde la excepción. Ejemplificando esta exploración, se toma la justificación de intervenir y suspender las prácticas e instituciones cotidianas, como sucedió con la aplicación del Título 42 y la suspensión del derecho de asilo, y se contrasta con las consecuencias y las nuevas situaciones relacionadas con las medidas excepcionales, como la expulsión expedita y el hacinamiento por el cierre de fronteras. En este trabajo se plantea que el concepto de régimen tiene que ser visto no desde una aplicación monolítica de control, sino desde la perspectiva de una constante reconfiguración que también da espacio a implicación directa e indirecta de varios actores (activistas, organizaciones no gubernamentales, crimen organizado, organizaciones religiosas) y cierta contestación de las políticas migratorias por parte de los migrantes (Domenech 2020).

En el contexto fronterizo que hemos trabajado, en años recientes, políticas y acuerdos como el MPP, *Acuerdo de Cooperación de Asilo* (Asylum Cooperative Agreement), y el Título 42 pueden ser relacionados con la creación de estados de excepción por la suspensión de ciertas leyes y de tratados y obligaciones internacionales (Garret & Sementelli 2022). Al catalogar la situación de salud pública en los Estados Unidos como una "emergencia sanitaria", las respuestas legales a la pandemia fueron catalogadas dentro de un marco de excepcionalidad permitiendo aumentar las capacidades coercitivas de las políticas de control migratorio, entendidas como veremos en los siguientes apartados como un dispositivo de disuasión del ingreso a Estados Unidos. Este tipo de políticas y controles aplicados por los estados están fundamentados en una discrecionalidad en los criterios que regulan derechos y permisos de movilidad, tránsito y estancia. Estos criterios habilitan una compleja dinámica de inclusiones y exclusiones donde la discrecionalidad impone las pautas para dar o negar derechos y permisos. Ejemplos de estos criterios son los casos de los controles impuestos por la Unión Europea: el país de origen de la persona marca los criterios de aceptación para la entrada al territorio (van Houtum, 2010) o de elegibilidad para acceder a la ciudadanía (Andrijasevic 2010). Este tipo de discrecionalidad apunta a una hospitalidad selectiva (Domenech 2020) regida por factores socioeconómicos (poder adquisitivo) y políticos (relaciones diplomáticas entre países).

La discrecionalidad en los controles migratorios crea situaciones en las cuales ciertos grupos de migrantes se ven como legítimos y otros no son considerados como merecedores de ciertos derechos, como el asilo político (El-Enany 2013). Esta discrecionalidad tuvo un impacto diferenciado, ya que las políticas de control sólo exacerbaron las brechas sociales (Heller 2021) por la selectividad de requisitos de entrada impuestos durante la pandemia a ciudadanos de diferentes países. Es decir, los controles de movilidad tomaron en cuenta las nacionalidades, acceso a vacunas, certificación sanitaria y medio de transporte al entrar al país. La desigualdad global al acceso a vacunas impactó de manera más significativa a las personas migrantes (United Nations Committee on Economic, Social and Cultural Rights 2020).

En el caso de la frontera México-Estados Unidos, a las prácticas comunes de detención y deportación, también se sumaron medidas de cierre temporal de cruce fronterizo, expulsión expedita y suspensión del derecho al asilo. Estas dos últimas medidas son las que caracterizaron la aplicación del Título 42 para la contención y exclusión de personas migrantes. Considerando la aplicación de este tipo de medidas, esta situación puede entenderse como parte del desarrollo del régimen global fronterizo, teniendo en cuenta su adaptabilidad a contextos emergentes y las nuevas justificaciones usadas para su legitimación. A pesar de que durante la aplicación del Título 42, la expulsión y suspensión de asilo fueron aplicadas y justificadas como medidas temporales, su prolongación muestra cómo la excepcionalidad registró una normalización. Aun cuando los contagios y requerimientos para entrar a los Estados Unidos estaban considerados bajo control, la continuación del Título 42 mostró su uso como una extensión del enfoque de securitización migratoria. Los controles impuestos por el gobierno de los Estados Unidos durante la pandemia tienen un doble alcance dentro de la aplicación del régimen global fronterizo. Por un lado, la suspensión casi total del proceso de solicitud de asilo político por cerca de tres años representa una afectación al modelo internacional de derechos y obligaciones sobre refugio y asilo. Esta suspensión del proceso de asilo político apunta a la excepcionalidad como la lógica que afecta a la institucionalidad establecida y marca nuevos límites de esta misma. Por otro lado, cuando la excepcionalidad es el parámetro que rige la política de controles migratorios y fronterizos, las afectaciones negativas en la condición humanitaria en espacios fronterizos se incrementan.

En la frontera México-Estados Unidos, hay argumentos que apuntan a considerar una crisis humanitaria creada por las políticas migratorias del gobierno de los Estados Unidos. Estas políticas se han desarrollado por la combinación de un fuerte nacionalismo estadounidense, que apela a la seguridad nacional y que ha justificado la militarización de esta frontera (Massey 2020). La crisis humanitaria responde al incremento en las detenciones y deportaciones registradas desde 2016 y al endurecimiento de políticas para refugio y asilo (ibid. 802-803). El constante flujo y hacinamiento de personas ha creado una situación crítica en la región y una crisis humanitaria en las ciudades fronterizas (Barrios de la O et al., 2020; Bojórquez et al., 2020; Del Monte Madrigal & McKee Irwin, 2020; Uribe Salas et al., 2020). De manera complementaria a la expansión de los controles fronterizos, la práctica de externalizar la vigilancia y control de flujos migratorios se ha afianzado en las últimas dos décadas. Los casos de Australia (Perera 2007) y la Unión Europea (Hess & Kasparek 2017, Klepp 2010, Tsianos & Karakayali 2010) y Argentina (Domenech 2020) representan una ejemplificación de este tipo de controles.

Situaciones de casos de desplazamientos forzados de población por episodios armados, violencia o catástrofes naturales han llevado en ocasiones a la formación de campos de refugiados, provocando la discusión de los estados de excepción en cuanto a la administración de los estados de estas situaciones. La formación y administración de estos espacios es lo que produjo la reflexión que liga la soberanía nacional, con excepcionalidad y la gobernanza migratoria (Fassin 2011). Por ejemplo, la Unión Europea adoptó la Convención de Dublín desde 1990 en la que se ha desarrollado un cordón post-fronterizo que habilita a países no miembros de la Unión a recibir y procesar peticiones de asilo. De esta manera campos y centros de detención se han formado a los alrededores de las fronteras de la UE (Mezzadra & Neilson 2013:145). Los campos de detención impuestos por la UE a principios de la década de los 2000 fueron uno de los casos que propiciaron que la discusión académica tomara la perspectiva de la excepcionalidad. La normalización de una situación excepcional pasa por la continua aplicación hasta que alcanza una continuidad. Estos controles se han consolidado en los últimos años y los acuerdos con 'tercer país' se han incrementado (Mountz 2012). Esta estrategia ha llevado a actores como la Unión Europea a implementar mecanismos como el "Enfoque Hotspot" que habilita centros de registro para identificar y registrar digitalmente a personas que intentan entrar al territorio de algún país miembro. En áreas del Mar Egeo, Macedonia y Serbia se han implementado zonas de retención (Hess and Kasparek, 2019).

El endurecimiento de controles fronterizos y su externalización en la frontera México y Estados Unidos (Pombo 2022, Santi 2022) ya sea en nombre de la salud pública o de la seguridad también ejemplifican esta situación. Considerando las relaciones diplomáticas entre México y Estados Unidos, la aplicación del Título 42 formalizó la implicación de México como parte activa de la política migratoria estadounidense. Debido a la decisión de suspender casi de forma total el proceso de asilo en Estados Unidos, México se convirtió en lugar de espera como tercer país para las personas que solicitaron asilo político durante la aplicación del Título 42 (Ortega Velázquez 2020). La influencia diplomática de los Estados Unidos se puede ver también en la securitización implementada por los gobiernos de Guatemala y México en la frontera entre estos países para controlar y disminuir el flujo migratorio desde el centro y sur del continente americano. En este caso el Título 42 puede considerarse como parte de las políticas de externalización de la frontera estadounidense, que hace partícipe a otros países de los mecanismos de control y contención de sus flujos migratorios. Las fronteras norte y sur de México se han convertido en parte de la expansión del control migratorio estadounidense. El resultado es la creciente población que espera en suelo mexicano la decisión del gobierno de los Estados Unidos sobre peticiones de asilo político. En este caso las ciudades de la frontera norte de México pasaron de ser lugares de tránsito o estancia temporal corta, a convertirse en lugares en que la persona se queda por tiempo indefinido. Por su parte la frontera Guatemala-México y ciertas ciudades como Tapachula, Chiapas se han convertido en el primer filtro migratorio hacia el flujo de personas que tiene su punto de partida en Centroamérica, Sudamérica, África y Asia.

La política de la hostilidad también se ve reflejada en los controles impuestos en el día a día y tiene una implicación de más profundidad si consideramos la suspensión de derechos de las personas pidiendo refugio y asilo político, o la diferenciación que se hace según el país de procedencia de la persona. El trato diferencial por parte del gobierno estadounidense también se vio reflejado en las expulsiones y no repatriaciones al país de origen, sino a México, de ciertas nacionalidades (Nicaragua y Venezuela), con serias limitaciones en cuanto a los derechos de asilo (América Central) y en el trato selectivo en cuanto al mismo proceso de refugio o asilo. El estallido del conflicto armado entre Rusia y Ucrania a inicios de 2022 propició la llegada de refugiados de ambos países a las ciudades fronterizas del norte de México, pero el gobierno de Estados Unidos solo dio entrada a personas de Ucrania.

La coyuntura de la pandemia ha mostrado cómo el discurso de "emergencia sanitaria" se ligó a la agenda de seguridad nacional. De esta manera, la coyuntura renovó el discurso que asocia la "amenaza" a la migración (ver por ejemplo De Genova 2022, Garret & Sementelli 2022, Heller 2021). La instrumentalización de la emergencia en una nueva serie de controles fronterizos y de flujos migratorios proyecta ciertas formas de violencia ligada a estos controles (Stierl & Dadusc, 2022). Estos controles están insertos en formas de violencia estructural e institucional como la diferenciación y exclusión de ciertos grupos o como las prácticas de confinamiento, expulsión y muertes relacionadas a los controles fronterizos. Como hemos presentado en este apartado, el sentido de crisis o emergencia han extendido los controles migratorios hacia nuevos puntos de intervención y prácticas de excepción. El siguiente apartado presenta los hallazgos de nuestro trabajo en cuanto a las afectaciones de los controles en la vida de las personas que fueron expulsadas bajo el Título 42.

(In)movilidad y precarización de las condiciones de vida cotidiana bajo el Título 42

Desde el análisis de los datos recolectados emerge una normalización de la excepcionalidad. Es decir, bajo la emergencia sanitaria, se produjo una condición de atrapamiento caracterizada por la (in)movilidad y la precarización de las condiciones de vida de las personas que fueron expulsadas bajo el Título 42, como elementos resaltantes que expresaban una cotidianidad excepcional, en la cual, por ejemplo, una situación experimentada normalmente como temporal, como es la estancia en un albergue, se convirtió, no solo en la norma, sino en la cotidianidad.

Para todas las personas entrevistadas, a la expulsión siguió una condición de atrapamiento migratorio en las ciudades fronterizas mexicanas. Esta condición se caracteriza, en primer lugar, por la interrupción forzada de su proyecto migratorio, que necesitó ser replanteado; en segundo lugar, por el comienzo de una situación de (in)movilidad determinada por la imposibilidad de un retorno al lugar de origen, a causa de alguna persecución sufrida y/o por falta de recursos económicos. Cabe mencionar que, en el periodo de estudio, según los relatos de quienes entrevistamos, el costo del viaje apoyándose a las redes del tráfico ilegal de migrantes varía entre los 10 y 12 mil dólares, por ejemplo, en el caso de una familia nuclear con un/a hijo/a desplazándose hasta la frontera norte de México. En tercer lugar, especialmente en el caso de las personas y familias expulsadas buscadoras de asilo, la condición de atrapamiento se caracteriza por la espera: dada esta situación, las personas se vieron obligadas a quedarse en un lugar no elegido, los albergues, por un periodo incierto.

Sin embargo, dentro de este atrapamiento, destacan diferentes tipos de afectaciones. Categorizamos los dos tipos de afectaciones registradas que más resaltan como: la (in)movilidad de las personas expulsadas, relacionada estrechamente con el cierre de la frontera y la suspensión de los procesos de asilo y refugio por el gobierno estadounidense, dentro de la cual se identifica un patrón de "inmovilidad circular" y otro de "inmovilidad y espera"; y como precarización de las condiciones de vida en los albergues. Antes de proceder con la explicación de las dos categorías, es importante precisar que el análisis de las experiencias de personas expulsadas bajo el Título 42 rescató dos tipos de procedimientos de expulsión bajo el Título 42: uno expedito que ocurre en un tiempo de una a diez horas a partir de la entrega o la captura de la persona migrante o solicitante de asilo por parte de las autoridades migratorias fronterizas estadounidenses; y otro procedimiento que incluye el paso por un tiempo que va entre uno y hasta doce días por un centro de detención fronterizo conocido entre las personas migrantes como "hielera", por ser un espacio cerrado, con luz artificial las veinticuatro horas del día, sin vista al exterior y con una temperatura considerablemente baja. Dentro de este procedimiento de expulsión "no exprés" resalta un patrón de expulsión a Tijuana de familias con niños, niñas y adolescentes (NNA) que cruzaron en Reynosa, las que después de una detención en McAllen, Texas fueron trasladadas en avión a San Diego, California para ser expulsadas bajo el Título 42 a Tijuana.

Las expulsiones bajo el Título 42 no implicaron para la persona afectada un "registro oficial" de entrada al territorio estadounidense con consecuencias legales posteriores. Esta característica, incentivó a la persona expulsada a intentar el reingreso a los Estados Unidos en varias ocasiones y generó lo que consideramos como el primer patrón de (in)movilidad. Este primer patrón responde a una movilidad circular, que alternaba, posterior a la expulsión de la persona a Tijuana, la estancia en uno o más albergues y luego un nuevo intento de cruce no exitoso. Es decir, se trata de un patrón marcado por una dinámica circular de: 1) cruce; 2) captura por o entrega a la patrulla fronteriza; 3) expulsión inmediata por la patrulla fronteriza; 4) estancia en un albergue; 5) nuevo intento de cruce; 6) repetición del ciclo.

De los datos recabados, ocho de treinta personas (cinco mexicanas, dos de Honduras y una de El Salvador) registraron entre dos y cinco expulsiones bajo el Título 42. Dentro de este grupo predomina el perfil del migrante mexicano circular laboral, un perfil histórico del circuito migratorio México-Estados Unidos, que lleva décadas cruzando de manera irregular a veces con éxito y más recientemente, con la securitización de la frontera, siempre con menos éxito, con el objetivo de ir a trabajar a Estados Unidos de manera temporal.

En 2008 pasé, estuve en Oceanside un rato trabajando allá en la jardinería. Después me vine unos años acá a México y volví a regresar, no pude pasar, me regresaron y volví a estar en México un tiempo y volví a regresar y ahora que entró el presidente Trump, yo salí (de Estados Unidos) para venir con mi familia, intenté volver a pasar, pero ya había este muro.

Sin embargo cuando esta persona volvió a intentar ya estaba vigente el Título 42:

Me agarraron 2 veces. Una vez fue en la noche y una vez en el día, me agarraron (la Border patrol) las dos veces pero tampoco me llevaron a Migración ni nada. Ahí luego luego de que me agarraron en el cerro, de ahí luego luego para afuera. Ahorita pues la verdad quiero volver a intentar a pasar. (Entrevista a hombre solo, mexicano, Tijuana,

221

19 de marzo de 2022)

Pero también un hombre solo de Honduras había sido expulsado cinco veces: la primera de ellas, hace veinticinco días, había intentado solicitar asilo formalmente en la garita de Tijuana, al no lograrlo, las otras cuatro, lo intentó por varios puntos de cruce clandestinos. En tres ocasiones se trató de una expulsión expedita, en dos fue detenido por 6 y 8 días en la hielera.

Buena parte de las re-expulsiones se implementaron para estos hombres solos de manera expedita y se realizaron hasta en el mismo lugar de cruce, generalmente en zonas no habitadas. El perfil de personas con más de una expulsión tiende a ser varones solos mayores de edad que no necesariamente tenían pensado pedir asilo. No obstante, dentro del grupo de personas que han experimentado múltiples expulsiones también encontramos a dos familias y dos mujeres con hijos/as que sí tenían la intención de solicitar asilo, cuyas expulsiones igualmente se ejecutaron mayormente de manera expedita.

> *Como primera opción fue la de entregarnos a Migración. Primero llegamos a la Línea en Otay, nos acercamos a Migración pero no nos hicieron caso, nos dijeron que no y nos subieron a una patrulla y nos llevaron a un albergue, y ahí estuvimos cerca de tres meses pero en este rato que estuvimos ahí quisimos volver a intentar. [...] Nos agarró Migración (Patrulla Fronteriza) ahí en la línea y nos metieron a una oficina y entonces nos empezaron a interrogar, nos preguntaron de dónde veníamos, pero de ahí de la línea [...] nos sentaron y ni siquiera nos tomaron huellas [...] me dijeron: ¿traes sus documentos? Si y me dijo "[...] te los van a pedir", pero no pidieron nada más, nos sacaron. Fue en la noche alrededor de las 11-12 cuando empezamos a pasar y nos sacaron como a las 6 am.* (Entrevista a mujer con hijo, mexicana, Tijuana, 28 de febrero de 2022).

A la luz de lo mencionado podemos hipotetizar que la circularidad de la que hablamos está relacionada con el carácter expedito de la expulsión. Son expulsiones que han tenido un menor costo emocional y económico para los migrantes, lo cual ha promovido este patrón.

En contraste con este modelo circular, el segundo patrón de (in)movilidad que identificamos producido por la aplicación del Título 42, consistió en una inmovilidad y espera prolongada en uno o más albergues. A través de organizaciones de la sociedad civil que dan asesoramiento jurídico a migrantes, estas personas recibieron acompañamiento legal para apelar a los requisitos de vulnerabilidad objeto de excepción del Título 42. Es decir, buscaron la forma de argumentar una situación de especial vulnerabilidad por razones humanitarias. Sin embargo, la gran cantidad de personas que optaron por esta posibilidad rebasó la capacidad de atención de estas organizaciones, además que estas solicitudes eran procesadas por las autoridades migratorias de Estados Unidos en cantidad limitada por día, lo cual desató una situación de espera indefinida para que las personas pudieran acceder a esta opción. Esta situación de inmovilidad y espera se presentó más en familias y mujeres solas en ambos casos con NNA. De veintidós casos que fueron expulsados bajo el Título 42 y no volvieron a intentar cruzar, dieciocho pertenecían a estos grupos y diecisiete de ellos procedían de Centroamérica. En el momento de la entrevista la mayor parte llevaba de seis a trece meses residiendo en el mismo albergue o habiendo transitado por más albergues. De hecho, algunas de estas estructuras, debido a la incapacidad para albergar y mantener a un gran número de personas por períodos prolongados, implementaron cuotas monetarias por noche y/o límites de tiempo máximo de estancia (por ejemplo, un mes). Esto resultó en un movimiento de algunas familias de un albergue a otro, cuando se restringía el tiempo de estancia permitido, creando una suerte de patrón de movilidad intraurbana dentro de esta situación de (in)movilidad.

Cabe resaltar que quince de estas dieciocho familias con NNA sufrieron una expulsión bajo el Título 42 que incluyó la detención, es decir el paso por "la hielera", de dos horas hasta ocho días, según lo relatado. Se trató de un proceso largo y duro, en particular para diez de estos casos, los que habían intentado solicitar asilo entregándose a la patrulla fronteriza en Reynosa, Tamaulipas pero que fueron expulsados en Tijuana. La experiencia de la expulsión narrada por estas personas evidencia las severas repercusiones que tuvo este proceso, especialmente en los NNA:

Nos llevaron a la hielera, y ahí nos tuvieron unos días metidos, como 8 días. [...] Ah muy mal, nos daban unas bolsitas así de aluminio y con esa lo envolvía yo a mi niño. La comida, el alimento que nos daban no era bueno. Era una manzana y un sándwich. (El niño) no comía, solo pura manzana. Se enfermó, ahí se enfermó. (Entrevista a hombre con hijo, hondureño, Tijuana, 15 de marzo de 2022)

Mi hijo es alérgico a la lactosa, no come cualquier leche y tiene que ser para recién nacido, pero dieron la misma leche a todo mundo y al niño le dio diarrea. No hay atención para los niños ahí, los tratan como a uno y lo único que le dan es un jugo, una manzana y una galleta todos los días. (Entrevista a mujer con hija, hondureña, Tijuana, 12 de abril de 2022)

El estar ahí, (encerrados en la hielera) fue lo más duro, el ver a mis hijos llorar, porque estaban incómodos [...] no sabía qué hacer, a cuál abrazar, tenía uno dormido acá y el otro dormido aquí. Entonces para mí fue muy duro muy duro...mi hijo se aventó los juguitos fue lo único que se tomó, es muy duro porque tú ves a tus hijos con hambre...te duele el alma. (Entrevista a familia con NNA mexicana, Tijuana, 28 de febrero de 2022)

Así, la producción de este patrón de inmovilidad y espera en los albergues, en una condición a menudo de dependencia absoluta de estas estructuras, guarda una relación con el procedimiento no expedito de expulsión bajo el Título 42. Las afectaciones en los NNA de estas expulsiones no expeditas dejan a las familias particularmente desgastadas emocionalmente y funcionan como un factor que desincentiva un nuevo intento de cruce, junto con otros factores como el desconocimiento del contexto y/o la imposibilidad de sustentar otra inversión financiera, tratándose de familias, a veces numerosas, que llegan de un largo tránsito igualmente difícil y costoso.

La segunda categoría observada es la precarización de la vida en los albergues. La precarización es una afectación que incluye tanto categorías materiales como emocionales. Las condiciones materiales comprenden limitaciones de recursos en los albergues en cuanto a disponibilidad de espacio u otros servicios y la falta de recurso monetario por parte de las personas albergadas. El hacinamiento en los albergues de población en contexto de espera es la consecuencia más visible del cierre de la frontera y la suspensión del proceso de asilo en los Estados Unidos. En nuestras observaciones obtenidas en las visitas a los albergues, constatamos que la saturación conlleva a que los servicios ofrecidos sufran una demanda extra y los recursos materiales y financieros son más escasos. La precarización se ve reflejada en la convivencia diaria por diversas situaciones que incluyen desde problemas de higiene y enfermedades contagiosas recurrentes en los NNA, hasta la falta de cobertura escolar para todos ellos en estos lugares, que como hemos indicado, su estancia se prolongó hasta por más de un año en algunos casos.

Las experiencias de las personas migrantes en estos espacios reflejan un aumento en la precarización del día a día con problemas constantes de salud en NNA, y limitaciones en las condiciones de higiene:

> *Aquí (nombre del albergue) lo primero tras que uno llega es la fiebre de los niños, fiebre y fiebre, ella se me enfermó y ya me dijeron que es porque hay tanta gente. […] Me dijeron (el doctor) que era como un virus que como va llegando mucha gente nueva le pega a los niños. Ella la comida de aquí (Del albergue) no me la come, no le gusta, tengo que comprarle los tres tiempos… Lo que me incomoda es ir al baño y tener que ir a jalar el agua hasta allá para venir al baño. (Entrevista a mujer con hija, hondureña, Tijuana, 6 de marzo de 2022).*

Parte de las limitaciones materiales es que no todas las personas reciben apoyo monetario de familiares o terceros, ya que la ampliación no programada de la espera en Tijuana retó también la capacidad de familiares en Estados Unidos y en el lugar de origen de enviar remesas, y esto aumenta la dependencia de la ayuda proporcionada por los albergues. Otra limitación ligada a lo anterior es el acceso a ciertos servicios o derechos debido a que se registra una diferenciación relacionada con el país de origen. Para personas de nacionalidad mexicana, la posibilidad de obtener un trabajo temporal era más alta que para las personas extranjeras. En los casos que personas extranjeras lograron obtener un trabajo, los abusos laborales eran más frecuentes por su estatus migratorio irregularizado.

A estas condiciones materiales, hay que sumar las afectaciones emocionales que perduran a lo largo de toda la travesía migratoria desde la salida del lugar de origen, la expulsión, y la condición de inmovilidad referida anteriormente. Las afectaciones emocionales se relacionan, por un lado, con el impacto que tiene la ruptura del proyecto migratorio al intentar cruzar, y por el otro, con la condición de estancia prolongada en el albergue, las condiciones de precariedad en estos lugares y el enfrentar un futuro inestable e incierto. Pero también, hay una gran afectación emocional por la experiencia del cruce, arresto por la patrulla fronteriza, el periodo de detención en Estados Unidos y posterior expulsión a México. Un episodio recurrente que ejemplifica las condiciones que enfrenta una persona, se dio en el periodo de detención después del arresto por parte de la patrulla fronteriza:

> *No sabemos nada, no nos dicen nada, no sabemos ni la hora en la que estamos... estamos a lo loco, en un lugar en el que no sabemos nada. Cumpliendo el cuarto día llegaron a las 2 de la mañana y dice "levántense"...luego nos llevan a agarrar el bus...y nos dicen "van a ir a un lugar dónde los van a ayudar" y ya subimos al avión y cuando nos dimos cuenta, aparecemos en México (Entrevista a mujer con hija hondureñas, Tijuana, 14 de marzo de 2022)*

La última parte de este testimonio indica cómo la incertidumbre se usó como instrumento de control, ya que la falta de información y la información falsa se usaron por parte de las autoridades en contra de las personas en detención. Durante este periodo la persona no recibía ninguna información de su situación migratoria en los Estados Unidos y las familias eran separadas quedando los NNA al cuidado de su madre o padre. Como ya ha sido mencionado, el impacto de la detención y separación fue más visible en familias ya que los NNA enfrentaron toda esta situación de una manera más aguda. Las experiencias de las personas entrevistadas muestran una sistematicidad en el control de la información ofrecida a la persona por parte de la autoridad migratoria y la consecuente afectación a la condición general de la persona. Estas afectaciones perduran incluso después de la expulsión y acrecientan el peso emocional de la incertidumbre vivida en la espera en los albergues de Tijuana.

Las afectaciones emocionales expresadas en las entrevistas se relacionan con tener episodios de depresión y de una inestabilidad constante en los en estados de ánimo

> *pero igual y uno se desespera, porque nuestro destino no es aquí, porque sinceramente a México no lo considero muy seguro para mis hijos. Hay días que me encuentro super apagada, igual a mi esposo lo veo así como desanimado (Entrevista a mujer con hija, salvadoreña Tijuana, 14 de marzo de 2022)*

La parte emocional también se ve afectada por las tensiones y fricciones que surgen entre las personas migrantes derivadas de la convivencia prolongada, el exceso de personas compartiendo el mismo espacio y la falta de recursos materiales. Estas tensiones pueden ocurrir por diferencias en el país de origen y por considerar a otras personas como de "culturas diferentes". Por ejemplo, la convivencia prolongada de los NNA propiciaba algunos conflictos entre ellos, lo cual llevaba a algunas madres a afirmar que las madres de determinada nacionalidad no cuidaban bien a los hijos. Otra tensión se daba por diferencias entre mexicanos y extranjeros en donde los primeros reclamaban trato desfavorable a nacionales por parte del propio gobierno mexicano e incluso de las organizaciones de sociedad civil en favor de personas de otros países. Paradójicamente también detectamos tensiones entre personas provenientes del mismo estado de la República mexicana, como el caso de Michoacán, quienes evitaban a personas de su misma región por cuestión de seguridad, al sentirse expuestos a que su ubicación fuese revelada.

A pesar de las afectaciones en la cotidianeidad, también es posible situar prácticas de resistencia (De Génova et al. 2015, Mezzandra and Neilson 2013, Perera 2007, Odgers et al., 2023) como contrapeso a la normalización que significó la extensión indefinida de la aplicación del Título 42. Estas prácticas de resistencia incluían, por ejemplo, el apoyo en el cuidado de NNA entre los residentes de los albergues, soporte emocional o participación en las actividades educativas, culturales o ceremonias religiosas organizadas en los albergues. Este apoyo mutuo era necesario para sobrellevar el tiempo de espera, la precarización de la vida diaria y la incertidumbre de cuándo se suspendería la aplicación del Título 42.

Conclusiones

Como parte de las estrategias recientemente aplicadas por los estados para controlar los flujos migratorios y responder a la emergencia sanitaria, nuevos criterios y políticas públicas han contribuido a la expansión y endurecimiento de las políticas actuales de control dentro del régimen global fronterizo. Estos criterios y políticas de control han sido fundamentadas en una renovada lógica de la excepcionalidad que a medida que se han ido aplicando en diferentes lugares, su repetición y duración ejemplifica cierto grado de normalización. Acciones como la suspensión de derechos, afectación del tránsito, detención, deportación, y expulsión han sido redefinidas desde esta perspectiva de la excepcionalidad.

A pesar de que ciertos controles fueron enmarcados como temporales y extraordinarios, nuestra conclusión es que la excepcionalidad sirve para crear antecedentes y justificaciones a situaciones consideradas como completamente fuera de la "normalidad". La aplicación continuada de esta lógica es lo que conlleva a que la normalización de medidas más estrictas sea cada vez menos impugnada. El contexto de pandemia global propició una ampliación en los controles migratorios y de movilidad dentro de la estructura del régimen de control fronterizo. La extensión temporal del Título 42, a pesar de que la situación de pandemia ya no era considerada como emergencia, ejemplifica la adaptación e instrumentación de la lógica de la excepción. Esta ampliación se basa en una justificación del ejercicio coercitivo del poder soberano que marca a la excepcionalidad, en este caso ligada a la seguridad sanitaria, como su lógica de legitimación. De esta manera, la excepcionalidad coadyuva a la expansión del régimen global fronterizo, dándole una adaptabilidad que en condiciones normales sería más limitada. La normalización es un fenómeno que tiene que revisarse tanto como en la práctica de los controles como en los efectos que tiene en la vida diaria de la persona sujeta al control migratorio. La suspensión de derechos y la violencia institucional ligada al proceso de expulsión bajo el Título 42 dio un margen de maniobra a las autoridades sirviendo como dispositivo de disuasión que a su vez produjo una cotidianidad excepcional. Dentro de la coyuntura de excepción, la aplicación del Título 42 introdujo nuevas formas de trato diferencial y prácticas de control que propiciaron una dinámica de inclusión y exclusión con respecto al acceso al refugio y asilo político. La normalización también implica que mediante la política de hostilidad formas de violencia institucional se vuelven más notorias en prácticas como la detención, retención de documentos y pertenencias personales, separación de familias o la falta de información sobre la situación migratoria de la persona cuando está bajo custodia.

Nuestro análisis revela que la normalización de la excepcionalidad, lejos de disuadir los flujos migratorios, produjo nuevos patrones de (in)movilidad en las personas migrantes. En primer lugar, un modelo circular caracterizado por varios intentos de cruce por parte de los migrantes y en segundo lugar un modelo de (in)movilidad prolongada caracterizada por una estancia larga en los albergues debido principalmente a la imposibilidad de regresar al lugar de origen y a la esperanza de apelar a una excepción del Título 42. Estos dos patrones están además ligados con la forma en que la normalización de la excepcionalidad también se tradujo en una cotidianidad de la excepcionalidad, ya que una situación normalmente extraordinaria y temporal, como es la estancia en un albergue se prolongó en algunos casos hasta por más de un año, convirtiéndose de esta manera en su cotidianidad. Una cotidianidad excepcional que en nombre de la emergencia también produjo una precariedad legal y política con la suspensión de derechos.

Como hemos señalado en este capítulo, la dimensión relacional entre la excepcionalidad y la lógica del régimen global fronterizo no se queda solamente en lo abstracto o en las discusiones de soberanía nacional, sino que se manifiestan como parte de diferentes afectaciones en la vida de las personas en contexto de movilidad. Lo que definimos como atrapamiento y precarización son categorías que muestran los efectos de una relación dispar de poder. La circularidad, inmovilidad y precarización de la vida cotidiana en sus diferentes facetas reflejan, en contra de lo que los gobiernos consideran válido, una regresión humanitaria ya que las situaciones enmarcadas como de emergencia o excepción solo profundizan la desigualdad entre la persona en contexto de movilidad y las estructuras de poder que sustentan al régimen global fronterizo.

Referencias

Agamben, G. (2005), *Estado de Excepción. Homo Sacer, II, I*. Buenos Aires: Adriana Hidalgo editora.

Albicker, S., & Velasco Ortiz, L. (2019). Capacidades de la sociedad civil en Tijuana para atender y proteger a la población migrante. En M. D. Paris-Pombo (Ed.), *Migrantes haitianos y centroamericanos en Tijuana, Baja California, 2016-2017* (pp. 53-65). Comisión Nacional de los Derechos Humanos y El Colegio de la Frontera Norte. https://informe.cndh.org.mx//images/uploads/menus/40101/content/files/Infor meMigrantes20162017.pdf

Álvarez, P. (2022, mayo 20). *Federal judge blocks Biden administration from lifting Title 42 for now | CNN Politics*. CNN. https://www.cnn.com/2022/05/20/politics/title-42-biden-us-mexico-border/index.html

Andrijasevic, R. (2010). "From Exception to Excess: Detention and Deportations across the Mediterranean Space." en De Genova, N y Peutz, N. (eds.). *The Deportation Regime: Sovereignty, Space, and the Freedom of Movement*. Durham, NC: Duke University Press. 147–165.

Armijo Canto, M. N., & Benítez Manaut, R. (2017). "Vulnerabilidad y violencia en el corredor Centroamérica-México-Estados Unidos". *Ecuador Debate, 97*, 103-121.

Barrios de la O, M. I., López Reyes, E. A., & Rubio Salas, R. (2020). *Flujos migratorios y COVID-19. La experiencia de los espacios filtro y de tránsito en Ciudad Juárez* (Documentos de contingencia. Poblaciones vulnerables ante COVID-19). El Colegio de la Frontera Norte. https://www.colef.mx/doc_coyuntura/flujos-migratorios-y-covid-19-la-experiencia-de-los-espacios-filtro-y-de-transito-en-ciudad-juarez/

Bendixsen, S. T. & Hylland Eriksen. (2018). "Time and the Other: Waiting and Hope among Irregular Migrants." en M. K. Janeja, & A. Bandak (eds.) *Ethnographies of Waiting: Doubt, Hope and Uncertainty*. London & New York, Bloomsbury Publishing. 87–112.

Bhatia, B. & V. Canning. (eds.) (2021). *Stealing Time Migration, Temporalities and State Violence*. Cham: Springer International Publishing.

Bojórquez, I., Odgers, O., & Olivas, O. L. (2020). *Atención psicosocial a migrantes ante el COVID-19 en albergues de la Sociedad Civil en Tijuana* (Documentos de contingencia. Poblaciones vulnerables ante COVID-19). El Colegio de la Frontera Norte. https://www.colef.mx/doc_coyuntura/atencion-psicosocial-a-migrantes-ante-el-covid-19-en-albergues-de-la-sociedad-civil-en-tijuana/

Bojórquez, I., Odgers-Ortiz, O., & Olivas-Hernández, O. L. (2021). Psychosocial and mental health during the COVID-19 lockdown: A rapid qualitative study in migrant shelters at the Mexico-United States border. *Salud Mental*, *44*(4), Article 4. https://doi.org/10.17711/SM.0185-3325.2021.022

Butler, J., y Spivak, G. C. (2007). *Who sings the nation-state? Language, politics, belonging*. Oxford: Seagull Books.

Calhoun, C. (2004). "A World of Emergencies: Fear, Intervention, and the Limits of Cosmopolitan Order". *The Canadian Review of Sociology*, *41*(4), 373–395.

Castillo, M. A., & Nájera Aguirre, J. (2016). Centroamericanos en movimiento: Medios, riesgos, protección y asistencia. En M. E. Anguiano Téllez & R. Cruz Piñeiro (Eds.), *Migrantes en tránsito a Estados Unidos, vulnerabilidad, riesgos y resiliencia* (pp. 71-98). El Colegio de la Frontera Norte, Universidad de Ciencias y Artes de Chiapas y Centro de Estudios Superiores de México y Centroamérica.

Cwerner, S. (2001). "The times of migration." *Journal of Ethnic and Migration Studies*. 27: 7–36.

De Genova, N. (2015). "Border Struggles in the Migrant Metropolis". *Nordic Journal of Migration Research*, *5*(1), 3–10.

De Genova, N. (2022). "Viral Borders: Migration, Deceleration, and the Re-Bordering of Mobility during the Covid-19 Pandemic" *Communication, Culture and Critique*. 15. 139-156.

De Genova, N y Peutz, N. (eds.) (2010). *The Deportation Regime: Sovereignty, Space, and the Freedom of Movement*. Durham: Duke University Press.

Del Monte Madrigal, J. A. (2022). El Título 42: Dos años de una política sanitaria al servicio del control migratorio (Documentos de coyuntura). Observatorio de Legislación y Política Migratoria, El Colegio de la Frontera Norte. https://observatoriocolef.org/boletin/el-titulo-42-dos-anos-de-una-politica-sanitaria-al-servicio-del-control-migratorio/

Del Monte Madrigal, J. A. (2023). Securitización sanitaria y control migratorio fronterizo: El Título 42 en la frontera México-Estados Unidos. Frontera Norte, 35. https://doi.org/10.33679/rfn.v1i1.2325

Del Monte Madrigal, J. A. (2021, marzo 3). Apuntes sobre el bloqueo de un juez federal al Título 42. *Nexos*, Observatorio migrante. https://migracion.nexos.com.mx/ 2022/ 11/apuntes-sobre-el-bloqueo-de-un-juez-federal-al-titulo-42/

Del Monte Madrigal, J. A., & McKee Irwin, R. (2020). Personas migrantes en Tijuana frente al COVID-19: Impactos y consecuencias de las medidas sanitarias desde la perspectiva de los actores (Documentos de contingencia. Poblaciones vulnerables ante COVID-19). El Colegio de la Frontera Norte. https://www.colef.mx/ doc_ coyuntura/personas-migrantes-en-tijuana-frente-al-covid-19-impactos-y-consecuencias-de-las-medidas-sanitarias-desde-la-perspectiva-de-los-actores/

Department of Homeland Security. (2022, abril 21). President Biden to Announce Uniting for Ukraine, a New Streamlined Process to Welcome Ukrainians Fleeing Russia's Invasion of Ukraine. Homeland Security. https://www.dhs.gov/news/ 2022/04/21/president-biden-announce-uniting-ukraine-new-streamlined-process-welcome-ukrainians

Department of Homeland Security. (2023a, mayo 1). *Fact Sheet: Update on DHS Planning for Southwest Border Security Measures as the Title 42 Public Health Order Ends*. Homeland Security. https://www.dhs.gov/news/2023/05/01/fact-sheet-update-dhs-planning-southwest-border-security-measures-title-42-public

Department of Homeland Security. (2023b, mayo 10). *DHS and DOJ Finalize Rule to Incentivize Use of Lawful Immigration Pathways*. Homeland Security.

https://www.dhs.gov/news/2023/05/10/dhs-and-doj-finalize-rule-incentivize-use-lawful-immigration-pathways

Díaz de León, A. (2023). Walking Together: Central Americans and Transit Migration Through Mexico. The University of Arizona Press.

Diaz S., S. M. (2021). "The Role of Public Health in the Rule of Law: The Cautionary Tale of Title 42 Expulsions". *HPHR Journal, 30*. https://doi.org/DOI:10.54111/0001/DD20

Domenech, E. (2020). "La "política de la hostilidad" en Argentina: detención, expulsión y rechazo en frontera". *Estudios Fronterizos, 21*(21). https://doi.org/10.21670/ ref. 2015057

Fassin, D. (2011). "Policing Borders, Producing Boundaries. The Governmentality of Immigration in Dark Times". *The Annual Review of Anthropology*. 40:213–26.

Flores, R. (2022, diciembre 15). El Gobierno de Biden da a conocer un plan para el fin del Título 42 la próxima semana. *CNN*. https://cnnespanol.cnn.com/ 2022/12/15/ gobierno-biden-plan-levantamiento-titulo-42-trax/

Fontanari, E. (2017). "It's my life. The temporalities of refugees and asylum-seekers within the European border regime." *Etnografia e ricerca qualitativa, Rivista quadrimestrale*. 1: 25–54.

El-Enany, N. 2013. "The EU asylum, immigration and border control regimes: including and excluding the "Deserving Migrant". *European Journal of Social Security*. 15 (2): 171–186.

Garrett, T M. y Sementelli, A. (2022). "COVID-19, asylum seekers, and migrants on the Mexico–U.S. border: Creating states of exception." *Politics & Policy*. 00(0): 1–15.

Gramlich, J. (2022, abril 27). Key facts about Title 42, the pandemic policy that has reshaped immigration enforcement at U.S.-Mexico border. *Pew Research Center*. https://www.pewresearch.org/short-reads/2022/04/27/key-facts-about-title-42-the-pandemic-policy-that-has-reshaped-immigration-enforcement-at-u-s-mexico-border/

Heller, C. (2021). "De-Confine borders: towards a Politics of Freedom of Movement in the Time of the Pandemic". *Mobilities*. 16 (1): 113–133.

Hess, S. (2012). "De-Naturalising Transit Migration. Theory and Methods of an Ethnographic Regime Analysis." *Population space and place*. 18.4: 428–440.

Hess, S. & B. Kasparek. (2019). "The Post-2015 European Border Regime. New Approaches in a Shifting Field." *Archivio antropologico mediterraneo*. Anno XXII 21 (2): 1–16.

Hess, S. & B. Kasparek. (2017). "Under Control? Or Border (as) Conflict: Reflections on the European Border Regime." *Social Inclusion* 5 (3): 58–68.

Human Rights Watch. (2022). ""«Quédate en México»: Información general y recursos". https://www.hrw.org/es/news/2022/02/07/quedate-en-mexico-informacion-general-y-recursos

Isacson, A. (2023, mayo 9). "10 Things to Know About the End of Title 42". WOLA: Advocacy for Human Rights in the Americas. https://www.wola.org/analysis/end-title-42/

Jacobsen C. M. y. Karlsen, M. (2021). "Unpacking the temporalities of irregular migration."" en C. M. Jacobsen, M.A. Karlsen, S. Khosravi (eds.) *Waiting and the temporalities of irregular migration*. Routledge Taylor & Francis Group. 1–19.

Kasparek, B. (2016). "Routes, Corridors, and Spaces of Exception: Governing Migration and Europe." *Europe at a Crossroads. Recuperado de:* http://nearfuturesonline.org/routes-corridors-and-spaces-of-exception-governing-migration-and-europe/

Klepp, S. (2010). "A Contested Asylum System: The European Union between Refugee Protection and Border Control in the Mediterranean Sea". *European Journal of Migration and Law. 12*(1), 1–21.

Kocher, A. (2021). Migrant Protection Protocols and the Death of Asylum. *Journal of Latin American Geography 20*(1), 249-258. https://doi.org/10.1353/lag.2021.0010.

Lincoln, M. (2021). Necrosecurity, Immune Supremacy, and Survivorship in the Political Imagination of COVID-19. *Open Anthropological Research*, *1*(1), 46-59. https://doi.org/10.1515/opan-2020-0104

Llanes-Díaz, N., Bojórquez-Chapela, I., & Odgers-Ortiz, O. (2023). "Oferta de servicios de salud sexual y reproductiva a personas migrantes centroamericanas en Tijuana". *Revista Panamericana de Salud Pública, 47*, e56. https://doi.org/10.26633/rpsp.2023.56

Massey, D. S. (2020). "The Real Crisis at the Mexico-U.S. Border: A Humanitarian and Not an Immigration Emergency". *Sociological Focus. 35*(3). 787–805.

Mavroudi, E., B. Page & A. Christou. (eds.) (2017). *Times pace and international migration.* Cheltenham and Northampton: Edward Elgar Publishing.

Mena Iturralde, L. & Cruz Piñeiro, R. (2021). "Atrapados en Busca de Asilo. Entre la Externalización Fronteriza y la Contención Sanitaria". *Revista Interdisciplinaria de Mobilidade Humana,* vol. 29, núm. 61, Enero Abril, pp. 49-65.

Mezzadra, S., & B. Neilson. (2013). *Border as Method, or, the Multiplication of Labor.* Duke University Press.

Morales-Cardiel, J., & Lucero Vargas, C. (2021). "México ante el dilema del "tercer país seguro" en el contexto de los Protocolos de Protección a Migrantes (MPP)". *Huellas de la Migración, 5*(9), Article 9. https://doi.org/10.36677/hmigracion.v5i9.16015

Mountz, A. (2011). "The enforcement archipelago: Detention, haunting, and asylum on islands". *Political Geography, 30*(3), 118–128.

Odgers-Ortiz, O., Olivas Hernández, O. L., & Bojorquez-Chapela, I. (2023). Waiting in Motion. Migrants' Involvement in Civil Society Organizations While Pursuing a Migration Project. *Journal of Immigrant & Refugee Studies, 21*(4), 624–636. https://doi.org/10.1080/15562948.2022.2155335

Odgers Ortiz, O.. (2024). La era del atrapamiento migratorio: la migración africana hacia la frontera norte de México. Cuadernos Inter.c.a.mbio sobre Centroamérica y el Caribe. 21. e59300. 10.15517/ca.v21i1.59300.

Olivas, O. L. (2020, octubre 28). "El traslape en las experiencias de la espera. Buscadores de asilo bajo el programa MPP ante la contingencia por COVID-19". *Nexos, Observatorio migrante.* https://migracion.nexos.com.mx/2020/06/el-traslape-en-las-experiencias-de-la-espera-buscadores-de-asilo-bajo-el-programa-mpp-ante-la-contingencia-por-covid-19/

Ortega Velázquez, E. (2020). "Mexico as Third Safe Country: Instrumentalization of Right to Asylum." *Frontera norte*, 32: 1–31. https://doi.org/10.33679/rfn.v1i1.2019

París Pombo, M. D. (2020). La extraterritorialización de la espera y la negación del derecho al asilo en Estados Unidos [Dossier]. Lasa Forum, 51(2), 75-79. https://forum.lasaweb.org/files/vol51-issue2/Dossier2-2.pdf

París Pombo, M.D. (2022). "Externalización de las Fronteras y Bloqueo de Solicitantes de Asilo en el Norte de México". *Revista Interdisciplinar da Mobilidade Humana.* v. 30, n. 64. 101-116.

Perera, S. (2007). "A Pacific zone? (In)security, sovereignty, and stories of the Pacific borderscape", en Rajaram P.K. y Grundy-Warr, C. (eds.). *Borderscapes. Hidden Geographies and Politics at Territory's Edge.* Minneapolis: University of Minnesota Press. 201-227.

Ramos, A. (2023, mayo 9). ¿Qué es Título 42 y cómo funciona esta política fronteriza de EE.UU. que llega a su fin el 11 de mayo? https://cnnespanol.cnn.com/2023/05/09/que-es-titulo-42-politica-fronteriza-permite-deportacion-rapida-orix/

Rangel Gómez Mg, Cruz-Piñeiro R, Cappelletti, V. y López Jaramillo, AM. (2023), "The epidemiological follow-up for suspected and confirmed cases of COVID-19 in migrant shelters on the northern border of México from July to December 2020: Between contagion understimation and containment". *Frontiers Public Health*,10: 980808. doi: 10.3389/fpubh.2022.980808

Roy, D. (2022, enero 27). *Why Biden Is Restarting the Trump-Era 'Remain in Mexico' Program*. Council on *Foreign Relations*. https://www.cfr.org/in-brief/why-biden-restarting-trump-era-remain-mexico-program

Santi, S. (2022). "La externalización de la "matriz de gestión migratoria" de la UE hacia América Latina y el Caribe" *Estudios Fronterizos*. vol. 23. https://doi.org/10.21670/ref.2225109

Secretaría de Relaciones Exteriores. (2020, marzo 21). *Nota informativa RELACIONES EXTERIORES No.11*. gob.mx. http://www.gob.mx/sre/documentos/nota-informativa-relaciones-exteriores-no-11

Secretaría de Gobernación. (2023, mayo 10). *Se registran bajo Título 42 más de 2.8 millones de eventos de expulsión*. gob.mx. http://www.gob.mx/segob/prensa/se-registran-bajo-titulo-42-mas-de-2-8-millones-de-eventos-de-expulsion

Stierl, M., & D. Dadusc. (2022). "The "Covid excuse": EUropean border violence in the Mediterranean Sea." *Ethnic and Racial Studies* 45 (8): 1453-1474.

Tazzioli, M. (2018). "The temporal borders of asylum. Temporality of control in the EU border regime." *Political Geography*. 64: 13–22.

Tsianos, V., & Karakayali, S. (2010). "Transnational Migration and the Emergence of the European Border Regime: An Ethnographic Analysis". *European Journal of Social Theory, 13*(3), 373–387.

Uribe Salas, F. J., Arzaluz Solano, M. del S., & Hernández-Hernández, O. M. (2020). *Migrantes en el noreste de México y su vulnerabilidad ante el COVID-19* (Documentos de contingencia. Poblaciones vulnerables ante COVID-19). El Colegio de la Frontera Norte. https://www.colef.mx/doc_coyuntura/atencion-psicosocial-a-migrantes-ante-el-covid-19-en-albergues-de-la-sociedad-civil-en-tijuana/

United Nations Committee on Economic, Social and Cultural Rights (2020). *Statement on universal and equitable access to vaccines for the coronavirus disease (COVID-19)*. https://tbinternet.ohchr.org/_layouts/15/treatybodyexternal/Download.aspx?symbolno=E%2FC.12%2F2020%2F2&Lang=en

U.S. Customs and Border Protection. (2022). *Title 42 Guidance*. https://www.cbp.gov/document/foia-record/title-42?language=es

U.S. Customs and Border Protection. (2023, junio 14). *Nationwide Enforcement Encounters: Title 8 Enforcement Actions and Title 42 Expulsions Fiscal Year 2023*. CBP Enforcement Statistics. https://www.cbp.gov/newsroom/stats/cbp-enforcement-statistics/title-8-and-title-42-statistics

Van Houtum, H. (2010). "Human Blacklisting: The Global Apartheid of the EU's External Border Regime". *Environment and Planning D: Society and Space*. 28 (6): 957–976. https://doi.org/10.1068/d1909

Vogt, W. (2017). "The arterial border: Negotiating economies of risk and violence in Mexico's security regime" *International Journal Migration and Border Studies*. 3(2-3), 192-207.

CRISIS MIGRATORIA EN AMÉRICA Y LA POLÍTICA DE CONTENCIÓN EN LA RUTA DEL PACÍFICO MEXICANO

Pablo Israel Cañar Tenenpaguay[1], José Salvador Cueto-Calderón[2], Olga Beatriz García Rodríguez[3]

Introducción

En el contexto de la globalización, las migraciones internacionales no sólo reflejan la búsqueda de mejores oportunidades económicas y condiciones de vida, sino también son resultado de la actual crisis capitalista, propiciado por una nueva geografía económica, en la que gran parte de la población mundial es excluida y expulsada de los beneficios económicos y sociales, bajo la lógica depredadora de la economía global: liberalización económica, expansión del capital transnacional, competencia desigual por los recursos y así como las marcadas diferencias salariales y explotación de la mano de obra (Sassen, 2006; 2015). Estas expulsiones son manifestadas a través de desplazamientos forzados, desempleo masivo, discriminación laboral, desahucios y demás formas de marginación y exclusión visibles en diferentes regiones del mundo, en donde la migración se presenta como una estrategia de supervivencia y adaptación para las poblaciones afectadas.

En el continente americano, la actual crisis migratoria ha alcanzado proporciones alarmantes, con miles de personas enfrentando adversidades extremas en su tránsito desde la selva del Darién hasta la frontera entre México y Estados Unidos. A pesar de los esfuerzos internacionales por un Pacto Mundial por la Migración, algunos estados han rechazado el pacto y optado por recrudecer sus políticas migratorias, como lo es el caso de Estados Unidos. En esta postura, los Estados-nación llevan a cabo un proceso de selección de la migración internacional basado en lo que consideran apto y capacitado para contribuir a su desarrollo, mientras que por el otro lado refuerzan sus políticas de regulación migratoria, lo que se reduce a una condición de migrante "deseable" o "indeseable (Sassen, 2006). Bajo está practica los Estados-nación orillan a los migrantes a tomar causes de migración irregulares, no autorizados o rutas clandestinas, lo que ha detonado

---

[1] Facultad de Estudios Internacionales y Políticas Públicas de la UAS. Correo electrónico: pablocanar_4@hotmail.com
[2] Escuela de Ciencias Antropológicas de la Universidad Autónoma de Sinaloa (UAS). Correo electrónico: jscuetocalderon@uas.edu.mx
[3] Escuela de Ciencias Antropológicas de la UAS. Correo electrónico: olgabeatriz@uas.edu.mx

en una gran crisis humanitaria.

En este sentido, la política de contención migratoria implementada por Estados Unidos ha ejercido una influencia significativa en la región, especialmente en México, donde se ha externalizado la contención de los flujos migratorios antes de que alcancen sus fronteras. Esta externalización ha tenido repercusiones importantes en la política migratoria mexicana y, en particular, en la Ruta del Pacífico, una de las vías utilizadas en la actualidad por los migrantes en su travesía hacia el norte. Esta práctica se evidencia en el crecimiento constante de las cifras de presentados y devueltos del Instituto Nacional de Inmigración (INM).

En este estudio crítico, a través de una revisión documental, analizamos cómo la política de contención migratoria ha impactado específicamente en la ruta del Pacífico, centrándonos en el estado de Sinaloa. A partir de este trabajo se concluye que las políticas migratorias no responden a la crisis migratoria actual. A nivel nacional y estatal, este ejercicio está enmarcado en la detención y expulsión de migrantes, donde se evidencian las complejidades y ambigüedades de la política migratoria mexicana. Además, se busca promover una reflexión crítica sobre las implicaciones éticas y humanitarias del ejercicio de esta política en el estado de Sinaloa.

Crisis migratoria en las Américas

En los últimos años, se ha presentado un incremento de la migración proveniente de países de América Latina y el Caribe cuyo destino principal son los Estados Unidos de América, particularmente desde la caravana migrante de 2018. Desde la selva del Darién hasta el desierto de Sonora, la actual crisis migratoria en las Américas se manifiesta e intensifica con los miles de muertes y desapariciones de migrantes en la región. Entre 2014 y 2023 se calcula la muerte de más de 8,000 personas migrantes durante su tránsito hacia los Estados Unidos, donde la mitad de los fallecimientos ocurre en su frontera con México, considerada la más peligrosa del mundo (Migration Data Portal, 30 de noviembre de 2023; Naciones Unidas, 12 de septiembre de 2023). Dada la complejidad de estos escenarios y adversidades presentes, no se cuenta con un registro real de muertes y desapariciones, sino con acercamientos a las cifras reales por medio del Proyecto Migrantes Desaparecidos de la OIM. Este éxodo es considerado como una crisis humanitaria debido a las condiciones de tránsito y las difíciles situaciones que comprende enfrentarse a adversidades geográficas y climatológicas; así como múltiples formas de violencia: extorsiones, robos, secuestros, violaciones, abuso sexual y muerte por parte de traficantes de migrantes, crimen organizado e, incluso, autoridades gubernamentales de los países por los que se transita.

Una de estas rutas a las que se enfrentan los migrantes durante su trayectoria es la selva del Darién, también conocido como el "infierno verde", un territorio selvático y pantanoso de 5,000 km^2 entre el noreste de Colombia y el suroeste de Panamá. Este trayecto implica para los migrantes una caminata de poco más de 100 km a través de una densa vegetación, montañas escarpadas, ríos y especies peligrosas. Aunado a esto se enfrentan a grupos criminales de diferente índole como contrabando y paramilitares que roban sus pertenencias y alimento, además de atacar a aquellos que invadan los territorios que dominan (Ocando, 19 de agosto de 2022). En los últimos tres años se ha registrado un aumento significativo de los migrantes que cruzan la selva del Darién[4], tan sólo en el 2023 el Servicio Nacional de Migración de Panamá registró el cruce de más de medio millón de los cuales 120,000 son menores de edad (CNN, 2 de enero de 2024). Esta cifra récord evidencia la magnitud de la crisis que se vive en la región, en donde más de 250 personas han muerto o desaparecido desde el 2018 al 2023 (Oquendo, 11 de junio de 2023; Yates y Pappier, 2023).

Por otro lado, cabe mencionar que otra de las regiones por donde transitan los migrantes es a través de las islas del Caribe que les permiten navegar por varias rutas marítimas hacia los Estados Unidos y Centroamérica. El mar Caribe se caracteriza por las malas condiciones climatológicas y fenómenos ambientales extremos que dificultan la navegación y provocan naufragios, pues las embarcaciones artesanales que utilizan los migrantes no son aptas para alta mar; el ahogamiento en los naufragios es la principal causa de muerte de los migrantes en el Caribe, donde se estima que en promedio mueren tres migrantes al día (Viales, 3 de enero de 2023). En 2022, se registró la cifra de 350 migrantes ahogados en las rutas migratorias del mar Caribe, 94% más con respecto a 2021 (Naciones Unidas, 12 de septiembre de 2023).

Los migrantes que llegan a la frontera sur de México deben lidiar con los abusos, corrupción y demoras por parte de las autoridades migratorias, donde son orillados a esperar por meses en condiciones precarias (Rocha, 2023). Ya en territorio mexicano, los migrantes transitan por diferentes rutas y caminos para llegar a los Estados Unidos, en una travesía que implica poco más de 4,000 km de recorrido. En su camino hacia la frontera norte, los migrantes son víctimas de asaltos, secuestros y tráfico de personas cometidos por bandas criminales, además de la peligrosidad de las condiciones del trayecto, como los fatales accidentes ocurridos en autobuses y trenes (Lizárraga y Caro, 2023; San Diego Union-Tribune, 6 de octubre de 2023). Llegar a la frontera norte de México, enfrenta a los migrantes a nuevas adversidades geográficas en los 3,200 kilómetros de frontera con los Estados Unidos, donde casi la

---

[4] 8,594 en 2020, 133,726 en 2021 y 248,283 en 2022.

mitad de su extensión es abarcada por el Río Bravo en el noreste y la otra mitad por los desiertos de Chihuahua y Sonora en el noroeste. Por otro lado, la frontera comprende 900 km de barreras como muros, alambradas y vallas, además de una vigilancia permanente de más de 20,000 agentes migratorios (Alonso y Silva, 2 de febrero de 2017; Seisdedos y Bauregard, 10 de mayo de 2023). El año 2022 ha resultado ser el más mortífero para los migrantes que intentan cruzar esta frontera de forma irregular: 686 personas han muerto o desaparecido; de las cuales 307 ocurrieron en el desierto y 213 por ahogamiento en el río (OIM, 12 de septiembre de 2023).

La actual crisis migratoria en las Américas y la que se presenta a nivel global, ha orillado a 160 países a respaldar un Pacto Mundial para una Migración Segura, Ordenada y Regular, firmado en la ciudad de Marrakech en 2018. Este es el primer acuerdo intergubernamental auspiciado por la ONU en el que a través de una "gobernanza migratoria" se aboga por una respuesta regional, coordinada y de cooperación internacional (Asamblea General ONU, 2019). Este pacto global nos demuestra la magnitud de la crisis migratoria vista como un problema global en la búsqueda de una mejor coordinación de los países implicados.

Sin embargo, contrario a lo esperado, no toda la comunidad internacional respaldó el Pacto de Marrakech como se esperaba. A pesar de haber sido votado a favor por 152 países durante su ratificación en la Asamblea General de la ONU, cinco países votaron en contra y doce se abstuvieron[5], además de la decena que no asistió a la votación (Naciones Unidas, 19 de diciembre de 2018). En el rechazo al pacto y sus postulados resultan notorias las posturas de Estados Unidos y algunos países europeos como Hungría, bajo la idea de la soberanía y seguridad nacional (Dias de Assis y López-Doriga, 2022). Además, el pacto es visto por sus detractores como un instrumento que justifica la migración irregular y pone en riesgo la soberanía de los países que se adhieran al pacto para determinar su política migratoria. Estas posturas se niegan a reconocer las migraciones internacionales como un fenómeno relacionado con el subdesarrollo producto de las relaciones de dominación y la globalización, por lo que optan por resolverla en marcos estrictamente nacionales, donde se violan los pilares elementales del derecho internacional de los derechos humanos (Villafuerte, 2020; Basurto y Villafuerte, 2022). Pueden percibirse en estas posturas la resistencia por parte de los estados, en palabras de Sassen (2006), a ser forzados a una acción multilateral en torno a una agenda política como lo es el tema de la inmigración.

Para el caso la crisis migratoria en las Américas, se reconoce una falta de

---

[5] En contra: Estados Unidos, Israel, Hungría, Polonia y República Checa. Abstenciones: Austria, Bulgaria, Italia, Letonia, Liechtenstein, Rumanía, Suiza, Argelia, Libia, Australia, Singapur y Chile.

disposición por parte de los Estados Unidos para generar respuestas más integrales, el no participar del Pacto Mundial para la Migración ha cerrado la posibilidad de contar con un mecanismo que oriente las acciones de la región en torno a la migración (Hernández, 2020). De aquí que, las políticas de contención migratoria en Estados Unidos no sólo siguen presentes, sino que se han intensificado a través de leyes y políticas y un mayor reforzamiento de las fronteras.

Contención migratoria pensada en el Norte

A partir del ataque a las Torres Gemelas en 2001, la política migratoria en los Estados Unidos pasa a ser un tema de seguridad nacional. Uno de los elementos que se incorporan en esta política es la criminalización de la migración irregular y la intensificación de las acciones de persecución migratoria con la implementación de nuevas leyes antiinmigrantes y el reforzamiento y militarización de la frontera con México (Massey, Durand y Pren, 2015). La puesta en marcha de la Ley Patriota o programas como S-COMM[6] y PEP[7], son algunos de los ejemplos de esta política migratoria implementada en los gobiernos de los presidentes Bush (2001-2009) y Obama (2009-2016). En estos dos periodos, se deportaron a más de cinco millones de personas: 40% en el mandato Bush y 60% en el mandato Obama (U.S. Department of Homeland Security, DHS, 2023). Por otro lado, producto de la Gran Recesión de 2008 y el aumento demográfico de la población indocumentada, desde 2010 comenzó la efervescencia en congresos locales de múltiples leyes y políticas antiinmigrantes que dotaban de facultades a las policías locales a atender asuntos migratorios; leyes como la SB 1070 en Arizona (2010), HB 56 en Alabama (2011), HB 87 en Georgia (2011) y SB 4 en Texas (2017) destacan entre las más polémicas y controversiales (Vélez-Ibáñez, 2015).

La llegada de Donald Trump a la presidencia de los Estados Unidos con un fuerte discurso nacionalista, que en más de una ocasión rayó en la xenofobia, agudizó aún más la regulación migratoria en los Estados Unidos. La instalación de Trump en el Despacho Oval representó un verdadero reto para el fenómeno migratorio, desde la intención de construir un muro fronterizo con México hasta la implementación de punitivas políticas de persecución y restricción migratoria, como la negación de asilo de refugiados. En 2017, la administración Trump a través del decreto ejecutivo 13768,

---

[6] S-COMM: *Secure Communities*, política que permite trabajar de forma coordinada a los agentes policiacos (federal, estatal y local) con los agentes del ICE (*Immigration and Customs Enforcement*) con el objetivo de detener y deportar migrantes independientemente de si habían cometido o no un delito (Villafuerte y García, 2017).
[7] PEP: *Priority Enforcement Program*, la causa de deportación debía estar asociada a haber cometido delito (ICE, s/f)

suspende el PEP y reactiva el S-COMM con la clara intención de continuar la persecución inmigrante al interior de los Estados Unidos (E.O. 13768, 2017). Por otra parte, a inicios de 2018, ante el aumento de solicitudes de asilo de países provenientes principalmente del Caribe y Centroamérica, se reduce el número de países dentro del Estatus de Protección Temporal (TPS, por sus siglas en inglés[8]), y afectó a cerca de 300,000 inmigrantes centroamericanos (Villegas, 2018).

Hacia finales de 2018, una caravana de más de 4,000 migrantes provenientes principalmente del Triángulo Norte de Centroamérica[9] (TNC) en la frontera sur de México formó la primera caravana migrante bajo el lema *"No nos vamos porque queremos: nos expulsa la violencia y la pobreza"* en búsqueda de atravesar el territorio mexicano con la intención de llegar a la frontera con los Estados Unidos para solicitar asilo o cruzarla de manera irregular (COLEF, 2018). Ante la irrupción de esta caravana, el gobierno de Trump implementó en 2019 las listas de revisión y el programa Protocolo de Protección al Migrante (MPP, por sus siglas en inglés[10]), también conocido como "Quédate en México". Este nuevo programa contemplaba que los migrantes solicitantes de asilo, luego de pasar un primer filtro en la frontera, esperen en territorio mexicano (Paris, 2020). De esta manera, al convertirse las ciudades fronterizas del norte de México en una suerte de sala de espera de migrantes, inicia una política de contención migratoria en la que el gobierno mexicano participa activamente.

Sin embargo, ante la irrupción de la crisis sanitaria del SARS-CoV-2 en 2020, el Centro para el Control y la Prevención de enfermedades del gobierno estadounidense, emitió una orden de salud pública apelando al Título 42 del Código de los Estados Unidos, que autorizaba la expulsión de migrantes en sus fronteras para evitar la propagación de la COVID-19, considerándolos un riesgo para la salud pública. Los migrantes juzgados bajo esta norma eran expulsados *fast track* sin ningún cargo migratorio, esta práctica provocó el aumento de la tasa de reincidencia de migrantes del 26% en 2022, comparado con el 7% de 2019 (Ruiz, 2022). Aunado a ello, los migrantes expulsados por el Título 42 provocaron el hacinamiento de esta población en las ciudades fronterizas del Norte de México (Coubès, Velasco y Contreras, 2021; Uribe, Arzaluz y Hernández, 2021) que, bajo el contexto de la pandemia y en el marco del MPP, agravaron aún más la crisis sanitaria en la región.

---

[8] *Temporary Protected Status.* Programa que desde 1999 otorgaba protección frente a deportaciones para aquellas personas que huyen de sus países por cuestiones climáticas y/o guerras civiles; la reducción del TPS dejó fuera de la lista a países como El Salvador, Honduras, Haití, Nepal, Nicaragua y Sudán (Gullo y Marina, 2022).

[9] Guatemala, Honduras y El Salvador.

[10] *Migrant Protection Protocols.*

Tras la derrota de Trump en su intento de reelección por un segundo periodo presidencial, Joe Biden asume la presidencia de los Estados Unidos en 2021 con un ambicioso discurso en beneficio de una agenda migratoria, donde reconocía que la protección de la frontera sur no implicaba "comprometer" la dignidad de los inmigrantes. Biden proponía la regularización de 11 millones de indocumentados que estuviesen al día con sus obligaciones tributarias y no tengan antecedentes criminales y la reducción de las trabas para la obtención de la *green card* para los *dreamers*, trabajadores agrícolas y los inmigrantes bajo TPS (Gullo y Marina, 2022). Cabe recalcar que, la agenda migratoria propuesta por Biden no ha sido fructífera ni votada debido a las divisiones políticas, tanto en la Cámara de Representantes como en el Senado (Gullo y Marina, 2022). No obstante, la administración Biden ha adoptado una clara idea de "destrumpizar" las políticas antiinmigrantes de su predecesor (Verea, 2022) donde se destaca la incorporación de nuevos países[11] a la lista del TPS y la cancelación del MPP en 2022 (Gullo y Marina, 2022). Según datos del DHS, durante el periodo que el MPP se mantuvo vigente (2019-2022), el programa afectó el proceso de solicitud de asilo de 75,700 migrantes esperando una resolución en México; 70,000 en la administración Trump y 5,700 en la administración Biden (Viña, 25 de octubre de 2022).

No obstante, a pesar del fin del programa MPP, el gobierno de los Estados Unidos ha implementado nuevas restricciones para las personas solicitantes de asilo en la frontera sur de Estados Unidos, como la obligatoriedad de solicitar una cita mediante la aplicación *CBP One* de la Oficina de Aduanas y Protección Fronteriza (CBP[12], por sus siglas en inglés), bajo el pretexto de "mejorar la seguridad de las fronteras al tiempo que mejora los viajes y el comercio" (Amnistía Internacional, 8 de mayo de 2023). Para Amnistía Internacional, estas prácticas violan los derechos humanos internacionales, ya que las tecnologías de reconocimiento facial y GPS, junto con el almacenamiento de datos en la nube, pueden ser utilizados de forma indiscriminada y discriminatoria. Igualmente, el uso de la aplicación *CBP One* es una traba para aquellas personas que no cuentan con un dispositivo móvil, conexión a internet, o por cualquier circunstancia que no puedan acceder o utilizar la aplicación.

Tras el fin de la pandemia de la COVID-19, decretado en mayo de 2023 por la Organización Mundial de la Salud (OMS), el Título 42 quedó sin efecto y fue suspendido (OMS, 5 de mayo de 2023). La aplicación del Título 42 expulsó migrantes en más de 2,5 millones de ocasiones durante los tres años que permaneció vigente (Sullivan, 12 de mayo de 2023). Sin embargo, a pesar

---

[11] Afganistán, Birmania, Camerún, Ucrania y Venezuela
[12] CBP: *Customs and Border Protection.*

de la cancelación del Título 42, la política de contención migratoria no se ha detenido, pues se mantiene vigente el Título 8[13] (Ruiz, 2022). Tan sólo en el año 2023, se presentaron más de 1.4 millones de aprehensiones y/o detenciones de migrantes procesadas bajo el Título 8 en la frontera sur de los Estados Unidos (U.S. Customs and Border Protection, 2023).

Por otro lado, nuevas políticas migratorias y leyes antiinmigrantes se han puesto en marcha en los gobiernos locales ante el aumento de las cifras de inmigrantes. Tal es el caso de la "innovación" en seguridad fronteriza que implementó el gobernador de Texas, Greg Abbott, mediante la instalación de un "muro flotante" de 305 metros de peligrosas boyas con sierras ancladas al lecho del Río Bravo; al día de hoy acumula dos muertos (Dallas News, 4 de agosto de 2023). O la ley SB 1718 recién implementada por el gobernador de Florida, Ron De Santis -y precandidato republicano a la presidencia de los EEUU-, que criminaliza y persigue a la población migrante indocumentada, con especial énfasis en lugares de trabajo y hospitales (The Florida Senate, 2023).

De esta manera, podemos observar que este escenario ha conducido al gobierno de Estados Unidos a externalizar sus fronteras, una variedad de prácticas políticas, relacionadas las unas con las otras, con el objetivo de implantar políticas más allá de las fronteras (Zapata-Barrero y Zaragoza-Cristiani, 2008), que se instrumenta con acciones directas e indirectas, ya sean unilaterales, bilaterales o multilaterales. (Frelick, Kysel y Podkul, 2018). Es decir, a llevar sus políticas migratorias más allá de los límites geográficos de su territorio. Esta externalización de la frontera estadounidense llega hasta la frontera sur de México, epicentro de la crisis, en la que se pretende gestionar el masivo flujo migratorio con el ejercicio de políticas antiinmigrantes a través de un trabajo coordinado entre agencias intergubernamentales de ambos países, principalmente en materia de intercambio de información, detención, aprehensión y deportación.

El ejercicio de la contención migratoria en el Sur

Como respuesta a las demandas y presiones externas, particularmente provenientes de Estados Unidos, México ha adoptado una serie de políticas de contención migratoria concebidas para contrarrestar el flujo de migrantes en tránsito hacia los Estados Unidos, como consecuencia de la externalización de sus fronteras. Desde acuerdos bilaterales de cooperación hasta la intensificación de medidas de seguridad en las fronteras meridionales,

---

[13] El Título 8 forma parte del Código de EE. UU y cubre el apartado de "Extranjeros y Nacionalidad". Se trata de una repatriación de manera expedita, detenidos y, posteriormente, deportados, o ser liberados temporalmente a los Estados Unidos mientras se resuelven sus casos de deportación, junto con posibles solicitudes de asilo.

el ejercicio de la política de contención en la frontera sur de México y en el resto del territorio se ejecuta a través de los intereses geopolíticos de Estados Unidos y no de los derechos humanos (Villafuerte, 2020).

Desde el aumento del flujo migratorio proveniente del triángulo norte de Centroamérica (TNCA) desde el año 2000[14] (Casillas, 2002; Lizárraga, 2018), México ha implementado una serie de políticas migratorias con el objetivo de fortalecer la vigilancia y control de los flujos migratorios en su frontera sur-sureste. En el año 2001, se lanzó el programa Plan Sur que estableció cinturones de control en el istmo de Tehuantepec y el reforzamiento de las instalaciones del Instituto Nacional de Migración (INM), buscando reforzar la seguridad en la región (Casillas, 2002). La colaboración con Estados Unidos se materializó con la Iniciativa Mérida en 2008, donde se destinaron recursos para dotar al INM de herramientas como la identificación y detención de migrantes mediante datos biométricos, enfocándose también en la lucha contra el narcotráfico y el crimen organizado, para ello Estados Unidos transfirió de 2008 a 2017 $2,800 millones de dólares (Ortega, 2020). En el mismo año, también se implementó el Plan Puebla-Panamá, bajo el discurso de impulso en infraestructura e inversión en energía en México y Centroamérica para reducir las condiciones de pobreza, desigualdad y violencia (Ortega, 2020). Este plan, implicó la transferencia de $4,529 millones de dólares de Estados Unidos a México durante el tiempo que se implementó (2008-2017) (Ortega, 2020). Empero, este plan es otra de las formas de externalizar la frontera denominada "cooperación al desarrollo", que sustenta que la ayuda internacional va a generar las condiciones mínimas en la población migrante haciendo desistir de su proyecto migratorio (Vega,2022). Es decir, atacar las causas estructurales.

Posteriormente, en 2014, se implementa el Programa Frontera Sur como parte de la agenda de seguridad nacional, con el propósito de sellar la frontera y contener el flujo migratorio a través de la creación de nuevos puestos de control fronterizo y el entrenamiento militar de agentes de la policía federal, su objetivo fue reafirmar el papel de México como dique de contención de los migrantes, a través de agresivos operativos en corredores y *hotspots* de migrantes (Villafuerte y García, 2017; Ortega, 2020). La implementación de este programa provocó el incremento de las deportaciones, pasando de 86,756 en 2013 a 181,163 en 2015, que, a partir de ese año, se mantuvo al alza. Ante la llegada y cruce de la primera caravana migrante en la frontera sur de México hacia finales de 2018, la respuesta del estado mexicano fue sofocar y repeler el avance de los migrantes que lograron romper la valla fronteriza con cientos de elementos de la Policía Federal por medio del uso

---

[14] Durante la década de los 90 el número de aprehensiones y expulsiones presentaba ligeras fluctuaciones, sin embargo, esta cifra pasó de 126,498 en 1999 a 172,935 en 2000 (Casillas, 2002).

de gas pimienta, logrando cerrar nuevamente la valla. A pesar de estas acciones, México finalmente permitió que la mayoría de la caravana ingresara al país y fuera procesada conforme a las leyes migratorias (COLEF, 2018). Lo anterior, provocó las críticas del entonces presidente Trump, que presionaba al gobierno de México por frenar la "embestida" de migrantes, de lo contrario cerraría la frontera sur, alertando a la Patrulla Fronteriza y al ejército estadounidense de una emergencia nacional (El economista, 21 de octubre de 2018).

El resultado de las presiones por parte del gobierno de los Estados Unidos para contener la migración irregular en tránsito por México se puede visibilizar en una tendencia promedio de deportación cerca del 90% de los migrantes presentados ante la autoridad migratoria mexicana durante el sexenio 2012-2018 bajo el gobierno de Enrique Peña Nieto.

Tabla 1. Movilidad irregular en México: eventos de extranjeros presentados y devueltos, 2013-2018

Año	Eventos presentados	Eventos devueltos
2013	86,298	86,756
2014	127,149	107,814
2015	198, 141	181,163
2016	186,216	159,872
2017	92,846	82,237
2018	131,445	115,686

Fuente: Elaboración propia con base en los datos obtenidos del Tablero de Estadística sobre Movilidad y Migración en México de la Secretaría de Gobernación (SEGOB) (s/f).

El triunfo de Andrés Manuel López Obrador en las elecciones presidenciales de julio de 2018 abría la posibilidad de redefinir la política migratoria mexicana a través de una estrategia humanitaria de "puertas abiertas"; que bajo el contexto de la caravana se pronunció en favor del respeto a los derechos humanos frente a la fuerza del Estado, proponiendo visas de trabajo y no deportaciones (COLEF, 2018; Verea, 2022). En este sentido, para el sexenio 2018-2024, se anuncia una nueva política migratoria centrada en el respeto integral de los derechos humanos y una gestión migratoria más eficiente, enfocada en la cooperación regional y el desarrollo económico y social. Esta nueva política representa "supuestamente" un giro significativo en la estrategia migratoria del país, priorizando el respeto a los derechos humanos y reconociendo la importancia del desarrollo social y económico en la movilidad de las personas, en concordancia con los principios del ya mencionado Pacto Mundial para la Migración. Propone una política migratoria integral que busca atender factores económicos, políticos y sociales que incitan la migración, tanto dentro de México como en los países centroamericanos (SEGOB, 2019).

Sin embargo, la oportunidad de una política migratoria humanitaria en México se frustra por las presiones de Washington ante la llegada y continuidad del trayecto de nuevas caravanas migrantes por territorio mexicano hacia los Estados Unidos en 2019. El gobierno de México debía reforzar la frontera sur o aceptar un fuerte aumento del 5% de aranceles sobre el comercio (Verea, 2022). Bajo esta presión, el estado mexicano concluye la entrega de visas humanitaria y despliega veinticinco mil elementos de la Guardia Nacional con el objetivo de detener el flujo migratorio en la frontera sur de México (Verea, 2020; Villafuerte, 2020). Más tarde, la aceptación por parte de México del programa MPP significaría una imposición más de los Estados Unidos en la gestión de las fronteras mexicanas. En este sentido, se hace evidente una de las características de la externalización, que es penalizar a los países que no colaboren con la contención de los flujos migratorios; suspendiendo la ayuda y los convenios migratorios o incluso incorporando tensiones en los acuerdos comerciales (Vega, 2022).

En este sentido, el gobierno de México firmó con los Estados Unidos el Entendimiento Bicentenario en octubre de 2021. De acuerdo a la Secretaría de Relaciones Exteriores (SRE), trata de un nuevo acuerdo bilateral de seguridad nacional para el combate al narcotráfico, la delincuencia organizada, el tráfico de personas y armas, y la inmigración irregular. El acuerdo contempla una asociación interinstitucional de agencias de seguridad entre ambos países, para operar en ambas fronteras de México (SRE, 31 de enero de 2022). A través de este pacto se materializa más la externalización de la frontera de los Estados Unidos en México por lo que, la política de contención continua en la gestión migratoria actual y es visible en las estadísticas del propio INM. Desde 2021, el número de eventos presentados ha crecido exponencialmente, alcanzando un máximo de 782,176 eventos en 2023, sin embargo, se observa una disminución en los eventos de deportación en este último año.

Tabla 2. Movilidad irregular en México: eventos de extranjeros presentados y devueltos, 2019-2023

Año	Eventos presentados	Eventos devueltos
2019	182,940	149,812
2020	82,379	60,315
2021	309,692	130, 275
2022	441,209	121,963
2023	782,176	53,346

Fuente: Elaboración propia con base en los datos obtenidos del Tablero de Estadística sobre Movilidad y Migración en México de la SEGOB (s/f).

Esta drástica disminución del porcentaje de devueltos con respecto de los presentados, podría sugerir un cambio en las políticas de deportación o una mayor retención de personas en situación migratoria irregular en el país. Ante ello, la infraestructura y capacidad del INM se ve rebasada por el constante flujo de migrantes, como evidenció el trágico suceso en Ciudad Juárez, donde un centro de detención migratoria fue consumido por un incendio provocando la muerte de 40 migrantes (Ferri, 29 de marzo de 2023). Lo anterior, pone de relieve la incapacidad del INM donde no solo revela la falta de recursos físicos y humanos para gestionar adecuadamente el flujo migratorio, sino que también subraya las deficiencias en el respeto a los derechos humanos en la política migratoria del país.

Además de las violaciones a los derechos humanos de las personas migrantes perpetradas por las autoridades migratorias, se enfrentan a extensas demoras burocráticas para resolver su situación migratoria en México. Según datos de la Comisión Mexicana de Ayuda a Refugiados (COMAR), desde el inicio de la pandemia de COVID-19 se disparó el incremento de las solicitudes de asilo en México, pasando de 40,817 solicitudes en 2020 a 129,585 en 2021 (COMAR, 2023). El año 2023 cerró con más de 140,000 solicitudes de asilo, una cifra que ha incrementado más de 100 veces en la última década, lo que coloca a México entre los tres países con más solicitudes en el mundo (COMAR, 2023, Hernández, 26 de diciembre 2023). Por otra parte, el gobierno mexicano ha ofrecido instalar "espacios multiservicios internacionales" que no contemplan tareas de control migratorio, sino brindar servicios y alternativas de protección, documentación y movilidad laboral para los migrantes que no son elegibles para el asilo según la nueva normativa de Estados Unidos (Sánchez, 29 de julio de 2023).

Lo anterior, podría verse reflejado en la disminución significativa de los eventos de devolución registrados por el INM en 2023. Sin embargo, el discurso y compromiso migratorio del gobierno mexicano son cuestionables ante las respuestas del estado en su gestión de las fronteras. A pesar de esta disminución, sigue siendo preocupante el ejercicio de la política de contención migratoria en todo el territorio mexicano, donde existen 50 centros de detención o estaciones donde se replica un modelo criminalizante y punitivo de la migración, donde se reconoce que México es el país con más centros de detención para migrantes en toda América Latina (Fernández de la Reguera, 2021). En este sentido, podemos observar que el flujo de migrantes en tránsito por la ruta migratoria del Pacífico ha aumentado desde el inicio de las caravanas migrantes en 2018, siendo su presencia cada vez más notoria en las ciudades que se encuentran en la ruta. A pesar de la escaza presencia de las instituciones del Estado en materia de protección migrante en la ruta del Pacífico, sus políticas se manifiestan a través de la violación a sus derechos humanos por parte de diversos agentes del Estado.

'*La ley es la ley*': la contención migratoria en Sinaloa

Las diversas caravanas migrantes procedentes del TNCA con destino a los Estados Unidos que cruzaron México en octubre de 2018 no solamente visibilizaron la profundidad y complejidad de la crisis humanitaria en la región, sino también una de las rutas menos exploradas: la llamada ruta del Pacífico. La ruta del Pacífico abarca seis entidades federativas: Guanajuato, Jalisco, Nayarit, Sinaloa, Sonora y Baja California (González y Aikin, 2015); se trata de la ruta más extensa y cuyo destino final es conocido como "el camino del diablo" debido a las adversidades geográficas del desierto de Sonora, además del reforzamiento fronterizo. Aunque la ruta del Pacífico es tres veces más larga, los propios migrantes la consideran más segura que las demás, priorizando su seguridad y no la demora que la ruta implica (Villegas, 2018; Nájar, 10 de noviembre de 2018).

En noviembre de 2018, un mes después de haber emprendido el camino y cruzar la frontera sur de México, comenzaron a arribar al estado de Sinaloa los contingentes de la caravana de migrantes. Los grupos llegaron al municipio de Escuinapa, ubicado en el sur del estado, en autobuses, pero los más numerosos arribaron en condiciones vulnerables y peligrosas, dentro de cajas de tráiler o en carros de volteo. Los migrantes fueron recibidos por autoridades estatales y municipales, principalmente por las instituciones de seguridad y salud pública en la localidad de La Concha, frontera con el estado de Nayarit, en una caseta de inspección fitosanitaria donde se instalaron carpas para ser atendidos. Las instituciones municipales como el Sistema Nacional para el desarrollo de la Familia Municipal (DIF), la sociedad civil y miembros de la localidad, brindaron alimentación, agua potable, pañales y toallas sanitarias a los migrantes (Debate, 11 de noviembre de 2018). Sin embargo, las autoridades estatales acondicionaron la caseta para su llegada *express* y no como albergue. Una vez atendidos, se dispusieron 8 autobuses para que los migrantes cruzaran el territorio sinaloense hasta la ciudad de Navojoa, en el estado de Sonora, para entregar la "estafeta" a las autoridades sonorenses y los migrantes continuarán su trayecto hasta la ciudad fronteriza de Tijuana, Baja California. Los trayectos de los autobuses estuvieron escoltados por patrullas de la Policía Federal y no realizaron escalas en el estado, salvo una única parada en una estación de servicio en el municipio de Ahome (Norte de Sinaloa) donde todo momento los migrantes fueron resguardados por elementos de la Policía Federal.

Aunque el gobierno estatal atendió las necesidades de los migrantes y garantizó sus derechos humanos, también puso en marcha un ejercicio de traslado gratuito que aseguró que ningún miembro de los contingentes se quedara en el estado y sacarlo en el menor tiempo posible. Acción que también emprendió el estado de Sonora. Se estima que, bajo este esquema de atención y traslado, cruzaron ambos estados, en diferentes grupos y momentos, entre 3,000 y 4,000 migrantes (COLEF, 2018). Lo anterior refleja la crítica de la entonces diputada federal, Merary Villegas Sánchez, al señalar que los gobiernos estatales han tratado a los migrantes como "papas calientes" (López, 12 de noviembre de 2018), pasándose la caravana de un estado a otro, evidenciando una negación a la estancia de los migrantes en sus territorios y una urgencia por sacarlos lo más pronto posible, no sólo de los estados, sino de territorio nacional.

A partir de este suceso, es posible observar el aumento de la presencia de migrantes en tránsito por la ruta del Pacífico y la respuesta del estado mexicano, a través de la política de contención migratoria llevada a cabo en las distintas zonas del territorio. Se observa que las detenciones por parte de los agentes del INM aumentaron constantemente en el periodo comprendido entre 2018 - 2023. Si bien se observa una disminución en el 2020, esto obedece a las restricciones de movilidad por la pandemia COVID-19, sin embargo, para los años siguientes el flujo migratorio vuelve en mayor proporción, evidenciando un aumento del 120% del 2021 al 2023.

Tabla 3. Eventos de extranjeros presentados ante la autoridad migratoria en la Ruta del Pacífico mexicano, 2018 - 2023

Año	Baja California	Sonora	Sinaloa	Nayarit	Jalisco	Guanajuato	Total
2018	3,324	1,546	780	354	676	703	7,383
2019	2,560	4,347	810	245	429	415	8,806
2020	1,925	4,343	1,228	64	141	92	7,793
2021	5,451	11,192	1,127	275	348	861	19,254
2022	20,401	17,936	1,313	242	1,682	824	42,398
2023	17,127	24,173	334	165	1,437	191	43,427
Total	50,788	63,537	5,592	1,345	4,713	3,086	129,061

Fuente: Elaboración propia con base en los datos obtenidos del Tablero de Estadística sobre Movilidad y Migración en México de la SEGOB (s/f).

Por otro lado, las dinámicas de expulsión por parte del estado mexicano en la Ruta del Pacífico se traducen en la deportación de 44,029 migrantes irregulares de un total de 129,061 migrantes presentados durante el mismo periodo, es decir, el 34.11% de los migrantes detenidos fueron deportados.

Se observa que el número de detenciones y deportaciones de migrantes es más notable en los estados de Baja California y Sonora, debido a su cercanía fronteriza con los Estados Unidos, en donde las poblaciones migrantes se concentran en la espera para cruzar o pedir asilo en aquel país. Sin embargo, en el caso particular de Sinaloa, es posible notar cómo estas detenciones y deportaciones han aumentado significativamente en el estado.

Tabla 4. Eventos de extranjeros devueltos por la autoridad migratoria en la Ruta del Pacífico mexicano, 2018 - 2023

Año	Baja California	Sonora	Sinaloa	Nayarit	Jalisco	Guanajuato	Total
2018	2,075	1,398	779	242	439	617	5,550
2019	1,862	3,679	796	149	351	375	7,212
2020	948	3,001	862	50	114	80	5,055
2021	775	5,735	622	241	211	581	8,165
2022	2,469	10,307	809	186	331	613	14,715
2023	288	2,630	117	71	86	140	3,332
Total	8,417	26,750	3,985	939	1,532	2,406	44,029

Fuente: Elaboración propia con base en los datos obtenidos del Tablero de Estadística sobre Movilidad y Migración en México de la SEGOB (s/f).

Tabla 5. Eventos de extranjeros presentados y devueltos en Sinaloa, 2018 - 2023

Año	Presentados	Devueltos
2018	780	779
2019	810	796
2020	1,228	862
2021	1,127	622
2022	1,313	809
2023	334	117
Total	5,592	3,985

Fuente: Elaboración propia con base en los datos obtenidos del Tablero de Estadística sobre Movilidad y Migración en México de la SEGOB (s/f).

Lo anterior, visibiliza el ejercicio de la política de contención migratoria que el Estado mexicano ha emprendido en el estado de Sinaloa, a través de la activación y movilización de agentes del INM, la existencia de centros de detención y retenes, para la persecución y detención de migrantes en todo el territorio sinaloense, donde el 71% de los detenidos son expulsados en el periodo de 2018-2023. La intensificación de los flujos migratorios por la Ruta del Pacífico, refleja la diversidad y complejidad de los desplazamientos humanos contemporáneos, con la presencia de nuevos actores provenientes de África y Asia, así como el incremento de migrantes de países de Sudamérica como Ecuador y Colombia, los cuales se hacen presentes a partir del año 2021.

Actualmente en el estado de Sinaloa no existe una ley para la protección de migrantes más allá de la salvaguarda de sus derechos humanos "garante" en la Constitución mexicana. Sin embargo, ha habido iniciativas presentadas ante el Congreso local del estado que han buscado la protección y atención de las migrantes propuestas entre los años 2015 y 2018, pero ninguna ha prosperado (Bastidas y Pintor, 2020).

Tabla 7. Eventos de extranjeros presentados en Sinaloa por Región, 2018 - 2023

Año	América del Norte	América Central	Islas del Caribe	América del Sur	Europa	Asia	África	Oceanía	Total
2018	3	771	0	6	0	0	0	0	780
2019	7	799	1	2	0	1	0	0	810
2020	5	1,190	22	9	0	2	0	0	1,228
2021	7	762	259	13	1	61	24	0	1,127
2022	5	628	371	0	1	126	48	0	1,179
2023	2	24	28	90	0	51	139	0	334
Total	29	4,174	681	120	2	241	211	0	5,458

Fuente: Elaboración propia con base en datos obtenidos de los boletines de estadísticas migratorias de la SEGOB (2018, 2019b, 2020, 2021, 2022, 2023).

La presencia del estado ante el fenómeno migratorio se ha caracterizado por una política punitiva con la persecución de la migración no autorizada, visible en su detención y expulsión. La invisibilidad de los derechos humanos de los migrantes se traduce en la falta de atención y apoyo en su paso por el estado. Si bien el pasado mes de marzo el gobernador de Sinaloa inauguró el Centro de Asistencia Social para Migrantes en Mazatlán, con capacidad de albergar a 60 personas migrantes diarias, hasta la fecha este Centro no se encuentra en operaciones. (Carlos, 12 de julio de 2023).

Por otro lado, se presenta una ausencia por parte de la sociedad civil en el apoyo y atención humanitaria para los migrantes que se encuentran en su tránsito y estancia temporal en el estado. Únicamente se encuentra el albergue "Mi ángel del camino" ubicado en la ciudad de Mazatlán, con el propósito de atender y proteger sólo a niños, niñas y adolescentes, el cual ofrece servicios de alojamiento, alimento, vestimenta, atención médica, comunicación con el consulado y familiares, mientras se resuelve su situación migratoria, con una capacidad de albergar a 12 migrantes, este albergue es un comodato entre una ciudadana, dueña de la casa, y el DIF municipal, que es quien coordina y dirige este albergue (Hernández, 2018). En la ciudad de Culiacán, el único albergue en apoyo a la población migrante fue cerrado en el año 2020 debido a los costos de manutención del albergue y al riesgo ante la pandemia de COVID-19. De igual manera existe una ausencia de Organización no Gubernamental (ONG) dedicadas a la ayuda de las necesidades de asistencia y orientación de la población migrante. Si bien se cuenta con la presencia de la ACNUR en Sinaloa, esta se encuentra limitada sólo a atender la problemática del desplazamiento forzado que sufre la entidad. Lo anteriormente expuesto, podría alentarnos a la idea de un desinterés por parte del Estado en Sinaloa hacia los migrantes, al carecer de esa vinculación con el ACNUR y mejores programas, políticas y leyes de protección en favor de los migrantes. Más bien, lo que hay es un interés, pero con un enfoque distinto: hay un interés por vigilar, detener y deportar bajo la lógica de la contención migratoria.

En este sentido, retomando lo señalado por Gupta (2015) sobre la importancia discursiva del Estado, se rescata la narrativa de un agente del INM en Sinaloa que, ante la pregunta sobre la migración irregular en la entidad nos señala:

> *"Aquí no permitimos que las personas se introduzcan en el país sin los documentos que requiere, como sucede en otros lados [...] por lo que nuestra obligación es detenerlos, porque la ley es la ley".*

Lo anterior, nos refleja una construcción discursiva por parte del Estado que se manifiesta en la subjetividad y en el actuar de sus representantes sobre los derechos de tránsito de la población migrante y la evidente contención migratoria presente en Sinaloa.

Reflexiones finales

La intensificación de las políticas de regulación migratoria que Estados Unidos ha implementado durante el siglo XXI son una respuesta ante el aumento de los flujos migratorios internacionales que se dirigen hacia sus fronteras, principalmente provenientes de Latinoamérica. Estas políticas no han logrado contener a los expulsados producto de las fuerzas de la globalización, las cifras denotan que el fenómeno migratorio se ha convertido en una verdadera crisis en la región. Desde *el infierno verde* en la selva del Darién hasta *el camino del diablo* en el desierto de Sonora, los migrantes en tránsito atraviesan las adversidades de la naturaleza y de las políticas migratorias de aquellos países que cruzan. Al día de hoy, la frontera Sur de México se manifiesta como el epicentro de la crisis migratoria en la región, al ser el cuello de botella de la migración de tránsito internacional que se dirige hacia los Estados Unidos, principalmente para aquella proveniente de Centroamérica, el Caribe y Sudamérica. El cuello de botella se manifiesta con las políticas migratorias que el estado mexicano ha emprendido: por un lado, los lentos procedimientos burocráticos para la regulación migratoria y, por el otro, el control y reforzamiento de la frontera con Guatemala y la persecución, detención y deportación de la migración irregular; no solamente en la frontera sur, sino en todo el territorio mexicano, incluida la frontera con Estados Unidos. Se trata de una política de contención migratoria que persigue y criminaliza la migración irregular, pensada e iniciada en las fronteras de los Estados Unidos, que busca ser implementada también en las fronteras de México.

Lo anterior, lo hemos podido observar de manera concreta en la ruta del Pacífico, específicamente en el caso de Sinaloa, ante el aumento del tránsito migratorio por esta ruta. A través de la política de contención se intensifican las detenciones y deportaciones de personas en el estado, donde el estado mexicano ha ejecutado esta política duramente, deportando casi a la mitad de la población migrante que detiene. Por otra parte, en el estado de Sinaloa ha habido una suerte de invisibilidad de este fenómeno, pues más allá de intentos fallidos no se cuenta con programas o leyes de protección migrante por parte de las autoridades de los poderes estatales. En cuanto a la sociedad civil y las organizaciones no gubernamentales, apenas se percibe una presencia que, para la intensidad del flujo y de la política migratoria coercitiva, es insuficiente.

Referencias bibliográficas

Alonso, A. y Silva, R. (2 de febrero de 2017). La frontera entre Estados Unidos y México. *El País*. https://elpais.com/elpais/2017/01/31/media/1485873285_345492.html

Amnistía Internacional. (8 de mayor 2023). Estados Unidos: El uso obligatorio de la aplicación para móviles CBP One viola el derecho a solicitar asilo. Amnistía Internacional. https://www.amnesty.org/es/latest/news/2023/05/usa-mandatory-cbp-one-violates-right-asylum/#:~:text=%E2%80%9CEl%20uso%20obligatorio%20de%20CBP,las%20Am%C3%A9ricas%20de%20Amnist%C3%ADa%20Internacional

Asamblea General de la ONU. (2019). Resolución aprobada por la Asamblea General el 19 de diciembre de 2018 73/195. Pacto Mundial para la Migración Segura, Ordenada y Regular Anexo Pacto Mundial para la Migración Segura, Ordenada y Regular. Organización de Naciones Unidas.

Bastidas, F. y Pintor, R. (2020). Sinaloa. Entre la lentitud y el olvido en gestión parlamentaria migrante. En A. Muñoz y G. Valdéz (coords.), *Migraciones del siglo XXI: nuevos actores, viejas encrucijadas y futuros desafíos* (pp. 162-183). Editorial Parmenia.

Basurto, M. y Villafuerte, D. (2022). Migrantes cubanos en tránsito por la frontera sur de México: Precariedades institucionales y vulnerabilidad humana. *Diarios Del Terruño*, 13, 88–105.

Casillas, R. (2002). El Plan Sur de México y sus efectos sobre la migración internacional. Flacso Andes, 199–210. http://hdl.handle.net/10469/4567

Carlos, A. (12 de julio de 2023). Centro de Asistencia Social para Migrantes en Mazatlán ya está listo. *Debate*. https://www.debate.com.mx/sinaloa/mazatlan/Centro-de-Asistencia-Social-para-Migrantes-en-Mazatlan-ya-esta-listo-20230712-0132.html

CNN. (2 de enero de 2024). Más de medio millón de migrantes cruzaron la selva del Darién en 2023, informó el gobierno de Panamá. *CNN Español*. https://cnnespanol.cnn.com/2024/01/02/medio-millon-migrantes-cruzaron-selva-darien-2023-panama-orix/

COLEF. (19 de noviembre de 2018). Cronología de la Caravana Centroamericana. COLEF. https://observatoriocolef.org/infograficos/cronologia-de-la-caravana-centroamericana/

COMAR. (2023). La COMAR en números. COMAR. https://www.gob.mx/cms/uploads/attachment/file/879939/Cierre_Diciembre-2023__31-Diciembre_.pdf

Coubès, M., Velasco, L. y Contreras, O. (2021). Migrantes en albergues en las ciudades fronterizas del norte de México. En Ó. Contreras (Ed.), *Ciencias sociales en acción: respuesta frente al COVID-19 desde el norte de México* (pp. 340–357). COLEF. https://libreria.colef.mx/detalle.aspx?id=7758

Debate. (11 de noviembre de 2018). Llega caravana de migrantes al sur de Sinaloa. *Debate.* https://www.debate.com.mx/sinaloa/sinaloa/llega-a-sinaloa-caravana-de-migrantes--20181111-0076.html

Dias de Assis, T., y López-Doriga, E. (2022). Pacto de la ONU sobre migración: ausencias clave. Universidad de Navarra. https://www.unav.edu/web/global-affairs/detalle/-/blogs/pacto-de-la-onu-sobre-migracion-ausencias-clave

El Economista. (21 de octubre de 2018). Trump aseguró que hace todo lo posible por detener a la caravana migrante. *El Economista.* https://www.eleconomista.com.mx/internacionales/Trumpaseguro-que-hace-todo-lo-posible-por-detener-a-la-caravana-migrante-20181021-0025.html

Executive Order 13768. (2017). Enhancing Public Safety in the Interior of the United States. https://www.federalregister.gov/documents/2017/01/30/2017-02102/enhancing-public-safety-in-the-interior-of-the-united-states

Fernández de la Reguera, A. (2021). Detención migratoria: prácticas de humillación, asco y desprecio. UNAM.

Ferri, P. (29 de marzo de 2023). Encerrados y carbonizados: la muerte de decenas de migrantes en México revela la crudeza de la crisis migratoria en Estados Unidos. *El País.* https://elpais.com/mexico/2023-03-29/encerrados-y-calcinados-la-muerte-de-decenas-de-migrantes-en-mexico-revela-la-crudeza-de-la-crisis-migratoria-con-estados-unidos.html

Florida Senate. (2023). CS/CS/SB 1718 — Immigration. https://www.flsenate.gov/Committees/BillSummaries/2023/html/3092

Frelick, B., Kysel, I., y Podkul, J. (2018). The impact of externalization of migration controls on the rights of asylum seekers and other migrants. *Journal on Migration and Human Security, 4*(4), 190–220. https://doi.org/10.1177/233150241600400402

González, A. y Aikin, O. (2015). Migración de tránsito por la ruta del occidente de México: actores, riesgos y perfiles de vulnerabilidad. *Migración y desarrollo, 13*(24), 81-115. http://www.scielo.org.mx/scielo.php?script=sci_arttext&pid=S1870-75992 01 5000100003&lng=es&tlng=es.

Hernández, M. (2018). Atención y protección a niñas, niños, adolescentes migrantes en su paso por Sinaloa: albergue "Mi ángel del camino" en la ciudad de Mazatlán, Sinaloa. En B. Peraza (Coord.), *Migración en tránsito por la ruta del Pacífico mexicano caso Sinaloa: Análisis del fenómeno y sus actores* (pp. 113-126). Universidad Autónoma de Sinaloa.

Hernández, R. (2020). Entre el cambio y la continuidad. La encrucijada de la política migratoria mexicana. En D. Villafuerte y M. Anguiano (Coords.), *Movilidad humana en tránsito: Retos de la Cuarta Transformación en política migratoria* (pp. 159-184). CLACSO-UNICACH.

Hernández, L. (26 de diciembre de 2023). México, entre las naciones con más solicitudes de refugio: ACNUR. *La Jornada.* https://www.jornada.com.mx/ 2023/12/26/politica/005n1pol#:~:text=Las%20cifras%20de%20Comar%20muestran,con%204 0%20mil%20142%20solicitantes

Gullo, M. y Marina, M. (2022). Joe Biden y su política migratoria hacia América Latina: ¿promesas incumplidas? *Anuario de Relaciones Internacionales*, 165-180. http://sedici. unlp.edu.ar/handle/10915/144849

Lizárraga, O. y Caro, K. (2023). La "securitización" en México y sus impactos en la migración de tránsito. *Ciencia y Universidad*, (46), 23–38. https://revistas.uas. edu.mx/index.php/CyU/article/view/416/300

Lizárraga, A. (2018). Estrategias de afrontamiento de las y los migrantes centroamericanos en su tránsito por México. En B. Peraza (Coord.), *Migración en tránsito por la ruta del*

Pacífico mexicano caso Sinaloa: Análisis del fenómeno y sus actores (pp. 61-78). Universidad Autónoma de Sinaloa.

López, E. (12 de noviembre de 2018). Migrantes no deben ser sacados como papas calientes: Merary. *Debate.* https://www.debate.com.mx/sinaloa/culiacan/caravana-migrantes-papas-calientes-atender-gobierno-sinaloa-20181112-0031.html

Massey, D., Durand, J., y Pren, K. (2015). Border Enforcement and Return Migration by documented and Undocumented Mexicans. *Journal of Ethnic and Migration Studies,* (41), 1015–1040.

Migration Data Portal. (30 de noviembre de 2022). Muertes y desapariciones de migrantes. Migration Data Portal. https://www.migrationdataportal.org/ es/ themes/muertes-y-desapariciones-de-migrantes#:~:text=Desde%202014%2C%20se%20han%20registrado%2C%20en%20el%20continente%20americano%2C,terrestre%20m%C3%A1s%20mort%C3%ADfera%20del%20mundo

Naciones Unidas. (19 de diciembre de 2018). Diez países rechazaron el pacto mundial para la migración, incluyendo a Hungría, Polonia, Estados Unidos e Israel. *Noticias ONU.* https://news.un.org/es/story/2018/12/1448301# :~:text=Diez%20pa%C3%ADses%20rechazaron%20el%20pacto,Polonia%2C%20Estados%20Unidos%20e%20Israel.

Naciones Unidas. (12 de septiembre de 2023). La frontera entre Estados Unidos y México es la ruta migratoria terrestre más peligrosa del mundo. *Noticias ONU.* https://news.un.org/es/story/2023/09/1524012#:~:text=La%20frontera%20entre%20Estados%20Unidos%20y%20M%C3%A9xico%20se%20ha%20convertido,de%20las%20Migraciones%20

Nájar, A. (10 de noviembre de 2018). ¿Por qué la caravana de migrantes eligió la ruta más larga para cruzar México hacia EE.UU.? *BBC News.* https://www.bbc.com/mundo/noticias-internacional-46166789

Ocando, G. (19 de agosto de 2022). Los 10 peligros de cruzar el Darién, el "infierno verde" de las Américas. *Voz de América.* https://www.vozdeamerica.com/a/los-10-peligros-de-cruzar-el-darien-el-infierno-verde-de-las-americas/6705004.html

OIM. (12 de septiembre de 2023). La frontera entre Estados Unidos y México es la ruta migratoria terrestre más peligrosa del mundo. OIM. https://www.iom.int/es/news/la-frontera-entre-estados-unidos-y-mexico-es-la-ruta-migratoria-terrestre-mas-peligrosa-del-mundo

OMS. (5 de mayo de 2023). Declaración acerca de la decimoquinta reunión del Comité de Emergencias del Reglamento Sanitario Internacional (2005) sobre la pandemia de enfermedad por coronavirus (COVID-19). OMS. https://www.who.int/es/ news/ item/05-05-2023-statement-on-the-fifteenth-meeting-of-the-international-health-regulations-(2005)-emergency-committee-regarding-the-coronavirus-disease-(covid-19)-pandemic

Oquendo, C. (11 de junio de 2023). El limbo de los migrantes que se traga la selva del Darién. *El País.* https://elpais.com/america-colombia/2023-06-12/el-limbo-de-los-migrantes-que-se-traga-la-selva-del-darien.html#:~:text=Seg%C3%BAn%20el%20proyecto%20Migrantes%20Desaparecidos,las%20cuales%2041%20eran%20menores

Ortega, E. (2020). México como tercer país ¿seguro? Instrumentalización del derecho de asilo. *Frontera norte, 32.* https://doi.org/10.33679/rfn.v1i1.2019

Paris, M. (2020). Movilidades e inmovilidades humanas ante el cierre parcial de la frontera México-Estados Unidos. En Ó. Contreras (Ed.), *Ciencias Sociales en Acción: Respuestas frente al COVID-19 desde el Norte de México* (pp. 318–339). COLEF.

Rocha, D. (2023). La violencia que acompaña a los migrantes por México vista por los medios. *Huellas de la Migración, 7*(14), 67–92. https://doi.org/10.36677/ hmigracion. v7i14.18834

Ruiz, A. (2022). El número récord de encuentros con migrantes en la frontera México-Estados Unidos encubre la historia más importante. Migration Policy Institute. https://www.migrationpolicy.org/news/encuentros-migrantes-frontera-estados-unidos-mexico

San Diego Union-Tribune. (6 de octubre de 2023). Mueren 16 migrantes y otros 29 resultan heridos al volcar autobús en el sur de México. *San Diego Union-Tribune.* https://www.sandiegouniontribune.com/en-espanol/noticias/story/2023-10-06/mueren-18-migrantes-y-otros-27-resultan-heridos-al-volcar-autobus-en-el-sur-de-mexico

Sanchez, A. (29 de julio 2023). Espacios multiservicios en el sureste no hará tareas de control migratorio. *La Jornada.* https://www.jornada.com.mx/notas/ 2023/07/29/ politica/espacio-multiservicios-en-el-sureste-no-hara-tareas-de-control-migratorio/

Sassen, S. (2006). La formación de las migraciones internacionales: implicaciones políticas. *Revista Internacional de Filosofía Política,* (27), 19–40. https://www.researchgate.net/publication/39641032_La_formacion_de_las_migra ciones_internacionales_implicaciones_politicas

Sassen, S. (2015). Expulsiones: Brutalidad y complejidad en la economía global. Katz.

Seisdedos, I. y Beauregard, L. (11 de mayo de 2023). Estados Unidos blinda con 24.000 agentes su frontera con México: "No arriesguen sus vidas por venir aquí." *El País.* https://elpais.com/internacional/2023-05-11/las-autoridades-limpian-de-migrantes-las-calles-de-el-paso.html

SEGOB. (s/f). Tablero de Estadística sobre Movilidad y Migración en México. Unidad de Política Migratoria, Registro e Identidad de Personas. Recuperado de https://portales.segob.gob.mx/es/PoliticaMigratoria/tablero_estadistica

SEGOB. (2019a). Nueva Política Migratoria del Gobierno de México 2018-2024. Unidad de Política Migratoria, Registro e Identidad de Personas.

SRE. (31 de enero de 2022). Plan de Acción 2022-2024 del Entendimiento Bicentenario: México y Estados Unidos enfrentan organizaciones criminales de manera conjunta. Recuperado de https://www.gob.mx/sre/prensa/plan-de-accion-2022-2024-del-entendimiento-bicentenario-mexico-y-estados-unidos-enfrentan-organizaciones-criminales-de-manera-conjunta

Sullivan, E. (12 de mayo de 2023). El Título 42 ha permitido que muchos migrantes sean expulsados con rapidez y que otros se queden. *The New York Times.* https://www.nytimes.com/es/2021/12/06/espanol/titulo-42-migracion-quedate-en-mexico.html

Dallas News. (4 de agosto de 2023). Encuentran dos migrantes muertos en las boyas puestas por Texas sobre el Río Grande. *Dallas News.* https://www.dallasnews.com/ espanol/al-dia/inmigracion/2023/08/03/migrantes-muerto-boyas-atascado-rio-bravo-texas/

Uribe, F., Arazaluz, M. y Hernández, O. (2021). Migrantes y COVID-19 en el noreste de México. En Ó. Contreras (Ed.), *Ciencias Sociales en Acción: Respuestas frente al COVID-19 desde el Norte de México* (pp. 376–393). COLEF.

U.S Customs and Border Protection. (2023). Nationwide Enforcement Encounters: Title 8 Enforcement Actions and Title 42 Expulsions. US CBP. https://www.cbp.gov/newsroom/stats/cbp-enforcement-statistics/title-8-and-title-

42-statistics

U.S. Department of Homeland Security. (2023). 2022 Yearbook of Immigration Statistics. https://www.dhs.gov/sites/default/files/2023-11/2023_0818_plcy_yearbook_immigration_statistics_fy2022.pdf

U.S. Immigration and Customs Enforcement. (s/f). Priority Enfrocement Program. U.S. Inmigration and Customs Enforcement. Retrieved August 23, 2023, from https://www.ice.gov/pep

Vega, D. (2022). El andamiaje de la externalización de las políticas migratorias de Estados Unidos en México y Centroamérica. *Acta Universitaria, 32*. 1-20.

Vélez-Ibáñez, C. (2015). Política, procesos históricos y la tontería humana: un cuento largo acerca de la vida entre liliputenses de Arizona. En Vélez-Ibáñez, C., Sánchez, R. y Rodríguez, M. (Coords.), *Visiones de acá y de allá. Implicaciones de la política antiinmigrante en las comunidades de origen mexicano en Estados Unidos y México* (pp. 27-59). UNAM, ASU, UACJ.

Verea, M. (2020). La política migratoria canadiense en la era de Justin Trudeau y los efectos para los migrantes mexicanos. *Norteamérica, 15*(2), 183-210. https://doi.org/10.22201/cisan.24487228e.2020.2.450

Verea, M. (2022). La política migratora de Biden a un año de su administración. *Norteamérica, 17*(1), 265–291. https://doi.org/10.22201/cisan.24487228e.2022.1.562

Viales, E. (3 de enero de 2023). 2022, el año con más desapariciones de personas migrantes en el Caribe. OIM Oficina Regional para Centroamérica, Norteamérica y el Caribe. https://rosanjose.iom.int/es/blogs/2022-el-ano-con-mas-desapariciones-de-personas-migrantes-en-el-caribe

Villafuerte, D. y García, M. (2017). "La política antinmigrante de Barack Obama y el programa Frontera Sur: consecuencias para la migración centroamericana". *Migración y desarrollo*. 15 (28). pp. 39-64.

Villafuerte, D. (2020). La migración centroamericana y la Cuarta Transformación ¿hacia un nuevo paradigma de política migratoria? En D. Villafuerte y M. Anguiano (Coords.), *Movilidad humana en tránsito: Retos de la Cuarta Transformación en política migratoria* (pp. 75-122). CLACSO-UNICACH.

Villegas, F. (2018). Migrantes centroamericanos en tránsito por Mazatlán: consecuencias y efectos de la geopolítica migratoria a nivel local. En B. Peraza (Coord.), *Migración en tránsito por la ruta del Pacífico mexicano caso Sinaloa: Análisis del fenómeno y sus actores* (pp. 79-96). Universidad Autónoma de Sinaloa.

Viña, D. (25 de octubre de 2022). El Gobierno pone fin al programa 'Quédate en México' para los migrantes que quieren ingresar a EE UU. *El País*. https://elpais.com/mexico/2022-10-25/el-gobierno-mexicano-pone-fin-al-programa-quedate-en-mexico-para-los-inmigrantes-que-quieren-ingresar-a-ee-uu.html

Yates, C. y Pappier, J. (2023). Cómo el peligroso Tapón del Darién se convirtió en la encrucijada migratoria de las Américas. *Migration Information Source, the Online Journal of the Migration Policy Institute*. https://www.migrationpolicy.org/article/tapon-darien-encrucijada-migratoria-americas#:~:text=Seg%C3%BAn%20un%20informe%20reciente%20de,2021%20y%20abril%20de%202023

Zapata-Barrero, R. y Zaragoza-Cristiani, J. (2008). Externalización de las políticas de inmigración en España: ¿giro de orientación política en la gestión de fronteras y de flujos migratorios? *Panorama Social*, (8), 186-195. https://www.funcas.es/wp-content/uploads/Migracion/Articulos/FUNCAS_PS/008art14.pdf.

PARTE III.

EXPERIENCIAS, RETOS Y ESTRATEGIAS DE LA MIGRACIÓN DE TRÁNSITO

TRANSFORMACIONES EN LA MIGRACIÓN DE TRÁNSITO POR MÉXICO: LECCIONES APRENDIDAS EN CUATRO CIUDADES FRONTERIZAS Y DESAFÍOS PENDIENTES

Carlos S. Ibarra[1] y Rodolfo Cruz Piñeiro[2]

Introducción

La migración humana ha sido un fenómeno constante y definitorio de nuestra especie desde tiempos ancestrales. A lo largo de la historia, las personas han emigrado de un lugar a otro en busca de una vida mejor, impulsadas por diversas razones, tales como la guerra, el hambre, la persecución o simplemente en busca de nuevas oportunidades. En el contexto contemporáneo, el fenómeno de la migración adquiere una relevancia y una complejidad sin precedentes, particularmente en regiones como América Latina, y específicamente en la ruta migratoria que atraviesa México. Este país, tradicionalmente considerado como un territorio de tránsito, ha vivido importantes transformaciones en relación a este fenómeno que merecen ser analizadas y comprendidas en toda su profundidad.

Las dinámicas migratorias en México, y en particular la migración en tránsito hacia los Estados Unidos, han experimentado cambios significativos en los últimos años. Estas modificaciones han sido impulsadas por una serie de factores políticos, sociales y económicos tanto a nivel local como internacional. Entre estos, destaca el endurecimiento de las políticas migratorias estadounidenses, la creciente securitización de sus fronteras y el deterioro de las condiciones de vida en los países de origen de los migrantes. Como resultado, México ha dejado de ser visto exclusivamente como un país de tránsito y ha comenzado a ser concebido como un lugar de destino final (Johnson y Espinosa, 2020; Torre et al.,, 2021).

Ante este panorama cambiante, es de suma importancia realizar un análisis profundo y reflexivo de estas transformaciones migratorias. Nuestra contribución se basa en la combinación de trabajo de investigación documental con experiencias etnográficas realizadas en cuatro ciudades fronterizas clave: Tijuana, Ciudad Juárez, Matamoros y Tapachula. Estas ciudades son representativas de la variedad y complejidad de las experiencias migratorias en el país. En ellas se evidencia de manera clara el impacto de las

---

[1] Departamento Estudios de Población del COLEF, México.
Correo electrónico: cibarradesc2016@colef.mx
[2] Departamento Estudios de Población del COLEF, México. Correo electrónico: rcruz@colef.mx

políticas migratorias en la vida cotidiana de las personas migrantes, así como los retos y desafíos que estos cambios representan para los individuos y las instituciones involucradas.

En este capítulo buscamos ir más allá de una simple descripción de los cambios ocurridos en la migración de tránsito por México. Nuestro objetivo es explorar las implicaciones y consecuencias de estas transformaciones, con especial énfasis en las lecciones aprendidas y los desafíos pendientes en materia de gestión migratoria, particularmente desde el punto de vista de las personas migrantes. Es importante tomar en cuenta cómo la pandemia de COVID-19 agravó y evidenció aún más las vulnerabilidades y precarización de las personas migrantes, por lo que es crucial reflexionar sobre las políticas y estrategias que pueden implementarse para garantizar la protección de sus derechos humanos en este contexto de emergencia sanitaria global.

A través de una perspectiva multidimensional, intentamos analizar estos fenómenos desde diversas aristas que abarcan desde la política y la economía hasta las dinámicas sociales y culturales que los envuelven. Consideramos que un entendimiento profundo y matizado de estas realidades puede contribuir a una gestión más efectiva y humana de la migración, y a la construcción de una sociedad más inclusiva y justa para todos.

En este sentido, y cómo se verá a lo largo del capítulo, deseamos también destacar la relevancia de las ciudades fronterizas en donde centramos nuestros esfuerzos como espacios de socialización: Tijuana, Ciudad Juárez, Matamoros y Tapachula, ya que no son sólo lugares físicos donde se observan estos fenómenos migratorios, sino también espacios de interacción social, cultural y política. En ellas, la migración no es solo un tránsito físico, sino un proceso en el que se entretejen historias de vida, se construyen y reconstruyen identidades y se definen nuevas formas de pertenencia y exclusión.

En términos más específicos, las experiencias etnográficas realizadas en estas ciudades fronterizas nos permitieron visibilizar y analizar de manera más profunda y detallada los retos y desafíos que enfrentan las personas migrantes. Algunos de estos retos son la creciente securitización de las fronteras, la precarización de las condiciones de vida, el riesgo de violencia y discriminación, entre otros.

Por otro lado, este capítulo también tiene como objetivo identificar y analizar las lecciones aprendidas en este proceso de transformación migratoria. A pesar de los retos y desafíos mencionados, también hemos observado la resistencia y resiliencia de las personas migrantes, así como diferentes formas de solidaridad y apoyo mutuo. Estas lecciones aprendidas pueden servir de base para el desarrollo de políticas y estrategias más efectivas y humanas en materia de gestión migratoria.

Finalmente, este estudio pretende contribuir a la discusión académica y política en torno a la migración, aportando un análisis riguroso y fundamentado en evidencia empírica de las transformaciones recientes en la migración de tránsito por México. Creemos firmemente que sólo a través de una comprensión más profunda de estos procesos migratorios podremos avanzar hacia una gestión migratoria más justa, humana e inclusiva.

El contexto actual de la migración de tránsito por México

De acuerdo con la Organización Internacional para las Migraciones (OIM), México ha presenciado un aumento del 123% en su población inmigrante entre 2000 y 2020, lo que lo confirma como un país de acogida de migrantes internacionales. Las regiones con la mayor cantidad de migrantes internacionales en 2020 fueron Baja California, Ciudad de México, Chihuahua, Jalisco y Tamaulipas (IOM, 2023).

Asimismo, se ha presenciado un cambio notable en el patrón migratorio a través de México en el mismo periodo. Este cambio ha sido impulsado por factores políticos, económicos y sociales que han moldeado su configuración actual (Hernández, 2020). Al principio, los migrantes provenían principalmente de Honduras, Guatemala y El Salvador, con la meta de atravesar México para llegar a Estados Unidos. Con el tiempo, este patrón ha cambiado, y se ha observado una mayor diversidad en los perfiles de los migrantes (Mena y Cruz, 2021).

Entre los eventos que han influido en el cambio de la dinámica migratoria se encuentran el terremoto en Haití en 2010, el endurecimiento de las políticas migratorias bajo la administración Trump en 2017, la organización de caravanas de migrantes, la introducción de los Protocolos de Protección al Migrante (MPP), el estallido de la pandemia de COVID-19 y la puesta en marcha y posterior finalización del Título 42 (París y Varela, 2022).

Los MPP exigían que los solicitantes de asilo en Estados Unidos permanecieran en México mientras se evaluaban sus casos. El efecto de los MPP, junto con otros factores migratorios, ha llevado a un creciente número de migrantes a considerar a México no solo como un país de paso, sino también como un posible lugar de residencia. Las políticas migratorias internas de México también han experimentado cambios durante este periodo, alternando entre la securitización de la frontera y la puesta en marcha de programas de visas humanitarias (Hernández y Ramos, 2022).

Además, la securitización de las fronteras entre México y Estados Unidos, así como en la frontera entre México y Guatemala, ha complicado aún más los desafíos que enfrentan los migrantes en tránsito. La militarización de estas áreas fronterizas, junto con el aumento en las detenciones y deportaciones, ha incrementado la complejidad del viaje migratorio, aumentando los riesgos para los migrantes. Además, la creciente violencia y explotación por parte de redes criminales que operan en las rutas migratorias han convertido el viaje en un desafío peligroso y riesgoso, exponiendo a los migrantes a situaciones de vulnerabilidad y diversas formas de violencia (Alberto y Chilton, 2019). Estos desafíos se suman al deterioro de las condiciones de vida en los países de origen de los migrantes, caracterizado por altos niveles de violencia, inestabilidad política, pobreza y falta de oportunidades (Slack y Martínez, 2019).

En 2022, se registró un notable aumento en los incidentes de migración irregular en México, superando los registros de años anteriores. Según el informe del primer trimestre de 2023 de la OIM, estos incidentes aumentaron en promedio un 8% cada mes a lo largo del año. En cuanto a la procedencia de los migrantes, aquellos provenientes de los países del norte de Centroamérica representaron el 38% de los incidentes en 2022, en comparación con el 76% registrado en 2021. Por otro lado, los incidentes relacionados con personas venezolanas experimentaron un notable aumento después de mayo, alcanzando su punto máximo en octubre con 21,781 incidentes (IOM, 2023).

Desde marzo de 2020, en respuesta a la pandemia de COVID-19, la implementación del Título 42 resultó en que las expulsiones bajo esta medida representaran la mitad de todos los encuentros registrados en la frontera sur de Estados Unidos hasta diciembre de 2022. El Título 42 fue utilizado para la expulsión inmediata de personas a México, inicialmente dirigido a familias y adultos originarios de México, Guatemala, Honduras y El Salvador. Posteriormente, se amplió para incluir también a personas venezolanas (a partir de octubre de 2022), haitianas, cubanas y nicaragüenses (a partir de enero de 2023). Los niños y adolescentes no acompañados quedaron exentos de esta medida (Hanson et al., 2023; IOM, 2023; Miranda y Silva, 2022; Oswald, 2023).

La proporción de encuentros representada por el Título 42 disminuyó en un 17% entre 2021 y 2022, con una reducción trimestral durante el año. La proporción disminuyó del 52% en el primer trimestre al 28% en el último trimestre del año. Muchos de los casos registrados corresponden a encuentros repetidos de las mismas personas, ya que una vez expulsadas hacia México, estos individuos realizan múltiples intentos por ingresar a Estados Unidos (IOM, 2023).

En 2022 también se observaron dinámicas migratorias más complejas y en rápida evolución en México y en el hemisferio occidental. Se registró el mayor número de personas en tránsito en varios puntos de México y otras partes de América Central, incluido el Tapón del Darién en el sur de Panamá. Además de la migración a largo plazo desde los países del norte de Centroamérica, se observó un incremento sin precedentes de personas migrantes que llegaban por tierra a México desde otros países como Venezuela, Cuba, Nicaragua, Colombia, Ecuador, Haití, así como de África, Asia y Europa (Miranda, 2023).

Con el cese del Título 42 en mayo de 2023 y el fin de la pandemia, se ha observado un nuevo oleaje migratorio, con un notable incremento de personas de origen venezolano, motivadas por la inminente restauración del Título 8 y las posibles consecuencias legales de una deportación. Ante este escenario, resulta de suma importancia abordar las causas estructurales de la migración y garantizar la protección de los derechos humanos de las personas migrantes para responder de manera adecuada a este fenómeno en constante cambio (Ramos, 2023).

Las ciudades fronterizas como espacios de transformación migratoria

Las ciudades fronterizas se caracterizan por ser áreas de constante cambio demográfico y cultural, espacios vitales para entender la dinámica del fenómeno migratorio en términos de tránsito, permanencia, y reestructuración social (Hernández y Campos, 2015). Esta observación cobra relevancia en el contexto de México, donde ciudades como Tijuana, Ciudad Juárez, Matamoros y Tapachula se erigen como ejes centrales en este proceso (Cruz y Ibarra, 2022).

Tijuana, como un centro neurálgico en la migración hacia el norte de México, presenta alteraciones notables en su tejido sociocultural debido al influjo constante de migrantes. Esta interacción multicultural ha nutrido la diversidad étnica de la ciudad, transformándola en un crisol donde convergen múltiples culturas y tradiciones. Un ejemplo evidente es la integración de la comunidad haitiana, que desde 2016 ha introducido elementos culturales singulares, desde su lengua creole hasta su gastronomía, enriqueciendo la escena local. Esta riqueza cultural es un valioso recurso que ha contribuido a la vitalidad y la vitalización de la ciudad (Alarcón y Ortiz, 2017). Sin embargo, esta amalgama cultural también plantea desafíos significativos en términos de integración y coexistencia pacífica. La asimilación de nuevas comunidades no es un proceso exento de tensiones y fricciones. La segregación residencial, por ejemplo, puede dar lugar a enclaves poblacionales con un marcado perfil étnico, como el conocido como "Pequeño Haití", donde se concentra una comunidad haitiana significativa. Este fenómeno, si bien es un reflejo de la diversidad, puede contribuir a la formación de estereotipos y prejuicios que dificultan la cohesión social y la aceptación mutua entre los diferentes grupos de población (Coulange y Castillo, 2020).

Además, es importante destacar que Tijuana no ha estado exenta de manifestaciones de xenofobia y rechazo hacia los migrantes. Habiéndose registrado incidentes que influyeron en la percepción negativa de algunos sectores de la población local hacia la población migrante, los cuales contribuyeron a la exacerbación de estereotipos negativos y actitudes de rechazo hacia los migrantes (Hernández y Porraz, 2020; Estrada et al., 2023). Ante estos desafíos, resulta fundamental promover una educación y sensibilización continuas sobre la diversidad cultural, los derechos humanos y la importancia del respeto mutuo. Es necesario fomentar el diálogo intercultural y el reconocimiento de la dignidad y los derechos de todas las personas, sin importar su origen. Asimismo, es imperativo fortalecer las políticas y programas de integración que promuevan la igualdad de oportunidades, la participación activa de los migrantes en la sociedad y la construcción de una ciudad inclusiva y solidaria.

Desde un prisma económico, la presencia de migrantes en Tijuana ha impulsado el surgimiento de nuevas oportunidades de negocio. Los sectores de servicios, como el alojamiento, la alimentación y el asesoramiento legal, han experimentado un notable crecimiento gracias a la demanda generada por las necesidades específicas de los migrantes (Altman et al., 2021; Silva y Padilla, 2020). No obstante, este crecimiento económico tiene su contraparte en la precariedad laboral (Torre, 2020). Muchos migrantes son empleados en la economía informal, expuestos a bajos salarios y condiciones laborales explotadoras, como puede observarse en sectores como la construcción o los servicios de limpieza (Sánchez, 2019; Destin, 2020).

En cuanto a la infraestructura urbana y la provisión de servicios públicos, la persistente llegada de migrantes presiona la capacidad de la ciudad para garantizar servicios básicos. Se aprecia un desafío creciente en cuanto a la provisión de salud, educación y vivienda adecuada para migrantes (Martínez y Martínez, 2021). Las viviendas colectivas o los asentamientos informales, a menudo hacinados y carentes de servicios básicos, son ejemplos de cómo la infraestructura existente puede verse desbordada. Esta situación también agrava los problemas de salud pública y seguridad, pues la precariedad habitacional puede dar lugar a condiciones insalubres y situaciones de vulnerabilidad ante la delincuencia y el crimen organizado (Torre y Mariscal, 2020).

De la misma manera, Ciudad Juárez también ha sido ha sido testigo de una pluralización de su identidad local impulsada por el constante flujo de migrantes. Si bien se ha destacado la presencia de migrantes provenientes de países centroamericanos, es importante señalar que la ciudad también enfrenta problemas severos de xenofobia y menosprecio por la vida de los migrantes (Hernández, 2022; Delgado 2023). Un trágico ejemplo de esto es el incendio que tuvo lugar en un centro del Instituto Nacional de Migración de México (INM) en Ciudad Juárez, en la frontera con Estados Unidos, el cual dejó un saldo lamentable de al menos 39 personas fallecidas y decenas más heridas (BBC, 2023). Estos eventos y sus repercusiones ponen de manifiesto la existencia de profundas tensiones y conflictos en la convivencia e integración social en Ciudad Juárez. La discriminación hacia los migrantes, agravada por las barreras lingüísticas y culturales, genera un clima hostil que dificulta su aceptación y adaptación en la comunidad local. Esta situación refuerza la necesidad de abordar de manera urgente los prejuicios y la xenofobia arraigados en la sociedad, así como promover una cultura de respeto y empatía hacia los migrantes.

Mapa 1.- Localización de las cuatro ciudades referidas en este capítulo y principales rutas migratorias hacia los Estados Unidos

Fuente: Elaboración propia

Además de los desafíos culturales, la discriminación y la xenofobia también tienen implicaciones en la seguridad y el bienestar de los migrantes en Ciudad Juárez. La falta de protección efectiva y el menosprecio por sus vidas pueden exponerlos a situaciones de mayor vulnerabilidad, incluyendo la explotación laboral, la violencia y la violación de sus derechos humanos. Estos problemas representan serias amenazas para la cohesión social y la convivencia pacífica en la ciudad (Yakushko, 2009). En consecuencia, es crucial que se tomen medidas concretas para abordar y erradicar la xenofobia y la discriminación en Ciudad Juárez. Se deben promover campañas de sensibilización y educación, fomentando el respeto a la diversidad cultural y la valoración de los derechos humanos de todos los individuos, independientemente de su origen o estatus migratorio. Asimismo, es fundamental fortalecer la protección y la seguridad de los migrantes, brindándoles acceso a servicios básicos, asistencia legal y mecanismos efectivos de denuncia y protección (Staudt et al., 2022). La tragedia del incendio en el centro del INM en Ciudad Juárez sirve como un llamado urgente a la reflexión y la acción para abordar los desafíos que enfrentan los migrantes en la ciudad. La promoción de la tolerancia, la inclusión y el respeto por la vida de cada individuo, sin importar su origen, es esencial para construir una sociedad más justa y solidaria en Ciudad Juárez.

En términos económicos, la migración ha tenido un impacto considerable en Ciudad Juárez. El alojamiento y los servicios para migrantes han experimentado un auge notable, a diferencia de otras ciudades como Matamoros y Tapachula, que enfrentan una menor demanda. Pero a su vez, este crecimiento ha venido acompañado de una precarización laboral significativa. Muchos migrantes, por ejemplo, encuentran trabajo en las maquiladoras locales, una industria conocida por sus salarios bajos y condiciones laborales precarias (Martínez y Velázquez, 2022). Esta realidad contrasta con la de Tapachula, donde la agricultura es el sector predominante para la mano de obra migrante (Chavarría, 2020).

La infraestructura urbana y los servicios públicos también se ven afectados por la migración. A diferencia de Tijuana, que ha desarrollado una red de albergues más extensa, Ciudad Juárez enfrenta mayores dificultades para satisfacer las necesidades de vivienda de los migrantes (Medina et al., 2019). Los asentamientos informales, con acceso limitado a servicios básicos como agua y electricidad, son un desafío para la administración de la ciudad y testimonio de la precariedad que enfrentan muchos migrantes.

Como ciudad fronteriza, Ciudad Juárez también está en el centro de las tensiones políticas sobre las políticas migratorias. Los MPP generaron una crisis humanitaria en la ciudad, con un incremento de migrantes atrapados a la espera de que se resolvieran sus solicitudes de asilo. Así mismo, la derogación del Título 42 provocó un incremento en el flujo migratorio, particularmente de personas provenientes de Venezuela (Castañeda, 2023). Por otro lado, Ciudad Juárez se encuentra en una ruta crítica de tránsito migratorio, lo que ha llevado a problemas de seguridad más acuciantes que en otras ciudades como Tapachula. Los incidentes de tráfico de personas y la violencia del crimen organizado vinculada a la migración son cuestiones críticas en esta ciudad (Alberto y Chilton, 2019).

Por su parte, Matamoros, localizada en el estado de Tamaulipas y también en la frontera México-Estados Unidos, proporciona un enfoque distinto del fenómeno migratorio. Tanto su posición geográfica como su tamaño más reducido en comparación con otras ciudades fronterizas, así como su vinculación con la región del Golfo de México, confiere a Matamoros una serie de particularidades únicas en cuanto al fenómeno migratorio: al igual que en Juárez, predomina la influencia de los migrantes provenientes de países centroamericanos, principalmente de Honduras y El Salvador (Hernández, 2020).

Económicamente y al igual que en otras ciudades fronterizas, ha habido un aumento en el número de negocios dedicados a proveer servicios para los migrantes, como hostales y asesoría legal. Sin embargo, el contexto laboral en Matamoros se distingue del de Tijuana o Ciudad Juárez, ya que la economía de Matamoros es menos diversificada y cuenta con menos oportunidades de empleo para los migrantes. Por tanto, muchos migrantes se ven obligados a aceptar empleos informales y precarios, frecuentemente vinculados a la economía del tránsito migratorio, como el comercio informal o los servicios de transporte (Hernández, 2021).

En términos de infraestructura urbana y servicios públicos, Matamoros enfrenta desafíos distintos a los de Tijuana y Ciudad Juárez. El constante flujo de migrantes pone presión sobre los servicios públicos y la infraestructura de la ciudad, que cuenta con menos recursos para responder a estas demandas. Esto ha resultado en la aparición de asentamientos informales en los que los migrantes viven en condiciones precarias, con acceso limitado a servicios básicos como agua potable, saneamiento o electricidad (Hernández, 2021). Como en los casos anteriores, la conjunción de MPP-Título 42-Fin de Título 42 atrapó a miles de migrantes en la ciudad, exacerbando los retos existentes y generando tensiones sociales (Valdés, 2023).

Finalmente, la ubicación estratégica de Matamoros en una importante ruta de tránsito migratorio ha expuesto a la ciudad a problemas de seguridad particularmente graves. El estado de Tamaulipas es conocido por la presencia de diversos grupos del crimen organizado, tales como el Cártel del Golfo, Los Zetas y el Cártel del Noreste. Estas organizaciones criminales han generado un ambiente de violencia y peligro, y los migrantes frecuentemente se convierten en víctimas de delitos como secuestro, extorsión y violencia física. La gravedad de esta problemática es más pronunciada en Matamoros en comparación con otras ciudades fronterizas como Tijuana, lo cual plantea un desafío adicional para la ciudad en términos de protección y seguridad para los migrantes. La presencia y actividad de estos grupos del crimen organizado han generado un clima de temor y vulnerabilidad para los migrantes que transitan por la región, exacerbando aún más los riesgos asociados a su trayecto migratorio (Bermúdez, 2022).

Por último, en el extremo sur de México se encuentra Tapachula, un nodo crucial en la ruta migratoria centroamericana. Si bien su papel en la migración puede no ser tan visible como el de las ciudades fronterizas del norte, su importancia es igualmente notable. Tapachula es una ciudad de tránsito y de permanencia, dado que muchos migrantes deciden quedarse debido a las políticas migratorias restrictivas que dificultan el tránsito hacia el norte. Esta permanencia prolongada ha llevado a un cambio demográfico y cultural que enriquece y desafía la identidad local (Chan-Pech, 2019).

La influencia sociocultural de la migración en Tapachula se manifiesta en la diversificación de su identidad local. La ciudad ha recibido a migrantes principalmente de países centroamericanos, pero también de otros lugares como África y Asia (Miranda, 2023). A diferencia de las otras ciudades fronterizas, donde predomina la presencia centroamericana, Tapachula ha visto una mezcla más heterogénea de migrantes. Esta diversidad se refleja en la aparición de negocios y servicios adaptados a estas comunidades, desde restaurantes con gastronomía diversa hasta servicios de remesas internacionales. Sin embargo, esta diversificación ha traído consigo retos en términos de integración y aceptación cultural, con la aparición de conflictos interculturales y actos de discriminación (Cruz, 2020).

Económicamente, la migración ha impactado a Tapachula de manera diferente que a las ciudades fronterizas del norte. A diferencia de Tijuana y Ciudad Juárez, que han visto un auge en servicios legales y de alojamiento para migrantes, en Tapachula, la agricultura y los trabajos informales representan una fuente principal de empleo para los migrantes. Esto ha llevado a una precarización laboral significativa, con migrantes a menudo trabajando en condiciones difíciles y por salarios bajos (Chavarría, 2020).

La infraestructura y los servicios públicos en Tapachula se ven sometidos a presión constante por el flujo migratorio. Los servicios básicos, como la salud y la educación, se ven desbordados, y la vivienda para migrantes es escasa, lo que ha llevado a la proliferación de asentamientos informales. A diferencia de ciudades como Ciudad Juárez, donde los albergues son la principal forma de alojamiento para los migrantes, en Tapachula los asentamientos informales son más comunes, lo que genera desafíos en términos de salud y seguridad (Pérez, 2020).

En términos políticos, Tapachula también se enfrenta a desafíos únicos. Siendo un punto de entrada para muchos migrantes que buscan llegar a los Estados Unidos, la ciudad se encuentra en el epicentro de las políticas migratorias de México. Esto ha llevado a tensiones entre los migrantes, las autoridades y la población local (Usón, 2019). Por último, en términos de seguridad, la ubicación de Tapachula en una de las principales rutas de tránsito migratorio ha llevado a problemas de seguridad, incluyendo el tráfico de personas y la explotación de migrantes. Sin embargo, a diferencia de

Matamoros, donde la violencia del crimen organizado es más prominente, los desafíos de seguridad en Tapachula están más relacionados con la seguridad de los migrantes en su tránsito (Fuentes et al., 2022).

Así, estas ciudades fronterizas son escenarios de una reconfiguración continua, espacios en los que la transformación es la norma más que la excepción. Su carácter de puntos de tránsito ha generado una pluralidad cultural y demográfica única que se manifiesta en aspectos como la gastronomía, el arte, la economía, y el tejido social. Sin embargo, este proceso de transformación no está exento de desafíos, ya que el tránsito migratorio constante también pone a prueba la capacidad de las ciudades para adaptarse y proporcionar las condiciones necesarias para un desarrollo humano integral.

Lecciones aprendidas: retos y desafíos actuales

Habiendo establecido a grandes rasgos el contexto actual de la migración de tránsito por México, esta sección abordará las lecciones aprendidas, los retos y los desafíos actuales en torno a la gestión de la migración y la política migratoria de México. Es importante mencionar que el análisis presentado no se basa únicamente en investigación documental, sino también en dos experiencias de investigación etnográfica llevadas a cabo entre 2019 y 2021. La primera, financiada por ACNUR, se centró en los perfiles de las personas solicitantes de refugio en México. La segunda, financiada por los Canadian Institutes of Health Research y la Universidad de Manitoba, se enfocó en conocer las narrativas en torno a la salud mental de migrantes centroamericanos y caribeños en tránsito por México durante la pandemia.

El propósito de este capítulo no es abordar esta información que ya ha sido presentada en otras publicaciones (ESCRR, 2020; Cruz y Ibarra, 2022), aunque vale la pena resaltar que, para el primer caso, se llevaron a cabo encuestas y entrevistas a profundidad en diferentes ciudades de la república mexicana. Para el segundo caso, se llevaron a cabo entrevistas a profundidad en Tijuana, Juárez, Matamoros y Tapachula. Así, consideramos pertinente comenzar el análisis de las lecciones aprendidas y los desafíos actuales exponiendo algunos de los principales hallazgos de estos dos estudios.

Por un lado se descubrió que el número de solicitudes de refugio en México aumentaron de forma considerable a partir de 2016, pasando de apenas 3,423 en 2015 a más de 120 mil en 2021. A pesar de ello, las entrevistas indicaron que el iniciar un proceso de solicitud de refugio en México no obedecía necesariamente a un deseo de permanecer en el país, sino a una estrategia adaptativa para evitar la deportación y planear un cruce irregular hacia los Estados Unidos en un momento posterior, a raíz del endurecimiento de las fronteras a causa de los factores mencionados con anterioridad.

Por otra parte, el proyecto sobre salud mental arrojó una serie de narrativas recurrentes, centradas en cómo el mayor impacto negativo en la salud mental de las personas entrevistadas giraba en torno al estrés de no saber cuándo podrían cruzar a los Estados Unidos y tener que quedarse en México o bien, ser deportados a sus países de origen, aún por encima del miedo a contagio y/o muerte por COVID-19 (Cruz y Ibarra, 2022).

Derechos Humanos

El escenario migratorio en constante cambio durante los últimos años ha precipitado una crisis de derechos humanos multifacética. Albergues sobrepoblados, acceso limitado a atención médica y a necesidades básicas, así como una vulnerabilidad amplificada a la explotación y la violencia son solo algunos de los problemas predominantes. Los niños, las mujeres y los miembros de la comunidad LGBTQ+, en particular, han enfrentado riesgos aumentados (París y Montes, 2020).

Las lecciones de estas crisis han sido múltiples. En primer lugar, se ha subrayado el papel vital de las ONGs y de la sociedad civil en la respuesta a las necesidades inmediatas de los migrantes. En las cuatro ciudades, las ONGs han liderado los esfuerzos para proporcionar asistencia legal, atención médica y ayuda humanitaria a la población migrante. En segundo lugar, la crisis de derechos humanos también ha puesto de relieve la necesidad de supervisión internacional. La vigilancia de organismos como la Comisión Interamericana de Derechos Humanos y ACNUR ha llamado la atención global sobre las implicaciones de la crisis migratoria en los derechos humanos y ha sido fundamental para dar forma a las respuestas internacionales (ESCRR, 2020).

Política Pública

La respuesta de la política pública a la crisis migratoria en México durante los últimos siete años ha sido una historia de adaptación y evolución constantes, caracterizada por un creciente énfasis en la cooperación regional, la construcción de capacidades, la flexibilidad de las políticas y un enfoque centrado en los derechos humanos.

En primer lugar, la crisis migratoria ha puesto de manifiesto la necesidad de una cooperación regional aguda. El Plan de Desarrollo Integral lanzado en 2019 por México, Guatemala, Honduras y El Salvador es un testimonio de esto. El plan subraya el desarrollo económico como una solución fundamental para abordar las causas fundamentales de la migración. Aunque la ejecución del plan ha sido lenta, la iniciativa es indicativa de un cambio hacia estrategias de gestión de la migración más a largo plazo y completas

(Salas, 2021).

En segundo lugar, la crisis ha revelado las brechas críticas en la capacidad de México para manejar la afluencia de migrantes. Durante los últimos siete años, la insuficiencia de albergues, instalaciones de atención médica y servicios de asistencia legal en las ciudades fronterizas mexicanas ha surgido como un desafío significativo. Esto ha destacado la necesidad urgente de un desarrollo de infraestructura robusto y la construcción de capacidades en estas áreas (ESCRR, 2020; Hernández y Ramos, 2022).

En tercer lugar, los cambios en la política de inmigración de los Estados Unidos, particularmente bajo el MPP, el Título 42 y el retorno al Título 8, han requerido un alto grado de adaptabilidad en la política mexicana. Esto ha resultado en que México se encuentre en un delicado equilibrio entre alinearse con las políticas de inmigración de los Estados Unidos y oponerse a ellas en defensa de los derechos de los migrantes (Sarmiento, 2023).

Por último, la crisis de derechos humanos ha requerido un cambio hacia las políticas de migración centradas en los derechos humanos. Esto ha sido más evidente en la reforma de la Ley de México sobre Refugiados, Protección Complementaria y Asilo Político en 2021, que tiene como objetivo garantizar los derechos de los refugiados y solicitantes de asilo. Sin embargo, la implementación efectiva de estas leyes sigue siendo un desafío significativo (Peña, 2023).

Retos a futuro

Aunque hemos aprendido muchas lecciones de los últimos siete años, es esencial reconocer los desafíos en curso en el ámbito de la migración en tránsito en México. Entender estos desafíos puede guiar las futuras políticas y respuestas humanitarias.

En primer lugar, a pesar de las reformas y los esfuerzos para mejorar las condiciones, la situación en los albergues en Tijuana, Juárez, Matamoros y Tapachula sigue siendo grave. El hacinamiento, las condiciones insalubres y los problemas de seguridad continúan plagando estas instalaciones. La pandemia de COVID-19 exacerbó estos problemas (Estrada et al., 2023).

En segundo lugar, el acceso a servicios básicos, incluyendo la atención médica y la educación, sigue siendo problemático. Con un número creciente de migrantes que pasan períodos más largos en México, la demanda de estos servicios ha crecido. Sin embargo, la infraestructura de servicios sociales de México, especialmente en las ciudades fronterizas, no está preparada para acomodar esta demanda creciente.

En tercer lugar, a pesar de las reformas en la ley mexicana, el proceso de asilo en México sigue siendo un proceso complejo y prolongado. El aumento del número de solicitudes ha sobrecargado a la Comisión Mexicana de Ayuda a Refugiados (COMAR), lo que ha llevado a tiempos de procesamiento extendidos y ha dejado a los solicitantes de asilo en un estado de incertidumbre (Hernández y Ramos, 2022).

Algunas pistas para el desarrollo de políticas públicas y respuestas humanitarias

Ante la relevante dinámica migratoria que experimenta México en su papel como país de tránsito, destino y, cada vez más, como lugar de refugio, se hace imprescindible trazar un camino claro para afrontar estos desafíos. En este sentido, se presentan a continuación cinco áreas estratégicas que deberían ser objeto de atención inmediata y en las que es crucial actuar para transformar el panorama actual en una oportunidad para los migrantes, así como para las comunidades de acogida:

Desarrollo de Infraestructura: La urgente inversión en infraestructura, especialmente en albergues y servicios sociales en las ciudades fronterizas, se presenta como una necesidad imperativa. Asimismo, el fortalecimiento de las capacidades institucionales de las entidades encargadas de atender los desafíos migratorios, como la COMAR, promoverá una mayor eficacia en el proceso de asilo.

Cooperación Regional: A partir de lo propuesto en el Plan de Desarrollo Integral, es imprescindible fomentar una cooperación regional más estrecha. Esta podría incluir proyectos conjuntos de infraestructura, procesamiento compartido de solicitudes de asilo y acuerdos regionales para la distribución equitativa de los migrantes.

Reformas Legales y Políticas: Se requiere una revisión y actualización constante del marco legal y político existente en México para adecuarse a la cambiante realidad migratoria. Esto abarca desde la reevaluación de las leyes sobre detención y deportación, hasta la integración de los migrantes en la economía formal y el mejoramiento del acceso a la asistencia legal para estos.

Apoyo Internacional: La crisis migratoria en México trasciende las fronteras nacionales, convirtiéndose en un problema regional y global. Por ello, es vital un aumento del apoyo internacional, tanto en términos financieros como en la orientación política.

Inclusión de las Voces de los Migrantes: Las experiencias de los migrantes suelen quedar al margen en las discusiones de políticas de alto nivel. Es por ello que resulta esencial incorporar sus perspectivas y vivencias para asegurar que las políticas y las respuestas humanitarias se alineen de mejor manera con

270

sus necesidades reales.

Iniciativas emergentes

Si bien el Plan de Desarrollo Integral lanzado por México, Guatemala, Honduras y El Salvador en 2019 representa un paso importante hacia un enfoque colaborativo para abordar las causas fundamentales de la migración, su implementación ha sido lenta. Además, el plan se ha centrado excesivamente en el desarrollo económico a expensas de abordar los problemas sistémicos de gobernabilidad y los derechos sociopolíticos que son impulsores igualmente significativos de la migración (Alvarado, 2023).

Otra área crítica de evaluación es el proceso de refugio en México, que ha estado marcado por demoras administrativas considerables y falta de transparencia. Aunque se han introducido reformas, la implementación efectiva sigue siendo un desafío, lo que lleva a cuellos de botella significativos e incertidumbre para los solicitantes de asilo. También hay una notable falta de asistencia legal para los migrantes, particularmente para aquellos que están detenidos o enfrentan la deportación (ESCRR, 2020).

Simultáneamente, algunas iniciativas emergentes prometen traer cambios significativos al panorama de la migración en tránsito. Por ejemplo, algunos estados mexicanos están explorando programas de integración laboral para los migrantes, reconociendo los posibles beneficios económicos de incorporarlos al mercado laboral formal (Human Rights Watch, 2022; Rosales et al., 2022).

Del mismo modo, en reconocimiento del papel crítico que desempeñan las organizaciones de la sociedad civil en el apoyo a los migrantes, algunos gobiernos locales buscan formalizar alianzas con estas entidades. Esto podría conducir a una entrega de servicios a los migrantes más coordinada y efectiva (IOM, 2023).

Conclusiones y la continua relevancia del Derecho Internacional

Al reflexionar sobre el futuro de la migración en tránsito en México, la relevancia del derecho internacional es indiscutible. El principio de no devolución, que prohíbe el retorno de individuos a países donde pueden enfrentar persecución, está consagrado tanto en la Convención de 1951 sobre el Estatuto de los Refugiados como en la Convención contra la Tortura. México, como signatario de ambas convenciones, debe garantizar que sus políticas y prácticas se adhieran a este principio.

Sin embargo, la presión de los Estados Unidos ha puesto a prueba el compromiso de México con el principio de no devolución. Al cumplir con los MPP, por ejemplo, México pudo haber estado contribuyendo a la violación del principio de no devolución, ya que muchos migrantes fueron devueltos a situaciones peligrosas en sus países de origen o enfrentaron amenazas significativas dentro del propio México (Amnistía Internacional, 2023).

En este contexto, los organismos legales internacionales y las organizaciones de defensa desempeñan un papel crucial en la exigencia a los estados del cumplimiento de sus obligaciones internacionales. La presión continua de estas entidades, junto con reformas legales y políticas nacionales, puede ayudar a garantizar que la respuesta de México a la migración en tránsito mantenga los derechos y protecciones garantizados bajo el derecho internacional.

Por otra parte, los desafíos y las lecciones derivadas de la migración en tránsito en México subrayan la necesidad de enfoques interdisciplinarios para entender y abordar los problemas migratorios. La migración es un fenómeno complejo que intersecta con varios campos de estudio, incluyendo derecho, sociología, economía, ciencias políticas, salud pública y estudios ambientales.

Los estudios jurídicos han sido fundamentales en la evaluación de la alineación de las políticas migratorias mexicanas con el derecho internacional, mientras que los estudios sociológicos han proporcionado perspectivas sobre las experiencias vividas de los migrantes. Los análisis económicos han explorado los posibles beneficios y desventajas de la migración en las economías locales, mientras que los estudios políticos han examinado las dinámicas entre México y sus socios regionales y globales.

La salud pública también ha emergido como una perspectiva crítica, particularmente a la luz de la pandemia de COVID-19. La pandemia ha puesto de manifiesto las vulnerabilidades sanitarias de las poblaciones migrantes y las implicaciones de las políticas migratorias para la salud pública. Los estudios ambientales también están cobrando cada vez más relevancia a medida que el cambio climático contribuye a los patrones migratorios.

De cara al futuro, el campo de los estudios migratorios debe seguir incorporando estas perspectivas diversas. La investigación interdisciplinaria será esencial para elaborar respuestas holísticas y efectivas a los desafíos planteados por la migración en tránsito.

Además, la investigación también debe priorizar las voces de los propios migrantes. Como se mencionó anteriormente, las experiencias de los migrantes a menudo se pierden en las discusiones de políticas de alto nivel. Los estudios etnográficos y las metodologías de investigación participativa pueden ayudar a llevar estas experiencias al primer plano y garantizar que las políticas y las respuestas humanitarias se alineen más estrechamente con las necesidades y realidades de los migrantes.

A la luz de las complejidades y desafíos continuos de la migración en tránsito en México, es crucial enfatizar las recomendaciones de política basadas en las lecciones aprendidas de 2016 a 2023:

Fortalecer la capacidad: se deben hacer esfuerzos para mejorar la capacidad de las instituciones existentes, particularmente COMAR, para manejar el creciente número de solicitudes de asilo. Esto puede implicar la contratación de personal adicional, la mejora de las eficiencias administrativas y el aprovechamiento de la tecnología para la gestión de casos.

Mejorar la cooperación regional: México debe continuar defendiendo la cooperación regional para abordar las causas fundamentales de la migración y para manejar el desafío de la migración en tránsito. Esto puede implicar la implementación de proyectos de infraestructura conjuntos, la facilitación del procesamiento compartido de las solicitudes de asilo y la negociación de acuerdos regionales sobre la distribución equitativa de los migrantes.

Mejorar la infraestructura y los servicios: la inversión en infraestructura, particularmente en las ciudades fronterizas, es crucial para mejorar las condiciones de los refugios, ampliar el acceso a los servicios de salud y proporcionar oportunidades educativas adecuadas para los niños migrantes.

Fomentar la integración laboral: se deben desarrollar iniciativas de política para facilitar la integración de los migrantes en el mercado laboral formal de México. Esto no sólo mejoraría el bienestar económico de los migrantes, sino que también podría aportar beneficios económicos a México.

Mantener el Derecho Internacional: México debe seguir cumpliendo con sus compromisos legales internacionales, particularmente el principio de no devolución. Una mayor transparencia en su proceso de asilo y en las prácticas migratorias ayudará a garantizar la alineación con el derecho internacional.

Abogar por el apoyo internacional: México debería aprovechar las plataformas internacionales para abogar por un mayor apoyo, tanto en términos de financiación como de orientación política. Como la crisis migratoria no es sólo un problema mexicano, sino regional y global, la solidaridad internacional es crucial.

Referencias

Alarcón, R., y Ortiz, C. (2017). Los haitianos solicitantes de asilo a Estados Unidos en su paso por Tijuana. *Frontera norte, 29*(58), 171-179.
Alberto, C., y Chilton, M. (2019). Transnational violence against asylum-seeking women and children: Honduras and the United States-Mexico border. *Human Rights Review,*

20, 205-227.

Altman, C., Chavez, S., y Lowrey, K. (2021). Organizaciones no gubernamentales en Tijuana, México que atienden a migrantes deportados de los Estados Unidos. *Frontera Norte*, *33*.

Alvarado, J. (2023). El desafío global de la migración. La frontera Sur de México. *Archipiélago. Revista cultural de nuestra América*, *30*(119).

Amnistía Internacional (2023). Informe 2022/2023 Amnistía Internacional. La situación de los derechos humanos en el mundo. Recuperado de: https://www.amnesty.org/es/documents/pol10/5670/2023/es/

BBC. (2023). *Incendio en Centro de migrantes: Al Menos 39 muertos en un fuego en un edificio del inm en ciudad juárez.* BBC News Mundo. Recuperado de: https://www.bbc.com/mundo/noticias-america-latina-65097811

Bermúdez, B. (2022). "I Want to Get on the Next Bus and Leave This City Now": A Study of Violence and Deportation on the Texas-Tamaulipas Border. *Qualitative Sociology*, *45*(4), 483-509.

Castañeda, J. (2023). *La Política migratoria detrás de la tragedia en ciudad juárez.* CNN. Recuperado de: https://cnnespanol.cnn.com/2023/04/25/opinion-muerte-migrantes-ciudad-juarez-politica-migratoria/

Chan-Pech, C. (2019). Flujos migratorios en el sur de Chiapas: una narrativa local del impacto de las caravanas migrantes y los grupos africanos. *Revista Política, Globalidad y Ciudadanía*, *5*(10), 43-62.

Chavarría, V. (2020). Trayectorias de mujeres salvadoreñas, hondureñas y nicaragüenses en Tapachula: un estudio de calidad del empleo y segmentación laboral (Tesis de Doctorado, Facultad Latinoamericana de Ciencias Sociales).

Coulange, S., y Castillo, M. (2020). Integración de los inmigrantes haitianos de la oleada a México del 2016. *Frontera norte*, *32*.

Cruz, H. (2020). *Movilidades extracontinentales. Personas de origen africano y asiático en tránsito por la frontera sur de México.* Universidad de Ciencias y Artes de Chiapas. Centro de Estudios Superiores de México y Centroamérica.

Cruz, R., y Ibarra, C. S. (2022). A narrative-based approach to understand the impact of COVID-19 on the mental health of stranded immigrants in four border cities in Mexico. *Frontiers in public health*, *10*, 982389.

Delgado, K. (2023). Migrantes centroamericanos "atrapados" en Ciudad Juárez. *Cuadernos Fronterizos*, (57)

Destin, M. (2020). Inserción y trayectoria laboral de los inmigrantes haitianos en Tijuana. Tesis de Maestría. El Colegio de la Frontera Norte. Recuperado de: https://www.colef.mx/posgrado/wp-content/uploads/2020/10/TESIS-Destin-Markenta-MEP.pdf

ESCRR (2020). Encuesta para Solicitantes de Refugio y Refugiados/as. El Colegio de la Frontera Norte-FM4. Retrieved from: https://bit.ly/3oe6v2Y

Estrada, J., Sánchez, M., y Martínez, M. (2023). La discriminación histórica a personas migrantes en tiempos de la pandemia de la COVID-19 en Coahuila, México. *Huellas de la Migración*, *7*(13), 11-43.

Fuentes, M., Hernández, C., y Alcay, S. (2022). Situaciones de vulnerabilidad en personas en movilidad y personas locales frente a la trata de personas en el municipio de Tapachula en el contexto de las caravanas migrantes 2018-2019. *Frontera norte*, *34*.

Hanson, G., Orrenius, P., & Zavodny, M. (2023). US Immigration from Latin America in Historical Perspective. *Journal of Economic Perspectives*, *37*(1), 199-222.

Hernández, A., y Campos, A. (Coords.) (2015). Líneas, límites y colindancias. *Mirada a las fronteras desde América Latina. Tijuana y Ciudad de México:* El Colef-CIESAS.

Hernández, A. (Coord.) (2020). Puentes que unen y muros que separan. Fronterización, securitización y procesos de cambio en las fronteras de México y Brasil. Tijuana: El Colegio de la Frontera Norte.

Hernández, O. (2019). Caravana de migrantes centroamericanos en Reynosa y Matamoros, 2019. *El Colegio de la Frontera Norte.*

Hernández, L. (2022). Migración y prevención de la xenofobia en la frontera. *Cuadernos Fronterizos,* (54).

Hernández, R., y Porraz, I. (2020). De la xenofobia a la solidaridad: etnografías fronterizas de la caravana migrante. *Frontera norte, 32.*

Hernández, O. (2021). Organizaciones gubernamentales, no gubernamentales y atención a migrantes en Tamaulipas, México en tiempos de Covid-19. *Ciencia y Sociedad, 46*(2), 65-83.

Hernández, R., y Ramos, D. (2022). Pandemia, seguridad humana y migración: gestión de la movilidad humana desde México. *URVIO Revista Latinoamericana de Estudios de Seguridad,* (32), 27-41.

Human Rights Watch (2022). *World Report 2022: Human Rights trends in Mexico.* Human Rights Watch. Recuperado de: https://www.hrw.org/world-report/2022/country-chapters/mexico#:~:text=Mexico%27s%20asylum%20system%20is%20severely,but%20resolved%20just%20over%2023%2C000

International Organization for Migration (IOM). (2023). Mexico Migration Profile Trimester 1 2023. Recuperado de: https://mexico.iom.int/sites/ g/files/ tmzbdl1 6 86/files/documents/2023-06/eng-iom-migration-profile-t1-2023_0.pdf

Johnson, C. G., y Espinosa, F. (2020). Transformaciones en las migraciones contemporáneas en México (2000-2019). Acercamiento a las violencias y solicitudes de refugio. *Estudios Políticos,* (58), 17-44.

Martínez, D., y Martínez, J. (2021). Familias Migrantes Centroamericanas en tránsito por México: Derecho a la salud y COVID-19. *Ius Comitiãlis, 4*(7), 165-191.

Martínez, W., y Velázquez, M. (2022). Informalidad laboral y precarización social en Ciudad Juárez (México), 2019-2020. En serie Estudios y Perspectivas-Sede Subregional de la CEPAL en México, N° 202 (LC/TS.2022/171-LC/MEX/TS.2022/25). Comisión Económica para América Latina y el Caribe (CEPAL).

Medina, P., Bass, S., y Fuentes, C. (2019). La vulnerabilidad social en Ciudad Juárez, Chihuahua, México. Herramientas para el diseño de una política social. *Revista Invi, 34*(95), 197-223.

Mena, L., y Cruz, R. (2021). Centroamericanos en tránsito por México: un análisis de los flujos migratorios y las políticas de contención (2009-2019). *Aposta,* (91).

Miranda, B., y Silva, A. (2022). Gestión desbordada: solicitudes de asilo en Estados Unidos y los mecanismos de espera allende sus fronteras. *Migraciones internacionales, 13.*

Miranda, B. (2023). Migración africana en situación de espera: nuevo alcance y dimensión de la contención migratoria en México. *Revista Pueblos y fronteras digital, 18*, 1-30.

Oswald, Ú. (2023). Migración climática y fronteras militarizadas: seguridad humana, de género y ambiental. *Frontera Norte, 35.*

París, M., y Montes, V. (2020). Visibilidad como estrategia de movilidad: el éxodo centroamericano en México (2018-2019). *EntreDiversidades. Revista de ciencias sociales y humanidades, 7*(1), 9-36.

París, M., y Varela, A. (2022). Caravans Adrift: Central American Migrants Stranded along the Northern Border of Mexico. In *The Routledge History of Modern Latin American*

Migration (pp. 442-455). Routledge.

Peña, D. (2023). El Congreso mexicano ante la cuestión migratoria: convergencias y divergencias de las posturas partidistas en la LXIV Legislatura. *Inter disciplina, 11*(29), 189-221.

Pérez, M. (2020). La salud física y psicológica de las personas migrantes en México: el caso de la detención migratoria. *Derecho global. Estudios sobre derecho y justicia, 6*(16), 15-48.

Ramos, A. (2023). Estos Migrantes se apresuraron a cruzar la frontera antes de que expirara el Título 42, pero en EE.UU. se enfrentan a un nuevo conjunto de preocupaciones. CNN. Recuperado de: https://cnnespanol.cnn.com/2023/05/13/migrantes-ee-uu-cruzar-la-frontera-titulo-42-futuro-incierto-trax/

Rosales, Y., Calva, L.,, y Vázquez, B. (2022). Experiencias de incorporación laboral de migrantes haitianos en la zona metropolitana de Monterrey. *Región y sociedad, 34*, e1702. Epub 01 de junio de 2023.https://doi.org/10.22198/rys2022/34/1702

Salas, G. (2021). Acciones en materia de cooperación dentro del territorio nacional de México en el marco del Plan de Desarrollo Integral y la Política Migratoria* 2. *Revista española de desarrollo y cooperación*, (47), 39-46.

Sánchez, G. (2019). *Solicitan 4 mil migrantes Centroamericanos Empleo en STyPS*. Noticias de Tijuana | EL IMPARCIAL. Recuperado de: https://www.elimparcial.com/tijuana/tijuana/Solicitan-4-mil-migrantes-centroamericanos-empleo-en-STyPS-20190108-0022.html

Sarmiento, É. (2023). El gobierno de Andrés Manuel López Obrador y la política antimigratoria. *Politeja-Pismo Wydziału Studiów Międzynarodowych i Politycznych Uniwersytetu Jagiellońskiego, 19*(81), 197-213.

Silva, A., y Padilla, V. (2020). Instituciones en crisis y acción colectiva frente a las migraciones globales. El caso de la llegada de haitianos a Tijuana, BC, 2016-2017. *Desafíos, 32*(1), 77-113.

Slack, J., y Martínez, D. (2019). The geography of migrant death: Violence on the US-Mexico border. In *Handbook on Critical Geographies of Migration* (pp. 142-152). Edward Elgar Publishing.

Staudt, K., Payan, T., y Kruszewski, Z. A. (Coords.). (2022). *Human Rights along the US–Mexico Border: Gendered Violence and Insecurity*. University of Arizona Press.

Torre, E. (2020). Destino y asentamiento en México de los migrantes y refugiados centroamericanos. *Trace (México, DF)*, (77), 122-145.

Torre, E., y Mariscal, D. (2020). Batallando con fronteras: estrategias migratorias en tránsito de participantes en caravanas de migrantes. *Estudios fronterizos, 21*.

Torre, E., París, M. y Gutiérrez, E. (2021). El sistema de refugio mexicano: entre proteger y contener. *Frontera norte, 33*.

Usón, V. (2019, April 26). *Más de 1.000 migrantes se fugan de un centro de detención de extranjeros en el sur de méxico*. El País. Recuperado de: https://elpais.com/internacional/2019/04/26/mexico/1556252689_492571.html

Valdés, G. (2023). *Inmigrantes en la Frontera con México, a la espera del fin del título 42*. CNN. Recuperado de: https://cnnespanol.cnn.com/video/migrantes-ciudad-juares-titulo-42-lkl-gustavo-valdes/

Yakushko, O. (2009). Xenophobia: Understanding the roots and consequences of negative attitudes toward immigrants. *The Counseling Psychologist, 37*(1), 36-66.

NARRATIVA DE MIGRANTES SUR, CENTROAMERICANOS Y DEL CARIBE EN TRÁNSITO POR ZACATECAS MÉXICO 2022-2023

Pascual G. García Zamora[1], Juan Lamberto Herrera Martínez[2], Dellanira Ruiz de Chávez-Ramírez[3]

Introducción

En los últimos cinco años los flujos de migrantes desde el Sur y Centro de América, así como del Caribe se incrementaron a pesar de la pandemia del SarCovid-19, durante la pandemia se ralentizaron un poco pero nunca dejaron de estar presentes los migrantes de estas regiones en tierra mexicana, caminando al encuentro de «su sueño americano». A fines del año 2020 los países que forman el triángulo norte de Centroamérica tenían fuera de su lugar de origen a aproximadamente 900 mil personas, la mayoría de ellas ya radicando en Estados Unidos o viviendo la experiencia de ser migrante internacional en tránsito. Las caravanas de migrantes iniciadas en el 2018 incrementaron el flujo y permitieron la incorporación de un mayor número de migrantes femeninas y menores de edad, tanto acompañados, como sin acompañante. El Informe sobre las migraciones en el mundo del 2022, señala que de los 226 mil migrantes procedentes de Honduras, Guatemala y el Salvador que llegaron a la frontera con Estados Unidos de América, en la primera mitad del año 2021, 34 mil eran menores no acompañados (McAuliffe, M. y A. Triandafyllidou, 2021).

El presente trabajo formó parte de una investigación multicéntrica realizada en Zacatecas, México durante septiembre del año 2022 hasta julio del 2023 con el objetivo de acercarnos a las vivencias acumuladas por las y los migrantes centroamericanos en tránsito por la ciudad de Zacatecas México hacia la frontera de Estados Unidos de América (EE. UU.) , centramos la investigación en identificar formas de acceso a México, rutas de recorrido, acceso a servicios sociales, uso de tecnologías de información y comunicación (TIC), conocimiento de sus derechos como migrantes y percepción de inseguridad. En este estudio no se consideró a los migrantes que contratan los servicios de organizaciones que trafican con personas o a los llamados «polleros», que se encuentran distribuidos en muchas comunidades de Centroamérica, estos migrantes prácticamente se vuelven

[1] UAMHyCS-UAZ, México. Correo electrónico: ggaza2000@gmail.com
[2] UAMHyCS-UAZ, México.
[3] UAMHyCS-UAZ, México. Correo electrónico: druizchavezr@hotmail.com

invisibles para nosotros, solamente nos enteramos de ellos cuando son abandonados en los tractocamiones en algún punto del país o en la frontera o cuando sufren un accidente carretero.

Se utilizó la perspectiva cualitativa, con técnica etnográfica, aplicando entrevistas semiestructuradas y observación directa a cerca de sus experiencias en este proceso migratorio. Solo se entrevistó a migrantes en tránsito procedentes del Sur, Centroamérica y Caribe en tránsito Los resultados obtenidos muestran la diversidad de estrategias de afrontamiento implementadas por los protagonistas en función a las características en que realizan su recorrido: solos, acompañados por la pareja, por amigos, en familia ampliada, en caravanas. Grado de escolaridad, nivel socioeconómico, género, edad, situación de seguridad regional, salud y ruta elegida.

Acorde a los datos previos, la mayoría de migrantes proviene del triángulo Norte de Centroamérica, y en menor número de Haití, Nicaragua, Belice y Venezuela. Dentro de los hallazgos se detectó tres grupos diferentes de migrantes que transitan por Zacatecas, México. Los primeros quienes transitan sin recursos económicos, un segundo grupo que dispone de un poco más recursos monetarios, materiales y sociales, siendo las redes de internet una importante herramienta en su tránsito por México.

Finalmente, un tercer grupo el cual cuenta con mayores recursos tanto económicos, sociales, materiales. Son familias que viajan mayoritariamente en autobús y cuentan, en ocasiones con su visado otorgado por el Instituto Nacional de Migración (INM), lo que les permite poder visibilizarse en las ciudades que transitan y movilizarse con mayor velocidad frente a los dos primeros grupos que debido a su situación irregular migratoria prefieren la invisibilidad, son como hologramas, que de manera intermitente se dejan ver, cuando ya no tiene recurso económico y tienen que hacer un alto en las ciudades para pedir apoyo económico en los cruceros y calles o desaparecen ante la población mexicana y sus instituciones, cuando ya juntaron suficiente dinero para comer, rentar una habitación de hotel o cuarto, asearse, descansar y continuar el viaje lo antes posible para no ser detectados y deportados, tomándoles más tiempo su transitar en México.

Dentro de las conclusiones independientemente del tipo de acompañamiento de los migrantes centroamericanos, su capacidad de afrontar los problemas en el tránsito hacia Estados Unidos es diversa, acorde a la disponibilidad de recursos económicos y redes sociales funcionales, solamente marca una diferencia del tiempo en que tardaran en llegar a la frontera y también una mayor percepción de seguridad en su recorrido, en todos los casos el acceso a servicios por parte de las instituciones oficiales, es evitado y les brinda más confianza los albergues y «Casas de migrantes» ubicados a lo largo de todo el país.

Referente teórico

La migración centroamericana a Estados Unidos tiene su origen histórico en las situaciones que vivieron los países del Triángulo del Norte Centroamericano (TNC). La vieja estructura de poder de los ricos causó muchos años de guerra y violencia en Centroamérica en el siglo 20, sobre todo en las décadas de los 70 y 80, y en ese tiempo la guerra y la política se unieron. A partir de la década de los 80, hubo muchos cambios políticos en la región, especialmente en el TNC. Destacan tres momentos importantes de la migración centroamericana: el primero, cuando se firmó el «Tratado de Límites con Guatemala» a finales del siglo XIX y llegaron trabajadores guatemaltecos a Chiapas en los primeros años del siglo XX; el segundo, cuando hubo refugiados en la década de los 80 por la crisis política de Centroamérica, y también se militarizó la frontera sur, porque algunos la veían como un peligro para la seguridad nacional, y el tercero, desde la década de los 90, cuando la mayoría de los migrantes son centroamericanos que pasan por México para ir al norte, con el objetivo de cruzar la frontera con EE. UU.

El 60% estuvo en desacuerdo en que los migrantes son escuchados por las autoridades mexicanas. En ese sentido, los entrevistados relataron que cuando ingresan a México no les proporcionaron información sobre sus derechos sino hasta que llegan a la Ciudad de México y encontraron organizaciones pro derechos humanos. Entre los derechos de los migrantes se encuentran: la salud, la educación, el trabajo y la asistencia legal. Por su parte, los organismos pro derechos humanos consideran que su principal función es ayudar a que el tránsito de los migrantes sea seguro. Al respecto, el 40% está totalmente de acuerdo en que la inseguridad es el principal riesgo que enfrentan los migrantes en su paso por México(C. P. Flores, 2021).

La migración internacional en América Latina (AL) se ha incrementado en los últimos años, al respecto el último informe de la Organización Internacional para las Migraciones (OIM ONU, 2021), indica qué, el número de personas de origen centroamericano deportadas desde México entre enero y octubre del año 2022 superaron los 171,800 migrantes, un 72.1% más que en 2021. Diferentes investigadores hablan de un gran sistema migratorio de América, México y los países del triángulo norte de Centroamérica; estos forman, de acuerdo a Jorge Durand, el subsistema migratorio Mesoamericano (González-Andrade, 2018). Este sistema se interrelaciona territorial y políticamente en procesos migratorios con flujos Sur-Norte y tiene como destino final los EE. UU. Bajo esta dinámica migratoria, México se convierte en un país no solamente emisor de migrantes, sino un país de tránsito obligado de centroamericanos y sudamericanos hacia los EE. UU. Y, en menor medida de receptor de migrantes (McAuliffe, M. y A. Triandafyllidou, 2021).

La decisión de migrar e integrarse en este proceso implica poner a prueba las capacidades de adaptación ante la adversidad de las personas, también lo es el uso de sus redes sociales y recursos materiales, la vivencia de ser migrante les motiva a construir narrativas lógicas que expliquen las circunstancia y retos que les plantean a las personas o familias el transitar por los territorios de otros países y culturas, también les permite estructurar estrategias de sobrevivencia y adaptación para hacer más llevadera la travesía y el paso del tiempo, a la vez que se van construyendo nuevas redes sociales y se acopia información vital para minimizar los riesgos a los que se exponen. Para Pisté Beltrán y Mendieta Ramírez, las y los migrantes obtienen información en su paso por México construyendo nuevos mapas conceptuales de su realidad y relación con el entorno; en estos, los límites geográficos se diluyen y los territorios van conformando una identidad simbólica a partir de la relación y respuestas que ellos establecieron con las poblaciones a su paso (Piste & Beltran, 2022).

Esta investigación se desarrolló desde la perspectiva cualitativa, con una metodología etnográfica, porqué se buscó comprender las realidades de los actores en aras de conocer su punto de vista, este estudio es inductivo porqué se parte de la experiencia y holístico porqué se intentó estudiar el fenómeno de la migración como un todo integrado con la intención de poder acceder a la riqueza narrativa de los informantes y, por ende, aprender más de sus vivencias, conocer la explicación del fenómeno a partir del mundo simbólico, el significado de las colectividades, el cómo la gente da sentido al mundo y cómo experimenta los eventos, y no solo las relaciones de causa efecto (Murillo & Martínez, 2010). En lo relacionado a la recolección de la información, se utilizó la entrevista semiestructurada por ser un proceso de doble circulación, dialógico. En este contexto, los criterios de legitimación emergieron con el objetivo de garantizar un trabajo más performativo que representativo (Sisto, 2008). ¿Por qué entrevistas?, para aprender de ellas y ellos, de sus experiencias y sus procesos cognitivos en todas las situaciones de vida que pasaron en su proceso de migrar. Se preguntó para aprender y construir una explicación después de confrontar esas narrativas migrantes con las teorías disponibles, lo anterior en un intento de interpretación desde la academia. Se compartió con Hans-Georg Gadamer el principio de que: «Preguntar es una actitud de liberarnos de la doxa que reprime el preguntar». Es una actitud de querer saber, de partir del hecho de que no sabemos, para dejarnos enseñar (Gadamer, 1999) .

El concepto «país de tránsito» apareció en el vocabulario migratorio como categoría intermedia entre «país de origen» y «país de destino» en la década de los 90. Por «estado de tránsito» se entenderá cualquier entidad por la que pase el migrante en un viaje (FM4 Paso Libre & Gómez Salmón, 2013). La acepción «migración de tránsito» se refieren a las intenciones individuales de personas que se encuentran por un cierto periodo de tiempo en lugares que ellas mismas consideran solo de pasaje (Marconi, 2008).

Los puntos de ingreso a México por la frontera sur así como las rutas de tránsito por el país están siempre determinadas por las delimitaciones geográficas, la infraestructura aduanera como lo son las vías de comunicación, carreteras y líneas ferroviarias y su uso es condición para poder transitar al Norte hasta llegar a la frontera con los EE. UU., lo que difícilmente puede imaginarse es la gran diversidad de motivos que puedan acelerar, o ralentizar dicho viaje por todo el territorio mexicano, las condiciones en que se realiza la travesía son diversas y desiguales, en muchos casos con bastante sacrifico y problemas para avanzar a la velocidad que inicialmente se plantearon las personas y grupos migrantes. El recorrido no siempre es continuo, ni en forma directa al Norte, se requieren pausas necesarias con la intención de descansar, ducharse, juntar dinero y recabar información para tomar decisiones sobre el siguiente itinerario a recorrer.

El viaje, a diferencia de la ruta, es un ejercicio cotidiano de creación de las condiciones de desplazamiento y adaptación a las circunstancias emergentes. Si la ruta es la estructura, el trayecto es la experiencia (Roses & Pérez, 2018). Transitar por un territorio se percibe como un proceso delimitado temporal y espacialmente, finito en tiempo, siempre en un permanente movimiento, pero en la realidad, puede terminar siendo de mediano o largo plazo, incluso circular y semipermanente puesto que hay siempre más obstáculos – principalmente de naturaleza económica, política y/o de inseguridad– que obligan a muchos migrantes a pararse prolongadamente en algún lugar durante su viaje, sin perspectivas reales inmediatas de alcanzar su meta ni tampoco de volver a su lugar de origen (Marconi, 2008).

Las dificultades se acrecientan de acuerdo con las políticas que obstaculizan la concesión de permisos de trabajo, circunstancia que obliga a las personas a migrar como indocumentados o a aceptar trabajos en condiciones precarias. Los países: están adoptando cada vez más medidas para interceptar a estos migrantes e impedir que lleguen a su destino. Es precisamente el problema de las restricciones al libre tránsito internacional, el que vuelve más vulnerable a la migración irregular, puesto que al realizar su viaje (tránsito) en condiciones irregulares queda expuesto a una serie de abusos y extorsiones, pero el hecho más significativo es que se expone a perder la vida (T. M. Flores & Martínez, 2021).

Como teoría se utilizó el análisis de redes sociales desde la perspectiva sociológica, para entender cómo van ampliando sus redes sociales y la función que cumplen las TIC en este proceso. Barabesi denomina a este tipo de relaciones sociales como «conexiones preferenciales», y son aquellas que se realizan a lo largo de la vida por compartir alguna característica especifica o fines con otras personas o grupos (Barabasi, 2003). El enfoque cualitativo constituye una valiosa forma para aproximarnos a los detalles de la acción y de la comunicación, a través del seguimiento y observación de diálogos diádicos y grupales, de redes de información, del repertorio lingüístico, códigos, palabras clave, referencias, formas de solidaridad y cohesión entre migrantes, las formas de identificarse y reconocerse en una condición de iguales y diferentes durante sus trayectos (Piste & Beltran, 2022)

También el estudio se sustenta en la *Teoría en red* para poder captar de forma sistemática las vivencias de migrantes centroamericanos desde que salen de su lugar de origen hasta su arribo al estado de Zacatecas, centro geográfico del territorio nacional, el interés radica en deconstruir teóricamente las relaciones sociales que establecen los migrantes. Para la *Teoría en red*, la migración es un proceso colectivo que utiliza las redes sociales de apoyo construidas por familiares y amigos en el lugar de origen y destino, asimismo las que se entretejen de forma espontánea durante el trayecto, proporcionando información, apoyo de contención psicológica y confianza entre todas y todos los protagonistas de estas experiencias migratorias, que siempre serán singulares a pesar del carácter colectivo de este desplazamiento de personas.

Estos encuentros y desencuentros en el camino, permiten optimizar los tiempos de traslado, dar certeza sobre la ruta y la seguridad física de tránsito, además de abatir costos económicos. Esta perspectiva no brinda la oportunidad de ir acopiando información de la diversidad de causalidades que orillan a las personas, familias y colectivos a emprender estas experiencias, pues no siempre son cuestiones únicamente estructurales, sino que existen condiciones culturales de lo tradicional en la familia, procesos de prueba de maduración y preparación de las nuevas generaciones para que tomen la estafeta de las vidas familiares binacionales, reproduciendo prácticas sobre vivencias y sincretismos culturales.

La teoría en red propone que la migración se debe entender como un proceso social basado en la interacción y la comunicación entre los actores involucrados. La migración no es solo el resultado de las condiciones estructurales, sino también de las decisiones y las acciones de los migrantes y sus redes. La migración genera más migración, puesto que las redes se expanden y fortalecen con el tiempo, creando un efecto de arrastre o de bola de nieve.

El acceso a las TIC, así como el desarrollo de competencias en su uso, conllevó a utilizar la *Teoría de la inclusión digital,* la cual, es un enfoque que busca garantizar que todas las personas puedan acceder y aprovechar las oportunidades que ofrecen las tecnologías digitales, independientemente de su condición social, económica, cultural o física. La *inclusión digital* implica trabajar en diferentes dimensiones, como el acceso a las infraestructuras, servicios y contenidos digitales, la alfabetización y competencias digitales, la confianza y seguridad en el uso de las tecnologías, así como la participación y ciudadanía digital.

La *inclusión digital* tiene múltiples beneficios para las personas y para la sociedad en general. Algunos de ellos son:

1. Mejorar el acceso a la educación, la cultura, la ciencia y la innovación, al facilitar el aprendizaje a lo largo de la vida, el desarrollo de habilidades y competencias, así como la creación y difusión de conocimiento.

2. Favorecer el acceso al empleo, el emprendimiento y el desarrollo económico, impulsando la productividad, la competitividad, la diversificación e inclusión productiva.

3. Promover el acceso a la salud, el bienestar y la calidad de vida, mejorando la prevención, el diagnóstico, el tratamiento y el seguimiento de las enfermedades, así como la promoción de hábitos saludables y la atención personalizada.

4. Potenciar el acceso a la participación, la democracia y derechos humanos, fortaleciendo la expresión, la comunicación, colaboración, transparencia, rendición de cuentas, así como la incidencia política y social.

5. Contribuir al acceso a la sostenibilidad, el medio ambiente y desarrollo humano, apoyando la gestión de los recursos naturales, la mitigación y adaptación al cambio climático, la reducción de la pobreza, así como las desigualdades.

Para lograr la *inclusión digital,* se requiere de la acción conjunta y coordinada de diversos actores, como son los gobiernos, las empresas, las organizaciones de la sociedad civil, las instituciones educativas, los medios de comunicación y las propias personas. Algunas de las estrategias y acciones que se pueden implementar son:

1. Ampliar la cobertura y la calidad de las infraestructuras y los servicios de telecomunicaciones, reduciendo los costos y barreras de acceso, garantizando la neutralidad y la diversidad de la red.

283

2. Desarrollar y difundir contenidos digitales relevantes, locales, plurales y de calidad que respondan a las necesidades, intereses y preferencias de las personas, asó como respetar la diversidad cultural y lingüística.

3. Fomentar la alfabetización y competencias digitales de las personas, desde la educación básica hasta la educación superior, incluyendo el aprendizaje permanente e incorporando las tecnologías digitales como herramientas pedagógicas y objetos de estudio.

4. Generar confianza y seguridad en el uso de las tecnologías digitales, protegiendo los datos personales, la privacidad, seguridad y derechos de las personas, así como prevenir y combatir los riesgos y delitos cibernéticos.

5. Estimular la participación y la ciudadanía digital de las personas, fomentando el uso de las tecnologías digitales para la expresión, comunicación, colaboración, creación, innovación y transformación social.

Para los migrantes, las TIC son una herramienta muy importante para permanecer en contacto con sus familias de origen, pero también con los familiares o amigos en el lugar de destino, son vitales para solicitar apoyo económico cuando este se les ha terminado y requieren de apoyo, les permiten acceder a información sobre la seguridad en las rutas de tránsito por México, así como sugerencias de lugares de descanso, organizaciones de ayuda y acceso a servicios de salud cuando son requeridos.

La *Teoría de la identidad híbrida* propone que los migrantes construyen su identidad a partir de la combinación de elementos de su cultura de origen, así como de su cultura de destino, generando una nueva síntesis que refleja su experiencia migratoria. Esta teoría se relaciona con el uso de las TIC, al considerar que las herramientas digitales facilitan la expresión y la negociación de la *identidad híbrida*, al permitir a los migrantes acceder a múltiples fuentes de información, comunicarse con diversos interlocutores y participar en espacios mediáticos diaspóricos. Esta teoría se refiere a la idea de que las personas pueden tener múltiples *identidades culturales o étnicas* en lugar de una sola *identidad singular*. Además, esta teoría destaca que la mezcla de diferentes influencias culturales y étnicas es una experiencia común en el mundo contemporáneo y puede llevar a la creación de nuevas formas de identidad que son híbridas o mixtas.

Según Stuart Hall, uno de los principales teóricos de la *identidad híbrida*, la identidad híbrida se forma cuando diferentes tradiciones culturales y étnicas se entrelazan y se fusionan. En su ensayo «Cultural Identity and Diaspora» (Identidad Cultural y Diáspora), Hall argumenta que la identidad no es algo dado de antemano, sino que se construye a través de procesos sociales y culturales. Él sostiene que las personas pueden tener múltiples identidades y que estas identidades pueden tanto cambiar como evolucionar con el tiempo y experiencias. Otra teórica que ha contribuido a la teoría de la identidad híbrida es Homi Bhabha, en su libro «The Location of Culture» (La Ubicación de la Cultura), Bhabha argumenta que la identidad no es fija ni esencial, sino que es fluida y se construye a través de la interacción con las diferentes culturas y contextos. Bhabha acuña el término *tercer espacio* para describir el espacio intermedio donde se produce la mixtura de diferentes culturas y en la que se pueden formar nuevas *identidades híbridas* (Gallego Durán, 2012).

Además de Hall y Bhabha, otros teóricos como Paul Gilroy, Gloria Anzaldúa y Stuart Simons también han contribuido al desarrollo de la teoría de la *identidad híbrida,* sus obras exploran cómo las personas pueden reconciliar diferentes identidades culturales y étnicas y cómo estas identidades híbridas pueden desafiar las ideas establecidas de *identidad singular* y pura.

En resumen, la teoría de la *identidad híbrida* sostiene que las personas pueden tener múltiples *identidades culturales y étnicas* en lugar de una sola *identidad singular*. Esta teoría destaca la mezcla y fusión de diferentes influencias culturales y étnicas como una experiencia común en el mundo contemporáneo y destaca la construcción social y fluida de la identidad. Las obras de teóricos como Stuart Hall, Homi Bhabha, Paul Gilroy, Gloria Anzaldúa y Stuart Simons han contribuido en el desarrollo de esta teoría.

Al migrar se entretejen historias, comparten símbolos, se crean narrativas y se hace el camino

El decidir migrar con o sin pareja y con o sin familia, es un proceso en el cual de manera simultánea se comienza a tejer redes sociales, acopiar información y diseñar estrategias, mismas que estarán determinadas por las características socioeconómicas de los migrantes y si tiene o no contactos en el lugar de destino. Las migraciones muestran la capacidad de las personas para construir nuevas configuraciones culturales en la que los límites geográficos se diluyen y los territorios no se consideran desde una dimensión estática y física, o geopolítica, sino que adquieren el sentido simbólico en función de las decisiones, acciones y experiencias que las personas experimentan en su tránsito por el territorio de México.

Incluso, la percepción de riesgo e inseguridad es relativizada ante la prioridad de terminar la travesía del país, acumulan anécdotas de cada pueblo y/o ciudad en donde hacen un alto, al tiempo que sus mapa e itinerarios de camino se van flexibilizando de acuerdo a la información que recaban, ya sea de otros migrantes o de la población que se acerca a ellos a manifestar su solidaridad y darles consejos de las rutas más seguras, así como lugares dónde pueden recibir ayuda de hospedaje (casas de migrantes, albergues comunitarios, Cruz Roja y otros lugares de organizaciones civiles).

Los puntos de ingreso al país y las rutas de tránsito de las y los migrantes del Caribe, Sur y Centroamérica forman parte de la infraestructura de comunicaciones y transporte de México, razón por la cual su ubicación física no varía, lo que cambia en cada situación grupal, familiar o individual son los itinerarios que se van generando a medida que se avanza en el camino y van presentándose situaciones que obligan a los migrantes a realizar consideraciones sobre su situación, seguridad y necesidades personales, esto hace que la ruta no sea unilineal, esto es, que se decida desde el inicio transitar por el Pacifico, Centro, o por el Atlántico y no se modifique el recorrido.

Lo evidente en todos los casos de la gente entrevistada fue su actitud de adaptación a las circunstancias qué el proceso migratorio les presenta. Cuando se viaja en caravanas o grupos más pequeños son más fáciles de detectar y se activan operativos por parte del IMC y la Guardia Nacional (GN) para retenerles e iniciar un proceso de identificación con la intención de poder «legalizar» su situación de migrantes extranjeros en el país, esto sucede en las ciudades de Tapachula, Chiapas y Tenosique, Tabasco. Por testimonio de uno de los entrevistados, en Tapachula se llegaron a concentrar en la población hasta 10 mil migrantes centroamericanos durante las caravanas en 2022 (Testimonio, 09/2022).

Figura 1. Frontera sur de México

Fuente: González Arias Adriana.

Según datos de la Agencia de la ONU para los Refugiados (ACNUR, 2019) se informa qué cerca de 500,000 personas entran a México cada año, procedentes en su mayoría del TNC. El motivo de esta emigración, es que Centroamérica está inmersa en una situación compleja de violencia, narcotráfico, pandillas, disponibilidad de armas de fuego y falta de oportunidades (en educación, empleo, salud). De acuerdo con el informe de la Red de Documentación de las Organizaciones Defensoras de Migrantes el 84.6% de las personas salieron de sus lugares de origen por motivos económicos, el 11.7% por motivos de violencia, el 2.1% por motivos familiares, 1.2% por motivos personales, 0.2% por motivos sociales y 0.1% por motivos ambientales (C. P. Flores, 2021)

La mayoría de los migrantes centroamericanos ingresan a México por Tapachula, Chiapas y una menor proporción lo hace por Tenosique, Tabasco, el medio de transporte a partir de su arribo al país es el tren La bestia, autobuses o camiones de carga, la población entrevistada en esta investigación (prácticamente la mitad) se había transportado en el tren y la otra parte en autobús. Muchos de los migrantes acuden por iniciativa propia a las oficinas del INM ara intentar legalizar su estancia en este territorio, otros son detectados por personal de esta institución, la GN o por el Ejército mexicano, por lo que son puestos a disposición de INM, en ambos casos se inicia el proceso de legalización o en el segundo, si no hay justificación de su estancia en el país, serán deportados. Este proceso puede durar alrededor de una semana, hasta un par de meses, para Enrique y su hermana, dos de nuestros entrevistados les llevó casi dos semanas la espera.

Se tardaron 10 días en darnos el permiso, por eso nos quedamos todo ese tiempo ahí, dormíamos en el albergue (Enrique y hermana 21 y 19 años, Nicaragua, testimonio en Casa del Migrante de Zacatecas, 9/01/2023).

Lo común es que les expida un permiso de permanencia, pero únicamente en el municipio dónde se les expide el documento, con lo cual se intenta obligar a las personas a permanecer en ese lugar y no seguir avanzando. Esta estrategia de ralentización de la migración de centroamericanos, permite la socialización entre ellos y el intercambio de información, en estos puntos es donde los migrantes comienzan a diseñar su itinerario de camino hacia los EE. UU., aunque en muchos de los casos, se aprenden, nombres, y rutas, pero no tiene idea de las distancias que los separan de la frontera norte.

Una gran cantidad de migrantes centroamericanos prefieren entrar y transitar por México sin ser detectados, cuál hologrma, aparecen y se difuminan en las poblaciones por donde pasan, en función de sus necesidades básicas como alimentarse, asearse, descansar, por algún malestar físico y/o seguridad, ellos evitan en lo posible ingresar en los espacios o programas institucionales para no ser detectados por el Estado.

Duermo cerca de las vías del tren, debajo de un puente o busco un Oxxo cercano para

287

dormir afuera, son más seguros porqué tiene luz toda la noche (Antoan, 10/09/2022).

Los migrantes centroamericanos en tránsito por México para llegar a EE. UU. elaboran mapas orales para orientarse durante sus desplazamientos. Estos migrantes qué huyen de la pobreza y la violencia, se internan en territorio mexicano de manera irregular, viajan en trenes de carga, autobuses interestatales que cuentan con poca vigilancia del INM o caminan, así, experimentan contextos de intensa vulnerabilidad. Muchos de ellos utilizan los mapas orales que otros migrantes han creado y comparten en los múltiples encuentros que se dan durante el recorrido para llegar a la frontera norte del país. Son mapas que se narran durante los desplazamientos y sirven para cubrir trayectos específicos, sin embargo, esos mapas no logran estimar los tiempos que tardarán entre los distintos puntos del trayecto, por lo que estos sujetos experimentan una temporalidad dislocada y agrietada.

Las diferentes situaciones que se viven en el trayecto son socializadas entre la población, en un proceso donde los migrantes entretejen sus recorridos hilando experiencias, afectos y memorias que circulan dentro de una red narrativa sostenida en la oralidad, a partir de la cual se relacionan entre sí dando a conocer los diversos peligros, las rutas más seguras, los lugares donde pueden recibir apoyo, así como anécdotas de situaciones devastadoras, peligrosas y fatales.

La migración a los EE. UU. tiene sus rutas definidas, pero lo que ha cobrado interés en las últimas décadas son los procesos que llevan a migrar, la información que se tiene para transitar por los distintos territorios nacionales y la última parte de México, también el tiempo que tarda en hacerse el viaje y las razones de las demoras. No se puede, ni se debe asumir que todos los migrantes viven el mismo proceso sin conocer las causas que los hacen cambiar su plan inicial y ajustar sus expectativas de tiempo y lugar para cruzar la frontera norte. El trayecto se construye, en la compleja intersección de esa geografía de la migración por México y las vivencias de estos sujetos. Las rutas son un desplazamiento constante del Sur a Norte, pero los trayectos son movimientos diversos. Algunos migrantes se pierden, quedándose por días o semanas en ciertos lugares, cambian de medios de transporte según lo que pueden y tienen; se alejan de personas que los acompañaban y se juntan con otras. Recaban información de distinto tipo durante el viaje y cambian a veces las rutas que habían considerado en un primer momento; esto según los datos que recopilan sobre la violencia o la presencia de autoridades que los pudieran deportar. (Roses & Pérez, 2018).

… tengo temorcito al Sur y Fresnillo me pone los pelos de punta, mi hermano que vive en Nueva Orleans me dio el consejo de no ir a Fresnillo … (Nelson, 23/09/2022).

Hace un mes que salimos de Venezuela, al llegar a Chiapas Migración nos retuvo dos días, y luego nos dio el permiso de permanencia por 30 días, pero sólo en Chiapas, no debíamos salir de ahí, ya con el permiso fuimos a comprar boletos para la Cd de México, al llegar nos trasladamos a la Central del Norte, ahí contactamos una persona que nos arregló para que afuera de la central un autobús nos permitirá subir y llevarnos hasta Saltillo Coahuila, la intención era llegar a la frontera de Piedras Negras Coahuila, nos cobraron el doble. Cuando faltaban 20 km para llegar a Zacatecas el chofer se orilló y nos entregó en un retén de Migración, nos detuvieron a toda la familia, mi mamá y mi cuñado, al presentar el permiso que nos dieron en Chiapas, nos dijeron que estábamos «bajo proceso legal.

Por incumplimiento a la ley de México, nos tomaron los datos y dejaron retenido a mi cuñado al resto de la familia nos trajeron a la casa del Migrante en calidad de resguardados, tenemos que espera la resolución de nuestra situación, a mi cuñado lo dejaron retenido por 48 horas. Mientras esperaban accedieron a la aplicación de la Oficina de Aduanas y Protección de Fronteras de Estados Unidos (CBPONE) y fue favorable la entrevista se las fijaron 4 días después en la frontera de Tijuana Baja California Norte, decidieron volver a incumplir con la normatividad mexicana, abandonan al día siguiente de que liberan al cuñado el albergue y continuaron su viaje, ahora hacia otro punto de la frontera, una semana después ya estaban en Orlando Florida» (Oriana y Rigoberto, Venezuela, 01/2023).

El gobierno mexicano ha implementado políticas y estrategias en colaboración con el gobierno de Estados Unidos con el objetivo de desalentar, ralentizar y prevenir la migración masiva de personas procedentes del Caribe, Centro y Sur de América. Estas estrategias a menudo juegan con el factor tiempo para desmotivar a los migrantes. Como respuesta, los migrantes adaptan su percepción del tiempo y viven día a día mientras avanzan en su travesía. En ocasiones se detienen, desaparecen y reaparecen como si fueran «hologramas», ajustándose a los imprevistos que surgen en el camino.

Es importante destacar que, en estos desplazamientos, el factor económico y el acceso a la información a través de las TIC, que desempeñan un papel crucial. Cuando los migrantes tienen acceso a estos dos elementos, es más probable que sigan el itinerario originalmente planeado, aunque puedan surgir cambios debido a políticas y trámites burocráticos que puedan retrasar su avance. Sin embargo, al final continúan avanzando según lo previsto. La mayoría de nuestros entrevistados no contaban con documentos legales para transitar por el país, asumiéndose como ilegales por su seguridad personal y decisión propia, ellos buscan evitar ser detectados las instituciones oficiales, algunos avanzan hacia el Norte lo más rápido posible, sin embargo, hay otros y otras qué, gracias al cobijos económicos y la empatía de las poblaciones, realizan su recorrido con menos premura, ralentizando su avance y en ocasiones se desplazan en circularidad.

México es de buen corazón, nos dan monedas y con eso podemos comer y seguir avanzando,

289

también nos dan comida y muchos consejos. La gente nos avisa por donde irnos y previene de lugares peligrosos (Antoan, 10/09/2022).

Ya tenemos quince días aquí, la gente nos trata bien y me da tips, voy a Monterrey espero llegar en tres semanas, no llevo prisa (Maryori, mujer hondureña con tres hijos, 13/06/2023).

En las caravanas del 2018 y 2019 se integró gente que tenía el firme propósito de llegar a EE. UU. con la idea de mejorar las condiciones de su vida y además, poder ayudar a la familia que se quedaba en el lugar de origen, también se encontraban personas que vieron la oportunidad de vivir una aventura diferente, o también la oportunidad para ir otros países a vivir de formas no lícitas.

… en las caravanas no todos vienen bien intencionados (Xemis, Honduras, 14/09/2022).

El objetivo de estas caravanas era mantenerse cohesionados para mayor seguridad de todos los participantes, así se protegían de los grupos delictivos, pero también de policías dispuestos a extorsionarlos. Esta cohesión se mantiene mientras dura el recorrido por el sur del país hasta llegar a la ciudad de México, en ese punto muchos integrantes comienzan a dispersarse y continúan el viaje de forma independiente con la información recabada en la etapa anterior estructuran su posible itinerario de recorrido de la parte centro y norte de México, en este punto, la mayoría de las y los migrantes deciden la ruta que seguirán para llegar a la frontera con EE. UU., priorizando su seguridad más que la premura por llegar al destino, cuando son personas adultas, preferentemente viajan por tren, si son uno o dos buscan pedir a camioneros los acerquen a la frontera, cuando son grupos más grandes la opción es *La bestia*, si llevan niños viajan siempre en autobús, son trayectos cortos y permanecen varios días en las poblaciones a la que llegan, pidiendo apoyo económico a las personas que transitan calles para poder comer y pagar la habitación que rentan para dormir.

… si viajamos en tren y evitamos ir en grupo, por nuestra raza llamamos más la atención (Antoan, Haití, 09/2022).

…tengo quince años migrando y siempre viajo en el tren (Rubén, Puerto Barrios, Guatemala, 01/2023).

…tenemos un mes de que salimos de casa, siempre viajamos en autobús y dormimos en albergues (Enrique y hermana, Managua, Nicaragua, 01/2023).

… salí de Honduras con un amigo hace tres meses, por falta de apoyo, vamos de pueblo en pueblo, en la ciudad de México mi amigo se separó y yo seguí por mi cuenta, siempre viajo en autobús (Maryori, Honduras, con tres hijos pequeños, 06/2023).

Las opciones de tránsito están dadas por la ubicación de las carreteras, distribución de vías férreas, seguridad en el trayecto, ir solos o acompañados, por otros adultos, hombres o mujeres y si van menores de edad, sin olvidar los altos en el camino por estrategia para satisfacer sus necesidades básicas, y por último si se cuenta con recurso económico o no.

> *Yo inicié el viaje con cuatro amigos de la colonia de San Pedro Sula Honduras, veníamos todos juntos, pero desde la ciudad de México ellos se adelantaron y yo ya no pude seguirlo, porque no contaba con más dinero para pagar el autobús hasta la frontera, uno de ellos ya llegó a Houston Texas, los otros tres están en la frontera (Alejandro, Honduras, 07/2023).*

> *Siempre viajamos en autobús y nos hospedamos en hoteles, buscamos uno que esté barato, salimos cada día a pedir dinero para comer y nos regresamos temprano antes de que anochezca por seguridad de mis niños y mía (Elsa, Belice, 07/2023).*

> *Siempre en autobús por mis tres hijos no puedo subir al tren, mejor así, además la gente me da tips por donde irme y dónde está peligroso... (Maryori, Honduras, 06/2023).*

A los cinco meses de iniciada la investigación, se comenzó a detectar en la narrativa de algunos de los entrevistados la tendencia a la circularidad, ralentización de itinerarios de tránsito, incluso la idea de llegar a las ciudades más industrializadas del norte y ahí establecerse. Se podría pensar que estas estrategias fuesen de personas que migran con niños, pero nos son todos los casos, también hay hombres que viajan solos o parejas sin hijos que comparten esta estrategia.

A la pregunta sobre *su percepción de inseguridad y trato de las corporaciones policiales y militares,* la mayoría manifestó no percibir inseguridad, la policía y militares los tratan bien, incluso es dan comida y agua, además de consejos.

> *La gente me trata bien, también la policía, me dan tips (Maryori, Honduras, 13/06/2023).*

> *Con la policía no he tenido problemas, en veces me detienen, me interrogan, me toman fotos y también me dan agua o comida, de esas que les dan a ellos, luego me dicen que me porte bien y que no anda por la noche por las calles (Alejandro, Honduras, 07/2023).*

> *La policía se porta bien con nosotros, nos dan agua y comida y nos dicen por donde no debemos irnos (Francia, El Salvador, 09/2023).*

> *En todo el país lo han tratado bien, también los policías (Leonel, Nicaragua, 11/2022)*

> *La policía de todo el país nos ve bien, nos dan agua, sólo nos dicen que no nos metamos en problemas y también nos dan consejos (Antoan, Haití, 09/2022).*

Para otros migrantes en tránsito su experiencia en este tema no ha sido tan afortunada:

> *... los policías en la ciudad de México son corruptos, nos quitaron todo lo que traíamos, hasta las cobijas (Xemis, Honduras, 09/2022).*

… en Lechería, Buenavista, México los policías nos quitaron todo el dinero que traíamos (Carlos, Honduras, 11/01/2023).

… hemos sido víctimas de mucha corrupción por policías municipales, estatales, federales, choferes de autobuses y taxis nos han pedido dinero y nos cobran de más por ser migrantes (Oriana y Rigoberto, Venezuela, 13/01/2023).

Derechos humanos

La mayoría de las y los participantes en esta investigación no conocían sus derechos como migrantes, de hecho, cuando tomaron la decisión de migrar o contemplar ese punto, porque su estrategia, al menos en este tipo de poblaciones, sería parte de la invisibilidad que utilizan para disminuir los riesgos a los que se pueden exponer, es parte de cada estrategia de afrontamiento que ellas y ellos estructuran, se asumen por un tiempo, fuera de la noma de lo legal y todo en pro de alcanzar su meta de llegar a sus lugares de destino. Sólo quienes han sido detenidos por el INM o los que llegan a descansar a los albergues han escuchado sobre sus derechos humanaos, pero al igual que el grupo anterior, no les interesa, por qué su objetivo es avanzar con los menores riesgos posibles y todos prefieren evitar a las instituciones oficiales y sus programas de apoyo.

… no conozco mis derechos, pero yo soy ilegal aquí (Antoan, Haití, 09/2022).

… nuestros derechos humanos, no los recordamos, pero no nos dejamos de nadie (Nelson y Miriam, Nicaragua, 09/2022).

… mis derechos humanos, no los recuerdo, ¿cómo cuáles?, ¿a ver dígamelos? (Alejandro, Honduras, 07/2023).

Por lo anterior, ante la pregunta de *¿si ha utilizado o accedido algún tipo de apoyo de instituciones oficiales u organizaciones civiles?*, la mayoría respondió no haber recibido nada de apoyo, únicamente en casos de urgencia y hospitalización

un migrante comento haber accedido a hospital de la Secretaría de Salud, dónde no le cobraron nada, un mes atrás, en Arriaga, Chiapas, fue por un traumatismo craneoencefálico y una herida, resultado de la caída del tren, más delante, en Guadalajara, por ser invierno y no traer con que abrigarse recibieron comida y apoyo por parte de la Cruz Roja, (Nelson y Miriam, Nicaragua, 09/2022).

La gente nos ha tratado bien, nos dan agua, comida, ropa para los niños y dinero, también nos dan consejos (Maryori, Honduras, 06/2023).

Problemas de salud y uso de instituciones sanitarias

En relación a la dimensión de la salud, solamente se encontraron dos casos en personas mayores, ambas al descender del tren *La bestia* en marcha, fue el caso antes comentado de Nelson en Arriaga, Chiapas y una cuñada de

Xemis.

> *Hace un mes que salimos de casa, somos ocho personas, todos adultos y somos familia, en cuestiones de salud todos bien, ¡bueno¡, sólo una cuñada que, al bajarse del tren en movimiento, se cayó y se abrió la mano. No, no buscamos hospital, fuimos a una farmacia de Similares y ahí la atendió un Doctor. Ahorita, ella no anda aquí, está en el crucero de la Nissan en Guadalupe pidiendo apoyo, nos dividimos en diferentes lugares (Xemis, Honduras, 09/2022).*

La Madre de Oriana también presentó problemas con sus piernas al atravesar la selva del Darién en Panamá:

> *…batallaba mucho para caminar, se tenía que apoyar en nosotros, salimos de la selva y se compuso, al llegar a México ya estaba bien. Mi niño se enfermó del estómago y también tuvo fiebre, lo llevamos con una doctora de Farmacias del Ahorro en Chiapas, le dio medicina y ya no se ha enfermado (Oriana y Rigoberto, Venezuela, 01/2023).*

> *Yo no me he enfermado de nada, los niños si, de gripa y del estómago en Guatemala fuimos a la Cruz Roja, aquí en México vamos a las farmacias donde hay médico (Elsa, Belice, 06/2023).*

En todos los casos donde se comentó algún padecimiento común, la gente va de primera intensión en búsqueda de las farmacias que brinda el servicio de consulta médica, es de fácil acceso, no piden identificación, no es muy prolongada la espera y salen con la medicina en la mano, para que para ellos las bondades que les ofertan estas farmacias son excepcionales, resuelven un problema de salud y evaden los servicios de atención a la salud institucionales, qué también sirven como medios para detección y control de las migraciones de centroamericanos por parte del gobierno mexicano. Acudiendo a estas farmacias que prácticamente se encuentran por todo el territorio nacional mexicano, los migrantes permanecen invisibles para el Estado, sólo lo son para el médico, a la dependiente de la farmacia y la población en general, cuando requieren hacer una pausa en camino para juntar dinero y descansar, como se ha relatado son hologramas intermitentes en su tránsito por los territorios que pasan, hasta llegar a la frontera de los EE. UU.

Uso de TIC

El uso de las TIC se ha generalizado, a pesar de las inequidades en el acceso a la calidad y capacidad de los dispositivos, estas nuevas herramientas se han convertido el elemento vital para algunos, para otros sirve como elemento estratégico en estar informado y al día acerca de dónde se ubican dispositivos instalados por parte del INM, así como y la seguridad de las diferentes regiones de México y, de este modo poder transitar con una mayor seguridad.

La mayoría de las y los migrantes entrevistados portan algún dispositivo de comunicación, ya sea un celular o tableta como parte de sus estrategias de afrontamiento, ya qué es la forma de mantener comunicación con la familia en el lugar de origen, y también en los casos en que tienen familiares en los EE. UU., de esta forma se comunican con ellos, en ocasiones a través de sus teléfonos celulares podrán pedir apoyos económicos a familiares y amigos quienes les envían dinero, esta ayuda puede recibirse a través de las distintas tiendas de conveniencia (Oxxo uy similares) que cuentan con una cobertura nacional. Además, el teléfono celular les permitirá mantener el contacto con otros migrantes que van conociendo en su tránsito o bien, en los puntos de detención del INM, con ellos son quiénes seguirán compartiendo vivencias, mientras dure su proceso migratorio.

Algunos migrantes prefieren caminar sin teléfono celular, ya que representa un factor de riesgo de ser secuestrados por los grupos delictivos y que después utilizará su dispositivo celular para comunicarse con las familias de origen y extorsionarlas a cambio del bienestar, e incluso la vida de sus familiares, en estos casos su fuente de información será a partir de la interacción con otros migrantes con quienes intercambiaran información y experiencias de su tránsito por los diferentes países y lo que saben de México.

> *Mi celular lo tuve que vender en Chiapas, para pagar la multa que me cobraron los de INM, pero mis niños traen una Tablet viejita y es la que uso en el hotel para comunicarme con mi suegra que vive en Nueva York (Elsa, Belice julio2023).*

> *¿celular?, si traigo es como me comunico con mi esposa y mis hijos que están en San Pedro Sula (Alejandro, Honduras, 07/2023).*

> *Celular si traigo, lo uso para comunicarme con mi esposo, se quedó en Honduras, no quiso venir (Maryori, Honduras, 06/2023).*

> *Sólo mi esposa trae celular, para comunicarse con la familia en Honduras (Heriberto, Honduras, 06/2023).*

> *El celular lo uso para comunicarme con mis hijos que están en Los Ángeles California (Rubén, Guatemala, 01/2023).*

> *Mi esposo y yo lo usamos permanentemente el celular, él tenía un negocio de celulares en Venezuela, le iba muy mal, tuvo que cerrar y decidimos migrar para Estados Unidos. Tengo dos hermanos en Estados Unidos y usamos los celulares para comunicarnos con ellos y con la familia y amigos en Venezuela, en ocasiones, cuando se nos acaba el dinero a través del celular le pedimos dinero a la familia, también nos informamos por dónde es más seguro seguir el viaje y como están los programas de Migración, usamos la aplicación CBPONE y nos dieron cita en Tijuana (Oriana y Rigoberto, Venezuela, 01/2023).*

Al paso de los meses entrevistando migrantes, se pudo constatar como algunas y algunos de ellos, sobre todo jóvenes y sin un lugar específico al cual llegar en EE. UU. deciden rutas circulares, incluso, sin haber llegado a la frontera, comienzan a realizar trayectos que los lleva a recorrer diferentes ciudades del centro y norte de México, estableciendo rutinas ya probadas anteriormente por ellos mismos en su primer estancia en esas ciudades, ya están familiarizados con los crucero donde no tendrán que pelear por el lugar con personas nacionales, o dónde la gente que pasa es más solidaria, ubican incluso dónde y quien renta cuartos para migrantes u hoteles con tarifas accesibles para ellos y que cuenten con internet. Se establecen de dos a tres semanas en cada ciudad, la renta la pueden ir pagando conforme van recaudando el dinero por días o por semana. Avanzan hacia Culiacán en Sinaloa, Chihuahua, Saltillo en Coahuila, Monterrey en Nuevo León y regresan a Jalisco, Guanajuato, San Luis Potosí, Aguascalientes y Zacatecas.

No, ya no quiero ir a Estados Unidos, México me gustó, ya conozco Sinaloa, Sonora, Monterrey, San Luis Potosí, Guanajuato, Cuernavaca y la Ciudad de México, si puedo, me quedó aquí, la gente me trata bien y se vive mejor que en mi país (Francia 27 años, El Salvador, 09/2022).

México es de buen corazón, nos dan monedas y con eso podemos comer y seguir avanzando, nos dan comida y muchos consejos. Quiero llegar a Virginia Estados Unidos, ahí vive un hermano, pero si no logro pasar, me quedaré en México, aquí la gente vive mejor (Antoan, 29 años, Haití, 09/2022. Seis meses después se le volvió a entrevistar en otra avenida).

Las y los que se quedan, los que esperan y los nuevos

El vínculo entre uso de las TIC y sus redes sociales es evidente, cuando se preguntaba si usan celular, en automático la gran mayoría mencionaba a la familia que se quedó en el lugar de origen y/o a la que espera en el lugar de destino, las nuevas tecnologías de la comunicación han venido a ser una herramienta fundamental para mantener el apego a la familia y la comunidad, a no perder el arraigo con su tierra y cultura, también han servido para reforzar esas redes sociales secundarias, que Barabási denomina como *preferenciales*, por compartir elementos en común, en este caso la migración y su sinfín de momento de encuentros y desencuentros con otros migrantes, algunos connacionales y otros de nacionalidades y culturas diferentes, se integran poco a poco, compartiendo vivencias y anécdotas de cada lugar y población, van deconstruyendo sus propias experiencias a partir de lo que les tramiten los que ya han pasado por estos procesos de vida, las y los migrantes que van adelante, compartiendo información de circunstancias y acontecimientos en cuestión de horas, permitiendo reestructurar las rutas más seguras, o las pausas estratégicas e incluso el retorno a lugares que les brinden más certidumbre y control de su situación (Barabasi, 2003).

Las redes sociales primarias, familia y amigos cercanos les brindan estabilidad emocional y en ocasiones apoyo económico a la distancia:

... cuando se nos acaba el dinero, por el celular le pedimos prestado a familiares o amigos y ellos nos lo mandan para que nosotros lo retiremos en cualquier Oxxo (O y R familia

venezolana, 01/2023).

Cuando las redes sociales son funcionales, se establece un doble monitoreo de los que emigran, desde el lugar de origen y de destino, manteniendo los anclajes de identidad de grupo y nación, el desarrollo de las redes sociales transmigratorio será muy utilitarias, servirán para allanar el camino, compartir angustias y esperanzas, pero será breves y por lo tanto perderán su funcionalidad al paso del tiempo. Estas redes sociales primarias si son de migración reciente, acompañaran al migrante durante todo su tránsito, haciendo recomendaciones de rutas y poblaciones seguras y cómo afrontar posibles contingencias, también avisaran de situaciones imprevistas que surjan en las noticias de EE. UU. estarán muy pendientes del avance, pausas o retrocesos que realicen sus familiares migrantes. Podríamos decir que hay una relación inversa entre funcionalidad de la red social y tiempo en el proceso de llegar a la frontera con los EE. UU., a mayor funcionalidad menor tiempo de tránsito. Los migrantes entrevistados, que referían no tener parientes o amigos en EE. UU. o una ciudad específica a dónde llegar y también los que realizan el viaje sin TIC, realizan más relajado el trayecto, se quedan más tiempo en las poblaciones que ven más apoyo de la población.

> *…siempre usamos los celulares para comunicarnos con nuestros familiares en Orlando y también los de Venezuela, en ningún momento hemos tenido problemas por falta de dinero (O. y R., Venezuela, 01/2023).*

> *… tengo un hermano que se fue hace dos años, ahora vive en Nueva Orleans, mi hermano me dio el consejo de no ir a Fresnillo, por ningún motivo te quedes ahí, tampoco vayas a Matamoros, allí matan (Nelson y Miriam, Nicaragua, 09/2022).*

Tradicionalmente cuando se hablaba de migración inmediatamente venían a nuestras mentes las cadenas migratorias, como un elemento esencial para que estas se pudieran realizar exitosamente, las investigaciones sobre el tema señalaban la importancia de contactos familiares o amigos en el lugar de destino, para facilitar el proceso de tránsito y adaptación en el lugar de destino, a partir de la década de los 90, se comienza a manejar el concepto de redes sociales, servirá como categoría de análisis y nos permite analizas la estructura y funcionalidad de esos contactos familiares y sociales que, a través de la vida, todas las personas desarrollan, para el caso de la migración se tenía claro esa cadena al inicio y al final del proceso, se pensaba que era suficiente con eso para entender el tránsito de los migrantes de un lugar a otro, el proceso en esa época era más tardado, a pesar de que las políticas de control de los migrantes en tránsito eran más relajadas, la información no fluía como actualmente, conforme se desarrollan las TIC y las crisis económicas, políticas y ambientales se van presentando, los flujos de personas en busca de mejores oportunidades de vida, se incrementan en toda América Latina, para el Caribe Centroamérica y México el destino más anhelado serán los EE. UU.

El siglo XXI recibirá esa inercia migratoria, miles de personas se moverán de su lugar de nacimiento hacia otros territorios que le brinden mejores expectativas de vida, junto con este crecimiento en la movilidad humana las TIC se volvieron de uso común en todos los estratos sociales, acortando los tiempos y distancias geográficas en la comunicación, ahora se darán casi al momento en que los acontecimientos se presenta, la información sobre políticas y estrategias migratorias se difunden desde los EE. UU. y México, por todo el Caribe, Sur y Centroamérica, este acceso rápido a la información le proporciona seguridad y certeza de éxito a las personas que han decidido migrar, la importancia del fluir de la información fue un elemento dinamizador de las caravanas migrantes promovidas en Centroamérica a finales de la década pasada, ni la emergencia sanitaria las pudo detener en su totalidad, a pesar de ese acontecimiento sanitario, las personas seguían transitando hacia los EE. UU.

Consideraciones finales

La mayoría de los migrantes entrevistados no están al tanto de sus derechos como migrantes lo cual los hace vulnerables a abusos y explotación durante su travesía, ya que buscan evitar la atención de las autoridades y, por lo tanto, no acceden a programas de apoyo o asesoramiento sobre sus derechos. Se vuelven *hologramas intermitentes* en su tránsito por los territorios que atraviesan, permanecen invisibles para el Estado y solo son visibles en situaciones específicas, como cuando acceden a servicios de atención médica o programas de apoyo en casos de urgencia y satisfacer necesidades básicas.

En salud, a pesar de los riesgos para la salud que enfrentan durante su travesía, los migrantes difícilmente accederán a los servicios de salud, por no perder tiempo y para evitar ser detectados por las instituciones gubernamentales, en lugar de buscar hospitales o clínicas, recurren a farmacias que ofrecen servicios de consulta médica para atender problemas de salud comunes, como gripes, problemas estomacales o lesiones leves.

Uso de las TIC en teléfonos celulares y tabletas son esenciales para los migrantes, les permiten mantenerse en contacto con sus familias en el lugar de origen y en los EE. UU., así como con otros migrantes para compartir información valiosa de seguridad de las rutas, hoteles económicos, renta de cuartos y ubicación de albergues.

Las redes sociales, tanto primarias (familiares y amigos) proporcionan apoyo emocional, estabilidad y, en ocasiones, apoyo económico a través de la comunicación a distancia, y las redes preferenciales formadas por otros migrantes con quienes comparten experiencias y desafíos similares, les permiten intercambiar información en tiempo real sobre rutas seguras, lugares para descansar y problemas potenciales en su camino. Esta información es esencial para tomar decisiones informadas y evitar peligros. Existe una relación inversa entre la funcionalidad de la red social y el tiempo en el proceso de llegar a la frontera de los EE. UU. A mayor funcionalidad de la red social, es decir, a una red más efectiva en la obtención de información y apoyo, menor es el tiempo que los migrantes pasan en la travesía. Esto sugiere que las redes sociales bien establecidas pueden acelerar el proceso migratorio.

Algunos migrantes consideran la opción de quedarse en México en lugar de continuar su viaje hacia los EE, UU., esto sugiere que México ofrece ciertas condiciones que les resultan atractivas, como una recepción favorable por parte de la población local y la posibilidad de encontrar trabajos temporales. Estas necesidades son fundamentales para comprender las experiencias y desafíos de los migrantes durante su travesía por México en busca de una vida mejor en los EE. UU.

Referencias bibliográficas

Barabasi, A.-L. (2003). The New Science of Networks. *J. Artificial Societies and Social Simulation, 6*. https://doi.org/10.2307/20033300

Flores, C. P. (2021). Estudio sobre la percepción de los migrantes centroamericanos en México, un problema de comunicación. *Sintaxis, 6*, 90-108.

Flores, T. M., y Martínez, B. V. (2021). Desplazamientos, identidades y narrativas: Migrantes centroamericanos en tránsito por México. *ODISEA. Revista de Estudios Migratorios, 8*, 102-125.

FM4 Paso Libre, y Gómez-Salmón, M. (2013). FM4 Informe / Investigación. Dialogar y transformar los caminos del migrante: Vol. Migración en tránsito por la Zona Metropolitana de Guadalajara: actores, retos y perspectivas desde la experiencia de FM4 Paso Libre. Prometeo Editores. www.fm4pasolibre.org

Gadamer, H.-G. (1999). *Verdad y Método vol. 1* (8va ed.). Gráficas Varona. https://docs.google.com/file/u/1/d/0BzH20_Ds87woM3hSWjZIdHIzWVU/edit?usp=embed_facebook&usp=embed_facebook

Gallego Durán, M. del M. (2012). Identidad híbrida y migración en «Más allá del mar de arena» de Agnès Agboton y «El vientre del Atlántico» de Fatou Diome. Alciber. https://idus.us.es/handle/11441/54276

González-Andrade, S. (2018). El Sistema migratorio mesoamericano. *Migraciones Internacionales, 9*(35), Article 35. https://doi.org/10.17428/rmi.v9i35.1732

Marconi, G. (2008). Ciudades de tránsito, guardianes del primer mundo (entre desafíos, contradicciones y compromisos). *VI Encuentro Anual de RedGob*. https://campus.usal.es/~redgob/papers2008/marconi%20-%20redgob%202008.pdf

McAuliffe, M. y A. Triandafyllidou. (2021). *Informe sobre las Migraciones en el Mundo 2022*. Organización Internacional para las Migraciones. https://acortar.link/5hLhga

Murillo, J., y Martínez, C. (Eds.). (2010). *Investigación etnográfica* (3a ed.). https://www.calameo.com/books/00346861598e9b7d66ef5

OIM ONU. (2021). *Informe sobre las migraciones en el mundo 2022*. https://acortar. link/

5hLhga

Piste, y Beltran. (2022). La alfabetización informacional, un enfoque para el estudio de uso de información entre migrantes centroamericanos. Instituto de Ciencias Sociales y Administración.

Roses, R. P., y Pérez, E. F. (2018). El mapa son los otros: Narrativas del viaje de migrantes centroamericanos en la frontera sur de México. *Íconos - Revista de Ciencias Sociales, 61,* Article 61. https://doi.org/10.17141/iconos.61.2018.3013

Sisto, V. (2008). La investigación como una aventura de producción dialógica: La relación con el otro y los criterios de validación en la metodología cualitativa contemporánea. *Psicoperspectivas. Individuo y Sociedad, 7*(1), 114-136. https://doi.org/10.5027/psicoperspectivas-Vol7-Issue1-fulltext-54

DIRECTO AL MATADERO: ¿EL FINAL DEL CAMINO PARA LOS SENEGALESES EN SUDAMÉRICA?

Régis Minvielle[1] y María Luz Espiro[2]

Introducción

Desde fines del siglo XX América del Sur es testigo de la llegada y circulación de personas provenientes del continente africano, en mayor medida de Senegal, pero también de Nigeria, Ghana, Guinea, Congo, entre otras nacionalidades. Aunque estas personas deseen llegar a los Estados Unidos, Canadá o incluso Europa, dichas motivaciones pueden variar a lo largo de sus trayectorias en los nuevos países de destino, ya que los migrantes suelen experimentar procesos de desplazamiento-emplazamiento de duración variable (Drotbohm & Winters, 2021) en función de las condiciones objetivas de la migración, que abarcan desde las redes hasta las políticas migratorias.

Aunque circunscriptas durante mucho tiempo a sus regiones, las migraciones Sur-Sur trascendieron los límites continentales para convertirse en transcontinentales y multidireccionales. Cuando los comerciantes chinos se instalaron en Kinshasa o Dakar, los empresarios y estudiantes africanos comenzaron el viaje inverso, a Guangzhou, Pekín o Shanghai. Por su parte, San Pablo y Buenos Aires acogieron a refugiados haitianos y sirios, así como a comerciantes coreanos, chinos y senegaleses. A la sombra de la atención mediática focalizada en las rutas Sur-Norte, estas movilidades reflejan la aceleración de la globalización de los sures. En el Cono Sur, particularmente en Brasil y Argentina, estas trayectorias han inaugurado una nueva etapa en la historia migratoria imbricada en la propia formación social y cultural de estos países.

Los viajes realizados por africanos en Sudamérica -aunque minoritarios en relación con sus destinos más antiguos (como Francia, Italia, Bélgica o España)- dan testimonio de una nueva situación migratoria, que se convierte en multipolar. A lo largo de estas rutas migratorias los espacios son atravesados, habitados y transformados, en consonancia con los recursos y oportunidades que ofrecen algunos de estos lugares que, como Buenos Aires y São Paulo, desempeñan un papel central en estos flujos africanos en

---

[1] Institut de Recherchepour le Développement (IRD), Francia. Correo electrónico: regis.minvielle@ird.fr
[2] Consejo Nacional de Investigaciones Científicas y Técnicas (CONICET), Argentina. Correo electrónico: mluzespiro@gmail.com

América del Sur (Minvielle, 2015; Espiro, 2020). En sintonía con un giro en los estudios de movilidad (Sheller & Urry, 2006), los términos "circulación" (Arab, 2008), "transmigrantes" (Tarrius, 2002), o incluso "migraciones fragmentadas" (Collyer, 2010)[3], reflejan un marco analítico en el que los diferentes territorios de migración, es decir, las regiones de origen, tránsito y asentamiento, están interconectados, al punto tal que las dinámicas de movilidad humana actuales han trastocado las estancas clasificaciones en países receptores o emisores de población, y hoy en día la mayor parte de los países de la región actúa como ambos simultáneamente e incluso como zonas de tránsito migratorio.

Sin embargo, la migración senegalesa en Sudamérica y los cambios en sus patrones, así como en el estatus que tienen los países en las trayectorias de los migrantes, no son una excepcionalidad en el conjunto de los flujos migratorios globales. Las políticas migratorias restrictivas, la externalización de los controles fronterizos y los discursos anti-inmigrantes que forman parte de las retóricas nacionalistas son parte de los factores que intervienen en su formación y su desarrollo.

En contrapartida, algunos países de América del Sur mostraron panoramas más favorables a la migración, como lo demuestran los inéditos marcos jurídicos con enfoque de derechos en Argentina, Uruguay, Ecuador o Brasil[4]. Sus narrativas contribuyeron a fomentar la representación de Sudamérica como un espacio promisorio donde migrar, sumado a las "facilidades" de circulación en la región debido a la porosidad de algunos tramos fronterizos internacionales. Todo esto contribuyó al aumento de la migración africana en general, senegalesa en particular, y a la consolidación de sus redes desde hace más de dos décadas, especialmente en la región del Cono Sur.

No obstante su progresismo, estas leyes constituyen "políticas de control con rostro humano" (Domenech, 2013), ya que los migrantes africanos arribados a estos nuevos contextos también se enfrentan a los mecanismos de clasificación y exclusión de poblaciones extranjeras racializadas, según los cuales las fronteras se refuerzan para ciertos migrantes y se relajan para otros. Aquellos "deseados" son bienvenidos y celebrados, porque "vienen a aportar al país" (trabajar, invertir, estudiar), mientras que la "lista de indeseables" (Agier, 2008) queda conformada por quien viene de afuera pero es visto como peligroso, criminal y objeto de miedo (Domenech, 2020), en un proceso que incluye el avance del modelo penal sobre el campo migratorio (Penchaszadeh

---

[3] Para un análisis de la migración senegalesa en Sudamérica desde esta categoría ver Zubrzycki (2021).
[4] Argentina: Ley de Migraciones 25.871, promulgada en 2004; Uruguay: Ley sobre migración 18.250 de 2008; Ecuador: principio de ciudadanía universal (artículo 416) de la Constitución de la República del Ecuador de 2008 y Ley Orgánica de Movilidad Humana de 2017; Brasil: Ley de Migración 13.445 de 2017.

y García, 2018).

De esta manera, tanto los marcos regulatorios contradictorios de la movilidad humana, como la xenofobia y racismo que atraviesa los imaginarios y prácticas sociales, así como la informalización que caracteriza el mercado de trabajo latinoamericano, configuran condiciones históricas de exclusión y negación de derechos de las personas migrantes en América Latina.

Aunque el mercado de trabajo ha sido siempre precario en esta parte del mundo (Munck, 2017), son múltiples las dimensiones que limitan el acceso a mejores condiciones laborales. Estas incluyen tanto los factores estructurales de la economía regional como las características sociodemográficas de los migrantes, porque "las posibilidades de que una persona obtenga empleo dependen no sólo de su posición de clase, sino también de su género, nacionalidad, etnicidad, estatus legal, edad, ubicación y otros criterios no económicos" (Magliano, 2016, p.338), como el racial y el origen (Castles, 2013). Por ello es necesario reconocer que la exclusión laboral de los migrantes también se da por las discriminaciones que conforman estructuralmente el mercado laboral y perpetúan la jerarquización racial a su interior, por la cual aquellos trabajadores racializados, independientemente de otras variables, ocupan los oficios más penosos. Asimismo, hay que tener en cuenta la red de sociabilidades amplia en la que está inserto el migrante, que además de personas del propio colectivo de pertenencia, incluye actores del sector laboral, agentes estatales, sindicales, entre otros.

Es por ello que las posibilidades de encontrar empleo se concentran, para muchos migrantes, en el sector informal del mercado de trabajo, que si bien les permite comenzar a trabajar rápidamente sin estar regularizados, los ata a posiciones vulnerables o de superexplotación de las cuales es muy difícil salirse. Estos "mercados de trabajo para inmigrantes", están caracterizados por la informalidad, bajos salarios, condiciones de vida precarias, con empleos en sectores de la construcción, agricultura, ciertos tipos de comercio, confección textil, trabajos de cuidados, servicios de limpieza, etc. (Pizarro et. al, 2016).

La crisis económica global de 2008, primero, y la originada por la pandemia de Covid-19 de 2020, después, agudizaron las tendencias de crecimiento económico desigual, generando reestructuraciones del mercado laboral que impactaron en los patrones migratorios. Si el Cono Sur emergió como un nuevo polo de migración en la primera década y media del siglo XX, en los últimos años las rutas de movilidad se reconfiguraron, surgiendo nuevos corredores migratorios (Álvarez Velasco, 2022) que mantienen al Cono Sur como receptor de migrantes, como espacio de circulación y como región de partida hacia el América del Norte y Europa.

En este capítulo abordamos específicamente las trayectorias de migrantes senegaleses que protagonizan una circulación regional en el espacio migratorio sudamericano conformado por Argentina y Brasil y participan del gran desarrollo del sector halal en la industria agroalimentaria del sur brasileño. Actuando articuladamente con organismos nacionales y multilaterales que participan del campo migratorio transnacional, el sector productivo halal ha experimentado gran expansión aprovechando la mano de obra musulmana que estos migrantes ofrecen. Nuestro objetivo es aportar al estudio de las migraciones africanas en la región analizando estas complejas articulaciones y mostrando cómo las dinámicas laborales en dicho sector se entrelazan con las sinuosas trayectorias de movilidad de los migrantes, poniendo el énfasis en la agencia migrante para entender las prácticas de los migrantes y las microestructuras de la migración, en el marco de regímenes de control migratorio y mercados de trabajo precarizados.

El análisis que presentamos aquí se basa en una etnografía llevada a cabo en Septiembre de 2022 en el estado de Rio Grande do Sul[5], Brasil, en la que realizamos entrevistas a migrantes africanos y latinoamericanos, a funcionarios de frigoríficos, de migraciones, referentes de asociaciones de migrantes, de mezquitas y de ONG de asistencia al migrante, junto a observaciones en frigoríficos y otros espacios frecuentados por migrantes africanos, especialmente senegaleses. Asimismo, recuperamos los resultados de las investigaciones que llevamos adelante con migrantes senegaleses en Argentina y Brasil desde hace más de una década (Espiro 2019, Minvielle 2020).

Cabe resaltar que el estado brasileño donde realizamos nuestro trabajo de campo es fronterizo con Argentina y representa para los migrantes senegaleses un mismo espacio migratorio, en el cual la gente va y viene por oportunidades de empleo, a veces también por oportunidades de regularización de su estatus jurídico o para hacer negocios. En este sentido, desde la evidencia de la conformación del espacio migratorio sudamericano nos proponemos contribuir a la superación del nacionalismo metodológico aún arraigado en los estudios migratorios (Wimmer & Glick Schiller, 2002).

El espacio migratorio sudamericano de los senegaleses

Existen diversos factores que dispusieron a Argentina y Brasil como contextos de arribo atractivos para migrantes africanos en lo que va del siglo XXI, donde además se dieron dinámicas de movilidad humana, socioeconómicas e interculturales particulares, consolidando un espacio

[5] El proyecto, cuya fase exploratoria iniciamos en 2022, contó con el financiamiento del Laboratorio Mixto Internacional de Investigación MOVIDA (*Mobilités, Voyages, Innovations et Dynamiques dans les Afriques méditerranéenne et subsaharienne*, IRD-Rabat University-Niamey University).

migratorio específico.

Relaciones diplomáticas fluctuantes

En primer lugar, los vínculos diplomáticos que cada uno de estos países ha mantenido con sus pares africanos nos permiten repasar las condiciones generales para el movimiento y el ingreso. Vínculos diplomáticos fluctuantes, cabe aclarar, a la luz de los vaivenes de los gobiernos y las posiciones que África ocupó para estos. En Argentina, luego de la crisis de 2001, se cerraron varias embajadas en África, entre ellas la senegalesa. Entre 2002 y 2021[6] la inexistencia de vínculos diplomáticos entre ambos países representó un obstáculo con el que se enfrentaron los ciudadanos senegaleses que querían venir al país austral. Las representaciones argentinas más cercanas a Senegal se encontraban en Nigeria y Marruecos. Si bien conocemos casos de personas que han tramitado sus visados argentinos en estos países, la existencia de la embajada de Brasil en Dakar hizo que durante algunos años muchos optaran por tramitar visas allí. De esta manera, Brasil se posicionó como una puerta de entrada hacia las Américas, para senegaleses en particular y para africanos en general.

En el marco de su política exterior activa y a la luz de crecientes inversiones brasileñas en el continente africano, durante los mandatos de Luiz Inácio Lula da Silva (2003-2011) y Dilma Rouseff (2011-2016), el objetivo de Brasilia era hacer de África un aliado estratégico (Milhorance de Castro, 2013). Para ello, Brasil se presentaba como una nación de cultura africana con una vocación natural para estar presente en todo el continente (Lafargue, 2008). Hacia 2005, el total de las representaciones diplomáticas brasileñas en África sumaba 35. Esto permite dimensionar el rol clave jugado por el gigante sudamericano en la migración africana hacia América del Sur, en tanto los candidatos a partir se han apoyado en esta densa red de embajadas para obtener visados[7].

Presionada por el gobierno argentino para frenar el ingreso de ciudadanos senegaleses por Brasil que luego solicitaban refugio en Argentina, la embajada brasileña en Dakar redujo la emisión de visados durante un tiempo (Zubrzycki, 2021). Una ruta alternativa se inauguraba entonces, con epicentro en Ecuador. Este país, implementó una política migratoria más abierta, como parte de la revolución ciudadana conducida por Rafael Correa. La nueva

---

[6] En 2021 se reabrió la embajada Argentina en Dakar.

[7] Sin embargo, durante los gobiernos conservadores de Michel Temer (2016-2018) y Jair Bolsonaro (2019-2022) África pasó a segundo plano en la política extranjera y el fantasma del cierre de las embajadas no tardó en agitarse, apoyado en argumentos económicos y xenófobos: las embajadas brasileñas en África son costosas e inútiles y "la mayoría de los inmigrantes no tienen buenas intenciones". Disponible en: RFI Brésil, 19 de marzo de 2019, http://br.rfi.fr/franca/20190319-bolsonaro-diz-nos-eua-que-franca-e-mau-exemplo-de-abertura-de-fronteiras.

constitución de 2008 reafirmó la existencia del derecho a la migración mediante la ciudadanía universal, asegurando que "nadie será declarado ilegal por su condición de migrante" (art. 40). Se suprimieron visas y se garantizó acceso a la libre circulación para los extranjeros por un período de 90 días. La vigencia de esta disposición varió según el país de origen, extendiéndose desde 2008 hasta fines de 2015 para los ciudadanos provenientes de Senegal. Sin embargo, para los gambianos se extendió hasta 2019, permitiendo que sus vecinos senegaleses tramitaran un pasaporte gambiano y entraran así a Ecuador (Espiro, 2020).

De esa forma, ingresando libremente a este país Sudamericano, los migrantes atravesaban pronto Perú, trasladados por "pasadores" o "guías", para llegar al cabo de una semana a Rio Branco, en el estado de Acre (noroeste de Brasil), donde efectuaban el pedido de asilo. Quienes se dirigieran a Argentina podían hacerlo vía Brasil siguiendo hasta el sur, o bajando por Perú hacia Bolivia o Paraguay. Esta ruta por Ecuador tuvo su auge entre los senegaleses hacia 2013[8].

Aprovechando la bonanza económica

Otro de los factores que incidió en el desarrollo de estas nuevas migraciones africanas en Sudamérica, fue la situación de crecimiento económico durante el ciclo de gobiernos progresistas en Brasil y Argentina. El final de la década de 2000 y el principio de 2010 fueron períodos de auge de las exportaciones de materias primas, que favorecieron el desarrollo económico de Brasil y consolidaron su liderazgo en la escena internacional. Por su parte, en Argentina, debido a la política económica de la convertibilidad de la década de 1990, por la cual 1 peso argentino equivalía a 1 dólar, muchos migrantes vinieron al país que aparecía como un destino atractivo incluso para los pioneros senegaleses. Sin embargo, este modelo insostenible condujo a la crisis de finales de 2001, de la cual Argentina comenzó a recuperarse con políticas de protección social que permitieron reducir la indigencia, la pobreza y el desempleo, marcndo una fase de crecimiento económico que se estancó hacia 2011 (Retamozo y Trujillo Salazar, 2019). La economía brasileña, no obstante, se mantuvo en una posición de desarrollo privilegiada y sostenida por sobre otros países latinoamericanos, siendo históricamente la más fuerte de la región. Como parte de este crecimiento y visibilidad, los eventos deportivos como el Mundial de Fútbol de 2014 y los Juegos Olímpicos de 2016 pusieron al país en los ojos del mundo, resultando atractivo para los migrantes

---

[8] Entre 2012 y 2015, llegaron 6,722 senegaleses en avión a Ecuador, entraron regularmente y salieron por pasos no autorizados hacia el sur, puesto que no se registran salidas y la posterior presencia en ese país es prácticamente inexistente (Ménard Merleau, 2017).

internacionales, por la idea de una oferta laboral amplia.

Finalmente, debemos sopesar cuánto de la representación de Argentina y Brasil como países abiertos a la inmigración incidió en la conformación de estas nuevas migraciones. Representación que ha convivido históricamente con su contraparte, la del migrante como amenaza al orden público[9].

Leyes migratorias en transición

En el plano jurídico, esta contradicción se vio acompañada de leyes que fomentaban explícitamente cierta migración (europea del norte) en detrimento de otra (limítrofe), lo cual tuvo su máxima expresión durante las dictaduras militares de cada país, en las que la doctrina de la seguridad nacional fue la norma[10]. Sin embargo, el advenimiento del siglo XXI cristalizó años de luchas sociales por la superación del paradigma de la seguridad nacional, con la promulgación de inéditos marcos jurídicos con enfoque de derechos que posicionaron a estos países como la "excepcionalidad" (Domenech, 2017: 20) mundial en materia migratoria, con un giro desde la criminalización hacia la protección de las migraciones.

La Ley Nacional de Migraciones de Argentina (N° 25.871), aprobada en 2004, fue el resultado de un largo proceso de consenso y trabajo mancomunado de organizaciones de migrantes, de la sociedad civil y académicas (Penchaszadeh y García 2018). Esta reconoce a la migración como un derecho esencial e inalienable y otorga derechos sociales fundamentales a las personas migrantes (educación y salud públicas, seguridad social, justicia e igualdad de trato y derechos laborales) igualando a nacionales y extranjeros. Además, reconoce que la irregularidad migratoria es una falta administrativa y el Estado debe implementar medidas para subsanarla. La Ley otorga residencias por criterios ordinarios como relación laboral, reunificación familiar, tiempo de residencia, entre otros. Sin embargo, el trabajo es una de las categorías más difíciles y selectivas (CELS-CAREF, 2020). Sólo quienes pueden demostrar una relación laboral regular posterior o anterior a su llegada pueden tramitar residencias, lo que deja por fuera a trabajadores de la economía informal. Además prohíbe a migrantes "irregulares" trabajar formalmente, ya sea por cuenta propia o en relación de dependencia, lo que imposibilita obtener un contrato regular, características ambas que se dan en la mayoría de los migrantes senegaleses.

---

[9] Más allá de la aceleración de los cambios en las políticas migratorias, según Brumat y Vera Espinoza (2023) la idea de un país "abierto a la inmigración" desde los discursos y las prácticas es más sostenida en Argentina que en Brasil, donde su "filosofía pública sobre la migración" (*public philosophy on migration*) es menos abierta y más inestable que en el país vecino.

[10] En Brasil con el Estatuto del Extranjero de 1980, en Argentina con la Ley General de Migraciones y de Fomento a la Migración de 1981.

Otra categoría migratoria corresponde al criterio de nacionalidad enmarcado en los Acuerdos de Residencia del Mercosur que entraron en vigencia en 2009 y establecen que los nacionales de Estados Parte y Asociados del Mercosur pueden obtener una residencia argentina temporaria (Freier y Zubrzycki, 2019). Este es uno de los aspectos aparentemente contradictorios pero programáticos de la legislación migratoria, al mostrar su selectividad favoreciendo la regularización de la migración latinoamericana y produciendo exclusión e ilegalidad al cerrar los canales para la regularización de la migración extra regional del Caribe o África (Freier y Zubrzycki, 2019; CELS-CAREF, 2020).

Dado que la ley migratoria argentina impide regularizarse por vías ordinarias a quienes entraron al país sin permiso, estas personas dependen de procedimientos extraordinarios, como los programas de regularización. Para el caso de los ciudadanos senegaleses, existieron dos programas (en 2013 y 2022) que tuvieron un alcance limitado para solucionar el estatus jurídico de esta población, sin producir grandes cambios en el acceso al mercado de trabajo registrado (Freier y Zubrzycki, 2019).

En 2017 la situación se agravó, cuando el gobierno de la coalición de centro-derecha y liberal Cambiemos se sirvió de decretos para modificar la ley de Migraciones (DNU 70/17) y la Ley de Nacionalidad y Ciudadanía (DNU 60/17), endureciendo las condiciones de acceso al territorio y reforzando el poder de las policías para facilitar el arresto y la expulsión de los migrantes irregularizados[11].

En materia jurídica, Brasil, por su parte, aprobó la Ley 1664 de Amnistía General en 2009, que permitía optar por la regularización a todos los inmigrantes que hubieran entrado en el territorio brasileño antes del 1 de febrero de 2009. Esta disposición otorgaba el derecho a la libre circulación, al trabajo, así como a los servicios de salud, educación y justicia durante un periodo de dos años, luego de lo cual, los migrantes podían solicitar la residencia permanente.

Tanto en Brasil como en Argentina, para quienes llegaran después del período de regularización, la única solución para obtener una residencia legal era la solicitud de refugio. Sin embargo, frente a las resoluciones negativas de las respectivas CONARE (Comisión Nacional para los Refugiados / Comitê Nacional para os Refugiados), en el caso de Brasil los migrantes tenían otras opciones para continuar en el camino de regularización, lo que no sucedía en Argentina. La CONARE brasileña redirigía la solicitud de refugio al Consejo Nacional de Inmigración para encaminar formas de concederles visas. Por resolución se les otorgaba una residencia permanente por excepción, aunque

---

[11] Los DNU fueron derogados en marzo de 2021.

el proceso no era automático ni abarcador de todos los solicitantes (comunicación personal con Bittencourt Minchola, 2019). Cuando entró en vigencia la nueva Ley de Migración (N° 13.445) se mantuvo la concesión de residencias a solicitantes de refugio que tuvieran vínculo laboral anterior, una vía de regularización por la que optaron algunos senegaleses en ese país (Ibíd.).

De modo similar al proceso argentino, la nueva Ley de Migración fue aprobada en Brasil en 2017 tras un proceso participativo que marcó el fin de la normativa que regía desde la dictadura militar, prometiendo un nueva era de políticas pro-migratorias. Sin embargo, el gobierno conservador de Temer vetó muchos aspectos progresistas de la ley (Brumat y Vera Espinoza, 2023), la cual acabó tiñéndose rápidamente de un giro securitista, profundizado durante el mandato de su sucesor, Jair Bolsonaro, con una política anti-inmigratoria inspirada en la de Donald Trump.

Si bien las medidas migratorias implementadas por Brasil y Argentina contrastan con las estrategias necropolíticas (Mbembe, 2006; Lefèvre, 2018) adoptadas por Estados Unidos o la Unión Europea, tampoco podemos soslayar las rápidas transformaciones en las políticas migratorias en Sudamérica, orientadas a la "intensificación del control" (Domenech, 2020: 21) al estar inscriptas en "procesos de regulación internacional de la movilidad" (Ibíd.: 4). En este contexto, la visibilidad de nuevos movimientos migratorios extra regionales, como los africanos, son asociados a la figura del migrante indeseado y a la ilegalidad del cruce de fronteras, contribuyendo de esta manera a la construcción política de la "crisis migratoria" (Blanchard y Rodier, 2016) y la "necesidad de administrar eficazmente" la migración.

Estrategias de movilidad de los migrantes

Si bien las variables analizadas hasta aquí (relaciones diplomáticas, oportunidades económicas y normativas migratorias) contribuyen a explicar el surgimiento, desarrollo y transformación de las nuevas migraciones africanas en Sudamérica, no lo hacen por sí solas. Es fundamental prestar atención a las prácticas de los migrantes y las microestructuras de la migración. Las historias de los grupos y los individuos, el rol los pioneros que incursionan en nuevos destinos, la industria de la migración, son aspectos igualmente susceptibles de crear condiciones de emergencia y cambios en estos movimientos. En este sentido, abordamos la consolidación de prácticas de circulación migratoria de los senegaleses entre Argentina y Brasil que conforma el espacio migratorio Sudamericano conformado.

Según necesidades y oportunidades, dicho migrantes complementan alternativas laborales y documentales en uno u otro país, aprovechando las facilidades que les dan los documentos de solicitante de refugio o las residencias (temporaria o permanente) y las oportunidades de trabajo en las industrias del sur brasileño o en la venta en ciudades o playas argentinas, prácticas comerciales que se proyectan nuevamente a Brasil, donde los senegaleses se abastecen de mercadería en los mercados de San Pablo.

Como mencionamos antes, muchos migrantes llegaron a Sudamérica con visas brasileñas, tras cuyo vencimiento prima la solicitud de asilo para mantener un estatus jurídico regular. En Argentina el trámite de solicitud otorga una residencia llamada "precaria", renovable cada tres meses durante dos años como máximo (lapso que dura el proceso de solicitud). Si bien "la precaria" otorga, entre otros, el derecho a trabajar, en la práctica el problema es la resistencia de los empleadores a ofrecer un contrato de trabajo a quien tiene este documento, por temor a que no se lo renueven y pase a quedar en situación irregularizada, pudiendo así incurrir en un delito el empleador. En cambio, en Brasil el "protocolo" -con validez de un año y renovable por el mismo plazo- habilita al migrante para el Registro de Persona Física (CPF) y el permiso de trabajo (Redin y Bittencourt Minchola, 2015). En la práctica, estos documentos realmente son reconocidos como documentos habilitantes por los empleadores, permitiéndole a los migrantes acceder a trabajos registrados y otros derechos sociales, como seguro de desempleo y cobertura de salud. Es por ello que, quienes por diversos motivos no pudieron acogerse a los programas de regularización implementados en Argentina o Brasil, hacen la solicitud de asilo en uno u otro país para resolver temporariamente su situación jurídica. Al punto tal que quienes viven en Argentina pero tramitaron el protocolo en Brasil deben viajar para renovarlo allí y viceversa. También hay casos de migrantes que viven en Argentina y no han podido renovar su precaria, pero planean viajar de visita a Senegal entonces utilizan el protocolo (vigente) como documento de viaje, y subiendo en bus por tierra en diferentes tramos, atraviesan el noreste argentino, la frontera con Brasil y de allí se dirigen a los aeropuertos internacionales de Río de Janeiro o San Pablo para viajar a Senegal.

Rio Grande do Sul: la agroindustria como fuente de empleo para los migrantes

Argentina y Brasil comparten una frontera hídrica de 1,132 kilómetros. El Estado brasileño limítrofe de Rio Grande do Sul alberga una de las mayores poblaciones de senegaleses en Brasil y son algunas de sus ciudades las que constituyen nodos socioespaciales en las redes transfronterizas que delinean las prácticas de circulación de los senegaleses entre ambos países. Este Estado registra la llegada de migrantes senegaleses a inicios de 2000, atraídos por los polos industriales de sus ciudades medianas, que además ofrecen un sector de servicios como alternativa de inserción laboral. Las ciudades de Passo Fundo y Caxias do Sul, representan los principales polos industriales de la región, albergando una diversidad de fábricas: metalúrgicas, agropecuarias, mecánicas, de construcción, entre otras (Herédia y Santos Gonçalves, 2017). Además de oportunidades de empleo, estas ciudades ofrecen otros servicios esenciales para los migrantes. Allí hay agencias de la Policía Federal donde tramitar y renovar la documentación, asociaciones de migrantes y ONG de asistencia más amplia.

Quienes viven en Brasil y tienen contactos en la Argentina pueden optar por venir a trabajar a este país en la venta durante la temporada de verano o de manera más prolongada, para luego volver a Brasil en busca de un nuevo trabajo en el sector industrial; o viceversa, quienes viven en la Argentina pueden optar por dejar la venta e ir a buscar trabajo en una fábrica metalúrgica o de alimentación halal en Brasil, pudiendo ir y venir dentro de este espacio migratorio, de acuerdo a las fluctuaciones económicas, las conveniencias laborales y la intensificación de los controles migratorios.

Los migrantes deciden reorientar sus itinerarios buscando minimizar los riesgos del trabajo en el comercio callejero y la precariedad de las contrataciones en las diversas industrias, pero también dando cuenta de una experiencia acumulada de apropiación del espacio y de construcción de circuitos interurbanos trasfronterizos entre ambos países.

Estos itinerarios permiten dar cuenta de la complejidad de los procesos de movilidad senegalesa en el espacio migratorio Sudamericano donde estos agentes de la globalización buscan resolver las tensiones que el neoliberalismo y el capitalismo avanzado les presentan. Al analizar la multidimensionalidad e intersección de las condiciones de desplazamiento, trabajo, agencia migrante y control estatal, damos cuenta de la consolidación de redes interurbanas transfronterizas que conectan la Argentina, desde la Patagonia, con el sur de Brasil, mediante prácticas de alternancia laboral con estatus migratorios más o menos regularizados que le permiten moverse en la región y más allá (Espiro, 2017).

Las redes como recurso frente a las dificultades de la condición migratoria

En la conformación de este espacio migratorio juegan un rol central las redes transnacionales de parentesco y amistad, religiosas y comerciales por las que circulan recursos e información de toda índole que les permiten a los senegaleses sostener sus proyectos migratorios, no sólo entre Argentina y Brasil, pero sobre todo entre Sudamérica y Senegal. Y también es clave la posición que logran ocupar los migrantes en dichas redes, porque de ello dependerá el acceso y la diversificación de los recursos e información, que le permitirán seguir moviéndose y trabajando. Situaciones que no están exentas de riesgos, inseguridades y precarización por los controles migratorios que tienen a migrantes racializados como objetivos prioritarios.

Podemos señalar que los migrantes senegaleses que trabajan en los frigoríficos halal del sur brasilero protagonizan dinámicas específicas en el circuito de movilidad entre ambos países, en condiciones de desigualdad y flexibilización acentuadas por el impacto de la pandemia de Covid-19 en la región, que aceleró su circulación a través de las complejas rutas hacia América del Norte inauguradas por otros migrantes latinoamericanos, africanos y asiáticos

Una gestión de la migración enfocada en la diseminación

La inserción de los senegaleses en la industria halal es, en cierta medida, el resultado de una política de dispersión de los migrantes para responder a las necesidades locales de mano de obra.

En este marco proactivo se han creado servicios de orientación y apoyo a los inmigrantes, que les proporcionan información inicial sobre sus derechos (salud, educación, acceso al empleo), además de agilizar los trámites de regularización (se tarda entre 5 y 15 días en obtener un el "protocolo") y la expedición de permisos de trabajo por parte del Ministerio de Trabajo y Empleo (MTE). Con esta documentación en mano, se eliminan los obstáculos a la circulación dentro del país y se facilita el acceso al empleo, al menos desde el punto de vista jurídico.

La llegada de nuevos migrantes al territorio brasileño se convirtió en una grande oportunidad para la industria avícola en pleno auge, que no dudó en enviar emisarios hasta el otro extremo del país, a Río Branco en el estado de Acre, para reclutar mano de obra disponible entre los migrantes recién llegados, la mayoría sin documentos. Bajo la égida del gobierno, pero también de los futuros empleadores, el ACNUR y asociaciones como Caritas, fletan autobuses para llevar a los migrantes hasta el sur del país, a los estados de Paraná, Santa Catarina y Rio Grande do Sur, donde se concentraba el 64% de la producción avícola y el 79% de las exportaciones de aves de corral en 2022[12].

Un sector halal compuesto por varios actores

La aparición de esta nueva mano de obra es tanto más decisiva cuanto que

---

[12] https://www.avisite.com.br/na-exportacao-de-carne-de-frango-sul-e-centro-oeste-detem-mais-de-90-do-volume-e-da-receita-cambial-acumulados-no-ano/#gsc.tab=0

coincide también con el crecimiento de la industria cárnica en el mercado de la carne halal. Desde finales de la década de 2010, las multinacionales brasileñas también se han consolidado como un actor clave en la producción halal, con presencia en un centenar de países que atestiguan su saber-hacer industrial y su determinación de dominar el mercado mundial de la carne. Con un crecimiento cada vez mayor en las regiones predominantemente islámicas y en los países con grandes comunidades de inmigrantes musulmanes, el consumo masivo de carne halal representa un mercado muy atractivo para los líderes de las industrias cárnica y avícola.

Al principio de esta cadena religiosa globalizada (Fischer, 2011), la matanza se lleva a cabo según el ritual de la *dhabiha*, que consiste en cortar la yugular del animal con un cuchillo afilado y que sólo puede realizar un musulmán. Hasta la década de 2000, a medida que se instalaban sucesivamente en Brasil, eran principalmente los musulmanes de origen libanés, sirio y palestino los que se encargaban de los sacrificios rituales (Hamid y do Rego, 2018), pero ahora con el crecimiento de esta industria, los actores se diversificaron y consolidaron su participación.

Para comprender los mecanismos que subyacen a la integración de los migrantes senegaleses en el sector halal, es necesario vincular la gestión política de la dispersión a escala nacional que de describimos antes con el papel no sólo de los empresarios religiosos, sino también de las ONG especializadas en el apoyo a los migrantes y las asociaciones de migrantes, es decir, todos los actores que operan a un nivel más local. Estas estructuras, que actúan como intermediarias entre el mundo de la industria y los migrantes que buscan un empleo rápidamente, a menudo ofrecen también otro tipo de servicios (ayuda con la vivienda, acceso a documentos, asistencia sanitaria) que son esenciales para el asentamiento y la vida de los recién llegados.

Entre estos agentes, los que se autodenominan "centros islámicos" desempeñan un papel central en el crecimiento del sector halal en Brasil. Garantes del proceso de certificación, estas empresas de base religiosa, como el Centro Islámico de Difusión del Islam (CIDIAL) o la Federación de Asociaciones Musulmanas de Brasil (FAMBRAS), tienen sus sedes en São Paulo, capital económica del país.

Bajo el control de las autoridades religiosas en Egipto, Arabia Saudí y Malasia, que realizan auditorías internas periódicas para verificar el cumplimiento de las normas de sacrificio ritual, estos centros islámicos actúan como subcontratistas de JBS[13] y otras multinacionales de la industria cárnica,

---

[13] JBS, que debe su nombre a las iniciales de su fundador, José Batista Sobrinho, quien la creó en 1953 en el estado de Goiás, es hoy una de las mayores multinacionales de la industria agroalimentaria. La principal

proporcionando formación, contratando y pagando a los trabajadores e interviniendo directamente en el proceso de producción. Los líderes religiosos de los países árabes, por encargo de los clientes de JBS, también realizan auditorías externas periódicas para inspeccionar las condiciones sanitarias (higiene de los trabajadores, los animales, el equipo y los locales), el sacrificio (*dhab*) y los procedimientos post mortem (iluminación, mantenimiento de la cadena, etc.). Además de los recursos humanos y la administración, las empresas subcontratadas cuentan con un departamento de seguridad que forma a los empleados en el manejo de cuchillos con guantes de acero. La empresa también cuenta con varios supervisores, la mayoría norteafricanos (sudaneses, marroquíes y libios), que trabajan tanto dentro como fuera de los mataderos repartidos por todo Brasil. Son encargados de controlar la producción y también realizan tareas de gestión de personal, organizando los turnos y las nóminas de los trabajadores halal. También desempeñan un papel esencial en el proceso de contratación al actuar como intermediarios con las mezquitas y las asociaciones de inmigrantes. A menudo, es durante las oraciones del viernes cuando aprovechan la ocasión para expresar su necesidad de mano de obra entre los fieles que acuden a la mezquita.

Al reunir a quienes pueden ofrecer puestos de trabajo (supervisores) y a quienes aspiran a trabajar en el matadero, las mezquitas pueden convertirse en un verdadero mercado de trabajo, especialmente los viernes, que es cuando recibe un gran número de fieles. Si la primera función de las mezquitas para los migrantes musulmanes en Brasil es ofrecer un lugar de culto, son también espacios de sociabilidad que favorecen la difusión de información y hacen más visibles las oportunidades de empleo. En una situación en la que "todos salen ganando", las mezquitas contribuyen a reforzar el sector halal de la industria alimentaria, al tiempo que ésta revitaliza dichos espacios religiosos ayudando a atraer a fieles que saben que allí pueden forjar alianzas esenciales y conseguir puestos de trabajo. Además de las mezquitas, las asociaciones de migrantes también facilitan la integración de los musulmanes en los mataderos halal. Gracias a la información obtenida en la mezquita o en el círculo de trabajadores de la industria halal y los centros islámicos, algunos contactan directamente con la Asociación de Senegaleses que difunde las ofertas de empleo en el matadero entre sus miembros a través de grupos de WhatsApp.

Es de esta manera que Passo Fundo, ciudad de alrededor de 200.000 habitantes que dispone de un matador con una producción de unos 360.000 pollos al día se convirtió en lugar cosmopolita que atrae migrantes africanos

---

función de la empresa es envasar y distribuir productos cárnicos (principalmente carne de res, pollo y cerdo), frescos o refrigerados.

musulmanes, sobre todo senegaleses, pero también marroquíes, sudaneses, libios, así como migrantes latinoamericanos de Venezuela y Haití. En sus mataderos se produce para el mercado local, pero también y sobre todo para el mercado internacional, en particular a través del sector halal; son pollos que se venden en los supermercados de China, Malasia, Arabia Saudita, Egipto, Marruecos y otros países musulmanes o países con gran población musulmana, como muchos en Europa. Por lo tanto, esta expansión requiere una necesidad cada vez mayor de mano de obra para cumplir con los crecientes objetivos de producción. Sin embargo, pocos trabajadores resisten la constante intensificación del ritmo de trabajo, los bajos salarios y la extrema dureza de las condiciones laborales. De esta manera, en un contexto de rotación constante de mano de obra, los trabajadores abandonan el trabajo en el matadero en promedio un año después de incorporarse a la empresa (Geffroy, 2016), por lo que la llegada de nuevos migrantes constituye una gran oportunidad para el sector agroalimentario.

Condiciones de trabajo que ponen a prueba los cuerpos

Para el recién llegado, el matadero es ante todo una forma de entrar fácilmente en el mercado laboral y de ganar rápidamente un salario. Al igual que la venta ambulante, el otro gran sector laboral de los senegaleses en la región, los varios oficios que ofrecen los matadores avícolas suelen ser accesible sin cualificación, por lo que constituye una primera oportunidad de encontrar un trabajo para quienes aún no conocen la lengua ni los códigos de la sociedad brasileña. Tal es el caso de Mohammed, quien llegó a San Pablo en 2014 desde Dakar, donde rápidamente el costo de vida se le hizo insostenible, y el comercio ambulante, su ocupación en aquel momento, no le rendía para afrontar los gastos y enviar dinero a Senegal. A través de sus compatriotas, supo que en el sur de Brasil los frigoríficos estaban contratando a musulmanes como él, así que decidió ir a probar suerte. Llegado a Passo Fundo enseguida entró a trabajar en la filial halal de la JBS, donde permaneció hasta 2017, cuando se fue a probar suerte a Argentina, donde vivió y trabajó en la venta ambulante en Buenos Aires, durante dos años. Tras su vuelta a Brasil, Mohammed se reincorporó al sector halal y conoció a Kamila, quien acababa de llegar desde Puerto Príncipe (Haití) a Porto Alegre (capital de Río Grande do Sul). Luego de unos meses, la pareja se casó y ella se mudó a vivir a Passo Fundo con su esposo, y a través suyo obtuvo un trabajo en la JBS.

Sin embargo, es la capacidad física y mental para soportar la repetición de tareas y el ritmo sostenido en la sala de degüello lo que se utiliza como criterio de selección de trabajadores en el sector halal. De un extremo al otro de la cadena, desde colgar aves vivas en horcas hasta empaquetar patas y filetes en cajas de cartón, pasando por el desangrado o la extracción de vísceras, es siempre el mismo gesto el que se repite cada pocos segundos. Dentro de este mundo totalmente artificial de salas gigantes, los trabajadores también tienen que lidiar con olores penetrantes y el zumbido metálico ensordecedor de los largos tramos de cintas transportadoras y máquinas de corte.

Sumergidos en un mundo de trabajo asociado a la violencia y la suciedad (Guigon y Jacques-Jouvenot, 2007), los nuevos obreros, a menudo invadidos por la ansiedad y aversión, disponen de 90 días para demostrar su resistencia y adquirir las competencias técnicas adecuadas a las tareas que se les asignan. Al final de este periodo de prueba, a quienes superan la dureza del desafío físico y resisten la presión mental de la exposición continua a la muerte -es decir, a los que no abandonan su puesto prematuramente - se les ofrece un contrato indefinido y un salario que varía entre 1.500 y 2.500 reales según se trate de un cortador o de un sangrador, quien realiza la *dhabiha*.

Nada más entrar en el matadero, los sangradores reciben un cuchillo de la empresa, en el que la mayoría graba sus iniciales. El cuchillo es un objeto central en la vida del sangrador, y es objeto de gran atención: se afila cuidadosamente varias veces al día antes de lavarlo con cuidado y guardarlo en las taquillas de los trabajadores. Contratado como sangrador en el matadero de Passo Fundo en 2021, Faraas recuerda la importancia del manejo del cuchillo y la coordinación de movimientos rápidos y repetidos en el acto de matar:

> En el sacrificio halal, el animal no debe sufrir, tienes que afilar el cuchillo y sujetarlo bien y tiene que ser muy rápido. no puedes tocar el hueso por dentro. Si tocas el hueso, el animal temblará. Así que hay que tener experiencia, hay que matar con precisión, se saca la garganta con la mano izquierda, se corta la yugular con la derecha (imitando el gesto de degollar). Es un trabajo muy duro, muy exigente, tienes que darlo todo. Antes sabía degollar, pero no así. El pollo es más difícil. La oveja y la ternera son más fáciles. Pero con el pollo hay que tener mucho cuidado.

Entrevista realizada con Faraas, 14 de septiembre de 2022.

Al igual que en lugares de trabajo como un taller de automóvil, la construcción, la mina y tantos otros, la adquisición de un lenguaje corporal seguro requiere un largo aprendizaje y experiencia, que luego permite a los trabajadores seguir el ritmo sin retrasar al grupo (Muller, 2008) y adaptarse a cualquier circunstancia imprevista, como una aceleración repentina del ritmo. Como señala Faraas, la continuidad implacable de la cadena de producción a la que está sometido el cuerpo (Pillon, 2012) también puede romperse, obligando a los trabajadores a salir de este automatismo inmutable para evitar una parada repentina de la producción.

Para compensar el error de un compañero, el trabajador tiene que correr a contrarreloj y contra el riesgo de que se produzca una avalancha aún más incontrolada de aves, lo que provocaría una parada inmediata de la línea. La sangría requiere destreza, resistencia a la presión, tenacidad y capacidad de reacción, para cumplir unos objetivos de producción cada vez más elevados y evitar al mismo tiempo un mayor sufrimiento de los animales.

Al principio es difícil, aún no tienes el ritmo y tampoco los gestos adecuados. Lleva tiempo cogerle el truco. Están los más ancianos ahí para enseñarte cómo. Con el tiempo, matas cada vez más rápido. A veces el cuchillo de tu colega se atasca, así que tienes que estar muy atento para matar tanto tu pollo como el suyo. Tienes que controlar tu trabajo y el de tu colega. Tienes que ser rápido y, al mismo tiempo, ser capaz de corregir los errores de los demás).

Entrevista realizada con Faraas, 14 de septiembre de 2022.

Las cifras son tan asombrosas que Faraas pierde la cuenta. Los ocho sangradores musulmanes alineados en las dos líneas de degüello que funcionan simultáneamente matan alrededor de 180.000 pollos en 10 horas (tiempo de trabajo diario). Cada hora, por tanto, unas 2.250 aves pasan por el cuchillo de cada trabajador.

Para mí, el trabajo más difícil es el de sangrador. Porque es un trabajo físico, pesado. Pero no es sólo algo físico. Ves sangre todo el día. Matas a un animal, le quitas la vida. Quitarle la vida a un animal no es fácil. Porque le estás quitando la vida al animal y lo ves morir. A veces lo estás matando y todavía se mueve. Tienes que tener un corazón muy duro para poder enfrentarte a todo eso. Sí, es más duro psicológicamente. Porque hay sangre. Es la sangre del animal. Matas, y vale, necesitas vivir, necesitas comer pollo, pero es una vida. Cuando matas, no puedes divertirte al mismo tiempo. En el trabajo, no puedes divertirte ni hacer bromas al mismo tiempo. Tienes que respetar al pollo cuando lo matas. Tienes que respetar el hecho de que estás quitando una vida para sobrevivir. Y por eso respeto, guardo silencio, trabajo normalmente, digo *bismilah, bismilah, bismilah*[14]. Y nadie se ríe, porque así es la vida.

Entrevista realizada con Diop, 17 de septiembre de 2022

Mientras que los efectos psicológicos a largo plazo en quienes se enfrentan a diario con la muerte y la sangre a escala industrial son muy reales pero

---

[14] Fórmula ritual islámica con la que se inician los capítulos del Corán y que los fieles utilizan también antes de comenzar distintas acciones. Suele traducirse como "En el nombre de Dios, el Clemente, el Misericordioso".

difíciles de evaluar, las secuelas físicas se detectan muy rápidamente. El trabajo en los mataderos no sólo daña las almas, sino también los cuerpos. En Brasil se producen más de 50 accidentes diarios, lo que lo convierte en el sector más arriesgado de toda la industria alimentaria (Faverin, 2019).

La congestión y el estado de los suelos debido a la presencia de residuos, a la concentración de trabajadores y animales provocan con regularidad resbaladas, que representan una gran proporción de los accidentes en los mataderos. A pesar del uso de guantes de acero y otros equipos de prevención de riesgos, son frecuentes los cortes y las mutilaciones. Al atrofiar las extremidades y afectar la sensibilidad de los dedos, el ambiente frío de ciertas divisiones del matadero también aumenta el riesgo de accidentes.

Los mataderos fueron la principal fuente de transmisión de coronavirus, y son también la rama del sector industrial con mayor número de enfermedades profesionales (FAVERIN, 2019). Los trastornos musculoesqueléticos son causados inevitablemente por la repetición de movimientos idénticos a un ritmo frenético (entre 35 y 80 por minuto, dependiendo del puesto de trabajo y del ritmo de la línea). La tarea de colgar las aves antes del sacrificio es uno de los trabajos más difíciles por los riesgos generados. Esta actividad no sólo implica un esfuerzo físico constante -cada pollo pesa unos 2,8kg -, sino que también es la más crítica en cuanto a exposición al polvo que producen infecciones respiratorias con regularidad en los mataderos de aves de corral.. Las plumas de las aves contienen numerosas bacterias, algunas de las cuales pueden causar infecciones por inhalación que pueden provocar una enfermedad pulmonar grave.

Cabe resaltar que las personas racializadas están sobrerrepresentadas en estos puestos de trabajo, demostrando formas de racialización de la división del trabajo. Reservando los puestos más penosos y más expuestos a lesiones y desgaste psicofísico a los haitianos, cubanos y senegaleses, la industria alimentaria asume los criterios de clasificación racial y los prejuicios históricos de la sociedad brasileira generados desde la élite blanca decidida a perpetuar su dominación y la explotación de los trabajadores.

Conclusiones

En este capítulo presentamos el surgimiento, desarrollo y transformación del espacio migratorio sudamericano de los senegaleses. Existen diversos factores que dispusieron a Argentina y Brasil como contextos de arribo atractivos para estos migrantes africanos en lo que va del siglo XXI, donde además se dieron dinámicas de movilidad humana, socioeconómicas e interculturales particulares, consolidando un espacio de circulación específico. Analizamos el papel que jugaron las relaciones diplomáticas, las oportunidades económicas y las normativas migratorias, así como también las prácticas de los migrantes y las microestructuras de la migración, mediante las cuales construyeron circuitos de movilidad entre ambos países, buscando resolver las tensiones que el neoliberalismo y el capitalismo avanzado les imponen.

Hicimos hincapié en aquellos migrantes senegaleses que trabajan en los frigoríficos halal del sur brasilero y protagonizan dinámicas de movilidad y trabajo específicas en este espacio migratorio. Sin embargo, a pesar de que la gigante industria frigorífica representa una fuente alternativa de empleo a la venta ambulante, las condiciones de desigualdad, discriminación y flexibilización estructural que caracterizan el mercado de trabajo para inmigrantes en Latinoamérica hacen que aquellos trabajadores racializados, independientemente de otras variables, acaben ocupando los oficios más penosos, también en este sector, que presenta condiciones y riesgos muy particulares.

Estas condiciones adversas se vieron acentuadas por el impacto de la pandemia de Covid-19 en la región, en un sector laboral que no se detuvo y en el que trabajo intensivo que ponen a prueba los cuerpos se traduce en salarios que cada vez convienen menos. Esto aceleró la circulación de los senegaleses a través de las complejas rutas hacia Estados Unidos, donde sus compatriotas en Nueva York o Filadelfia les garantizan conseguir trabajo rápido con salarios en dólares.

La pandemia profundizó las desigualdades pre-existentes, aceleró movilidades e institucionalizó prácticas de control migratorio y exclusión (Vera Espinoza y Zapata, 2023). Por ello, muchos han emprendido o proyectan emprender el viaje hacia "el norte", movidos por deseos de una vida mejor en otra parte y valiéndose de estructuras e imaginarios en marcha, inauguradas por otros migrantes antes que ellos, con experiencias de movilidad por el Darién, Centro América y México.

Referencias

Agier, M. (2008). Gérer les indésirables. Des camps de réfugiés au gouvernement humanitaire. Paris: Flammarion.

Álvarez-Velasco, S. (2022). Between Hostility and Solidarity: The Production of the Andean Region–Southern Cone Transit Migratory Corridor, in Gioconda Herrera and Carmen Gómez (Eds.), *Migration in South America*. IMISCOE Regional Reader, Springer Cham.

Arab, C. (2008). La circulation migratoire: une notion pour penser les migrations internationales. *e-migrinter*, 1, 20-25.

Blanchard, E. y Rodier, C. (2016). Crise migratoire: ce que cachent les mots, *Plein droit*, 2016/4 (n° 111), p. 3-6.

Brumat, L. y Vera-Espinoza, M. V. (2023). Actors, Ideas, and International Influence:

Understanding Migration Policy Change in *South America. International Migration Review* 1-28. doi: 10.1177/01979183221142776

Castles, S. (2013). Migración, trabajo y derechos precarios: perspectiva histórica y actual. *Migración y Desarrollo*, 11(20), pp. 8-42.

Centro de Estudios Legales y Sociales y Comisión Argentina para Refugiados y Migrantes (CELS/Caref) (2020). *Laberintos de papel. Desigualdad y regularización migratoria en América del Sur.* Buenos Aires: CELS/Caref.

Collyer, M. (2010). Stranded migrants and the fragmented journey. *Journal of Refugee Studies.* Vol. 23. No. 3. pp. 273-293.

Domenech, E. (2013). Las migraciones son como el agua. Hacia la instauración de políticas de 'control con rostro humano': la gobernabilidad migratoria en la Argentina. *Polis*, 12(35), pp. 119-142.

Domenech, E. (2017). Las políticas de migración en Sudamérica: elementos para el análisis crítico del control migratorio y fronterizo. Terceiro Milênio: *Revista crítica de Sociologia e Política*, 8(1), pp. 19-48.

Domenech, E. (2020). La 'política de la hostilidad' en Argentina: detención, expulsión y rechazo en frontera. *Estudios Fronterizos,* 21, e057. Recuperado de doi: 10.21670/ref.2015057.

Drotbohm H. y Winters N. (2021). A shifting yet grounded transnational social field: Interplays of displacement and emplacement in African migrant trajectories across Central America. *Population, Space and Place*, 27, doi: 10.1002/psp.2421

Espiro, M. L. (2017). Senegaleses entre Argentina y el sur de Brasil: etnografía de la movilidad regional y la alternancia laboral entre venta ambulante e industria. En: Maffia, M y Zubrzycki, B. (coord.). *Africanos y afrodescendientes en la Argentina: prácticas, representaciones, narrativas y memorias.* Buenos Aires: Biblos.

Espiro, M. L. (2019). Trayectorias laborales de migrantes senegaleses en La Plata y Puerto Madryn: una etnofotografía de los imaginarios y prácticas en torno al trabajo (2012-2018) (Tesis de Doctorado), Universidad Nacional de La Plata. doi: 10.35537/10915/87702

Espiro, M. L. (2020). Del Baol a Buenos Aires. Actualizando la genealogía de la migración modou-modou. Diarios del terruño. Reflexiones sobre migración y movilidad, *UAM-Cuajimalpa,* número 10, pp. 176-212.

Faverin, V. (2019). Frigoríficos registram média de 54 acidentes por dia. *CIPA & INCÊNDIO,* São Paulo, http://revistacipa.com.br/frigorificos-registrammedia-de-54-acidentes-por-dia/. Acesso em: 27 jun. 2019.

Fischer, J. (2011). *The* Halal Frontier: Muslim Consumers in a Globalized Market, Palgrave: Macmillan.

Freier, L. F. y Zubrzycki, B. (2019). How do immigrant legalization programs play out in informal labor markets? The case of Senegalese street hawkers in Argentina. Migration Studies, v. 0, n. 0, p. 1–30. doi:10.1093/migration/mnz044

Geffroy, S. (2016). A l'abattoir, Seuil, Paris.

Guigon, S. y Jacques-Jouvenot, D. (2007). Choupette et Pimprenelle: Les bêtes curieuses aux abattoirs, Travailler, 2007/1 (n° 17), p. 179-196.

Hamid, S. y do-Rego A. (2018). Variations du licite : la consommation de viandes halals par des musulmans à Brasília, Brésil(s) [En ligne], 14 | 2018, mis en ligne le 30 novembre, http://journals.openedition.org/bresils/3318

Herédia, V. y Santos-Gonçalves, M. (2017). Deslocamentos populacionais no Sul o Brasil: o caso dos senegaleses. Em Tedesco, J. C y Kleidermacher, G. (Orgs.), *A imigração senegalesa no Brasil e na Argentina: múltiplos olhares* pp. 209-227 Porto Alegre, Brasil: EST

Edições

Lafargue, F. (2008). Le Brésil, une puissance africaine, *Afrique contemporaine*, n° 228, p. 137-150.

Lefèvre, G. (2018). Les 'nécro-politiques' migratoires : des crimes contre l'humanité, *Entre les lignes*, le 9 janvier 2018, www.entreleslignes.be/humeurs/zooms-curieux/les-nécro-politiques-migratoires-des-crimes-contre-l'humanité.

Magliano, M. J. (2016). "Varones peruanos en Argentina y trayectorias laborales en costura. Masculinidades, roles de género y organización del trabajo en contextos migratorios". *Universitas Humanística*, 81, pp. 332-356. doi:10.11144/Javeriana.uh81.vpea

Mbembe, A. (2006). "Nécropolitique", *Raisons politiques*, vol. 21, n° 1, pp. 29-60.

Ménard-Marleau, A. (2017). Ecuador como nodo articulador de la migración senegalesa en América del Sur. *Migración y Desarrollo*, 15(29), 31-50.

Milhorance de Castro, C. (2013). La politique extérieure Sud-Sud du Brésil de l'après-Lula. Quelle place pour l'Afrique ? », *Afrique contemporaine*, n° 248, p. 45-59.

Minvielle, R. (2015). L'Amérique latine ou l'expression d'une nouvelle route africaine » *Afrique et Développement*, Vol XV, n°1/2015, pp 19 -39.

Minvielle, R. (2020). Buenos Aires, le bout de la terre des Africains. París-Dakar : l'Harmattan.

Muller, S. (2008). À l'abattoir : travail et relations professionnelles face au risque sanitaire, Paris, Maison des sciences de l'homme, coll. « Natures sociales » 301 p.

Munck, R. (2017). Desafíos y alternativas en América Latina. Dublin, Glasnevin.

Penchaszadeh, A. P., y García, L. (2018). Política migratoria y seguridad en Argentina hoy: ¿el paradigma de derechos humanos en jaque?. *Urvio: Revista Latinoamericana de Estudios de Seguridad*, 23, pp. 91-109. doi: 10.17141/urvio.23.2018.3554

Pillon, T. (2012) Le Corps à l'ouvrage. París :Stocks.

Pizarro, C., Trpin, V., Ciarallo, A., Mallimaci, A., Magliano, M. J., Jiménez Zunino, C., Benencia, R., y Pedone, C. (2016). "Mercados de trabajo, migración e intersección de desigualdades". En Trpin, V., y Ciarallo, A. (comps.). *Migraciones contemporáneas. Procesos, desigualdades y tensiones*. Neuquén: Publifadecs, pp. 69-112.

Redin, G. y Bittencourt-Minchola, L. A. (2015). "Inmigrantes senegaleses no Brasil: tratamento jurídico e desafíos para a garantía de direitos". En Herédia, V. (Org.), *Migrações internacionais. O caso dos senegaleses no sul do Brasil* (pp. 201-217). Caxias do Sul, Brasil: Bela-Letras.

Sheller, M. y Urry, J. (2006). The new mobilities paradigm, *Environment and Planning*, volume 38, pages 207 – 226. doi: 10.1068/a37268

Tarrius, A. (2002). La Mondialisation par le bas : Les nouveaux nomades de l'économie souterraine., Paris : Balland.

Vera-Espinoza, M. A. y G. Zapata. (2023). "Movilidades y COVID-19 en América Latina: inclusiones y exclusiones en tiempos de crisis". Ciudad de México: LIBRUNAM.

Wimmer, A., Glick Schiller, N. (2002) Methodological nationalism and beyond: nation-state building, migration and social sciences. Global Networks, 2, 4.

Zubrzycki, B. (2021). Migraciones fragmentadas. Contextualizando la migración senegalesa en Argentina y Brasil. *Diarios del terruño. Reflexiones sobre migración y movilidad*, UAM-Cuajimalpa, número 12, pp. 258-273.

GESTIÓN DE LA MIGRACIÓN VENEZOLANA EN TRÁNSITO POR EL NORTE DEL ECUADOR

Jessica Andrea Ordóñez-Cuenca[1] y Víctor Adrián Ayala-Cano[2]

Introducción

Los migrantes en tránsito o también denominados población en movimiento, en condición irregular o no documentada corren mayores riesgos de vulnerabilidad en comparación con los documentados debido a que "tienen menos probabilidades de tomar decisiones o de trazar estrategias de escape" (Oficina del Alto Comisionado para los Derechos Humanos, 2021, p. 9) y porque están expuestos a diversos peligros por las condiciones climáticas y amenazas, particularmente de agentes informales denominados "coyoteros" "pasadores" o "polleros". Estos grupos ilícitos se aprovechan de la desesperación de los inmigrantes los cuales se ven atrapados en redes especializadas de trata y tráfico de personas. Este hecho ha evolucionado para convertirse en uno de los peores escenarios de esclavitud contemporánea, representando una vergüenza a nivel mundial.

En este contexto, la migración de tránsito involucra a la familia, que es el espacio donde se toma la decisión de migrar. Las personas, con el firme propósito de rehacer sus vidas y cumplir con su proyecto migratorio, están dispuestas a arriesgar lo que tienen. Además, la migración de tránsito involucra inevitablemente a mujeres (algunas gestantes) y a niños, los cuales sufren vulnerabilidades y una doble discriminación, por el hecho de ser mujeres/niños y por estar indocumentados.

La migración indocumentada (irregular) es una consecuencia directa del desequilibrio en el mercado laboral y del incremento de la desigualdad, según argumenta Castles (2010). Aunque este es un fenómeno casi universal, ha generado una preocupación reciente por parte de los países receptores por controlar las fronteras y consecuentemente el empleo irregular. En los países de origen, las acciones para legalizar la emigración y evitar la explotación por parte de patrones y Estados han sido desiguales. Castles destaca que, debido el exceso de mano de obra poco cualificada, el dominio de la situación recae principalmente en manos de los países receptores.

Pese a las barreras que se establecen en cada país para impedir la movilidad, las personas siguen migrando porque persisten los problemas

---

[1] UTPL, Ecuador. Correo electrónico: jaordonezx@utpl.eduec
[2] UTPL, Ecuador. Correo electrónico: vaayala4@utpl.edu.ec

estructurales que acentúan los diferenciales de desarrollo entre países y que acentúan los escenarios de violencia y crisis generalizada. En palabras de Dos Santos (1972), ya en la década de los años 50 y 60 América Latina atravesaba una crisis en todo sentido:

> Crisis política asignada no solo a los sucesivos golpes de estado y a las crisis institucionales, sino por un extremismo de los movimientos populares. Crisis social caracterizada por una profunda conciencia de la necesidad de reformas estructurales. Crisis ideológica caracterizada por el choque de posiciones divergentes junto a un evidente desconcierto en vastos sectores sociales. (p.1)

Según la Comisión Económicas Para América Latina y el Caribe (CEPAL) en su informe de 2004, en las décadas de 1970 y 1980, la región latinoamericana experimentó una profundización de la crisis, marcada por el incremento de las desigualdades del crecimiento económico y en el acceso al bienestar, este hecho, entre otros efectos negativo aumentó los flujos migratorios internacionales. En 1990, América Latina experimentó una fase de crecimiento económico que marcó el fin de un largo periodo de retroceso y estancamiento. No obstante, este proceso de crecimiento se ve interrumpido entre 1997 y 2002 debido a la crisis asiática, este hecho influyó en que vivamos lo que la CEPAL (2004) denomina "otra media década perdida" (p.17).

En los últimos años, la región ha enfrentado el impacto de situaciones negativas, como la crisis económica mundial de 2009 y los efectos de la pandemia por el COVID-19. En el primer caso, la región experimentó una contracción del producto interno bruto (PIB), registra una caída del -1.9%. Por otro lado, la pandemia por el COVID-19 influyó en una caída del -6.4%[3] en el PIB. Consecuentemente, los efectos sociales se reflejan en un aumento de la pobreza y la desigualdad, especialmente tras la pandemia por el COVID-19. Un ejemplo claro, es el aumento de la tasa de incidencia de la pobreza, medida sobre la base de $1.90 dólares por día, que experimento un incremento notable, en 2020 esta tasa se situó en el 3.9%, y, en 2021 se elevó al 4.7[4] %.

La premisa general de este documento es que, la migración de tránsito es la mayor expresión de la crisis actual, exponiendo a las personas que migran a todo tipo de vulneraciones. Todo esto ocurre bajo la observación de estados emisores como receptores que muestran una escasa capacidad de acción y carece de soluciones efectivas para enfrentar la complejidad de la migración

---

[3] Según datos del portal del Banco Mundial https://datos.bancomundial.org
[4] Según datos del portal del Banco Mundial https://datos.bancomundial.org

de tránsito.

Las personas que cruzan la frontera del norte del Ecuador emprenden un viaje incierto en busca de una vida mejor. Tanto si viajan solas o acompañadas de su familia, se ven obligados a migrar debido a las carencias que viven en su país. A lo largo del éxodo, que puede prolongarse durante años, enfrentas desafíos significativos: sus hijos se ven privados del acceso a educación, las mujeres carecen de atención adecuada durante el embarazo, los esposos se ven afectados por la presión psicológica que implica la travesía. Por su parte, el Estado, brinda atención en médica y algunas raciones de comida, mientras que las Organizaciones no gubernamentales (ONG) les otorgan comida y alojamiento y provisiones para el viaje. Sin embargo, es importante destacar que, si bien la asistencia es valiosa, se caracteriza por ser temporal y efímera. Las necesidades que tienen estas personas son, en su mayoría, permanentes y estructurales.

Esta migración asimismo se enmarca en el modelo explicativo de las causas de las migraciones contemporáneas denominado Redes Migratorias, bajo el cual las personas migran generalmente por recomendación de "conjuntos de asociaciones recurrentes entre grupos de gente ligados por lazos ocupacionales, familiares, culturales o afectivos" (Portes 1995, citado en Izcara Palacios, 2010, p. 251).

La política migratoria en Ecuador

Según Vancea y Boso (2017, p. 14), la política de inmigración se refiere a las actividades y prácticas originadas por las asociaciones de inmigrantes con el fin de mejorar su situación legal y económica en el país de destino. En este sentido, Ramírez (2013) destaca que en Ecuador durante la década de los años noventa se observaron progresos significativos en la gestión migratoria, impulsados por la presión de colectivos de migrantes ecuatorianos residentes en España y Estados Unidos. Estos colectivos realizaron peticiones a favor del derecho al voto en el exterior de sus colectivos. Una de las iniciativas notables fue la presentación de un proyecto por parte de la Federación de Ecuatorianos Domiciliados en el Exterior (FEDEE), que estaba asentada en Estados Unidos (Ver, Arujo, 2010, p.6)

La influencia ejercida por estos colectivos resultó decisiva para la institución de la doble nacionalidad, ya sea por nacimiento o naturalización, en 1994. Además, esta acción contribuyó significativamente para que se promulgue el voto en el exterior en 1998, cuya aplicación se realizó en 2006. Estas disposiciones fueron posteriormente incorporadas en la Constitución de la República del Ecuador de 2008 como en la Ley Orgánica de Movilidad Humana (LOMH) de 2017.

Se observa que la política migratoria en Ecuador, al igual que en algunos países de América Latina como Bolivia, Colombia y Perú (como se expone en Araujo y Eguiguren, 2009) sigue un enfoque securitista con un alcance intervencionista. Esta política se emplea para abordar las necesidades urgentes de los migrantes , ofreciéndoles opciones para quedarse de forma temporal o permanente en Ecuador, o continuar con el viaje hacia países como Perú o Chile.

El enfoque securitista refuerza la percepción de que la migración es un problema. Según Ramírez (2013) este enfoque se ha consolidado en el país desde los años treinta y ha permeado en las instituciones del Estado y en la misma sociedad. A pesar de la promulgación de la nueva Constitución de la República, la cual tiene un enfoque de derechos, esta percepción no ha logrado eliminarse por completo.

Retomando la idea anterior, Eguiguren (2011) citada en Ramírez (2013) destaca que "la protección y el control fueron las tendencias generales más relevantes desde las cuales se aborda el tema de la migración en el legislativo en el periodo 1998-2007" (p.27). La protección se enfocaba en combatir el tráfico ilegal de migrantes, así como el control de la entrada y residencia de extranjeros en el país.

Las consecuencias de este enfoque se traducen en que un riesgo significativo para la seguridad de las personas migrantes. Debido a las restricciones impuestas por los estados, los migrantes se ven obligados a ingresar a los países de tránsito y destino de forma indocumentada. Esto respalda lo mencionado por Castles en 2010 (p.74) "las políticas migratorias pueden reducir los derechos de los migrantes y exacerbar su inseguridad", lo cual hace referencia a las situaciones de riesgo y explotación que enfrentan los migrantes cuando viajan de formal indocumentada.

El enfoque de tipo intervencionista está encuentra explicado en el documento de Zurbriggen y Mondol (2010), donde se presentan distintos tipos de políticas migratorias de carácter intervencionista. Entre estas políticas abarcan diversos aspectos como el cambio monetario, que interviene en la relación entre la moneda nacional y la rentabilidad de las remesas de los inmigrantes; las políticas de tipo laboral, que intervienen sobre las condiciones de contratación de la fuerza de trabajo, nacional o no; y las políticas de derechos humanos, que influyen en el trato hacia las minorías como en los grupos desfavorecidos, entre otros.

Según Campesi (2012), la securitización es un proceso en el cual un tema se transforma en un problema de seguridad. Este es un proceso que implica la construcción social que identifica a un sector específico como inseguro, se justifica a través de un discurso preconcebido para justificar la peligrosidad de un aspecto, lo cual explica las acciones de política que se toman al respecto. La securitización se desarrolla en un marco teórico – político elaborado por políticos o burócratas de la seguridad quienes "logran canalizar los miedos y ansiedades hacia determinados argumentos, construyendo una legitimación de su intervención" (p. 5).

El término ilegal implica estar en contra de la ley y se relaciona con algo inseguro. Las migraciones, especialmente la migración irregular o ilegal, se gestionan y se perciben desde el enfoque securitista, considerándose como un peligro social. En este proceso, se criminaliza la presencia de migrantes, ya que se sostiene que pueden incrementar los índices delictivos, competir en el mercado laboral con los nativos o representar una amenaza para el equilibrio étnico y cultural. Efectivamente, el término ilegal va en contra de lo establecido en el Artículo 6 de la Declaración Internacional de los Derechos Humanos, que afirma: "Todo ser humano tiene derecho, en todas partes, al reconocimiento de su personalidad jurídica", afirmar que una persona es "ilegal" puede ser deshumanizante ya que afirma que la personas es intrínsicamente ilegal, ignorando sus derechos humanos.

La conceptualización de los migrantes irregulares como "ilegales" ciertamente ha influido en su criminalización, lo que a su vez ha naturalizado la práctica de detener a los inmigrantes. Esta percepción ha influido en la opinión pública, legitimando las políticas que no se ajustan a las garantías de derechos humanos y contribuyendo a la xenofobia, la discriminación y la violencia" [5](United Nations, agosto 2003). En este contexto, ACNUR (2015) ha exhortado el uso del término "trabajadores migratorios no documentados o irregulares para definir a los trabajadores que se internen ilegal o subrepticiamente en otro país para obtener trabajo" (p.20).

Los efectos de este enfoque securitista incluyen una mayor discriminación, xenofobia y actitudes nacionalistas (León Rojas, 2020). En este contexto, la VIII Conferencia Suramericana sobre Migraciones (2008) declara en el punto 2 que:

> el hecho migratorio tiene un carácter multidimensional y que la aplicación de medidas restrictivas por los países de destino no constituye una solución realista a la emigración irregular. Que el hecho migratorio debe ser abordado de manera integral y comprensiva, con políticas que se dirijan a eliminar factores que causan la emigración mediante la promoción del diálogo entre los países de origen, tránsito y destino de la migración.

Retomando el caso ecuatoriano, según Herrera (2022), entre 2008 y 2013

---

[5] Traducción del autor.

se establece la institucionalidad migratoria, partiendo de la Constitución de la República del Ecuador de 2008 que reconoce los principios fundamentales de ciudadanía universal y libre movilidad, en concordancia con el artículo 13 de la Declaración Universal de Derechos Humanos. En esta constitución se reconoce el derecho a migrar y elimina la condición de extranjero.

Es importante destacar que Ecuador fue la primera nación del mundo en instituir el principio de ciudadanía universal. Según lo establece Agudelo et al. (2013), este principio se plantea como una salida a los retos que la globalización dispone al reconocimiento de los derechos de los ciudadanos. Además, las características de las migraciones actuales motivan que las personas no pertenezcan a un Estado particular sino a varios y por eso los denominan ciudadanos del mundo.

En 2007, se creó la Secretaría Nacional del Migrante (SENAMI) con el propósito de defender los derechos humanos de las personas migrantes que residen en el extranjero, de sus familiares que residen en Ecuador y de los extranjeros que viven en el país. Esta entidad tenía la responsabilidad de diseñar e implementar la política migratoria de acuerdo con lo establecido en la Constitución. Sin embargo, esta institución fue cancelada en 2013.

La SENAMI promovió durante algunos años el programa Plan Bienvenidos a Casa. Según Herrera (2022), este programa tuvo una cobertura bien reducida, pero contribuyó a fortalecer la idea de un Estado que se preocupaba por sus ciudadanos residentes en el exterior. Sin embargo, al desaparecer, se canceló el proceso de institucionalidad migratoria avanzado hasta entonces; en el lugar de la SENAMI, quedó a cargo el viceministro de Movilidad Humana.

De acuerdo con Eguiguren (2011), la protección y el control fueron las tendencias generales más relevantes desde las cuales se aborda el tema de la migración en el legislativo en el periodo 1998-2007. Además, según Ramírez (2013), desde el enfoque del "transnacionalismo político", se puede entender la realidad de Ecuador a inicios del año 2000 a través de las propias actividades organizadas por los migrantes desde sus organizaciones en el exterior y en Ecuador. También se destacan las actividades que realiza el Estado para integrar a los migrantes y sus colectivos a la vida política nacional. Esto manifiesta a través de: "la nueva política consular, el voto migrante, las Casas de Ecuatorianos en el Exterior, las Casas Legislativas y las visitas presidenciales a los migrantes" (p.13).

En el portal web del Viceministerio de relaciones exteriores y movilidad humana[6] se delinea la política migratoria ecuatoriana, que abarca diversas

---

[6] https://www.cancilleria.gob.ec/2020/06/25/politica-migratoria/

áreas. Dichas áreas incluyen la atención a los ecuatorianos retornados, protección internacional (asilo, refugio y apatridia), política migratoria, protección a ecuatorianos en el exterior. En cuanto a la política migratoria, se identifican tres áreas específicas: seguridad para las personas en movilidad y las sociedades de acogida, ordenamiento de flujos migratorios y movimientos regulares.

No obstante, aunque la Constitución de la República establece el principio de libre circulación, es cierto que cada Estado tiene la potestad de permitir el ingreso o no de personas de determinados países, basándose en diversos motivos. Carens (2009) destaca que "las restricciones sólo estarán justificadas en la medida que sean necesarias para preservar el orden público. La necesidad de ciertas restricciones no justifica cualquier medida" (p.64) y que al "comprometernos con la apertura de las fronteras no supone abandonar la idea de un carácter comunitario, sino reafirmarlo" (p.78).

Ecuador, solicita visa a personas de algunos países entre los cuales dos pertenecen a América Latina y el Caribe, Haití y Venezuela, en el primer caso desde el año 2015 y en el segundo desde el 2019. Para acceder a una visa de cualquier tipo (temporal, de residencia temporal, o permanente) el solicitante debe presentar entre otros documentos el pasaporte vigente, el pago del valor de la visa y evidenciar solvencia económica.

Esta medida, en el caso de Haití, surgió por el importante flujo migratorio de tránsito que tuvo lugar en la frontera sur de país entre 2012-2013, con destino Brasil. Según la Cancillería, esta medida ordena los flujos migratorios y evita que los migrantes sean víctimas de tráfico de personas. En su mayor pico, las llegadas de haitianos ascendieron a 18,000. En el caso de Venezuela, alrededor de 955,637 personas ingresaron en el año 2018. La implementación de la visa como requisito de entrada es una forma de controlar el ingreso masivo de personas, ya que entre los años 2016 y 2018, estas llegadas consiguieron a colapsar los pasos fronterizos. La mayoría de los ingresos se realizaron por el puente internacional de Rumichaca, que limita con Colombia, luego por San Miguel, que limita con la Amazonía de Colombia y por Huaquillas, que limita con Perú.

La relación entre intervención y asistencialismo

América Latina se destaca como la región más desigual del mundo. A pesar de que en los años noventa existió una tendencia hacia la reducción de la desigualdad, debido a factores como el fin del auge de las materias primas y las limitaciones metodológicas de los indicadores de desigualdad, en los últimos años se ha experimentado un retroceso en algunos países como Brasil y Paraguay, Este retroceso ha repercutido en el aumento de la pobreza, agravando este indicador y generando un aumento en el descontento social. Esta situación se vió reflejada en las protestas de finales de 2019 en Chile, Colombia y Ecuador (Lustig, 2020). En este contexto, el Estado tiene el desafío de asumir un papel activo en la reducción de la desigualdad y la promoción de la inclusión social.

Por otro lado, la relación entre intervención y asistencialismo es cercana. En palabras de Azcoaga (2018), la intervención social es importante en el ámbito de los servicios sociales y tiene como por objetivo la interacción. Esta práctica requiere de la participación de varias disciplinas y profesiones incluyendo: el trabajo social, la educación social, y de la psicología de la intervención social; dentro de las políticas sociales se planea como "acción preventiva, personalizada, integrada y ecológica" (p.81); y, está llamada a innovarse para hacer frente al cambio digital. Además, tiene un sentido de prevención justamente para evitar la intervención, de esta manera, las personas sujetas a esta intervención logran pasar del autocuidado a actividades de auto realización.

La asistencia guarda relación con la caridad y la ayuda a los más necesitados. Asimismo, el asistencialismo, según la Real Academia de la Lengua Española RAE es la "acción de prestar socorro o ayuda", que conlleva el riesgo de desarrollar dependencia. Según Bonel (2021), la asistencia implica el reconocimiento de derechos y la reparación plena de los problemas sociales, mientras que el asistencialismo consiste en el desconocimiento de derechos y oculta el problema social, implica la dación escasa para "atenuar y controlar la conflictividad social que genera la carencia" (Alayón, 2011, citado en Bonel, 2021, p. 23).

José Luis de Soto, cita a Gómez de Gill (2004) para destacar que las ONG "se convierten en agencias subsidiarias y precarizadas que tratan de mantener parcialmente bajo criterios de mínimos costes algunas de las anteriores funciones que tradicionalmente venían desarrollando los Estados" (p.12). Según el autor esto ha provocado una suerte de institucionalización de estas organizaciones para optar y gestionar los recursos del Estado, requiriendo que Estado ceda cada vez de mayor autonomía en este proceso.

Araujo (2013) realizad una comparación del desempeño de las Organizaciones No Gubernamentales para el Desarrollo (ONGD) de tamaño mediano y pequeño, involucran en total a 145 personas pertenecientes a 28 ONGD de Cataluña- España. Destaca que ambas tienen en común el carácter asistencial de sus actividades, las divergencias se encuentran en que las pequeñas intervienen desde una visión global, es decir, de arriba hacia abajo y que son moderadamente más participativas. Las medianas ONGD son más especializadas y trabajan con programas más específicos. Además, encuentran que el nivel de participación en ambas es débil, y el potencial de generación de cambio es bajo. Además, la crítica y la conciencia política están restringidas debido a sus propias conceptualizaciones respecto a la cooperación.

Zuluaga (2020), relata en su estudio la realidad de las personas venezolanas que viven en Colombia, particularmente en el municipio de Maicao. En esta área, existen organizaciones sociales dirigidas por personas colombianas, así como algunas ONG extranjeras. El estudio observa la falta de articulación, tensión y poca empatía entre los actores sociales que existen en la zona. Además, se destaca que:

> Se identifica la dependencia institucional de la población migrante debido a los altos niveles de inseguridad alimentaria; la "triple entente" conformada por el gobierno nacional representado por cancillería y migración, el ente religioso liderado por la diócesis de Cúcuta en Villa del Rosario y la administración municipal en Maicao, y las organizaciones de ayuda humanitaria encabezadas por la ONU y sus agencias como ACNUR, UNICEF y PMA, que usan la situación de la población migrante como excusa para coaptar financiación y atender a los sujetos con soluciones inmediatas, asistencialistas, sin preocuparse por su real inserción laboral, social, legal y cultural que permita mejorar sus condiciones integrales de vida. (Zuluaga, 2020, p. 329)

En este contexto, se señala "la necesidad de cambiar del asistencialismo a políticas de asistencia" (Alayón, 2011, citado en Bonel, 2021, p. 22). Este cambio implica la implementación de políticas públicas efectivas de prevención, que utilicen mecanismos de participación ciudadana y establezcan alianzas estratégicas con otros actores sociales.

Migración de tránsito en Tulcán

Se realizó una investigación de tipo cualitativa y documental, utilizando la técnica de la entrevista a profundidad. Este enfoque se aplicó durante el último trimestre del año 2022, entrevistando a funcionarios públicos y de organizaciones no gubernamentales de la provincia del Carchi, ubicada en el norte del país. Esta ciudad alberga al Puente Internacional de Rumichaca, que limita con Colombia y sirve de paso para un gran número de personas colombianas y venezolanas.

Según las entrevistas aplicadas a personas migrantes en tránsito, se observa que viajan en grupos pequeños, evitando vincularse con otros grupos de caminantes por temor a posibles robos. Los grupos están conformados principalmente por familiares cercanos: padres (madre) e hijos; hermanos y niños, en los cuales se encuentra a niños, incluyendo a madres gestantes. La existencia de redes sociales ya sea de familiares o amigos, les facilita el viaje y contribuye a asegurar un lugar para trabajar una vez instalados, además suelen recibir ayuda de estas redes.

Estas personas enfrentan numerosas carencias que afectan a su salud mental, siendo propensas a sufrir trastornos como ansiedad u otros relacionados con las preocupaciones. Se observa que los niños crecen en condiciones de calle, sin acceso a educación formal. Además, suelen alimentarse de dulces o bebidas azucaradas, lo cual puede derivar en problemas importante para su salud en el futuro.

En la Figura 1, se observa el saldo migratorio (entradas – salidas) de personas venezolanas en Ecuador, particularmente de quienes se registraron por un puesto o centro de atención fronteriza. El saldo migratorio en Ecuador, especialmente de personas venezolanas, muestra una tendencia positiva y creciente. En el periodo de 2010 a 2019, se observa un notable aumento, pasando de 23 personas en el 2010 a 115,846 personas en el 2019. Este aumento evidencia un flujo migratorio representativo durante ese periodo.

Gráfica 1. Saldo migratorio venezolanos en Ecuador. 2010 – 2019.

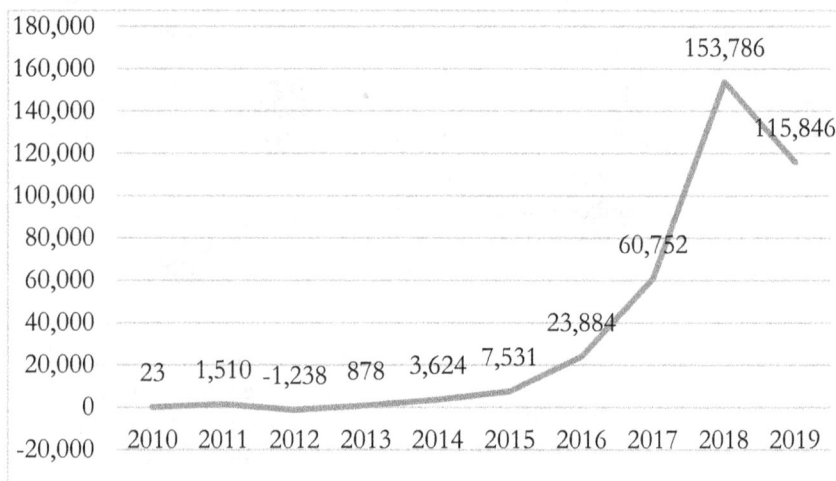

Nota. Elaborado a partir de las estadísticas de Ministerio del Exterior. 2010-2022

Tabla 1. Saldo migratorio venezolanos Rumichaca, Macará, Lalamor. 2010 – 2019.

Año	Centro Nacional De Atención Fronteriza Rumichaca	Unidad De Control Migratorio Frontera Terrestre Macara	Unidad De Control Migratorio Frontera Terrestre Lalamor
2010	489	-9	
2011	285	1	
2012	-44	-28	
2013	1,364	-145	
2014	333	1	
2015	4,713	-11	3
2016	22,494	-34	2
2017	197,855	-124	-75
2018	719,857	-667	51
2019	323,960	-74	14

Nota. Elaborado a partir de las estadísticas de Ministerio del Exterior. 2010-2022

La dinámica del puerto de Rumichaca consiste en recibir personas migrantes que ingresan desde el Norte, a través de Colombia, siendo principalmente de nacionalidades principalmente colombianas y venezolanas. No obstante, desde el sur, estas personas salen hacia Perú para continuar su trayecto hacia destinos como Chile o Brasil.

De acuerdo con la Tabla 1, se observan las estadísticas de las personas venezolanas que se registraron en el centro y/o unidad de control fronteriza en el norte o sur del país, los números evidencian la dimensión del incremento del flujo de personas venezolanas desde del año 2015. Seguramente el número de personas que no pasan por el registro migratorio es considerable debido a que existen varios pasos o trochas fronterizas por donde los coyoteros conducen a las personas migrantes. Este flujo migratorio evidencia que Rumichaca representa un punto estratégico en la migración hacia Sur América.

El saldo migratorio en Rumichaca refleja una tendencia positiva, es decir, las entradas son mayores que las salidas. En contraste, en el sur en ciudades como Macará o Lalamor, el saldo migratorio es negativo, indicando que hay más salidas que entradas. Además, en este sector se observa que las personas que ingresan desde el Perú representan el contraflujo o migración de retorno, es decir, se regresan a Venezuela o han decidido ir a otro país del norte.

El accionar del Estado y del gobierno local

La Constitución de la República del Ecuador en su artículo 9 establece que: "las personas extranjeras que se encuentren en el territorio ecuatoriano tendrán los mismos derechos y deberes que las ecuatorianas". Además, en el artículo 11 en este documento, se establece que: "todas las personas son iguales y gozarán de los mismos derechos deberes y oportunidades". En este contexto, el compromiso del gobierno ecuatoriano es asegurar los derechos de las personas extranjeras que se encuentran en el territorio. Este compromiso se refleja en las acciones llevadas a cabo por el Estado a través del Ministerio de Inclusión Económica y Social (MIES).

Este ministerio tiene un papel fundamental en la promoción del bienestar de las personas migrantes. De esta manera, esta institución firmó un convenio de Protección Especial de Movilidad Humana - Ciudad de Acogida en colaboración de la Fundación Carchi en Acción (CEA). Este convenio representa una inversión de más de 77,400 dólares destinados a brindar atención y apoyo a beneficiarios en situación de movilidad humana. La cooperación se ve reflejada en la implementación de brigadas médicas, consultas médicas y medicamentos, que mejora la calidad de vida de grupos vulnerables. Se espera que este programa atienda semanalmente a aproximadamente 500 personas en esta condición.

Además, en colaboración con el Ministerio de Relaciones Exteriores y Movilidad Humana (MREMH) se han suscrito convenios con el propósito de fortalecer la protección social de personas en condición de movilidad humana. Según información proporcionada por la dirección de comunicación del MIES, el 9 de diciembre de 2022, se estableció un compromiso interinstitucional por dos años. En el marco de este compromiso, se lanzó el programa denominado "Ciudades de Acogida", el cual tiene por objetivo brindar ayuda a alrededor de 9,000 personas en estado de movilidad humana y vulnerabilidad en Ecuador.

Además, el MIES está a cargo de coordinar la cooperación con alrededor de 23 organizaciones que incluye la sociedad civil y gobiernos autónomos descentralizados, con el objetivo de ampliar su cobertura a 17 ciudades. Esta estrecha colaboración busca tener la capacidad de servir a 500 y 250 personas, y en año 2022 se han destinado alrededor de 3.7 millones de dólares para financiar estas iniciativas. Estos esfuerzos se basan en los principios de igualdad, equidad y no discriminación establecidos en la Constitución de la República del Ecuador, y reflejan la disposición que tiene el Estado para abordar las necesidades de diversos grupos en movimiento y garantizar su protección.

Tulcán es un cantón[7] de la provincia del Carchi, ubicado al norte del Ecuador que comparte frontera con Colombia, en 2010 tenía una población de 53.558 habitantes.

El Gobierno Autónomo Municipal Descentralizado de Tulcán

---

[7] Unidad administrativa menor a la de una provincia. Las provincias están compuestas por cantones.

(GADMT) en colaboración con organismos internacionales desarrolla proyectos enfocados a gestionar la migración venezolana. El proeycto de mayor relevancia es la "Casa del Migrante", denominado así por ser un área donde los migrantes pueden descansar y alimentarse durante un periodo de tres días. Este espacio cuenta con infraestructuras municipales ubicadas en el norte y sur de la ciudad de Tulcán, y representa un lugar donde las ONG brindan asistencia humanitaria. La Casa del Migrante da prioridad a grupos de migrantes vulnerables.

Adicionalmente, desde el año 2021, el gobierno local implementó aulas de transición como respuesta a los casos de movilidad humana. Estos espacios encuentran ubicados en el patronato municipal y tienen por objetivo integrar mediante proyectos a las personas venezolanas en la localidad.

En colaboración con las ONG, el gobierno local ha generado un proyecto denominado "Tulcán recicla para la vida", cuyo objetivo es proporcionar herramientas para que los migrantes venezolanos se integren en el ámbito laboral a través de la recolección de residuos de la ciudad. Un trabajo articulado que surge mediante convenios con los organismos no gubernamentales y gubernamentales otorgándoles una zona específica donde pueden brindar sus servicios. Durante la semana, la infraestructura municipal se convierte en un punto de encuentro para migrantes venezolanos que buscan algún tipo de servicio. Particularmente, los lunes, miércoles y viernes se brinda asistencia legal y temas relacionados, mientras que los martes y jueves actúa el Ministerio de Salud Pública y de Relaciones Exteriores y Movilidad Humana, llevan a cabo actividades como campañas de salud o defensoría pública.

A pesar de las acciones realizadas para lograr la integración de la población migrante, se aplicaron medidas restrictivas para limitar su presencia en espacios públicos. Esto se ha logrado al solicitar a las organizaciones internacionales que se encarguen de atender las necesidades de los migrantes en áreas como salud, educación y vivienda, alejándolos de la ciudad. Estas iniciativas de integración han enfrentado desafíos, ya que algunos residentes aún mantienen actitudes xenófobas.

La utilización por parte de las personas migrantes de niños para pedir caridad en la calle puede ser uno de los factores que incrementan las actitudes negativas contra esta población. Esta situación, se evidenció por la llegada de personas venezolanas y genera sentimientos de desconfianza, discriminación y xenofobia por parte del resto de la población.

Además de brindar formación técnica, "Tulcán recicla para la vida" busca fomentar la inclusión social y la convivencia pacífica entre la población local y los migrantes venezolanos. El proyecto busca derribar barreras y estereotipos, promoviendo la comprensión mutua y el respeto cultural.

A través de este proyecto, se espera que los migrantes venezolanos puedan encontrar una fuente de ingresos sostenible y mejorar su calidad de vida en el cantón Tulcán. Al mismo tiempo, se busca reducir el impacto ambiental mediante la promoción del reciclaje y la gestión adecuada de los residuos sólidos.

Tabla 2. Proyectos GADMT dirigidos a la migración venezolana

Proyectos	Descripción	Beneficios
Casa del Migrante	Ofrece servicios de alojamiento, alimentación y apoyo social a los migrantes venezolanos.	Brinda un lugar seguro y acogedor para los migrantes, satisfaciendo sus necesidades básicas.
Aula de Transición	Facilita la integración de las mujeres migrantes a través de programas de educación y capacitación.	Ayuda a las mujeres migrantes a adquirir habilidades y conocimientos para su empoderamiento.
Proyecto de Reciclaje	Promueve el reciclaje y la sustentabilidad ambiental, involucrando a las mujeres migrantes.	Contribuye a la protección del medio ambiente y ofrece oportunidades de empleo y generación de ingresos.
Coordinación con ONG	Colaboración entre el municipio y las organizaciones no gubernamentales para brindar asistencia.	Permite una respuesta integral y coordinada en beneficio de los migrantes.
Puntos de Información	Establecimiento de puntos estratégicos para proporcionar información y apoyo a los migrantes.	Facilita el acceso a información relevante y servicios disponibles para los migrantes.

Nota. Adaptado de agenda 2022 junta cantonal Gadmt. Síntesis de los proyectos y sus beneficios.

El accionar de las Organizaciones No Gubernamentales

La reducción del protagonismo de las ONG en Ecuador, según Gortaire-Morejón et al., (2022), se atribuye a la mayor presencia del Estado, particularmente desde el gobierno del presidente Rafael Correa. De esta manera, en la actualidad "solamente un 31,38% de las ONG inscritas en el MIES se encuentran en funcionamiento" (p. 205), debido a una crisis de una reducción de sus fuentes de financiamiento y dependencia de terceros para funcionar. Este autor señala que la existencia de problemas técnicos y falta de profesionalización limita la capacidad de obtención de recursos. Además, resalta que solo el 48,9% de estas organizaciones cuenta con algún canal de comunicación digital, lo que demuestra que "existe una desconexión con la sociedad civil" (ibid. p. 205).

Según Soto (2009, p.25), las ONG tienen la función de "transformar las relaciones de poder, las reglas de distribución de la riqueza y los valores por los que se rige una sociedad determinada, en beneficio de los excluidos y de las excluidas de dicha sociedad". Sin embargo, si estas organización se preocupan por su financiación, la forma de captar voluntarios y en su visibilidad en la sociedad, puede indicar que la organización está llegando a su fin.

En Ecuador, según Goltarire, et al. (2021), en 2020 había 4,939 ONG registradas. En la provincia del Carchi hay tres, dos están en funcionamiento. Según R4V, en el año 2022 se ha observado una disminución generalizada en la provisión de asistencia humanitaria en comparación con años anteriores. A pesar de esto, hay en total 70 socios que cubren un total de 106 cantones del país, los cuales proporcionan refugios temporales para los migrantes donde pueden descansar, recibir atención médica básica y otros servicios para migrantes en tránsito. Además, la ayuda humanitaria incluye la distribución de alimentos, agua, medicamentos, kits de higiene, ropa y otros artículos de primera necesidad. En la Tabla 3, se resume los valores claves durante el año 2022.

Tabla 3. Cifras de respuesta en miles de dólares, 2022

Financiamiento	Requerimiento financiero	288 M
	Presupuesto recibido	95.9 M
Población Meta	Refugiados y migrantes	324 K
	Comunidad de acogida	90.1 K
Personas alcanzadas	Refugiados y migrantes	197 K
	Comunidad de acogida	85 K
Iniciativas de apoyo al estado	Acciones de apoyo	1.896
	Funcionarios públicos	16 K

Nota. Adaptado de R4V.

El acceso a servicios de atención médica y psicológica a los migrantes en tránsito incluye la realización de jornadas de salud, consultas médicas, suministro de medicamentos, asesoramiento psicológico y apoyo emocional. También se brinda atención especializada a mujeres embarazadas, niños y personas en situación de vulnerabilidad. Además, trabajan en la protección y defensa de los derechos de los migrantes, apoyando su inclusión, no discriminación y respeto a sus derechos fundamentales. Esto implica realizar acciones de incidencia política, sensibilización de la sociedad civil, monitoreo de situaciones de violencia o abuso, y promoción de mecanismos de protección adecuados para los migrantes. En la Tabla 4 se resume la cobertura brindada por las ONG en cada sector.

Tabla 4. Alcance de la asistencia por sector 2022

Educación		
Personas alcanzadas	Personas meta	Req. Financiero
43 k	140 k	18.3 M
Protección		
Personas alcanzadas	Personas meta	Req. Financiero
122 K	431 K	43.7 M
Seguridad alimentaria		
Personas alcanzadas	Personas meta	Req. Financiero
132 K	265 K	40.0 M
Alojamiento		
Personas alcanzadas	Personas meta	Req. Financiero
30 K	236 K	18.5 M
Salud		
Personas alcanzadas	Personas meta	Req. Financiero
99 K	239 K	18.8 M
Wash		
Personas alcanzadas	Personas meta	Req. Financiero
53 K	200 K	5.03 M
Integración		
Personas alcanzadas	Personas meta	Req. Financiero
48 K	203 K	62.93 M
Transporte Humanitario		
Personas alcanzadas	Personas meta	Req. Financiero
5 K	12 K	145 K

Nota. Adaptado de R4V.

Estos datos muestran el alcance y las necesidades financieras en cada una de las áreas de intervención expuestas, las cuales brindan apoyo y asistencia a las personas en situación de movilidad. Las organizaciones socias proporcionaron más de 1 millón de asistencias sectoriales directas a personas refugiadas, migrantes y de la comunidad receptora, atendiendo las necesidades más importantes.

En el ámbito de la seguridad alimentaria, se proporcionó asistencia humanitaria, tanto de forma inicial como recurrente, beneficiando a más de 132 mil personas en tránsito y con intenciones de establecerse. Aunque la respuesta en seguridad alimentaria se ha mantenido estable en comparación con el año 2021, se destaca el trabajo de los socios del sector en la entrega directa de alimentos, tarjetas canjeables para adquirir comida, kits de alimentación para aquellos en tránsito, así como el apoyo a albergues, comedores y casas de acogida. También se ha fortalecido la infraestructura y los recursos para la compra de alimentos (R4V, 2022).

En alojamiento, la R4V señala una disminución significativa en las asistencias, en comparación con el año anterior. Esto se debe a una reducción en la entrega de kits y en la provisión de alojamientos temporales en albergues u hoteles, así como en el apoyo individual para el alquiler de viviendas a personas con intención de permanecer. Esta disminución está relacionada tanto con las limitaciones financieras como con una disminución en la población en movimiento debido al cierre de fronteras ocasionado por la pandemia de COVID-19.

En el ámbito de agua, saneamiento e higiene (WASH), también se ha experimentado una disminución del 40% en comparación con el año 2021. Esto se debe a una reducción en la entrega de kits de higiene y en la provisión de servicios básicos de agua y saneamiento para la población en tránsito, directamente relacionado con el relajamiento de las medidas sanitarias debido a la pandemia.

En cuanto a la protección en general, se llevaron a cabo 236 mil asistencias, alcanzando a 122 mil personas. La mitad de estas intervenciones se centraron en actividades de orientación para el acceso al asilo, servicios migratorios y apoyo financiero para la obtención de documentación en el marco del nuevo Proceso de Registro y Regularización. Además, se brindaron asistencias para abordar necesidades específicas de protección en familias con niños, niñas y adolescentes, así como en personas con necesidades de protección como mujeres embarazadas, población LGBTIQ+, adultos mayores y hombres y mujeres que se encuentran solos (R4V, 2022).

En relación con la prevención de la Violencia Basada en Género (VBG) y la trata de personas y el tráfico de migrantes (T&T), la respuesta se ha mantenido estable en comparación con años anteriores. Se destaca la atención brindada a más de 15 mil personas que accedieron a servicios especializados para sobrevivientes de VBG, incluyendo acceso a kits de dignidad y la gestión de casos de emergencia con enfoque en una atención integral.

Gráfica 2. Evolución de la asistencia mensual (2022)

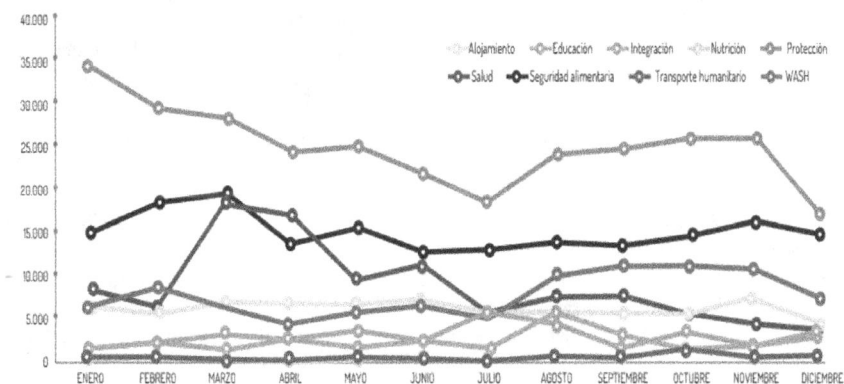

Nota. Adaptado de R4V.

339

Consideraciones generales

Las organizaciones no gubernamentales (ONG) que prestan ayuda humanitaria son de tipo privado, es decir, son indiferentes del Estado. No obstante, una crítica recurrente hacia las organizaciones no gubernamentales (ONG) es su tendencia hacia un enfoque asistencialista. Si bien es cierto, estas entidades brindan ayuda inmediata en situaciones de emergencia, es importante reflexionar sobre su capacidad para generar un cambio a largo plazo.

Existe una estrecha relación entre la intervención social y el asistencialismo. La intervención social busca prevenir problemas, fomentar el autocuidado y promover la autorrealización de las personas. Por otro lado, el asistencialismo corre el riesgo de generar dependencia y no abordar de manera integral los problemas sociales.

Las acciones humanitarias deben trascender la mera provisión de recursos básicos y focalizarse en estrategias que promuevan la autonomía y el empoderamiento de las personas migrantes. Es fundamental establecer mecanismos que fomenten su integración en la sociedad de acogida, brindándoles herramientas para su desarrollo personal, educativo y laboral.

Es fundamental replantear y rediseñar las acciones y programas de ayuda a las personas migrantes, abandonando el enfoque asistencialista y adoptando estrategias que promuevan el desarrollo integral. Con este cambio de enfoque se logrará un cambio real y duradero en la vida de las personas, garantizando su inclusión y contribuyendo a la construcción de sociedades más justas y equitativas.

Referencias bibliográficas

ACNUR (2015). Migración, derechos humanos y gobernanza. Recuperado en 12 de junio de 2023, de https://www.ohchr.org/sites/default/files/ Documents/ Publications/ MigrationHR_and_Governance_HR_PUB_15_3_SP.pdf

Agudelo, G. D. R., y Hoyos, J. A. N. (2013). La implementación del principio de ciudadanía universal en la Constitución de Ecuador de 2008. Via Inveniendi et iudicandi, 8(2), 53-78.

Araujo, L. (2010). Estado y voto migrante: una radiografía de la Región Andina. Flacso.

Araujo, L. y Eguiguren, M. (2009). La gestión de la migración en los países andinos: entre la securitización y los vínculos diaspóricos. Andina Migrante, 3, pp. 2-10. Recuperado de http://repositorio.flacsoandes.edu.ec/bitstream/10469/197/1/BFLACSO-AM3-02-Araujo.pdf

Araújo, M. S. (2013). Las ONG como vía al desarrollo ya la transformación social: Un estilo de intervención y participación. Universitat Autònoma de Barcelona.

Azcoaga, F. F. (2018). Construyendo la intervención social. Papeles del psicólogo, 39(2), 81-88.

Campesi, Giuseppe. (2012). Migraciones, seguridad y confines en la teoría social contemporánea. Revista Crítica Penal y Poder, 3, pp. 1-20.

Carens, Joseph H. (2009). Extranjeros y ciudadanos: Un argumento a favor de las fronteras abiertas. Isonomía, (30), 53-78. Recuperado en 12 de junio de 2023, de http://www.scielo.org.mx/scielo.php?script=sci_arttext&pid=S1405-0218200 900 0 100003&lng=es&tlng=es.

Castles, S. (2010). Migración irregular: causas, tipos y dimensiones regionales. *Migración y desarrollo, 8*(15), 49-80. Recuperado en 25 de julio de 2023, de http://www.scielo. org.mx/scielo.php?script=sci_arttext&pid=S1870-759920100002 0000 2 & lng = es&tlng=es.

CEPAL, N. (2004). Una década de desarrollo social en América Latina, 1990-1999. Cepal.

Dos Santos, T. (1972). La crisis de la teoría del desarrollo y las relaciones de dependencia en América Latina. Centro Latinoamericano de Desarrollo Rural y Reforma Agraria, 1–43.

Gortaire-Morejón, B., Matute, A., Romero, V., y Tinajero, J. P. (2022). The situation of the third sector in Ecuador: Survival of NGOs in an adverse environment. Iconos, 72, 205–228. https://doi.org/10.17141/iconos.72.2022.5094

Bonel, F. (2021). El significado de la asistencia para el Trabajo Social de ayer y de hoy. La mirada de profesionales sobre el dilema asistencia/asistencialismo. Fronteras 16 (1): 18-30, enero-junio 2021.

Izcara-Palacios, S. P. (2010). Redes migratorias o privación relativa: La etiología de la migración tamaulipeca a través del programa H-2A. Relaciones. Estudios de historia y sociedad, 31(122), 245-278. Recuperado en 26 de junio de 2023, de http://www.scielo.org.mx/scielo.php?script=sci_arttext&pid=S0185-39292010000200007&lng=es&tlng=es.

León-Rojas, A. (2020). Gobernabilidad migratoria, ¿reforzando el modelo de securitización en Suramérica? El éxodo venezolano y sus retos para el Estado colombiano. Estudios políticos, (57), 210-228.

Lustig, N. (2020). Desigualdad y descontento social en América Latina. Nueva sociedad, (286), 53-61.

Ministerio de Inclusión Económica y Social. (2022a). Convenio MIES – CEA de movilidad humana realiza brigada médica en Carchi. Recuperado de https://n9.cl/l0cy6

Ministerio de Inclusión Económica y Social. (2022b). MIES y Ministerio de Relaciones Exteriores firman convenio marco de cooperación para la protección social a personas en situación de movilidad humana. Recuperado de https://n9.cl/yg0ta

Oficina del Alto Comisionado de las Naciones Unidas para los Derechos Humanos. (2021). Situación de los migrantes en tránsito.

Plataforma de Coordinación Interagencial. (2022). Reporte de Fin de año.

Ramírez, J. (2013). La Política migratoria en Ecuador: rupturas, continuidades y tensiones.

Soto, J. L. S. (2009). Crisis de las ONG: la domesticación de la solidaridad. *Proyección: Teología y mundo actual*, (232), 7-25.

United Nations (agosto 2003). Report of the Special Rapporteur on the human rights of migrants. Recuperado de https://www.un.org/en/ga/search/ view_doc. asp? symbol=A/71/285&=E%20%20

VIII Conferencia Suramericana sobre Migraciones (2008). Declaración final. Recuperado de https://www.csmigraciones.org/sites/default/files/2021-02/02_-_ declaracion _ final.pdf

Zuluaga, L. F. C. Trabajo Social intercultural y migrantes venezolanos en la frontera. ÉTICA INTERCULTURAL Y DECOLONIAL DE TRABAJO SOCIAL,

321.

Zurbriggen, C. y Mondol, L. (2010). Estado actual y perspectivas de las políticas migratorias en el MERCOSUR. Facultad Latinoamericana de Ciencias Sociales.

LA OIM, EL DERECHO A LA INFORMACIÓN Y LA PRODUCCIÓN DE CONOCIMIENTO MIGRATORIO

Artemisa López León[1]

Introducción

En este capítulo se analiza el papel de la OIM, un organismo internacional que no sólo se ha vuelto un actor experto muy relevante en la gobernanza migratoria mundial, sino también ha sido un importante generador de insumos para la producción de conocimiento, bajo la consideración de que los organismos internacionales juegan un papel fundamental en la defensa de los derechos humanos.

Por el papel estratégico de la OIM en generación de conocimiento experto y su uso de la conectividad y la amplia y continua difusión de información, no sólo son fundamentales los derechos humanos de los migrantes como los derechos al libre tránsito y a la vida, también adquieren relevancia el derecho a la información y los ciberderechos.

En términos teóricos, se siguen a Scheel y Ustek-Spilda (2019) que consideran, por un lado, que la producción de conocimiento puede generar ignorancia estratégica y, por otro lado, que los metadatos y la metodología son fundamentales en la generación y puesta a disposición de la información. En términos empíricos, se parte de que la OIM ha aprovechado las ventajas del Big Data que ha facilitado su producción de conocimiento y, por ello, se considera que, como explica, Kitchin (2014), "Lo que se requiere actualmente es un conjunto detallado de estudios empíricos que examinen en profundidad las diversas formas en que se generan, procesan y utilizan los grandes datos".

Para la reflexión de la OIM bajo esas consideraciones, se hace un análisis de contenido descriptivo -cualitativo de la información que este organismo pone a disposición del público, haciendo uso del World Wide Web. El punto de partida de este análisis es lo ofrecido por el Global Data Institute, su principal encargado de generar, aglutinar y proveer el conocimiento experto de la OIM, haciendo uso del Big Data y apoyándose en sus modalidades Open Data y Linked Data y el Data Crowdsourcing.

A partir de lo ofrecido por el GDI, como una infraestructura de datos, se

---

[1] Departamento de Estudios de Administración Pública de El Colegio de la Frontera Norte (DEAP-Colef). Correo electrónico: malopez@colef.mx

hace un análisis descriptivo del contenido de sus componentes y se brinda especial atención al Missing Migrants Project y la base de datos anónima descargable que está disposición de todos, pues ese proyecto enuncia, desde su título, la centralidad de la desaparición de migrantes pero, como se verá en el análisis, desde la propia conceptualización y metodología utilizada, no es el principal conocimiento que se brinda y ese sesgo invisibiliza a los migrantes desaparecidos, la lucha activa de sus familiares y organizaciones de búsqueda de personas y destaca la posibilidad de la OIM contribuya a la generación de ignorancia estratégica.

Para desarrollar lo que aquí se menciona, el capítulo se divide en tres secciones. En la primera de ellas se discute, teóricamente, el papel de los organismos internacionales, la relevancia de este tipo de organismos para la defensa y protección de los derechos y se reflexiona sobre el derecho a la información a la luz del conocimiento migratorio que genera la OIM. En la segunda y tercera sección se analiza el conocimiento que brinda y produce la OIM; la sección enfocada al GDI y la tercera al MMP.

Organismos internacionales, derechos humanos y producción de conocimiento migratorio

Los organismos internacionales juegan un papel fundamental en la defensa de los derechos humanos. De acuerdo con (Mejía, 2017, pág. 51) los Estados están obligados y son responsables de la protección de todas las personas que se encuentren en su territorio, sin importar su nacionalidad o situación particular y esa responsabilidad de los Estados se extiende al respeto a los derechos humanos, como una comunidad internacional. Afortunadamente, "durante los últimos 30 años, se han visto notables avances en materia de Derechos Humanos en el plano internacional, ocupando estos un sitio más preeminente en la agenda del mundo" (Oviedo, 2019, pág. 145).

El papel de los Estados en el respeto a los derechos humanos es particularmente relevante cuando se aborda el fenómeno migratorio porque a nivel internacional no existe el derecho humano a migrar, pero sí hay derechos humanos de los migrantes; dichos derechos, por un lado, se sostienen en lo estipulado por la Convención Internacional sobre la protección de los derechos de todos los trabajadores migratorios y de sus familiares y, por otro lado, protegen a esa comunidad de violaciones en los distintos momentos y etapas del proceso migratorio, desde la preparación de la partida, la propia partida, el tránsito, la estancia, la remuneración de algún empleo y el retorno (Nieves Hernández, 2016).

Es evidente que los derechos al libre tránsito y a la vida son derechos humanos fundamentales vinculados al proceso migratorio; sin embargo, cuando se aborda el papel de los organismos internacionales en la gestión de la migración, adquiere particular importancia el derecho a la información que está consagrado en el artículo 19 de la Declaración Universal de Derechos Humanos donde se estipula que el derecho a la libertad de opinión y de expresión incluye el derecho de "investigar y recibir informaciones y opiniones, y el de difundirlas, sin limitación de fronteras, por cualquier medio de expresión" (Naciones Unidas, s.f.).

Este derecho se entrecruza con los ciberderechos que tomaron notoriedad en 2006, a través de la Carta de APC [Asociación para el Progreso de las Comunicaciones] sobre derechos en internet (APC, Asociación para el Progreso de las Comunicaciones, 2006); en julio de 2021, España los reconoció en la Carta de Derechos Digitales, un documento de carácter no normativo que busca "reconocer los novísimos retos de aplicación e interpretación que la adaptación de los derechos al entorno digital plantea" (Gobierno de España, s.f.).

En el marco del Derecho Internacional de los Derechos Humanos adquieren relevancia los organismos u organizaciones internacionales, pues los Estados firmantes de distintos tratados y convenciones internacionales

asumen las obligaciones y los deberes, en términos del derecho internacional, de respetar, proteger y, lo que es más importante aún, garantizar que los derechos humanos de las personas que radican y circulan en su territorio sean respetados y protegidos [...] las organizaciones internacionales surgen como instituciones diseñadas para vigilar el cumplimiento de los tratados internacionales signados y ratificados por las naciones que los conforman (Leco-Tomas y Belman-Leal, 2018, págs. 91-92).

Cabe señalar que los organismos internacionales no son organizaciones supranacionales que están por encima de los Estados miembros ni son organizaciones con poder de decisión sobre ellos, pero esos organismos pueden tomar la forma de instrumento de política exterior, foro político o actor político, según el ángulo o enfoque que quieran darle sus miembros (Figueroa Pla, 2010). En ese sentido, los organismos internacionales "son pieza clave en la cimentación de un futuro mejor, pero la decisión de otorgarles las herramientas para que puedan lograrlo sigue estando en las manos de cada una de las naciones participantes" (Leco-Tomas y Belman-Leal, 2018, pág. 107).

En el caso de la migración, la OIM es el organismo internacional más relevante. Esta organización fue creada en 1951, cuenta con ciento setenta y cinco Estados Miembros, ocho Estados como observadores y tiene oficinas en más cien países. A decir de la propia OIM, "es la principal organización intergubernamental en el ámbito de la migración y trabaja en estrecha colaboración con asociados gubernamentales, intergubernamentales y no gubernamentales" sobre cuatro temas principales: 1) migración y desarrollo, 2) migración facilitada, 3) migración reglamentada y 4) migración forzada (Organización Internacional para las Migraciones, 2023).

La labor específica de la OIM consiste en

cerciorarse de una gestión ordenada y humana de la migración; promover la cooperación internacional sobre cuestiones migratorias; ayudar a encontrar soluciones prácticas a los problemas migratorios: y ofrecer asistencia humanitaria a los migrantes que lo necesitan, ya se trate de refugiados, de personas desplazadas o desarraigadas (Op. Cit.).

La OIM "puede ser considerada un actor en la gobernanza migratoria mundial con un grado de independencia que trasciende la relación entre el representado y el representante. Lo anterior es visible sobre todo en su injerencia en las deliberaciones del pacto mundial" (Rother, 2020, pág. 155).

El conocimiento experto de las organizaciones contribuye a reforzar su credibilidad y las ayuda a alcanzar sus objetivos políticos porque el conocimiento puede legitimar tanto la política, al brindar autoridad (epistémica) a los actores, como los reclamos particulares sobre asuntos políticos; para eso, las afirmaciones empíricas o analíticas con base científica contribuyen a la fundamentación de un argumento y con ello se puede obtener el apoyo público para posiciones políticas particulares (Boswell, 2008 y 2009).

La OIM ha sido fundamental en temas relevantes y actuales en torno a las migraciones por su papel como actor y como experto, esto es, se ha vuelto una fuente importante de conocimiento, pues los Estados que integran este organismo cada vez son más dependientes de su producción de conocimiento y sus informes son dirigidos y frecuentemente consultados por académicos y profesionales; y eso, a su vez, contribuye a la autolegitimación de la propia OIM (Rother, 2020, págs. 148-150).

Particularmente,

[los] actores en el campo de la gestión de la migración se involucran en prácticas de cuantificación gracias a la autoridad otorgada a los hechos numéricos y sus productores […] La movilización de hechos numéricos como fuente de experiencia se intensifica con los recientes llamados para "fortalecer la formulación de políticas basadas en evidencia" en el campo de la gestión de la migración a través de más y mejores estadísticas sobre migración (Scheel y Ustek-Spilda, 2019, pág. 667).

Ese conocimiento experto, en la época actual, se ha beneficiado de la gran aceptación que ha tenido el movimiento Open Data, el surgimiento y amplia utilización de la Web 2.0, la cotidianidad con que hemos recurrido al Big Data y la relevancia que ha adquirido, en los últimos años, el Data Crowdsourcing o colaboración de datos; lo que ha llevado a los interesados en el entendimiento del fenómeno migratorio y a los expertos en análisis de datos, redes sociales e inteligencia geoespacial, como (Curry, Croitoru, Cooks, y Stefanidis, 2018), a utilizar el término Exodus 2.0 "para referirse a este nuevo paradigma migratorio en la era digital, donde la información es una mercancía en el proceso migratorio", destacando la dimensión geográfica asociada a las rutas migratorias y a la dimensión situacional asociada a la conectividad social de las poblaciones migrantes.

La OIM genera y provee buena parte de su conocimiento experto por medio del Global Data Institute / Instituto Mundial de Datos [GDI] que, desde 2022, busca mejorar "la disponibilidad y el uso de datos para alcanzar resultados más sólidos en materia de gobernanza y lograr impactos positivos para los migrantes y las sociedades, de conformidad con la Estrategia sobre Datos Migratorios de la OIM" (International Organization for Migration, 2023a).

El trabajo que realiza dicho Instituto contribuye a brindar el conocimiento experto que se utiliza para generar datos y mapas que, de acuerdo con (Domenech, Basualdo, y Pereira, 2023), tienen el objetivo de trazar y cuantificar los movimientos migratorios pero que también han sido resultado de un esfuerzo por controlar la migración irregular, bajo proposiciones relacionadas con la mejora de la gestión migratoria y que se vuelven evidentes en informes que pretenden aportar a la formulación de políticas públicas basadas en evidencia. Con ello se deja de lado que los datos pueden y deben utilizarse como herramienta para la protección de los derechos de los migrantes y no solamente convertirse en un instrumento de vigilancia y control, lo que podría lograrse con el uso eficaz de una combinación de datos estadísticos tradicionales y Big Data (Beduschi, 2018).

El punto delicado de lo anterior es que se produce conocimiento, pero también ignorancia estratégica porque se muestra una realidad única, coherente y medible, a través de prácticas como la omisión, compresión, sanitización o desvío de la información; los metadatos y la metodología son fundamentales en ese proceso decisivo de quien genera y pone a disposición la información porque tales metadatos pueden ser infinitos y se debe decidir hasta qué punto se profundiza en la información metodológica brindada (Scheel y Ustek-Spilda, 2019, pág. 674).

En la migración, esto adquiere particular importancia porque, como lo ha demostrado (Ceriani Cernadas, 2016) el lenguaje se ha convertido una herramienta fundamental para la política migratoria y se requiere de un cambio sustancial en las prácticas discursivas ya que se ha vuelto común el uso de eufemismos que traen consigo un sesgo securitario que legitima ciertos enfoques de la política migratoria y que provoca una afectación a los derechos y garantías de los migrantes.

De lo expuesto se destaca la importancia que tienen los organismos internacionales para la defensa de los derechos humanos y, en el ámbito de la migración, es indudable la relevancia de la OIM que se ha vuelto un actor clave en la gestión de la migración por su conocimiento experto y como generador de insumos para la producción de conocimiento a través del GDI, por lo que el derecho a la información también adquiere relevancia.

GDI desde la óptica del Big Data

Uno de los recursos más relevantes del Big Data es la infraestructura de datos que ha modificado significativamente el panorama de los datos pero representa un importante desafío por tratarse de un sistema que, para ser funcional, interoperable y confiable, encara problemas que "no son simplemente técnicos, sino también sociales y políticos, ya que requieren negociación y acuerdo en su diseño, selección y gestión continua entre muchas partes: financiadores, diseñadores, creadores, administradores, depositantes, grupos directivos, partes interesadas y otros intereses creados" (Kitchin, 2014).

El GDI es una infraestructura de datos de reciente creación –apenas constituida en 2022, como ya se mencionaba–, que ha cobrado relevancia por la información que pone a disposición de los usuarios a través de su Portal de Internet y las herramientas de búsqueda, manejo y visualización de datos que ofrece en la modalidad Open Data y Linked Data.

El GDI es parte de la respuesta de la OIM a históricos desafíos que se han enfrentado y que se han señalado, al menos desde 2009, como una falta de datos detallados, comparables y desagregados sobre los flujos migratorios, pues esos datos no siempre se comparten, analizan ni difunden en su totalidad y, como se señaló en llamado Informe Sutherland 2017, dichos datos, son necesarios para establecer hechos básicos y responder preguntas tan elementales como quiénes son los migrantes, dónde están, de dónde vienen; a esa carencias se suma que ni siquiera la mitad de los censos de los países, recopilan datos sobre la llegada de los migrantes (Leonardelli, 2017)

Como se aprecia en la Figura 1, el GDI ofrece tres herramientas generales que son fundamentales para el uso y manejo de los datos que almacena: 1) dos estructuras de datos centrales (Core Data Structures), que son el Global

Migration Data Analysis Centre [GMDAC] y la Displacement Tracking Matrix [DTM] 2) un Portal de Datos, el Migration Data Portal [MDP] y 3) un Lago de Datos (Data Lake), el Data and Research.

Los tres primeros se ubican en la sección 'Recursos y Herramientas' del Sitio Web del GDI y son sitios Web enlazados, por lo tanto, se redirecciona a ellos y cuentan con su propio menú y herramientas de búsqueda, uso y visualización de datos. El Lago de Datos es un micrositio Web al que se accede en la barra superior e inferior del Sitio Web del GDI y ofrece datos estructurados y semiestructurados. Es importante señalar que el GDI ofrece su información en tres idiomas distintos, pero hay una variación en el Portal del GDI en español y francés, pues se agrega un portal de datos: Proyecto Migrantes Desaparecidos [MMP, por sus siglas en inglés] (Ver Figura 1).

Figura 1. Las herramientas Big Data del GDI

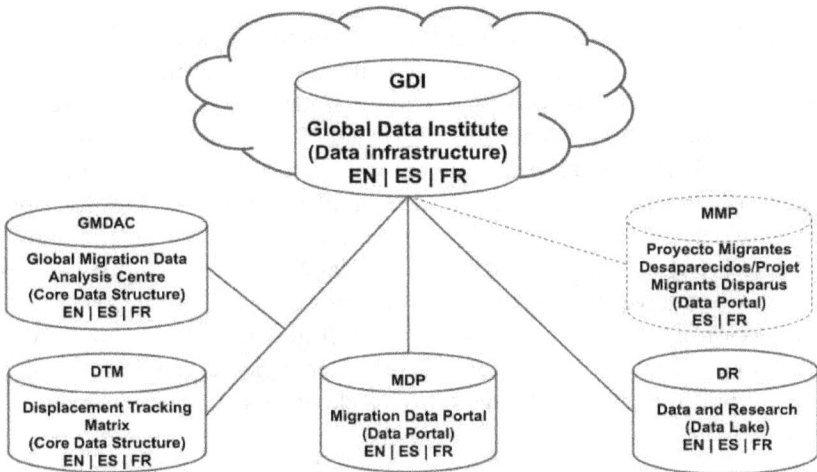

Fuente: Elaborado por Mtro. Martin Rivera con base en Dearden (2022) e International Organization for Migration (2023a).

Respecto a las estructuras de datos centrales que ofrece el GDI, el GMDAC se fundó en 2015, con sede en Alemania, con la finalidad de "responder a las solicitudes de mejores datos y análisis de la migración internacional. [Considerando que] Los datos son clave para informar la gobernanza de la migración, mejorar la programación y promover una mejor comprensión pública de la migración" (International Organization for Migration, 2023b).

En términos de accesibilidad de la información, este sitio únicamente brinda información en inglés y ofrece vínculos directos a los Sitios Web del Missing Migrants Project, Migration Data Portal y el Africa Migration Data

Network, a las publicaciones de la OIM y despliega un banner donde se puede acceder directamente a los textos que se buscan promocionar como un manual de innovación de datos, consideraciones éticas para la migración y un foro estadístico (Op. Cit.). En ese sentido, el banner funge como las directrices principales que transmite el GMDAC como líder en conocimiento migratorio.

La DTM, por su parte, es un sistema que permite recopilar y analizar información en varios niveles; se concibió, en 2004, para brindar datos –a los replicadores en Irak– sobre desplazamiento a fin de informar sobre las intervenciones humanitarias en las fases más agudas de sus crisis humanitarias; hoy en día se ha adaptado para su uso en más de ochenta países y permite recopilar información básica como estimaciones de población, datos demográficos y ubicaciones (International Organization for Migration, 2023c).

En la última actualización del marco metodológico de la DTM –disponible en inglés, español, francés y árabe–, se detallan los métodos y herramientas de los cuatro componentes estándar que se usan para recabar información: 1) Seguimiento de movilidad, 2) Monitoreo de flujos, 3) Registro y 4) Encuestas; asimismo, en ese marco metodológico se estipula que "Los datos producidos a través de la implementación de DTM, cuando sea posible, deben ser de fuente abierta, comúnmente estructurados y públicos" (Organización Internacional para las Migraciones, s.f.). Esos datos se difunden a través reportes, mapas, conjuntos de datos, historias de datos y una sección de recursos interactivos online (International Organization for Migration, 2023c) y si bien el portal se ofrece en inglés, español y francés, no hay una traducción del inglés de todos los elementos que componen el sitio Web de la DTM.

El Migration Data Portal inició en diciembre de 2017 y está a cargo de GMDAC; fue creado con la finalidad de "ofrecer acceso, desde un mismo sitio, a estadísticas migratorias actuales y completas y a información fiable sobre los datos de la migración en todo el mundo" (Portal de Datos Mundiales sobre la Migración, 2023). La información del MDP se ofrece en sitios Web en inglés, español, francés y alemán, pero sólo algunos contenidos están disponibles en los cuatro idiomas, la mayoría de la información está escrita en inglés.

El MDP ofrece una lista de suscripción de correo electrónico y tiene una gran variedad de contenido entre los que destacan el manejo interactivo de datos que pueden compararse y visualizarse en mapas, un directorio de innovación de datos, las últimas actualizaciones en cifras migratorias, los datos migratorios regionales más recientes, blogs, videos, una sección que incluye los temas migratorios en las metas de los Objetivos de Desarrollo Sostenible [ODS] y dos secciones que destacan lo que llaman el top de los 5 principales atributos del portal –difundidos también en un banner– y las 5 páginas más leídas del Portal (Global Migration Data Portal, 2023).

El Data and Research fue diseñado como un recurso de la OIM para apoyar "la producción de datos y la investigación diseñada para guiar e informar las políticas y prácticas migratorias. (…) para mejorar la ejecución de programas de la OIM y contribuir a una comprensión más amplia de los patrones y procesos migratorios"; Este micrositio ofrece su información en tres secciones: 1) investigación, que lleva a recursos interactivos, publicaciones y bases de datos, 2) datos, que incluye vínculos directos al GDI, GMDAC, DTM, MDP, MMP y Global Data Hub on Human Trafficking y 3) Noticias e historias relacionadas, que incluye información a notas periodísticas, blogs y videos (International Organization for Migration, 2023c). Este micrositio ofrece la totalidad de su información en inglés, español y francés, a través de sitios específicos en cada uno de esos idiomas.

Finalmente, el MMP –no tiene un vínculo directo en el sitio Web del GDI en inglés pero aparece como un recurso en las versiones del DGI en español y francés– es un proyecto que cuenta como su propio sitio Web donde se facilita la búsqueda de contenidos por incluir un Mapa del Sitio; el MMP "registra desde 2014 a las personas que fallecen en el proceso de migración hacia un destino internacional, independientemente de su estatus legal"; el MMP recopila datos cuantitativos sobre los migrantes fallecidos, brinda a las familias de los migrantes desaparecidos algunos recursos de búsqueda de organizaciones y redes, a lo largo del mundo, y difunde publicaciones relacionadas con el Proyecto (International Organization for Migration, 2023d). Esta información se encuentra disponible en inglés, español y francés.

Los datos recopilados por el MMP se actualizan constantemente y, por un lado, se ofrecen procesados en mapas y datos estadísticos que se visualizan de manera global y por regiones; por otro lado, se pueden descargar como una base de datos (formato XLS y CSV) porque cuenta con la Creative Commons Attribution 4.0 International License / Licencia Internacional 4.0 para la Atribución de Bienes Creativos Comunes que da la libertad de compartir y adaptar los datos siempre y cuando se indique al MMP como fuente y si se hizo alguna modificación a los datos (International Organization for Migration, 2023c).

Con lo expuesto puede apreciarse que la OIM ha hecho múltiples esfuerzos por recopilar y poner a disposición información cualitativa y cuantitativa sobre asuntos migratorios para remediar esos vacíos de información que se detectaron, hace casi tres lustros, a través de tres herramientas básicas que, a su vez, despliegan múltiples recursos que permiten contar con información actualizada, procesada, interactiva, descargable y manipulable en diversos formatos y con distinto grado de profundidad. Con eso queda más que probado el liderazgo del organismo en cuanto al conocimiento experto que se logra generar al combinar datos estadísticos tradicionales –como los que se recaban con la DTM- y Big Data.

Sin embargo, hay carencias que es importante subsanar como los idiomas en que está disponible la información, que se brinde la misma información en todos los idiomas –incluidos los vínculos para acceder a otros sitios Web como el MMP– y quizá lo más importante es que se requiere hacer correcciones conceptuales/metodológicas, como se verá en la siguiente sección, con el análisis, desde el punto de vista conceptual y metodológico, del MMP.

MMP: el riesgo de la validez, el sesgo conceptual y la generación de ignorancia estratégica

Ya se comentaba que (Scheel y Ustek-Spilda, 2019, pág. 674) consideran que la puesta a disposición de la información requiere que se decida hasta qué punto se profundiza en dicha información y, en ese proceso, son fundamentales los metadatos y la metodología. Ambos se abordan en la sección para descargar los datos del sitio Web del MMP, particularmente en la Metodología y la Guía para la recopilación de datos.

El MMP opera su conjunto de datos descargables sobre la base de los incidentes ocurridos, esto es, cada dato representa un evento individual que registra una persona o grupos de personas, pero también incluye un total acumulado para incorporar los incidentes que no están desagregados en las estadísticas oficiales y nutre esa información de una combinación de fuentes, como se aprecia en la Tabla 1, siendo la sociedad civil quien se vuelve la principal fuente de información, seguida de los organismos internacionales, los medios digitales, la radiodifusión y los organismos internacionales; la prensa y la televisión tradicionales pasan al último término.

Respecto a la calidad de la información proporcionada por esas fuentes, el MMP valora tal calidad en una escala del 1 al 5, dándose el número más bajo a la información que procede de una única fuente periodística y el más alto a la información que procede de fuentes oficiales de gobierno o del área forense (Organización Internacional para las Migraciones, 2021). En términos operativos, el MMP utiliza el crowdsourcing, esto es, permite "la generación colectiva de medios, ideas y datos realizada voluntariamente por muchas personas para resolver una tarea en particular" (Kitchin, 2014).

Tabla 1. Fuentes de información de la base de datos del MMP, por frecuencia y porcentaje, 2014-2022

Tipo de fuente	Frecuencia	%
Gobierno (GOB)	1,056	8.60
Medios Digitales (MD)	2,908	25
Organismos Internacionales (OI)	2,035	17.50
Prensa (PS)	15	0.02
Radio (RD)	2,195	17.93
Redes Sociales (RS)	108	.93
Sociedad Civil (SC)	3,732	30
Televisión (TV)	46	0.01
Sin fuente (S/F)	4	0.01
Total	12,099	100

Fuente: elaborado por Mtro. Martin Rivera con base en International Organization for Migration (2023d)

La OIM pone a disposición, a través de su sitio Web, el envío de datos desglosados o de evento único de muerte o desaparición de un migrante, a través de un formulario que se envía como archivo adjunto a un correo electrónico; la OIM comprueba la exactitud de tales datos y los verifica con los actores pertinentes antes de añadirlos a sus bases. Asimismo, es importante señalar que el MMP tiene una base de datos interna y otra anónima que es descargable en línea; en esas bases se registran diecisiete variables, como fecha de la muerte o desaparición, número de muertes, desaparecidos y supervivientes, género, fuente de información, región y ruta migratoria, entre otras; esas variables se traducen en veinticinco columnas de información en la base datos anónima descargable (OIM/GMDAC, 2020).

Al respecto de los datos que recaba el MMP debe destacarse que

los datos compilados por el Proyecto Migrantes Desaparecidos tienden a estar sobreestimados en partes del mundo donde existe una mayor cobertura mediática e informes oficiales sobre defunciones, como ocurre con Europa y el Mediterráneo. En comparación, pocos datos sobre muertes de migrantes son registrados en otras zonas del mundo en las que la migración irregular prevalece […] (Organización Internacional para las Migraciones, 2021).

Como se aprecia en la Tabla 2, de 2014 a 2022, en términos generales, la información de las rutas migratorias se ubica en el escaño 2 de la escala del MMP. En términos particulares, se registra muy poca información de las rutas migratorias Caribbean/Central America y Democratic Republic of Congo/Uganda y es muy baja la calidad de la información recabada, pues se ubican, mayoritariamente, en los escaños 1 y 2.

Como es de esperarse, las rutas migratorias más utilizadas cuentan con mayor información y son las rutas US/Mexico, Afghanistan/Iran y Sahara Dessert, en ese orden, pero en la primera ruta la calidad de la mayoría de su información se ubica en el escaño 2 de la escala del MP, la información de Afghanistan/Iran se considera en el escaño 1, y sólo la información del Sahara Dessert se puede considerar altamente confiable, pues se ubica en el escaño 4; cabe señalar que sólo la información de la ruta migratoria Western Mediterranean se considera de la más alta calidad, al catalogarla en el escaño 5 (Ver Tabla 2). Lo que ilustra bien el tipo de datos con el que se cuenta para conocer sobre los migrantes en su trayectoria migratoria hacia un destino internacional.

Tabla 2. Calidad de las fuentes de información de la base de datos del MMP, por ruta migratoria, 2014-2022

Ruta Migratoria	Escala de la calidad de la información					Total
	1	2	3	4	5	
Afghanistan/Iran	1571	4	326	295	148	2344
Belarus-Europe	18	S/D	15	13	3	49
Caribbean/Central America	1	S/D	S/D	S/D	S/D	1
Caribbean/US	32	5	24	1	2	64
Central Mediterranean	324	S/D	388	84	217	1013
Comoros/Mayotte	S/D	1	S/D	S/D	16	17
Darien	33	S/D	33	S/D	27	93
Dominican Republic/Puerto Rico	25	S/D	4	10	S/D	39
Democratic Republic of Congo/Uganda	3	S/D	S/D	S/D	S/D	3
Eastern Mediterranean	40	S/D	36	17	240	333
English Channel/UK	3	S/D	2	120	6	131
Haiti/Dominican Republic	S/D	S/D	S/D	17	S/D	17
Horn Africa/Yemen	S/D	S/D	S/D	159	S/D	159
Iran/Turkiye	S/D	S/D	S/D	34	S/D	34
Italy/France	S/D	S/D	S/D	33	S/D	33
Sahara Dessert	8	54	11	1901	51	2025
Syria/Turkiye	1	55	1	67	5	129
Turkiye/Europe	1	2	4	137	9	153
Ukraine/Europe	S/D	S/D	1	8	S/D	9
US/Mexico	234	2565	232	103	112	3246
Venezuela/Caribbean	S/D	11	S/D	S/D	S/D	11
Western Africa/Canary Islands	S/D	209	S/D	S/D	S/D	209
Western Balkans	10	158	10	24	2	204
Western Mediterranean	92	S/D	82	99	1510	1783
Total	**2396**	**3064**	**1169**	**3122**	**2348**	**12099**

Fuente: Elaborado por Mtro. Martin Rivera con base en International Organization for Migration (2023d).

Durante casi una década, la OIM ha hecho un gran esfuerzo por poner a disposición pública y gratuita una gran cantidad de datos precisos que se actualizan, de manera continua, sobre los migrantes muertos y desaparecidos pero la OIM encara dos problemáticas importantes, por el riesgo que entrañan en cuanto a la calidad de la información.

Por un lado, la sobre y la subestimación de las cifras es un sesgo metodológico que es difícil de subsanar en el corto plazo y representa un desafío constante. Si bien, en términos generales, como lo expresa (Kitchin, 2014), hay cierta tolerancia con las inexactitudes propias del Big Data, es importante cuidar que no haya datos manipulados, sesgados o con poca fidelidad para evitar que se ponga en entredicho la validez de la información y que resulten poco provechosos para quienes analizan y explotan esos datos. Una base de datos continuamente actualizada y que opera a través del Data Crowdsourcing, como la del MMP, requiere que los medios y vías de revisión y verificación de la información estén en constante vigilancia y mejora.

Por otro lado, la concepción de migrante desaparecido es una problemática de mayor envergadura porque el proyecto fue concebido para registrar "incidentes en los cuales personas migrantes fallecen intentando cruzar las fronteras externas de los Estados, o en el proceso de emigrar hacia un destino internacional, con independencia de su estatus legal" y, de hecho, la variable *Número total de desaparecidos* expresa el "número de personas desaparecidas con presunción de muerte" y, a su vez, el número de desaparecidos en los incidentes colectivos se calcula al restar el número de cadáveres recuperados y el número de supervivientes del total de los individuos reportados en cada incidente (Organización Internacional para las Migraciones, 2021).

Esto es, el MMP hace alusión a los migrantes desaparecidos pero su principal finalidad es recabar los datos de los migrantes fallecidos y en la desaparición de migrantes se parte de la presunción de muerte. Con ello, la autoridad epistémica de que goza la OIM coadyuva a invisibilizar la grave y sentida problemática de la desaparición de personas que preocupa profundamente al Consejo de Derechos Humanos de las Naciones Unidas por "el aumento de las desapariciones forzadas o involuntarias en diversas regiones del mundo" (Consejo de Derechos Humanos de la ONU, 2020).

La concepción de desaparición de la OIM diluye –o abiertamente contraviene– los logros de la sociedad civil porque, con constante lucha y activismo, "el discurso de las organizaciones ha logrado colocar en el espacio público la discusión sobre la sistemática desaparición de personas migrantes" (Salazar Araya, Fernández Alvarado, y Cordero Camacho, 2022) y esas organizaciones han destacado que "la falta de datos precisos e información sistematizada no contribuye a evidenciar las dimensiones reales del problema de las desapariciones, con el resultado de dificultar la investigación de casos y, finalmente, fomentar la impunidad." (COFAMIDE, 2012, pág. 6).

Esa carencia de conocimiento y reconocimiento de quienes desaparecen lacera profundamente a las familias porque a pesar de que, generalmente, se interpreta la desaparición en el horizonte de la muerte, quienes buscan a un ser querido que desapareció viven con la incertidumbre de su paradero y mientras no exista la certeza de su fallecimiento se mantiene un amplio horizonte de expectativas (Diaz Lize, 2020, págs. 7-8). Ese proceso que viven familiares y seres queridos de quienes han desaparecido debe respetarse y asumirse como parte de la dolorosa realidad imperante, en el mundo entero, sin invisibilizar a las personas no localizadas.

En la *Guía para la recopilación de datos* del MMP, la OIM justifica su concepción de la desaparición y que prevalezca el registro de las muertes, como eje central, con base en las dificultades prevalecientes para la recabación de información:

es difícil recopilar datos sobre las muertes y desapariciones de personas migrantes debido a que la notificación sistemática de las muertes de no nacionales en tránsito (por los países de tránsito y de destino), o de nacionales que han muerto mientras estaban en tránsito en el extranjero (por los países de origen) es poco frecuente. Apenas existen fuentes oficiales que reúnan y publiquen datos sobre las muertes de personas migrantes. A menudo los casos salen a la luz a través de los medios de comunicación, que pueden tener una cobertura incompleta, poco frecuente o incluso incorrecta manipulable (OIM/GMDAC, 2020).

La concepción del propio proyecto que destaca su muerte y no la anunciada desaparición y que privilegia la cantidad de migrantes registrados sobre los datos precisos de los desaparecidos contribuye a lo que (Diaz Lize, 2020, pág. 6) denomina *efectos políticos de la factualización y cuantificación* y que "refieren a usos de las cifras (o más ampliamente de toda factualización) con objetivos e intereses más o menos explícitos y/o asumidos" que son básicamente para dos usos: el control y dominación que ejerce el poder central —especialmente el Estado— sobre las poblaciones y la crítica social y deconstrucción de cuantificaciones oficiales.

En cualquiera de los dos casos, la concepción de la desaparición que asume la OIM por lo menos insinúa un sesgo conceptual ya que, como se comentaba en la primera sección de este capítulo, el lenguaje es una herramienta fundamental en la política migratoria y los sesgos legitiman ciertos enfoques de tal política y pueden afectar los derechos y garantías de los migrantes.

Por lo más, la concepción de la desaparición que asume la OIM contribuye a la generación de ignorancia estratégica y eso pone en entredicho que los datos sean una herramienta para la protección de los derechos de los migrantes, principalmente porque al intentar mostrar una realidad medible, se practica la omisión y la compresión que chocan, de frente, con la búsqueda de reconocimiento por la que tanto han luchado familiares y colectivos de búsqueda de desaparecidos en el mundo.

La base de datos del MMP y el propio MMP pueden incidir en la Agenda Pública mundial y abonar a las discusiones académicas sobre la desaparición de personas, en general, y en condición migratoria, en particular, sin embargo, el esfuerzo resulta muy acotado en la visibilización de la desaparición y por ende contribuye a diluir los derechos humanos que son violentados durante el tránsito migratorio. En ese sentido, un cambio en la concepción de origen del MMP sería fundamental para que la recopilación de información coadyuve a la protección y defensa de todos los derechos humanos asociados a los migrantes.

Reflexiones finales

La OIM se ha vuelto un actor clave en la gestión de la migración por su conocimiento experto y como generador de insumos para la producción de conocimiento lo que le ha dado una posición privilegiada en el tema migratorio. Ello vuelve relevante analizar a la OIM no sólo como actor clave que incide en la política migratoria, también es importante reflexionar en torno a ella como un organismo internacional con obligaciones y derechos en términos del derecho internacional y, particularmente, en torno al papel que juega con relación al derecho a la información.

Sin lugar a dudas, la OIM es notable contribución de la OIM en la generación de conocimiento porque ha hecho múltiples y variados esfuerzos para subsanar históricos vacíos de información, al brindar datos detallados, comparables y desagregados sobre los flujos migratorios; la reciente creación del GDI ha contribuido enormemente a ello, al ser una infraestructura de datos que permite organizar y poner a disposición múltiples recursos y herramientas para la búsqueda, manejo y visualización de Big Data que se alimenta a través del Data Crowdsourcing y se pone a disposición de todos, a través del Open Data y Linked Data.

Sin embargo, aún es importante que trabaje en algunos puntos como la puesta a disposición de la información en más idiomas que el inglés, la homologación de sus contenidos en todos los idiomas que ofrece pero, lo más importante, es fundamental que se eviten los sesgos conceptuales y metodológicos porque contribuyen a la ignorancia estratégica y eso no sólo marca una pauta que trae aparejado una postura política, también está en riesgo de dañar, más que ayudar, al invisibilizar graves problemáticas, como la desaparición de personas, en general, y de migrantes en particular, porque al hacer equiparable la desaparición de migrantes a su fallecimiento, no sólo prepondera, en el discurso y las cifras, las muertes sobre la desaparición, al hacerlo también pone en entredicho que los datos sean una herramienta para la protección de los derechos de los migrantes y menosprecia, de manera tácita y explícita, la lucha que ha emprendido la sociedad civil para que se reconozcan a los migrantes desaparecidos.

Por fortuna, la generación constante de información, las posibilidades que brinda el Big Data y la constante proliferación de herramientas que genera la propia OIM y su incesante revisión y verificación de contenidos, permiten dilucidar que definiciones, como las utilizadas en el MMP, son susceptibles de ser examinadas y mejoradas.

Referencias

APC, Asociación para el Progreso de las Comunicaciones. (2006). *Carta de APC sobre Derechos en Internet.* Recuperado el 13 de 06 de 2023, de https://www.apc.org/sites/default/files/APC_charter_ES_2.pdf

Beduschi, A. (2018). The Big Data of International Migration: Opportunities and Challenges for States Under International Human Rights Law. (L. &. Business, Ed.) *Georgetown Journal of International Law, 49*(4), 981-1017. Recuperado el 12 de 06 de 2023, de https://papers.ssrn.com/sol3/papers.cfm?abstract_id=3124199

Boswell, C. (2008). The political functions of expert knowledge: knowledge and legitimation in European Union immigration policy. (R. T. Group, Ed.) *Journal of European Public Policy, 15*(4), 471-488. doi:https://doi.org/10.1080/ 135017 608 0 1996634

Boswell, C. (2009). Knowledge, Legitimation and the Politics of Risk: The Functions of Research in Public Debates on Migration. *Political Studies, 57*(1), 165-186. doi:https://doi.org/10.1111/j.1467-9248.2008.00729.x

Ceriani Cernadas, P. (2016). El lenguaje como herramienta de la política migratoria. Notas sobre el concepto "migrante económico" y su impacto en la vulneración de derechos. *Sur Revista Internacional de Derechos Humanos, 13*(23), 97-112. doi:Consultado el 14 de junio de 2023

COFAMIDE. (23 de 03 de 2012). Comité de Familiares de Migrantes Fallecidos y Desaparecidos de El Salvador. Situación de las personas migrantes no localizadas y restos no identificados en México. Recuperado el 23 de 06 de 2023, de https://www.fundacionjusticia.org/wp-content/uploads/2013/06/ANEXO-17-INFORME-CIDH-Migrantes-no-localizados-y-restos-no-identificados-en-Me_xico.pdf

Consejo de Derechos Humanos de la ONU. (08 de 10 de 2020). Asamblea General de las Naciones Unidas A/HRC/RES/45/3. Resolución aprobada por el Consejo de Derechos Humanos el 6 de octubre de 2020. Recuperado el 26 de 06 de 2023, de http://www.undocs.org/es/A/HRC/RES/45/3

Curry, T., Croitoru, A., Cooks, A., y Stefanidis, A. (2018). Exodus 2.0: crowdsourcing geographical and social trails of mass migration. Journal of Geographical Systems(21),

161-187. doi:https://doi.org/10.1007/s10109-018-0278-1

Dearden, K. (13 de 09 de 2022). Global Migration Data Analysis Centre. Recuperado el 23 de 06 de 2023, de Policy Commons: https://policycommons.net/ artifacts/ 3111231/ioms-global-migration-data-analysis-centre-gmdac/3904426/

Diaz Lize, P. (2020). Contando la muerte y la desaparición de personas en contexto migratorio. Sociología y Tecnociencia, 10(1), 1-24. doi:https://doi.org/10.24197/ st.1.2020.1-24

Domenech, E., Basualdo, L., y Pereira, A. (2023). Migraciones, fronteras y políticas de datos: nuevos medios de control del movimiento en el espacio Sudamericano. En E. Domenech, G. Herrera, & L. Rivera-Sánchez, Movilidades, control fronterizo y luchas migrantes (1 ed., págs. 317-355). Buenos Aires/CDMX, Argentina/México: CLACSO/Siglo XXI Editores. Recuperado el 16 de 04 de 2023, de https://biblioteca-repositorio.clacso.edu.ar/bitstream/CLACSO/248257/1/ Movilidades-control-fronterizo.pdf

Figueroa Pla, U. (2010). *Organismos Internacionales. Tomo I. Teorías y sistemas universales.* Santiago de Chile, CHile: RiL Editores. Recuperado el 14 de 06 de 2023, de https://books.google.com.mx/books?hl=es&lr=&id=wFmuYq-KTFoC&oi=fnd&pg=PA21&dq=organismos+internacionales+y+derechos+huma nos&ots=aYqXTCt39G&sig=eB21eIcpqUH-4EiaeMjiWWbSRM4&redir_esc=y#v=onepage&q=organismos%20internacionales %20y%20derechos%20humanos&f=fals

Global Migration Data Portal. (2023). *Global Migration Data Portal. The bigger picture.* Recuperado el 23 de 06 de 2023, de https://www.migrationdataportal.org/

Gobierno de España. (s.f.). *Documento para consulta pública. Carta de Derechos Digitales.* Recuperado el 13 de 06 de 2023, de https://portal.mineco.gob.es/ Recursos Articulo/mineco/ministerio/participacion_publica/audiencia/ficheros/SEDIACart aDerechosDigitales.pdf

International Organization for Migration. (2023a). *Global Data Institute. OIM UN Migration.* Recuperado el 23 de 06 de 2023, de https://www.iom.int/global-data-institute

International Organization for Migration. (2023b). *IOM UN Migration. Making migration work for all.* Recuperado el 23 de 06 de 2023, de https://www.iom.int/

International Organization for Migration. (2023c). *IOM UN Migration. Displacement Tracking Matrix.* Recuperado el 23 de 06 de 2023, de https://dtm.iom.int/

International Organization for Migration. (2023d). *Download Missing Migrants Project. MMP.* Recuperado el 30 de 03 de 2023, de https://missingmigrants.iom.int/downloads

Kitchin, R. (2014). Making Sense of the Data Revolution. En R. Kitchin, *The Data Revolution: Big Data, Open Data, Data Infrastructures & Their Consequences* (págs. 184-193). SAGE Publications Ltd. doi:https://doi.org/10.4135/9781473909472

Leco-Tomas, C., y Belman-Leal, J. G. (junio-enero de 2018). El papel de las organizaciones internacionales en la protección de los derechos humanos de los migrantes en México. (I. d. Empresariales, Ed.) *Revista CIMEXUS, 13*(1), 89-109. Recuperado el 08 de junio de 2023, de https://dialnet.unirioja.es/ servlet/ articulo?codigo=6577165

Leonardelli, I. (04 de 07 de 2017). *IOM's Data Analysis Centre (GMDAC)'s SDG's related activities.* Recuperado el 21 de 06 de 2023, de Global Forum on Migration and Development: https://policycommons.net/artifacts/1983588/ioms-data-analysis-centre-gmdacs-sdgs-related-activities/2735353/

Mejía, M. (julio-diciembre de 2017). El derecho internacional de los derechos humanos, un nuevo concepto. *Justicia,* *22*(32), 38-63. doi:https://doi.org/10.17081/just.23.32.2904

Naciones Unidas. (s.f.). *Declaración Universal de Derechos Humanos.* Obtenido de https://www.un.org/es/about-us/universal-declaration-of-human-rights

Nieves Hernández, E. (sepriembre-abril de 2016). ¿Derecho internacional a migrar? Entre el derecho natural y el derecho positivo: el dilema de los derechos humanos de los migrantes. *Revista de Relaciones Internacionales de la UNAM*(120/121), 49-75. Recuperado el 2023 de 06 de 09, de https://revistas.unam.mx/index.php/ rri/ article/view/56207

OIM/GMDAC. (01 de 08 de 2020). *Proyecto Migrantes Desaparecidos. Seguimiento de muertes en rutas migratorias. Guía para la recopilación de datos.* Obtenido de Versión en español actualizada el 1 de agosto de 2020: https://missingmigrants.iom.int/ sites/g/files/ tmzbdl601/files/publication/file/MMP_data_collection_guidelines-ESP.pdf

Organisation internationale pour les migrations. (2023). *Institut Mondial des Donnés. OIM ONU Migration.* Recuperado el 23 de 06 de 2023, de https://www.iom.int/fr/institut-mondial-des-donnees

Organización Internacional para las Migraciones. (2021). *Proyecto Migrantes Desaparecidos.* Recuperado el 21 de 06 de 2023, de Metodología, Proyecto Migrantes Desaparecidos: https://missingmigrants.iom.int/es/metodologia

Organización Internacional para las Migraciones. (2023). *OIM ONU Migración. Por una migración benéfica para todos.* Recuperado el 08 de 06 de 2023, de https://www.iom.int/es

Organización Internacional para las Migraciones. (s.f.). *Matriz de Seguimiento de Desplazamiento (DTM). Marco Metodológico. OIM ONU Migración. Instituto Mundial de Datos (GDi).* Recuperado el 09 de 04 de 2023, de https://dtm.iom.int/sites/g/ files/tmzbdl1461/files/MTDLGL%20%20FRMWK%20-%20SP.pdf

Oviedo, N. I. (28 de 10 de 2019). Legitimidad y organismos internacionales. (F. d. Sociales, Ed.) *Journal de Ciencias Sociales, 13*, 141-147. doi:https://doi.org/10.18682/ jcs.vi13.931

Portal de Datos Mundiales sobre la Migración. (2023). *Portal de Datos Mundiales sobre Migración. Una perspectiva global.* Recuperado el 21 de 06 de 2023, de https://www.migrationdataportal.org/es/node/607

Rother, S. (primer semestre de 2020). ¿«La» o «Una» organización líder en migración? La OIM como un actor en la gobernanza migratoria mundial. (U. A. Zacatecas, Ed.) *Migración y Desarrollo, 18*(34), 137-159. doi:https://doi.org/10.35533/myd.numero34

Salazar Araya, S., Fernández Alvarado, D., y Cordero Camacho, D. (2022). El fenómeno de la desaparición de personas migrantes centroamericanas. Reflexión sobre su conceptualización a partir de dos casos empíricos. *Revue Internationale d'anthropologie du politique, 3.* doi:DOI : 10.56698/chcp.718

Scheel, S., y Ustek-Spilda, F. (2019). The politics of expertise and ignorance in the fiels of migration management. (S. Journals, Ed.) *Environment and Planning D: Society and Space, 37*(4), 663-681. doi:https://doi.org/10.1177/0263775819843677